# CELIA EN CUBA
## (1925-1962)

# ROSA MARQUETTI TORRES

# CELIA EN CUBA

## (1925-1962)

### SEGUNDA EDICIÓN

Edición: Tania Cordero
Diseño de cubierta: Abel Ferro para Versal Studio
Diseño interior, diagramación, contracubierta y lomo: Pilar Fermelo
Edición de imágenes interiores: Reinier Huertemendía Feijoo y Pilar Fermelo

Todas las fotografías, salvo las excepciones que se indican,
pertenecen al Archivo de la Celia Cruz Foundation.

Las fotos que aparecen en este libro pueden estar sujetas a derechos
de autor. Aunque en esta investigación se publican solo en calidad de reseña
documental necesaria, se ha buscado contactar —infructuosamente–
a los posibles derechohabientes. Agradecemos se entienda cualquier omisión
como involuntaria.

ISBN: 979-836-411-052-7

Desmemoriados
Madrid, España
desmemoriadosproject@gmail.com
desmemoriados.com

*"Like Ella and Lady Day, Celia was an original."*
QUINCY JONES

# ÍNDICE

◆

❖

CELIA EN FOTO DE ARMAND STUDIO, DEDICADA A MARTA CASTILLO. 1954.
COLECCIÓN GLADYS PALMERA

## ✦ AGRADECIMIENTOS ✦

A mi Claudia Marquetti y a mi admirado Miguel Barnet, quienes sin previo concierto, me inocularon la idea y la seguridad de que yo podría y tendría que escribir este libro. A Omer Pardillo Cid, quien, desde su condición de albacea del legado de Celia Cruz y presidente de Celia Cruz Foundation, puso a disposición de la investigación sus archivos, recuerdos y todo el acervo que logró acumular a lo largo del tiempo en que condujo a Celia a través de los últimos años de su carrera y de su vida, haciéndole merecedor de la confianza que en él ella depositó para siempre. Gracias, Omer, por tu entusiasta y decisiva colaboración.

A Celia Cruz Foundation y Celia Cruz Estate por el importante apoyo y por comprender la importancia de realizar este proyecto.

A Marta Castillo, Elba Montalvo, Irma Peñalver, Juanita Rivero, Meche Lafayette, Mitsuko Miguel, Olga Chorens, Roberto Gutiérrez y Santiago Alfonso, los amigos de Celia en sus años en Cuba, por sus insustituíbles testimonios y por apoyar con entusiasmo este proyecto.

A Cristóbal Díaz Ayala, por el magisterio. A *Díaz Ayala Collection* en *Florida Internacional University*, en la persona de Verónica González, por la inapreciable ayuda.

A Alejandra Fierro Eleta. A su *Colección Gladys Palmera*, y en ella, a Tommy Meini, por su invaluable apoyo.

A Gherson Maldonado por poner a disposición de la investigación su archivo hemerográfco sobre la música popular en Venezuela.

A Tania Cordero, quien tuvo a su cargo la edición de este libro, en la que puso profesionalismo y pasión.

A Iván Giroud, por el estímulo y apoyo en la investigación, por ser conciencia crítica desde la lectura.

A la Dra. Aída Bueno Sarduy, a Jaime Jaramillo y Mayra A. Martínez por la lectura de varios de los borradores que tuvo este libro y por sus atinadas y oportunas observaciones.

A Zuleica Romay Guerra, por ser inspiración desde su solidez intelectual y su obra, en la revalorización del legado afrocubano en el pensamiento y la cultura de nuestra nación.

A Abel Ferro y Marietta González, para Versal Studio, por el excelente diseño de portada y del dossier del libro.

A Pilar *Fermelo*, por la excelencia en el diseño interior y diagramación del libro.

A un grupo de amigos imprescindibles de varios países, por su importante contribución:

En Alemania, al coleccionista Frank Hinrich.

En Bulgaria, a Rey González.

En Colombia, a Rafael Bassi Labarrera (RIP), Eduardo Ceballos, José Portaccio Fontalvo y Sergio Santana Archbold.

En Cuba, a Ángel Terry Domech, Adriana Orejuela, Beatriz Eiris, Daisy Hernández, Jaime Masó, Jorge Fernández Era, Jorge Rodríguez, José Galiño, Julio César Guanche, Lázaro Caballero Aranzola, Luciano Castillo, Mario Naito, Miguel Cabrera, Rafael Lam, Rafael Valdivia Nicolau, Rakel Martori, René Espí Valero y Rigoberto Ferrer Corral.

En Chile, al Ing.Gerónimo Labrada Jr.

En España, a Yin Pedraza Ginori.

En Estados Unidos, a Indira Almeida-Pardillo. A Susan Naiman-Siegel y Jeff Naiman (hija y nieto de Sidney Siegel). A Gema Castanedo y Arthur León. A Ernesto Martínez, Jorge Enrique González Pacheco, José *Pepito* Ciérvide, Juan de Marcos González, Lena y Malena Burke, Manuel Iglesias Pérez, Marvin Jui-Pérez, Raúl Fernández, Richie Blondet y Walkyria Johnson-Bouffartique.

En Holanda, a Tim de Wolf y Sandra Mirabal Jean-Claude.

En México, a Iván Restrepo, Pavel Granados, Roberto Gutiérrez Jr.

En Perú, a Angelina Medina y Gino Curioso.

# DE LA AUTORA

◆

Celia Cruz es la figura femenina más importante y universalmente trascendente de la música popular de la nación. Su impronta recorre de manera transversal el siglo XX cubano, al tiempo que proyecta la relevancia de su música más allá de la Isla, en el impacto que alcanza a nivel internacional. Celia es además, uno de los eslabones principales en la historia cultural de la mujer afrocubana.

Pero Celia Cruz es también el misterio que acompañó mi niñez y mi juventud, un misterio alegre y jacarandoso que siempre asocié a la felicidad, al talento y al triunfo personal. Hubo tiempos en que su voz rotunda e inconfundible desapareció de mi entorno, su imagen se esfumó y mi madre y mis tías pronunciaban su nombre en voz baja. Sin aptitudes artísticas de las que pudiera yo presumir, el ejemplo de su logros en Cuba espoleaba mis afanes juveniles para ser alguien en la vida, y su recuerdo era para mí indudablemente inspirador en todo lo que me propusiese.

La carrera musical de Celia Cruz, su leyenda real y tangible comenzó en Cuba, donde se encuentran las raíces de su arte auténtico y profundamente popular. Desde un medio social y familiar humilde supo vencer todos los obstáculos de una sociedad patriarcal y de fuertes prejuicios clasistas, raciales y de género. El libro *Celia en Cuba (1925-1962)* pretende demostrar cómo estos logros fueron fruto del talento natural, la inteligencia, disciplina y profesionalismo que desde muy temprano marcaron el carácter y la personalidad de Celia Cruz, en una carrera profesional creativa y ascendente, donde mostró siempre un coherente sentido de pertenencia a la nación y de defensa de su identidad cubana y afrocubana.

El libro se propone llenar vacíos documentales en el recorrido biográfico de Celia en Cuba, contextualiza con amplitud el ascendente camino de la diva como una de las protagonistas de la época de oro del teatro musical, la radio, la televisión y del *cabaret* cubanos; enfatiza sus triunfos y decisiones personales, ubicando épocas y sucesos musicales y extramusicales, en particular la relación con su país y su tiempo.

Para ello se sustenta en una exhaustiva investigación basada en la prensa de la época, tanto en Cuba como en los países donde actuó, y en entrevistas y testimonios de fuentes primarias, de personas que la conocieron en esos contextos, y en declaraciones de la propia Celia, consultando archivos institucionales, personales y de medios de prensa; fondos y colecciones discográficas, fotográficas y cinematográficas; catálogos, textos monográficos, documentos legales, materiales audiovisuales, entrevistas, memorabilia, y libros sobre la gran cantante cubana que han antecedido a éste, de Cuba, México, Venezuela, Haití, República Dominicana, Colombia, Panamá, Perú, Nicaragua, Costa Rica, España, Países Bajos, Curazao y Estados Unidos.

*Celia en Cuba (1925-1962)* no es una novela, un libro de anécdotas o un ensayo: es un texto que pretende reconstruir documentalmente el comienzo y desarrollo de su carrera. El libro aporta también los elementos que permiten ubicarla, inequívocamente, en el tronco de la cultura cubana y entre los referentes más importantes que, a nivel universal y mediático, identifican a la llamada "cultura latina".

Aunque Celia vivió en Cuba hasta el 15 de julio de 1960, el libro se prolonga hasta junio de 1962, abordando un período de incertidumbres e indefiniciones personales y contextuales para culminar en el simbolismo de un momento que marca personal y profesionalmente el inicio de una nueva etapa en su vida.

A 19 años de su muerte, Celia Cruz sigue siendo la figura femenina más conocida y reconocida a escala mundial de la música cubana. Pocos cantantes consiguen mantener una asombrosa vigencia, aun después de su desaparición física, en legiones de seguidores, entre el público y los músicos que en el mundo se aferran a su legado clásico, o lo reinterpretan- como ella misma hubiera hecho- a los modos más actuales de hacer y asimilar sus guarachas, sones, afros y boleros. Y algo muy importante: Celia ha continuado inspirando a millones de niñas y jóvenes en todo el mundo, trascendiendo definitivamente las barreras raciales, sociales, geográficas y políticas.

No hay tiempo en la vida para todo lo que deseamos hacer y hoy doy gracias por haberlo tenido para cumplir con Celia, y, como mujer cubana, devolverle las décadas del silencio y entregarle este libro. Los autores cubanos se lo debíamos.

¡Gracias, Celia Cruz, por todo y por tanto!

PÁGINAS DEL PRIMER PASAPORTE DE CELIA CRUZ, EMITIDO EN CUBA
EL 12 DE SEPTIEMBRE DE 1947

Domingo conducía sin prisa su carro de alquiler por la avenida de Rancho Boyeros. Sabía que, como solía ocurrir con ella, disponían de tiempo suficiente para no andar corriendo y llegar sin sobresaltos al aeropuerto José Martí. Era puntual y disciplinada como ella sola. Estaba habituado a conducir el auto que la llevaba a todas partes. Era viernes y aquel 15 de julio de 1960 La Habana transpiraba bajo su habitual calor de ese mes. Hace 545 días, exactamente, que la vida de Cuba experimentó un cambio que sería todo lo definitivo que puede ser la duración de una vida, pero en ese momento nadie sabía, ni siquiera imaginaba que habría de ser así. Ella, Celia Caridad Cruz Alfonso, tampoco.

Ni por asomo había motivos conocidos para la despedida estremecedora que se sabe definitiva, o el recuento solemne y nostálgico de un adiós consciente. El viaje era uno más entre los muchos que en los últimos años hacía para cumplir contratos, tanto en su condición de cantante solista, como de voz femenina de La Sonora Matancera, uno de los conjuntos cubanos más destacados e influyentes de las últimas décadas. Ella no lo sabía en ese momento, pero luego lo supo, y hoy lo sabemos nosotros: ese día se cerraba el ciclo originario en una de las carreras más relevantes y exitosas que haya tenido jamás una cantante, y no sería errado decirlo: una de las más triunfales e impactantes en toda la historia de la música cubana y su proyección al mundo, un símbolo de coherencia cultural y la síntesis de los valores universales de la música cubana. El 15 de julio de 1960 Celia Cruz salió de Cuba sin saber que la política marcaría, a partir de ese momento, no solo su carrera musical, sino también su vida y la relación con su país de origen, su patria amada, a la que nunca antes había cantado tanto, como lo hizo después de este momento y sobre todo, cuando supo que podría no regresar nunca. En su país, ese concepto, el de Patria, ya ha comenzado a reinterpretarse, y sufrirá un secuestro dual, del que ella no podrá escapar. Lo que sí le pertenece del todo es la música y su historia personal, el recorrido iniciado en su país en plena adolescencia a golpe de talento nato, autenticidad, persistencia, disciplina y responsabilidad, unido todo a una pasión verdadera por la música. Una historia donde no hubo mecenas, ni príncipes que convirtieran a la niña pobre en reina: eso lo hizo ella misma, por sí sola, lidiando con prejuicios y obstáculos en una sociedad marcada por las diferencia de poder económico, de raza y clase social, donde nada le fue regalado, salvo el don de la musicalidad y la gracia personal con los que vino al mundo.

Camina sobre la losa del aeropuerto en dirección al avión. Protege su cuidadoso peinado con un pañuelo atado al cuello. El bolso sujeto con elegancia, desafiando la estrechez de su vestido y sus tacones de vértigo al subir la escalerilla del avión. Así la imagino en los últimos instantes antes de poner rumbo a México. El tiempo que transcurrió desde ahí hasta el miércoles 16 de julio de 2003, el día en que su leyenda se hizo intangible y eterna, fue mayor que el que vivió en el país donde nació. Pero fue allí, en Cuba, donde para ella se inició todo, donde cinceló su personalidad escénica y donde transitó de ser una cantante empírica bien dotada a una extraordinaria figura de la escena. Fue en Cuba donde cimentó sus creativos aportes a los géneros de la música popular, de tal modo que, sólo por eso, su nombre no ha podido ni podrá ser extirpado de la cultura y la historia de Cuba, el país que ha hecho una de las mayores contribuciones a las músicas del mundo.

# ABRIENDO
# LOS CAMINOS

◆

Era jueves y 2 de octubre de 1913. Aquella linda negra, joven y esbelta, debió vestir de modo muy similar a la única foto que de ella se conserva. O quizás su atuendo era aún mejor, porque aquél era un día especial. Esa única foto denota seguridad en su porte, altivez en su gesto y una mirada en un punto impreciso, rasgos de una personalidad que hace valer en los escenarios y allí donde decida entonar su voz. Desde fechas cercanas a 1910, Angelita Bequé se da a conocer cantando en los programas que animaban las proyecciones del cine silente de la época en los cines habaneros. Ese día, el Teatro Oriente, que ocupa una de las esquinas donde se cruzan las calles Belascoaín y San José, ha prestado su escenario al homenaje que se le rinde a ella, que también cantará en dúos con los trovadores Rafael Zequeira y Manuel Corona.

Angelita Bequé, reputada como una "notabilísima intérprete del cancionero trovadoresco de los dos primeros lustros del siglo"[1], es la primera cantante cubana negra triunfante sobre un escenario de que se tienen noticias. Una breve y enigmática referencia a *La letanía del cura*, acreditada al trovador santiaguero Patricio Ballagas, la debió recoger el dúo Bequé-Zequeira en uno de los discos primigenios de 78 revoluciones por minuto para el naciente sello Odeón, lo que convierte a Angelita Bequé también en la primera cantante negra en realizar una grabación sonora. Era una guaracha.[2] En Cuba, los cantantes y músicos negros pudieron grabar

[1]  Rodríguez, Ezequiel: *Iconografía de la Trova*. Dirección de Música de la Coordinación Provincial de la Habana. Cuba. 1966, p.45.
Curioso, Gino: https://www.facebook.com/gino.curioso.1/posts/102181078 83663248
[2]  Cristóbal Díaz Ayala en su *Cuba canta y baila. Enciclopedia Discográfica de la Música Cubana (Parte 1)* indica esta grabación con la referencia Od-038 y, a día de hoy, se considera desaparecida.

discos antes que sus iguales en Estados Unidos, no había restricciones que lo impidieran: Angelita Bequé se anticipó 12 años a la cantante de *blues* Mamie Smith, primera afroamericana que grabó un disco.

La grabación del dúo de Angelita Bequé con Rafael Zequeira antecedió a la era de las grabaciones eléctricas y presumiblemente fue fijada en un disco que nunca se ha encontrado, enigma que se adiciona a la imagen de la linda negra cubana: la última referencia que se tiene de ella data de 1916, cuando desapareció de los escenarios y de la prensa, probablemente por la razón más común entonces. Las mujeres encontraban pareja, se casaban y el hombre les exigía abandonar toda esperanza de seguir cantando.

Al dúo con Rafael Zequeira llegaría otra muchacha de apenas 16 años, una mulata de voz clara y cristalina, que venía de Guanajay, una pequeña ciudad del interior y se hacía llamar María Teresa Vera. Frecuentaba los encuentros y fiestas en casas de trovadores y amigos, y por su poderosa segunda voz la codiciaban quienes se consideraban las primeras voces de esos tiempos: el propio Rafael Zequeira, Manuel Corona, Miguelito García, Higinio Rodríguez. Si la soprano Chalía Herrera fue la primera mujer cubana, y probablemente, la primera latinoamericana en grabar *lieds* y óperas en discos, María Teresa Vera, mujer y negra, le sigue a Angelita Bequé, y marca los más tempranos hitos en la formación de la música popular cubana. Es la primera en realizar ingentes grabaciones comerciales para conformar una notable discografía a través de sus contratos con los sellos Víctor y Columbia, que se inician en 1914. María Teresa Vera es también pionera en el son, al estar presente con su segunda voz, su guitarra y su audacia proverbial en las primeras grabaciones del llamado Sexteto Habanero de Godínez, realizadas en Cuba el 8 de febrero de 1918 en una habitación del hotel Inglaterra, frente al Paseo del Prado. La portentosa muchacha cubana marca un momento significativo al ser la primera mujer en poseer y dirigir una agrupación de hombres –el Sexteto Occidente–, al que también llevó a Nueva York e hizo que su sonido quedara para siempre estampado en el disco.

Quizás no fueron ellas las únicas, acaso ni las primeras mujeres negras que, pocos años después de iniciarse el siglo XX, se atrevieron a cantar más allá de las reuniones familiares, de los encuentros de amigos. Lo hicieron ante un público en un teatro, en un café, en una glorieta, pero su escasa o nula presencia en medios de prensa y en escritos que, dentro de la cultura hegemónica patriarcal, pretendían ahondar en la historiografía musical cubana, impide que hoy sepamos de otros nombres de féminas negras, en medio de tantos hombres trovadores y soneros.

Ni Angelita Bequé ni María Teresa Vera podían imaginar que con su huella precursora estaban iniciando la historia de la mujer afrocubana en la música de su país, en su crecimiento creativo en los escenarios y en su registro sonoro en el siglo XX que, coincidentemente, inauguraba el período republicano en la Isla, tras siglos de colonialismo español. La canción trovadoresca, el son y la guaracha son parte esencial del repertorio de María Teresa Vera. Las suyas resultan de las más tempranas referencias que se encuentran en la trayectoria de una artista cubana sobre grabaciones de temas que reivindican los orígenes africanos, introducidos al ámbito del son y la guaracha, con piezas como *El yambú guaguancó*, de Manuel Corona, y *Los cantares del abacuá*, clave ñáñiga de Ignacio Piñeiro, grabadas por ella a dúo con Rafael Zequeira cerca de 1920.

Angelita Bequé y María Teresa Vera abrieron y comenzaron a construir el camino reivindicativo de la presencia y el aporte de la mujer negra a la cultura musical cubana, que continúan -de manera notable en los siguientes decenios- Rita Montaner y Paulina Álvarez. Y después, una muchacha delgada y alegre de la barriada de Santos Suárez sería de las muchas que seguirían esa huella. Pero solo ella,  Celia Caridad Cruz y Alfonso, será quien lleve la música popular cubana a los más altos planos en cuanto a su asimilación, difusión y expansión a escala internacional, nutriéndose del aporte y el talento de esas antecesoras y de otras mujeres anónimas, que la influyeron para que fuera ella, Celia Cruz, la síntesis y el resumen de la contribución de la mujer afrocubana a la música y a sus modos, instrumentos y medios para perpetuarse y permanecer.

Santos Suárez era en el siglo XIX una zona de arroyuelo y río, alejada del centro capitalino hacia el sureste.  Cerca de 1915 la empresa Mendoza y Compañía, dedicada a comprar fincas que después revendía en parcelas, propició el inicio gradual de la urbanización del barrio que tomó el nombre de Leonardo Santos Suárez y Pérez, una figura de la vida política cubana en el período colonial, que, junto al Padre Félix Varela y a Tomás Gener, fue elegido diputado para representar a Cuba en las Cortes Españolas durante el trienio constitucional que vivió España entre 1820 y 1823. Pronto el trazado urbanístico del barrio de

Santos Suárez evidenció las diferencias sociales en un barrio
de clase media y trabajadora donde convivían personas de todas las razas. En la zona más empobrecida, donde se alzaban
precarias casas de madera y atravesada por calles sin asfaltar,
nació Celia Cruz el miércoles 21 de octubre de 1925.

La Certificación de Nacimiento[3], emitida por el Juzgado
Municipal de Puentes Grandes el 4 de diciembre de 1961, trans-
cribe de modo fidedigno los datos tomados del libro de asiento
de los nacimientos, en el tomo 221, folio 61: Simón Cruz, natural de Los Palacios, provincia de Pinar del Río, de oficio fogo-
nero, y Catalina Alfonso Ramos, natural de Pinar del Río, ama
de casa, ambos residentes en ese momento en la calle Ynfanta
[sic] número 508, inscribieron a la niña con el nombre de Celia
Caridad el 16 de enero de 1929, tres años, dos meses y veintiséis
días después de su nacimiento, que da fe de su ocurrencia el 21
de octubre de 1925 en la calle Atocha No. 8. Era común en los
años veinte del siglo pasado que los bebés no fueran inscrip-
tos con inmediatez en el Registro Civil. Se indican como abuela
paterna de la recién nacida a Luz Cruz, natural de Los Palacios
y como abuelos maternos, a Ramón Alfonso y Dolores Ramos,
oriundos de Pinar del Río. Como testigos del acto fungieron Serafín Díaz González, natural de Pinar del Río, mayor de edad,
soltero, albañil y con residencia en Flores No. 511, y Ramón Cal-
zadilla González, natural de Santa Clara, mayor de edad, soltero, de oficio pintor y residente en Jesús del Monte No. 558.[4]

Sin embargo, en su libro autobiográfico, Celia Cruz cuenta:
"... la casita donde nací y me crié estaba situada en la calle Serrano No. 47 entre las calles Santos Suárez y Enamorados".[5] Y
en una entrevista televisiva en Colombia afirmó: "... Calle Flores entre San Bernardino y Zapote ahí me crié. Ahí fui a la escuela, cerca de mi casa, la Pública # 6 'República de México'
[donde matriculó cuando tenía seis o siete años]...".[6] Celia es
la segunda hija de *Ollita*, después de Dolores Ramos Alfonso, a
quien llamaban *La Niña*; después vendrían Japón y Norma, los

3   Certificación de nacimiento de Celia Caridad Cruz y Alfonso emitida por el
    Juzgado Municipal de Puentes Grandes, La Habana, Cuba, el 4 de diciembre de
    1961. Fondos de la Fundación Celia Cruz.
4   El nombre completo del padre de Celia era Simón Cruz Monterrey, hijo de Ana
    Monterrey y Félix Cruz, abuelos paternos de la cantante. Fuente: Archivos
    Celia Cruz Legacy Project.
5   Cruz, Celia y Reymundo, Ana Cristina: *Celia. Mi vida. Una autobiografía.* Rayo.
    Harper Collins Publishers. New York. USA. p. 11.
6   Celia Cruz en entrevista con el periodista José Gabriel Ortiz. Programa *Yo, José
    Gabriel.* Canal RCN. Bogotá, Colombia. Diciembre de 2000.

dos hermanitos que murieron siendo muy pequeños, y de los que Celia tuvo vagos recuerdos y muy nítido el sufrimiento de su madre. Luego nacerían Alejandro Bárbaro Ramos y la menor, Gladys Ramos.[7]

Su abuelo Ramón Alfonso combatió en la Guerra de 1895 por la independencia de Cuba frente a la dominación española. Al parecer no obtuvo grados en el Ejército Libertador, solo fue un soldado raso. Así aparece integrando el Regimiento de Infantería Pedro Díaz del Departamento Occidental.[8] Celia siempre se enorgullecería de ser nieta de un mambí.

[7]   Gladys Ramos era conocida como Gladys Becquer, su nombre de casada en Estados Unidos.
[8]   Ramón Alfonso, abuelo de Celia Cruz, aparece con el número de orden 5197 del Regimiento de Infantería Pedro Díaz de la 1ª. Brigada de la 2ª. División, 6º. Cuerpo del Departamento Occidental. Consta su incorporación en noviembre de 1896 registrada en el Libro 10, Folio 342 y número 57 en el *Índice Alfabético y Defunciones del Ejército Libertador de Cuba, iniciada el 24 de febrero de 1895 y terminada oficialmente*, compilado y publicado por el Inspector General del Ejército Libertador Mayor General Carlos Roloff y Mialofsky. Imprenta de Rambla y Bouza. La Habana. 1901.

# ·AÑOS 20 Y 30·

CELIA CON APENAS 1 AÑO DE NACIDA. AÑO 1926.

El nacimiento e infancia de Celia transcurren en medio de una revolución cultural. Los elementos africanos presentes en la vida colonial cubana se manifiestan, desde lo desconocido, con un peculiar atractivo para la creación musical desde el surgimiento del sentido de identidad nacional y de los sentimientos libertarios. Si bien en el siglo XIX hay claras muestras de la imposibilidad de ignorar el legado cultural africano sembrado en la isla con la esclavitud, es en el siglo XX cuando ocurrirán verdaderas transformaciones en el modo de asumir y de mirar hacia esa cultura en una nación de relativa corta edad, donde cada vez se hace más ostensible cierta fascinación por el aporte africano. La erosión que ya venía experimentando la corriente que privilegiaba el legado cultural hispánico se hace irreversible.

Se abre paso, lenta, pero decididamente, el reconocimiento intelectual y también popular a la importante contribución de la población negra, antes esclavizada y ahora representando un componente significativo que tributa a la construcción de la nación y su cultura.

Ha comenzado el reinado y expansión internacional del son, y el inicio de un movimiento que revoluciona las bases de la música sinfónica en el país, en favor del reconocimiento e inclusión del componente africano de la cultura cubana, que se expandió a la literatura, el teatro y las artes plásticas. Amadeo Roldán y Alejandro García Caturla[1] son los líderes del llamado Movimiento Afrocubano, que introduce de manera orgánica elementos e instrumentos afrocubanos en la música de concierto. En la década del veinte Roldán compone y estrena en

---

[1]  Amadeo Roldán (París, 12 de junio de 1900 – La Habana, 7 de marzo de 1939). Alejandro García Caturla (Remedios, Cuba, 7 de marzo de 1906 – Villa Clara, 12 de noviembre de 1940).

1928 su trascendente obra *La rebambaramba*. Caturla tiene una prolífica obra composicional durante esa década, en la que destaca su laureada *Obertura Cubana*. Su obra *Tres danzas cubanas* para orquesta sinfónica se estrena en España en 1929.

A finales de los veinte, el son cubano llega y planta bandera en París, de la mano de Rita Montaner. Acompañada por Sindo y Guarionex Garay y los bailarines Carmita Ortiz y Julio Richards, triunfa en la Ciudad de la Luz con *El manisero* (Moisés Simons) y *Ay Mamá Inés* (Eliseo Grenet), estrenados por ella en La Habana de 1927. El poeta francés Robert Desnos, tras participar en un congreso de periodistas en La Habana, lleva consigo de regreso, maravillado por la experiencia vivida, los discos con los sones que descubrió y disfrutó en la capital cubana. Los muestra en París, en audición especial ante un público que escucha absorto lo que va contando con la excitación del descubrimiento, y contribuye también a su difusión, junto con su amigo el joven periodista Alejo Carpentier, a quien antes había ayudado a salir de Cuba, perseguido por el gobierno dictatorial de Gerardo Machado. El Sexteto Nacional Ignacio Piñeiro desembarca en España mostrando el son en la Exposición Internacional de Sevilla en 1929 y realizando importantes grabaciones.

Se trata de años en los que el son penetra la industria del disco y los mejores sextetos –Habanero, Boloña, Nacional, Occidente, las santiagueras Ronda Lírica Oriental, Estudiantina Oriental, y otros– copan los espacios en radios, teatros, verbenas y bailes. En 1930, la Orquesta de Don Azpiazu con Antonio Machín como cantante, arrasa en Estados Unidos con *El manisero*, iniciando así la llamada *rhumba fever* –que no era otra cosa que la fiebre por el son, la guaracha y la rumba cubanas–, que convirtió el clásico de Moisés Simons en el primer éxito de ventas millonarias de la música cubana y también su entrada triunfal al cine con el filme norteamericano *Cuban Love Song*.

En un amplio diapasón –que va desde el reflejo realista de las vivencias, hasta el imaginario idílico en el que muchas conciencias encontraron sosiego ante los horrores de la esclavitud y sus secuelas– los temas, las escenas, las palabras asociadas o provenientes del universo del negro tienen presencia creciente en la música y la literatura: en la década de los treinta, Nicolás Guillén publica sus *Motivos de son* (1930) y Alejo Carpentier su primera novela *Ecue-Yamba-O* (1933). Siendo aún una veinteañera, Margarita Lecuona compuso los dos temas suyos que han alcanzado más amplia difusión: *Babalú* y *Tabú*, dos clásicos del repertorio afrocubano, al cual ella también aportó *Negro gangá* y *Mersé la mulatita.*

Los hermanos Grenet destacan por el tratamiento del tema negro en la música con sus composiciones. Eliseo compone *Ay Mamá Inés* y otros temas inspirados en la obra de Nicolás Guillén (*Sóngoro Cosongo* y *Motivos de son*); Emilio *Neno* Grenet firma *Quirino con su tres, Yambambó, Tú no sabe inglé,* mientras que el menor, Ernesto Grenet, es el autor de la inmensa canción de cuna *Drume negrita,* entre otros. Compositores y directores orquestales, como Gilberto Valdés y Armando Oréfiche, figuran -con sus obras- entre quienes defienden por estos años la herencia africana en la música popular.

## ✦ INFLUENCIA DE LA RADIO ✦

En las familias que lo poseían, desde la cercanía de aquel aparato que emitía voces y sonidos, o para la mayoría, desde lejos, desde la ventana vecina o el próximo balcón, la radio ejerce una influencia decisiva. En los cantantes y músicos emergentes, aquellas orquestas irrumpían cada día, cada noche, alimentando ese círculo para nada vicioso que despertaba en ellos el deseo de ver, oír y bailar con aquello que las ondas radiales le llevaban cada vez con más frecuencia.

La radio había llegado oficialmente a Cuba en 1922 cuando el 10 de octubre se inaugura la estación PWX, comandada por el músico cubano Luis Casas Romero bajo la égida de la Cuban Telephone Company, que la dota de instalaciones y equipos de alto nivel tecnológico, ubicados en el edificio central de la Empresa Telefónica, en la calle Águila No. 161. La música es uno de sus componentes principales, al tener como tema de sus transmisiones diarias *La paloma,* habanera del español Sebastián Iradier. En la inauguración, junto al discurso de rigor por el presidente de la República, Dr. Alfredo Zayas, se ofrecen piezas de la llamada música clásica por la Orquesta Casas, dirigida por el propio Casas Romero, pero también de la popular: canciones cubanas, en la voz de Rita Montaner, del tenor Mariano Meléndez y la soprano Lola de la Torre, y por supuesto, el aclamado danzón, que tuvo sus exponentes en *Princesita* y *La niña de mis amores,* de Luis Casas Romero, y en *Primavera,* de Felipe Valdés. De nuevo una mujer afrocubana está fijando un hito: Rita Montaner con su voz es una de las protagonistas de este acto fundacional.

Seis meses después, Casas Romero inaugurará el 16 de abril de 1923 su estación radial propia, la 2LC. A partir de 1930 se produce un *boom* que registra la creación de 61 estaciones radiodifusoras en toda Cuba, que, junto a la transmisión de noticias y a los cuadros teatrales de comedias y dramas, contribuyen a la difusión musical.

Celia es ya una adolescente. La radio y los bailes son su contacto más inmediato con el universo de la música. El artefacto sonoro esparcía a los cuatro vientos las voces del galán Fernando Collazo, del melodioso Pablito Quevedo, del increíble Abelardo Barroso, de la poderosa Paulina Alvarez.

Eran también tiempos de tangos que Celia seguía a través de la radio, cantándolos, a la par que las canciones de esos ídolos suyos, acompañada a veces por su hermana *La Niña*. Los carnavales eran de las fiestas que más le gustaban. *Ollita* no veía bien que sus niñas anduvieran detrás de las comparsas, porque con mucha frecuencia el ambiente de jolgorio y libertad era propenso a riñas y peleas entre los hombres; también temía que ellas, en el frenesí de la conga, siguieran a la comparsa hasta calles que les eran poco conocidas y donde podían perderse con facilidad. Pero nada de eso fue obstáculo para que Celia siguiera y arrollara detrás de Los Jornaleros, la comparsa del barrio de Santos Suárez[2], y para que, junto a la radio, los festejos del carnaval se sumaran a las influencias que asimiló en sus primeros años.

## ◆ LAS SOCIEDADES DE INSTRUCCIÓN ◆ Y RECREO DE NEGROS Y MULATOS

Celia está atenta, igual que sus hermanas, a los anuncios de las sociedades de negros y mulatos más cercanas, y frecuentan los bailes que sus orquestas preferidas animan en esos sitios. Con sus amigos, iba a bailar al Club Antilla, en las calles Luz y Delicias, en la cercana zona de La Víbora y también a la Sociedad Jóvenes del Vals, muy popular primero en su sede inicial en la calle Rodríguez No. 7 esquina a Atarés, en la barriada de Jesús del Monte, y poco después en su nueva ubicación en la intersección de la Calzada de 10 de Octubre y la calle Correa. Estaba organizada al uso de este tipo de sociedades que proliferaban en Cuba desde el siglo XIX, como continuidad y complemento de los llamados cabildos de nación. En el caso de las sociedades

[2]  La comparsa Los Jornaleros estaba integrada por residentes en el barrio de Santos Suárez y La Víbora. Fue una de las 30 comparsas del carnaval habanero que Chano Pozo presentó en los estudios de la RHC Cadena Azul, en marzo de 1941. Véase: Marquetti Torres, Rosa: *Chano Pozo. La vida (1915-1948)*. Unos & Otros Ediciones. Miami, USA. 2019. pp. 73-75.

de negros y mulatos, en sus propósitos y objetivos hacen énfasis en la superación personal y de la comunidad, como uno de
los intentos para conseguir reconocimiento y demostrar capacidad de integración, desde la cultura y la educación, a una sociedad criolla prejuiciada con preeminencia de la raza blanca y
su supremacía en el orden social y económico.

Los bailes organizados por las sociedades de instrucción
y recreo, y también por las sociedades regionales de naturales españoles, desempeñaron otro importante papel: se con-
virtieron, por regla general, en espacios importantísimos para
el desarrollo de los conjuntos y las orquestas de música popular
desde las primeras décadas del siglo XX. Además de representar una creciente fuente de empleo, eran el sitio donde confron-
taban con los bailadores sus más recientes temas, los arreglos
más innovadores, y los nuevos ritmos. Los bailadores decidían
si una pieza o un ritmo podía convertirse en éxito, si el nuevo
cantante que entraba a reemplazar al saliente funcionaría o no,
si un arreglo podían entusiasmarlos o si había llegado la hora
de hacer cambios. Los bailes de las sociedades eran verdaderas
plataformas de interacción y experimentación donde orquesta y bailador se retroalimentaban. La recaudación de los bailes
hablaba también de la salud de cada orquesta o conjunto.

Será difícil entender el significado del nombre Jóvenes del
Vals en aquel contexto. En los años treinta los afiliados a esta
Sociedad debieron alguna vez bailar valses, aunque por ese
tiempo el danzonete los traía de cabeza. Lo que sí se sabe es que
aquellos muchachos y muchachas negros y mulatos de la barriada de La Víbora y sus alrededores, junto a la directiva de la
Sociedad supieron hacer de la Jóvenes del Vals una de las sociedades más importantes, y amistosas hacia las orquestas, conjuntos y cantantes que emergían y se iban haciendo populares.
El recuerdo de Celia sobre esos años en que frecuentaba la Jóvenes del Vals era vívido: "... ahí fue donde conocí a Arcaño y
sus Maravillas; al gran músico Israel Cachao López, a Orestes
López, el hermano de *Cachao*, y también a la orquesta Melodías
del 40" –contaría muchas décadas después.[3]

En 1932 una muchacha camagüeyana llama la atención como
cantante solista de una orquesta masculina. Era Candita Batista[4], elegida poco después por Obdulio Morales como cantante de

3   Cruz, Celia y Reymundo, Ana Cristina: *Celia. Mi vida. Una autobiografía*. Rayo.
    Harper Collins Publishers. New York. USA. p. 26.
4   Candita Batista y Batista (Camagüey, 3 de octubre de 1916 – 1 de abril de
    2016).

su Orquesta Típica Moderna, del Coro Folklórico, antecedentes de la compañía Batamú, la primera integrada por actores y músicos afrocubanos. Es la primera cantante negra en desarrollar el estilo de la *vedette*, y lo llevará a su prolongada carrera internacional.

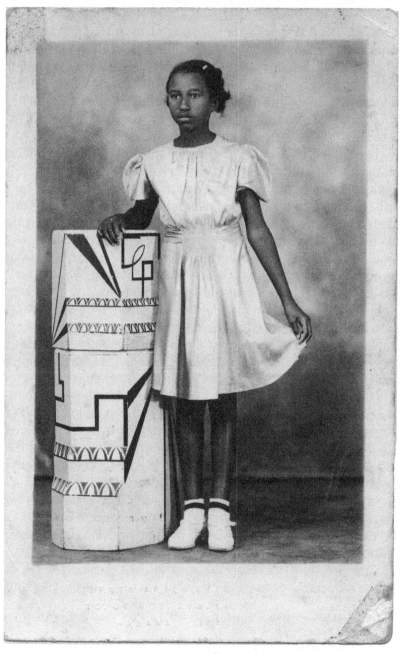

CELIA EN FOTO DE ESTUDIO EN SUS AÑOS EN LA ESCUELA PRIMARIA.

## DOS REFERENTES DECISIVOS:
## PAULINA ÁLVAREZ Y LA TÍA ANA

Vivir algunos años de su adolescencia, antes de cumplir los 16, en la casa de la tía Ana fue una experiencia determinante en la formación de la personalidad y en la futura carrera de Celia. El afán de superación, la decisión de ir tras los objetivos y sueños, la seguridad en sí misma fueron rasgos de su personalidad cincelados desde temprano bajo la influencia de la hermana mayor de su madre *Ollita*. Anacleta Alfonso Ramos[5] fue algo más que una tía amorosa: "Por medio de *Ollita* me llegó la voz, pero de tía Ana desarrollé el amor por el escenario" –reconoció Celia. Desde entonces, muy temprano, la tía Ana se percató de la singularidad de su sobrina predilecta, de las dotes vocales naturales con que vino al mundo y de la necesidad imperiosa de ayudarla a encauzar ese talento. Celia cantaba todo el tiempo, pero no se movía, no había aún el instinto de libertad que la acompañaría después sobre los escenarios. La tía Ana fue de las primeras personas que le insistieron para que desarrollara una proyección a la altura de su voz, una de las primeras personas que tuvo fe en lo mucho que Celia lograría en su vida. La tía Ana anticipó la idea del éxito artístico de su sobrina. Ambas disfrutaban mutuamente del tiempo que pasaban juntas: Ana reforzaba en Celia valores universales que estaban presentes en su madre *Ollita* y su padre Simón; influía en el gusto estético de Celia, en el temprano trazado de la imagen escénica que debía tener para cantar; la entrenaba para lograr el reconocimiento social, y le trasladaba todo aquello que consideraba herramientas y códigos necesarios para encontrar su lugar en la sociedad y sobre todo, para alcanzar sus objetivos. Celia absorbía como esponja las enseñanzas de la tía Ana, con la que empatizaba de manera total, y la convierte en una suerte de apoyo espiritual, de consejera incondicional y cercana. La vida permitiría que la tía Ana asistiera a la consagración internacional de su sobrina, algo que *Ollita* no alcanzó a ver.

Celia reconocería siempre en la gran cantante Paulina Álvarez otra influencia decisiva en su vida y carrera[6]. En particular, la conocida como *Emperatriz del Danzonete* sería un modelo decisivo para Celia en los primeros años en que, muy

---

[5]   Anacleta Alfonso Ramos (Isabel Rubio, Pinar del Río, 13 de julio de 1904 – La Habana, Cuba).
[6]   Paulina Alvarez (Cienfuegos, Cuba. 29 de junio de 1912 – La Habana, Cuba. 22 de julio de 1965).

joven, la familia y los amigos la animaban a cantar en fiestas y concursos:

"A Paulina la conocí cuando cantaba en los Jóvenes del Vals [...] Como a mi tía Nena[7] le gustaban mucho los bailes, llevaba a sus hijos Nenita, Papito y Minín con ella, y a mí también me llevaba, porque sabía cuánto me gustaban. Además, las dos éramos fanáticas de Paulina. [...] En Cuba se le permitía entrar a los menores de edad a los establecimientos que vendían bebidas alcohólicas, así que todos podíamos ir a oír buena música sin importar la edad. Nos sentábamos todos en primera fila, pero yo me pegaba al escenario para ver bien a Paulina. Con las claves −la base de la música popular cubana- en la mano, ella cantaba con la orquesta de Neno González. En todos sus retratos, Paulina siempre se ve con un par de claves, y como yo quería ser igual que ella, me regalaron dos. Es más, puedo decir que modelé mi forma de cantar en Paulina, por lo mucho que la admiraba [...]. Paulina fue la pionera en el campo de la música, ya que empezó a presentarse ante el público en los años veinte cuando casi no se oía a las mujeres cantar ese tipo de música bailable cubana"- recordaba Celia.[8]

Paulina Álvarez fue desde entonces un importante referente para Celia, y su influencia parece que no fue únicamente en lo musical: ciertos rasgos de la personalidad de Celia Cruz estuvieron marcados por lo que conquistó Paulina Álvarez en plenos años 30: aquella negra aindiada, con ojos que no pueden ocultar la cercanía de los ancestros asiáticos, alegre, con voz de privilegio, alcanza lo que muy pocas mujeres en la Cuba de entonces, al convertirse en la primera mujer en Cuba en ser dueña y directora de una orquesta de hombres, dedicada a la música bailable, y en reinar como soberana absoluta del ritmo de moda: el danzonete, una variante del danzón que incorporaba algunos elementos del son, sobre todo rítmicos. Causó un efímero furor por esos años copando las transmisiones radiales, e introdujo nuevos modos de tocar y bailar.[9]

La popularidad de Paulina Alvarez había alcanzado niveles increíbles en 1939, al punto de que se organiza una gran verbena en su homenaje en Los Jardines de la Polar para el sábado 2 de

[7]   Agustina Alfonso, *Tía Nena*.
[8]   Cruz, Celia y Reymundo, Ana Cristina: *Celia. Mi vida. Una autobiografía*. Rayo. Harper Collins Publishers. New York. USA. pp. 26-27.
[9]   El danzonete fue creado por el músico matancero Aniceto Díaz, quien estrenó el primero el 8 de junio de 1929 en el Casino Español de Matanzas. Otros intérpretes destacados de este ritmo fueron Cheo Marquetti, Dominica Verges, Pablo Quevedo, Fernando Collazo, Alberto Aroche, Abelardo Barroso, y otros.

septiembre, donde actúan 17 orquestas y numerosas atracciones, con un gran despliegue publicitario, que incluyó un show aéreo donde el conocido aviador Juan Ríos Montenegro realizó piruetas en el aire en honor de la cantante triunfadora. Probablemente fue Paulina la primera cantante negra en aparecer destacada con una entrevista publicada a página completa y con fotos en el exclusivo Diario de la Marina. Según su columnista y crítico José Sánchez Arcilla, Paulina estaba en la cúspide de la fama: "Ha triunfado. Remontó la empinada cuesta con valentía inigualable y hoy nadie le discute la corona imperial del danzonete".[10] No había para las muchachas negras de entonces un mejor referente de valía y empoderamiento que Paulina Alvarez.

Musicalmente el éxito de Paulina, que había pasado antes por la orquesta danzonera de Cheo Belén Puig y la de Neno González, se debió no solo a su voz y estilo, sino también a la cuidada selección que supo hacer de sus músicos, entre los que destacaron −por los años 30− el flautista Manolo Morales, el contrabajista Rodolfo O'Farrill, el güirero Gustavo Tamayo y el afamado pianista y arreglista Everardo Ordaz.

Del repertorio que le escuchaba a Paulina Álvarez, *Dulce serenidad* era una de las piezas preferidas por la muy joven Celia Cruz. El original era una hermosa canción del compositor y músico dominicano Luis Rivera[11], que a finales de la década se da a conocer en Cuba en las versiones del Trío Matamoros, Alfredito Valdés con la orquesta de Cheo Belén Puig y Paulina, éstas dos últimas como danzonetes. A diferencia de Matamoros y Alfredito Valdés, Paulina nunca la llevó a discos. Décadas después, Celia dijo que siempre quiso grabarla en honor a la *Emperatriz del Danzonete*, pero por una razón u otra no fue posible. Sin embargo, la vida le reservaría otros momentos memorables vinculados a Paulina Álvarez y su admiración por ella.

### ◆ DEBUT RADIAL ◆

En 1938 Obdulio Morales crea la primera agrupación artístico-musical dedicada exclusivamente al universo afrocubano: el Grupo Coral Folklórico, con un formato orquestal al que

---

[10]  Sánchez Arcilla, José: "Paulina Alvarez, la Emperatriz del Danzonete, ha conquistado su corona luego de largos años de éxitos", en Diario de la Marina. Año CVII. No. 207. 31 de agosto de 1939. p.46. También "En honor a P. Alvarez volará mañana el aviador Ríos Montenegro", en Diario de la Marina. Año CVII. No. 209. 1 de septiembre de 1939. p. 10.

[11]  Luis Rivera (San Fernando de Montecristi, 22 de junio de 1901− Santo Domingo, 16 septiembre de 1986).

Con cariño
a mi tia Ana
un gran recuer-
do de su sobrina
Celia
15/4/46

introducía tambores, güiros y otros idiófonos de origen africano. En su nómina estaban, entre otros, los cantantes Esther Valdés, Candita Batista, Merceditas Valdés, Alfredo León, y en los
tambores, Pedro Mena, Trinidad Torregrosa, Francisco y Juan
Reigada y Flores Hernández. Entre los músicos, Roberto Ondina y otros que venían de la orquesta sinfónica de Gonzalo Roig.[12]
Con los espectáculos *Jungla Africana, Batamú, El Tambor,* Obdulio
Morales consigue llevar a su compañía a la escena de los teatros
Campoamor y Martí. El impacto en el público que por vez primera se enfrenta a auténticos bailarines y tamboreros inmersos
en cantos y toques de origen africano, es innegable y será un hito
en la difusión de la verdadera música afrocubana.[13]

Ese mismo año, en la barriada de La Víbora, el cine Moderno inaugura al iniciar el año el espacio sabatino *Atracciones viboreñas,* una *matinée* de tres horas, de 1 a 4pm, con un
gran *show* que incluye populares artistas y orquestas, proyección de selectas películas y un desfile de aficionados. Las es-
peradas *matinées* eran patrocinadas por el programa *La hora
del té,* de Radio García Serra[14], que cubría diariamente la franja de 5 a 6 pm todos los sábados.[15] Sin que Celia lo supiera, allá
fue alguien a inscribirla como aficionada, alguien que sería
muy importante en la vida de la cantante: "Yo tenía un primo muy bueno que se llamaba Serafín, que en paz descanse –
contó Celia–. Serafín era muy inteligente y se percató de que
yo atraía a la gente con mi voz. Pues, un día [...] sin decirme
nada, me inscribió en un programa de aficionados que se llamaba "La Hora del Té", patrocinado por una estación de radio
llamada Radio García Serra...".[16]

Con el identificativo CMCU, transmitiendo en la frecuencia
de 1110 kilociclos, la emisora de los hermanos Jorge y Roberto García Serra tenía sus estudios en la calle Estrada Palma No.
63, esquina a Felipe Poey, en la barriada de La Víbora, cerca de
la casa donde vivía Celia con su familia. En su parrilla, durante años Radio García Serra incluía al menos dos programas de
música bailable cubana en los horarios de 1 a 2 pm y de 2 a 5pm.

12   Díaz Ayala, Cristóbal: Cuba canta y baila. Enciclopedia Discográfica de la Mú-
     sica Cubana.
13   Anónimo: *Martí: "Jungla africana" y "La Escala de la Fama".* En *Diario de la Mari-
     na,* 19 de julio de 1938. p. 6. También: *Excepcional show de medianoche el sába-
     do, en el Martí,* en *Diario de la Marina,* 21 de julio de 1938. p. 6.
14   Segunda emisora radial inaugurada en Cuba, en 1929.
15   Sección Gacetillas, en Diario de la Marina, 5 de enero de 1938. p. 8.
16   Cruz, Celia y Reymundo, Ana Cristina: *Celia. Mi vida. Una autobiografía.* Rayo.
     Harper Collins Publishers. New York. USA. pps. 30-31.

"Me puse un vestido blanco, unas mallas blancas con un bordado de colores y mis zapatos de charol blanco que estaban muy de moda. Mi mamá *Ollita* me hizo un moño y me puso un prendedor pasador. Yo me sentía muy tranquila, aunque de verdad no sé por qué estaba tan segura de mí misma. Quizás se debía a que llevaba conmigo las claves que me habían regalado, las mismas claves que yo relacionaba con mi ídolo de la canción, Paulina Álvarez. Tal vez estaba tranquila porque pensaba que las claves de Paulina me daban un poder casi mágico. No sé, pero así me sentía aquella mañana [...]. Cuando me tocó a mí, canté un tango que se llama 'Nostalgia', acompañándome con mis claves. 'Nostalgia' no era un tango arrabalero con bandoneón ni nada por el estilo, pero parece que el toque de las claves les gustó mucho a los jueces, porque al final, yo gané el concurso. Hasta me invitaron a que regresara el mes siguiente y me dieron mi premio: un cake muy bonito.".[17] Debía después presentarse, al mes siguiente, en la ronda eliminatoria, donde volvió a cantar *Nostalgia* y volvió a ganar. Esa vez el premio fue una fina cadena de plata para el cuello. Sin embargo, 17 años después, en entrevista para la revista Show, Celia lo deja claro: su debut ocurrió en el mes de mayo del año 1943, probablemente haciendo referencia a su primera aparición formal como cantante.[18]

"Celia y yo éramos del mismo barrio, y asistíamos a la misma escuela, lo que en clases diferentes –ha contado la notable cantante y actriz Olga Chorens[19].– Nos conocimos en un desfile escolar en honor a José Martí en el Malecón. Ella conversaba con otros muchachos y la escuché decir que cantaba en una emisora que se llamaba García Serra. Yo también quería cantar y al escucharla, me aproximé a ella y le pregunté si cualquiera podía ir a cantar allí, y me dijo que sí. Me explicó que cruzara el parque de la escuela, y que fuera a la casa grande que estaba en la esquina y que ahí ensayaban. El programa era los sábados, se llamaba La hora del té y su dueño y director era Edulfo Ruiz. Entonces yo fui un sábado y me gané el primer premio. Después Edulfo consiguió pasarlo para los Curros Enríquez. Así empecé yo. Gracias a que Celia me dijo a dónde podía ir a cantar...

[17]   Cruz, Celia y Reymundo, Ana Cristina: *Celia. Mi vida. Una autobiografía*. Rayo. HarperCollins Publishers. New York. USA. pps. 31- 32.
[18]   *Celia Cruz, la artista cubana que durante 17 años se ha mantenido en plano de gran estrella*, en revista *Show*. Junio de 1960. p. 70.
[19]   Olga Chorens (La Habana, 7 de febrero de 1924). Cantante, actriz, figura relevante de la radio y la televisión en Cuba antes de 1959. Junto a su esposo Tony Álvarez formó una de las parejas mediáticas más populares en estos medios.

Después pasaron muchos años y nos reencontramos en Radio Progreso, ya cuando yo tenía allí el programa de Olga y Tony, y nos hicimos muy amigas. Y ya en el exilio mucho más".[20]

Celia se dio cuenta de que, además de hacer lo que más le gustaba: cantar, en esos concursos le podía ir muy bien y decidió continuar presentándose en cuanto concurso pudiera. Pone su mira en los que organiza la Sociedad de Naturales Españoles Curros Enríquez[21], cuya sede se encontraba también en Santos Suárez, La Víbora. El primo Serafín cumple su palabra y continúa buscándole posibilidades a Celia para presentarse en certámenes y programas de aficionados, tan de moda entonces. Después de ganar en Radio García Serra participa en *La Corte Suprema del Arte*, el famoso programa de participación que dirigía y animaba José Antonio Alonso y que duró por muchos años, luego retomado en la televisión. "Algunas veces ganaba, otras perdía y una vez hasta me sonaron la campana, aunque eso no fue por culpa mía. Eso me pasó porque por la tarde, cuando fui a ensayar, el pianista, que se llamaba Candito Ruiz, decidió que a mí no me iba a ensayar. Había muchos cantantes ahí, y supongo que no fui santa de su devoción. Me dijo: 'No, a ti no te ensayo. El número sale así'. Bueno, por la noche, yo llegué para el programa, y el tono no salía. La canción se llamaba 'Chiquilla', y la intentamos tres veces, pero como no salía, a la tercera me dieron el campanazo. Así y todo, la gente me aplaudió porque sabían que yo sí sabía cantar, y muchos ya me conocían. Eso fue una lección muy buena, ya que desde ese día, ni grabo ni canto si primero no tengo el tono bien. Qué cosa, de eso hace muchos años y nunca se me ha olvidado. Mi primo Serafín me acompañaba a todo eso. Era como mi representante, pero no oficial".[22]

Fue cerca de 1938. No había cumplido aún los 15 años cuando, determinada a presentarse en cuanto concurso fuera posible, Celia acude a Radio Lavín, a un popular programa para elegir a quien mejor cantara la conga, el ritmo que por ese tiempo Miguelito Valdés, y el compositor Eliseo Grenet habían

[20]  Entrevista telefónica de la autora con Olga Chorens (San Lorenzo de El Escorial, España – Miami, USA. 19 de marzo de 2021).

[21]  Manuel Curros Enríquez (Celanova, Orense, 15 de septiembre de 1851 - La Habana, 7 de marzo de 1908) fue un poeta español en lengua gallega, publicista y escritor, que emigró en 1894 a Cuba y vivió allí hasta su muerte, ocurrida siendo columnista del Diario de la Marina. Una de las sociedades de gallegos en La Habana fue honrada con su nombre.

[22]  Cruz, Celia y Reymundo, Ana Cristina: *Celia. Mi vida. Una autobiografía.* Rayo. Harper Collins Publishers. New York. USA. p. 33.

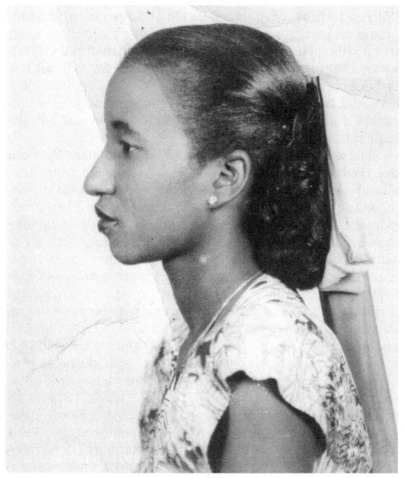

CELIA RETRATADA A INICIOS DE LOS 40.

puesto de moda en los Estados Unidos. En el jurado estaban nada menos que Rita Montaner, Miguel Matamoros y Gonzalo Roig, y el propio Grenet acompañaba al piano a quienes se animaban a presentarse para competir por la corona de rey o reina de la conga. El resultado es previsible: Celia se ciñó la corona de *Reina de la Conga*, en premonitorio aviso de los sucesivos reinados como intérprete de los ritmos cubanos que años después alcanzaría a lo largo de su carrera.[23]

Por esos tiempos, a inicios de los 40, la adolescente Celia también colabora con un grupo musical de su barrio, El Botón de Oro, que dirigía Francisco Gavilán. Canta con ellos en fiestas y eventos del barrio, antes de que se les uniera su hermana

[23] *Celia, la reina*. Clip de prensa sin identificar. Presumiblemente, año 1950.

Dolores, *La Niña*. Y seguía acudiendo a cuanto concurso o programa de participación le avisara Serafín y sucediera en su tiempo libre, porque ya entonces Celia había matriculado en la Escuela Normal para Maestros de La Habana. Era lo usual, casi la única opción posible para las jóvenes de su raza y procedencia social. El dinero que conseguía como premios de esos concursos le alcanzaba para comprar los libros que sus estudios requerían.

El paso de Celia Cruz por la Escuela Normal para Maestros de La Habana terminaría siendo decisivo en su vida futura, pero ella en ese momento no podía saberlo, solo disfrutaba la posibilidad de crecimiento personal y aprendizaje que le brindaban la institución académica y el ambiente estudiantil. Como mismo hizo siempre en los colegios por donde pasó, canta en los actos de la escuela, y en pequeños espectáculos que se organizaban, y a los que sus compañeros y los maestros, sabiendo cuánto y cómo cantaba, la invitan siempre a participar. Y como no podía ser menos, cantó también en el acto el día de su graduación. De la importancia de ese día en su vida, Celia contó a la periodista Ana Cristina Reymundo: "Después que concluyó el acto, cuando la mayoría de la gente ya se había ido, me le acerqué a mi profesora, la señorita María Rainieri, una de las profesoras más bellas y más simpáticas de la escuela. Le pregunté qué tenía que hacer yo para buscarme un aula en donde enseñar, y ella me miró a los ojos y muy seriamente me dijo: 'Celia, a ti Dios te ha dado un gran don. Con esa voz que tú tienes puedes ganarte la vida muy bien. Mira, si tú te dedicas a cantar, vas a ganar en un día lo que a mí me cuesta un mes ganar. No pierdas tu tiempo enseñando. Tú viniste al mundo para cantar y alegrar a la gente con tu voz.' Me sorprendió oír a mi profesora hablarme tan abiertamente, pero no puedo negar que me sentí muy bien por lo que me dijo, y fue en ese momento que decidí ser cantante. Aunque sabía de sobra que tendría que soportar la desaprobación de mi papá, sentí que debía enfrentármele a mi destino y utilizar el don que Dios me dio para hacer feliz a la gente[24]".

La decisión que Celia ha tomado, sopesando incluso las consecuencias y los obstáculos que debía enfrentar, tiene su origen no sólo en su pasión por cantar, por la música, sino también en un carácter enérgico, resolutivo y centrado que ha ido

[24]   Cruz, Celia y Reymundo, Ana Cristina: *Celia. Mi vida. Una autobiografía*. Rayo. Harper Collins Publishers. New York. USA. p. 37.

construyendo su personalidad y que tan temprano puso a prueba. Los pasos que emprendió después también dan muestra de ello: al decidirse por la música, busca orientación, identifica los sitios donde podría estudiar en esa dirección y por ese camino llega a la Academia Municipal de Música donde estudia Solfeo, Piano y Teoría de la música, mientras que, en paralelo, toma clases de Piano con una profesora que le buscó su tía Ana, hasta que llega al maestro Oscar Muñoz Bouffartique[25], muy reconocido por sus dotes pedagógicas y como pianista profesional. "El maestro Bouffartique me decía: 'Celia, tú te tienes que cortar las uñas si quieres aprender a tocar bien el piano', pero yo nunca me las quise cortar. Ahora me pesa no haber aprendido a tocar el piano como debería, porque las uñas crecen y esa oportunidad yo no la supe aprovechar. Aun así, conocí a muchas de las personas que trabajaban en el mundo de la música y me fui relacionando con ellos en la Academia.[26] Con eso y los concursos de aficionados que yo seguía ganando, y que eran cada vez más reconocidos, comenzaron a contratarme en las emisoras".[27]

Bouffartique tendrá después un lugar especial en la carrera de Celia Cruz y aportará con su obra algunos de sus más grandes éxitos.

[25] Oscar Muñoz Bouffartique. (Santa Clara, Cuba. 8 de noviembre – Orange, California. 10 de enero de 1990). Compositor, pedagogo, director de orquesta.
[26] La Academia a la que se refiere es, en realidad, el Conservatorio Municipal de Música de La Habana.
[27] Cruz, Celia y Reymundo, Ana Cristina: *Celia. Mi vida. Una autobiografía*. Rayo. HarperCollins Publishers. New York. USA. p. 38.

# ◆1943-1944◆

PRIMERA FOTO DE ESTUDIO REALIZADA A CELIA POR ARMAND,
EL FOTÓGRAFO DE LAS ESTRELLAS. AÑO 1944.

### ✦ AFROS Y GUARACHAS. LAS ANTECESORAS ✦

En los años cuarenta los estereotipos musicales acuñados como "influencia africana" en los años veinte y treinta, y que permearon el teatro lírico cubano, van a encontrar reflejo en un tipo de canción que deja atrás los elementos vocales característicos de esa expresión escénica, y la hace más popular y asequible a los cantantes que ni tenían ni pretendían cantar en ese estilo vocal. Con el surgimiento y difusión de la radio, lo afro se hace aún más popular y consigue una mayor empatía entre cantantes, músicos y público. Cuando irrumpe la década de los cuarenta, los cantantes y músicos negros habían tenido contadas oportunidades en otras emisoras. Formatos novedosos, como lo fueron los programa de participación al estilo de *La Corte Suprema del Arte*, también les fueron adversos. Allí preferían solo a negros y mulatos, cuya propuesta artística clasificaba dentro de géneros que se consideraban los que les correspondían o los "adecuados", como es el caso del pregón, en el que triunfa Aurora Lincheta[1], con claras dotes para el canto lírico. Aunque a la larga también debió cancelar el género como aspiración en su carrera, incluso tras haber demostrado sus dones en el cine, con su aparición en el filme *Siboney*. El otro nicho al que arrinconaban a los afrocubanos era el de la sátira o el humor, y del que emerge el excéntrico musical *Carioca*, que se convertiría en el artífice de la guaracha paródica.[2]

Sin embargo, algunos logran franquear esas barreras: de las cantantes negras, la que alcanza cotas más altas es Olguita Rivero, que a inicios de la década logra insertarse entre los artistas

---

[1]  Aurora Lincheta (Reina Aurora Lincheta Toledo, 13 de agosto de 1918 – 1918 – Levallois-Perret, Hauts-De-Seine, Francia. 15 de febrero de 2005).
[2]  *Carioca* (Gilberto Noroña. Quemado de Güines el 27 de marzo de 1917– La Habana, 1984).

exclusivos de CMQ. Isolina Carrillo, pianista, pedagoga, compositora y directora de agrupaciones, conquista quizás el punto más alto alcanzado por una mujer músico de su raza cuando Amado Trinidad, el entonces magnate de la RHC Cadena Azul, la radioemisora de mayor *rating* en ese momento, le extiende un contrato por 600 pesos, cifra elevadísima para la época.[3] Sus funciones artísticas en la emisora le permiten desarrollar sus múltiples capacidades e iniciativas, en una de las etapas más importantes de su carrera como lideresa de su propia formación, el conjunto Vocal Siboney, y como pianista y compositora con cierta exclusividad para la emisora. En algún momento Celia pudo hacer fugaces presentaciones en la RHC, de la mano de Isolina y, según algunas fuentes, será ella quien recomiende a Celia, muy tempranamente, que reorientara su repertorio, pues los tangos no eran precisamente lo que se esperaba de las cantantes negras. En 1942 Celia oye la sugerencia de Isolina, y acompañada al piano por ella, canta un programa entero con pregones de Gilberto Valdés en el estudio de la emisora de Amado Trinidad en la esquina del habanero Paseo del Prado y la calle Cárcel.[4]

### ◆ MIL DIEZ ◆

El 1 de abril de 1943 el Partido Socialista Popular inaugura la radioemisora Mil Diez Estación Popular, valorada en la perspectiva histórica como un intento de diversificar la propuesta radiodifusora en Cuba en cuanto a su contenido, asimilación del trabajo de artistas y músicos emergentes, preteridos o discriminados por otras emisoras, y al estilo en el diseño de la comunicación. El Partido Socialista Popular, de tendencia izquierdista y comunista, contaba ya con otro medio: el diario impreso Noticias de Hoy, y su accionar, como el de los dos medios que había creado, eran absolutamente legales en el ámbito jurídico-político nacional en ese momento.

Hasta entonces, las radioemisoras cubanas siguen al calco el modelo radiodifusor norteamericano, marcado por la dependencia de la gestión comercial y el accionar de las firmas anunciantes en las que tiene preeminencia la llamada industria jabonera –que abarca a los fabricantes de detergentes, jabones y un sector de la perfumería– liderada por las marcas

---

[3]   Isolina Carrillo (La Habana, 9 de diciembre de 1907 - 21 de febrero de 1996), autora del mundialmente famoso bolero *Dos gardenias*.
[4]   Quintero, Tania: http://taniaquintero.blogspot.com/2015/02/gilberto-valdes -musico-blanco-que-hizo.html

Crusellas y Sabatés, y después, la fuerte industria cervecera criolla, representada históricamente por las marcas Hatuey, Polar, Tropical y Cristal.

En sus transmisiones diarias de cerca de 20 horas, Mil Diez ofrece una rica programación con espacios dramáticos y musicales de excelente factura, noticieros y editoriales con el propósito de contribuir a elevar el nivel cultural de la audiencia que iba ganando en variedad y procedencia. El tema de identificación de la emisora, con la que abrirá cada día sus transmisiones, es *La bayamesa*, canción original de José Fornaris y del patriota Carlos Manuel de Céspedes, como claro mensaje de su apego a la cubanía y a la independencia[5].

En su corta vida  –poco menos de siete años– Mil Diez tuvo en su *roster* de artistas contratados a muchos nombres emergentes, que lograron convertirse después en grandes figuras de nuestra música. Entre las cantantes, además de Celia Cruz, figura una larga lista de intérpretes de música popular y también lírica, entre ellos, Olga Guillot, Elena Burke, Olga Rivero, Zoila Gálvez, Anoland Díaz, Miriam Acevedo, Aurora Lincheta, María Cervantes. De los hombres, Miguelito Valdés, Bebo Valdés, Reinaldo Henríquez, Pepe Reyes, Bienvenido León, Tony Chiroldi, y otros.[6] Por los micrófonos de Mil Diez pasarían agrupaciones ya entonces muy populares: el dúo Guevara-Barbarú; el trío Matamoros y su derivación, el conjunto Matamoros –exclusivo de la emisora– con un fabuloso cantante llamado Bartolo, que poco después se convertiría en Benny Moré; los tríos Hermanos Rigual y Calonge; los conjuntos Arsenio Rodríguez y Jóvenes del Cayo, los más originales y seguidos del momento. Mil Diez acogió a un Dámaso Pérez Prado veinteañero que comenzaba a experimentar con sus novedosas improvisaciones en el piano; y dio apoyo y acogida a los compositores del *feeling*, entonces desconocidos: José Antonio Méndez, César Portillo de la Luz, *Niño* Rivera, y otros.[7]

[5]   Oscar Luis López, en su obra *La radio en Cuba* (Editorial Letras Cubanas. La Habana, 1981, p. 311) subraya: "Ninguna emisora de Cuba, excepto la COCO del maestro [Luis] Casas Romero, que escogió en 1934 como tema la obra de su inspiración *El mambí*, empleó música nacional" [como tema de identificación].

[6]   Integran también el elenco de solistas de Mil Diez, Julieta Peñalver, Margarita Díaz, Panchita Trigo, Berta Velázquez, Nilda Espinosa, Tomasita Núñez, Greta Menzel, Matilde Camejo, Esther Payret, Hilda Santana, Estela Rodríguez, Alba Marina, Margarita Valdés, Orquidea Pino, Clemente Morales, Zephir Palma, Alfredo de la Fe, Miguel Angel Penabad, Tito González, Humberto Herrera, Ricardo Dantés, Evelio Rodríguez, René Márquez, y otros.

[7]   López, Oscar Luis: *La radio en Cuba*. Editorial Letras Cubanas. La Habana, Cuba. 1981. pps. 313-314.

El día inaugural Mil Diez inicia su programación a partir de las 6.30 am y así será cada día después en su vida a través del éter. El programa de esa memorable jornada incluye una amplia y variada oferta musical, que comienza con la presentación del dúo de trovadores Guevara-Barbarú (Walfrido Guevara y *Raúl Barbarú*). Con una hora de duración, de 11am a 12 am, Arsenio Rodríguez y su Conjunto se presenta en un segmento propio que desde ese día mantendrá durante varios meses. En la parrilla también se escucha al Trío Matamoros, el dúo de Sindo Garay y su hijo Guarionex, Julio Cueva  y su orquesta con su cantante *Cascarita*, el trío Hermanos Rigual y el pianista Oscar Calle. La orquesta Mil Diez, dirigida por el Maestro Enrique González Mantici, acompaña a los cancioneros Reinaldo Henríquez y Panchita Trigo; Radeúnda Lima en el segmento dedicado a la música guajira y la cantante del llamado género afro, Chiquita Serrano. [8]

Mil Diez abre de inmediato una puerta a los músicos emergentes y sobre todo a los de raza negra, preteridos  en el acceso a las opciones de trabajo, a juzgar por lo que contó Bebo Valdés a su biógrafo, el sueco Mats Lundahl: "... era una estación que no discriminaba tanto como la CMQ y muchas otras [...] Los blancos tenían los mejores trabajos. Entonces, Mil Diez contrató a Julio Cueva, Olga Guillot, Elena Burque, (sic) Celia Cruz, Benny Moré, Miguel Matamoros, Antonio Arcaño, todo lo mejor del género negro. Ellos se apoderaron de todos los músicos a quienes los otros no querían".[9] Bebo contribuiría además al trabajo de la emisora, haciendo arreglos para Bienvenido León, Miguel de Gonzalo, Rita Montaner, Olga Guillot, Cascarita y la propia Celia. Y a propósito de los arreglos, fue éste uno de los grande aportes de Mil Diez, pues, según subraya Cristóbal Díaz Ayala, fue la primera planta radial en encargar y exigir arreglos para las presentaciones de orquestas y cantantes, práctica que no existió antes en otras emisoras.[10]

*Chiquitica* Serrano[11], quien sería conocida en Europa como *Chiquita* Serrano, encuentra su oportunidad en Mil Diez, cuando le asignan el primer programa dedicado al afro en esta emisora. A sólo 11 días de la inauguración, el periodista Luis Alfonso, en su columna en el diario Noticias de Hoy, la caracterizaba como "la gran contralto negra, fiel intérprete de nuestra música afro-cubana,

8    Alfonso Luis: *Clemente Morales, Oscar Calle y Julio Cueva "Radio Estación Popular"*, en Noticias de Hoy. 1.4.1943. p. 6.
9    Lundahl, Mats: *Bebo de Cuba. Bebo Valdés y su mundo*. Editorial RBA. Barcelona, España. 2008. p. 54.
10   Díaz Ayala, Cristóbal. Entrevista con la autora. 19 de septiembre de 2020.
11   Joaquina "Chiquita" Serrano. (Cuba. 27 de septiembre de 1905 - Ivry-Sur-Seine, Val-De-Marne, Francia. 15 de julio de 2004.)

que tanto ha gustado".[12] Sin embargo, se mantendría por corto tiempo en la programación de la naciente emisora. No era novata, por el contrario, ya tenía un camino recorrido como pocas cantantes de su época. Tras comenzar su carrera musical en la década de los años veinte del siglo pasado, decidió marchar a París vía España, allá por 1929, como parte de un grupo musical con los cubanos Alcides Castellanos, Rafael Ruiz-Zorrilla y su esposo José Riestra. Es una época dorada para la música cubana en París, que se fascina con el son y las canciones llenas de ritmo que allí llevaron Rita Montaner y Sindo Garay, y ya algunos músicos se hacen populares en ciertos círculos parisinos adoradores de la música cubana, que la demandan en los sitios de la noche.

Entre 1932 y 1939 *Chiquita* Serrano graba una importante cantidad de discos para los sellos Polydore, Pagode, Gramophone, Odeon y Pathé, como voz principal de la Rico's Creole Band, la Orquesta Típica de Castellanos de la Cabain Cubaine, y las orquestas de Oscar Calle, con Don Barreto, José Riestra y Pedro Guida, continuando así la saga de la mujer afrocubana en las grabaciones discográficas. El 1 de septiembre de 1939 el ejército alemán invade Polonia y, en rápida sucesión de acontecimientos no previstos del todo por Hitler, Francia y Reino Unido le declaran la guerra dando inicio a la Segunda Guerra Mundial en Europa, agravando el panorama la invasión de la Unión Soviética a Polonia. La bonanza que vivían los músicos cubanos en el Viejo Continente enfrenta una amenaza real y como muchos otros, *Chiquita* Serrano y José Riestra regresan a Cuba e intentan reinsertarse en el panorama musical.[13] La nueva emisora radial Mil Diez les abre sus puertas, y con su programa caracterizado como afrocubano, marca un momento de cambio en la programación radial, pero su paso por La Emisora del Pueblo será fugaz.

La cantante Julieta Peñalver y Enrique Torriente *Pilderot* con su orquesta Cubaney se vinculan a Mil Diez.[14] Al igual que sus amigos, Celia también lo hace y comienza a presentarse ante sus micrófonos de manera aleatoria. En 1944 ya está en la radioemisora integrando el elenco del programa *Mosaico Trinidad y Hermano* –un espacio patrocinado por la marca cigarrera

[12] Luis Alfonso. Sección *Radio*, en Noticias de Hoy. 11 de abril de 1943. p.10.
[13] Véase: Boulanger, Alain: *La Havane à Paris. Musiciens cubains à Paris (1925-1955)*. Jazzedit. París, Francia. 2018. pps. 88–94.
[14] Julieta Peñalver y Enrique Torriente, *Pilderot*, ella cantante y él trompetista y director de la orquesta Cubaney, amenizaban bailables en la Sociedad Jóvenes de Vals y también cubrían algunos espacios en programas radiales.

del dueño de otra emisora, la RHC Cadena Azul–, que sale al aire cada noche a las 9.35 pm, junto a las cantantes Margarita Díaz, Esther Peyret y la propia Julieta Peñalver. Las voces masculinas son las de Zephir Palma, Alfredo de la Fe, Bienvenido León y Wilfredo Fernández, acompañados todos por la Gran Orquesta Mil Diez, dirigida por el maestro Enrique González Mantici.[15] Lo logrado en Mil Diez en ese momento es lo más cercano a una vida profesional en la radio.

Celia adora cantar y se implica en cualquier evento donde le permitan hacerlo. En el periódico Noticias de Hoy, en su edición del 12 de agosto de 1944, aparece una foto suya de estudio, firmada por Armand –probablemente la primera que le hiciera el gran fotógrafo cubano y la primera en aparecer en un medio de prensa– donde se anunciaba su participación al día siguiente, a las 9 de la mañana, en un espectáculo en el cine-teatro Ideal, junto a la soprano Margarita Díaz y otros artistas.[16] Ese mismo día, en la noche, Celia cantaría también en un espectáculo conjunto organizado por Amado Trinidad (RHC Cadena Azul) e Ibrahim Urbino (Mil Diez) con artistas de sus respectivos elencos, para homenajear al dirigente sindical Lázaro Peña y a la Central de Trabajadores de Cuba. Además de Celia, suben a la escena del Teatro Nacional, Rita Montaner, Margarita Díaz, Zephir Palma, Benny Castillo, Tito Alvarez, el Trío Matamoros, Bienvenido León, Julieta Peñalver, Alfredo de la Fe, Wilfredo Fernández y otros.[17]

Como parte de su trabajo en Mil Diez, acude a la llamada del Teatro Popular, dirigido por el actor Paco Alfonso. En su edición del 17 de noviembre de 1944, el diario Noticias de Hoy incluye un recuadro anunciando los próximos espectáculos de este conjunto dramático en el Club Hebreo, situado en la intersección de las calles Zulueta y Gloria, presentando –además de los noticiarios, *sketches* humorísticos y otras variedades– a la Embajada Artística de la Mil Diez con un elenco variable cada día. El *show* del día 18 incluye a los cantantes Tito Alvarez, Julieta Peñalver, Celia Cruz, Miguel Angel Penabad, el trío de Landa, Llerena y Tabrane (que más tarde se convertirían en Trío Taicuba). La función de la Embajada de Mil Diez del día 22 de noviembre sería en el local de Plantas Eléctricas, en Prado No. 615. Presentaría un espectáculo con Recodo Argentino, el Trío Taxqueño, Tito Alvarez y Celia.[18] Las funciones se extendieron a los

15  Noticias de Hoy. 15 de agosto de 1944. p. 6.
16  Noticias de Hoy. 12 de agosto de 1944. p. 6.
17  Noticias de Hoy. 15 de agosto de 1944. p. 3
18  Noticias de Hoy. 17 y 22 de noviembre de 1944. p. 6.

días 24 de noviembre en la sede del Sindicato Independiente de Almacenes, en las calles San Ignacio y Muralla, y en la de los Ómnibus Aliados, el 29, pero de la información de prensa no queda claro si Celia también participó en ellas.

Mil Diez logra rápidamente posicionarse en el favor de la audiencia como la tercera radioemisora preferida. Una tríada bien experimentada lleva las riendas: Ibrahim Urbino, director general; Honorio Muñoz, director artístico y Félix Guerrero, director musical. Sin dudas, la gran sensibilidad y conocimiento de Guerrero será determinante para que muchos cantantes y músicos emergentes encuentren espacio donde trabajar y ser valorados por el público.

# ·1945·

CELIA VISTIENDO UNA DE SUS PRIMERAS BATAS CUBANAS.
FOTO: ARMAND. AÑO 1945

## ◆ SU PRIMER PROGRAMA PERSONAL ◆

La Asociación de la Crónica Radial Impresa (ACRI) en su selección anual distingue a María Teresa Vera como la intérprete más destacada de 1944. Esta categoría, años después, conocerá el nombre de Celia Cruz, quien, demostrando la continuidad de influencias y herencias en la música popular cubana, recibirá muchas veces este premio.

Dos meses después, en enero de 1945, Julieta Peñalver y Celia Cruz consiguen que la dirección de la emisora les asigne sendas franjas horarias para centrar un programa musical personal. A partir del 1 de enero Julieta, que cantaba por lo general canciones y boleros, tendría el programa *De mí para ti*, cada tarde a la 1.30 pm, acompañada por la orquesta de planta, esta vez dirigida por el maestro Félix Guerrero.[1] Celia, por su parte, sería la estrella del programa *Momento Afro-Cubano*, respaldada por la orquesta de planta, esta vez dirigida por su titular el maestro Enrique González Mantici. Era su primer programa personal, pequeño, pero suyo. El anuncio, con gran destaque en el emplane de la página, así decía: "Mil Diez presenta cada noche a las 10.15 pm el programa 'Momento Afro-Cubano' con la actuación de la siempre aplaudida Celia Cruz, notable intérprete de nuestros motivos negros. Cantos afros en la voz y estilo pimentoso de la más destacada figura de este género en la Radio Nacional".[2]

Este anuncio, publicado en Noticias de Hoy el 18 de enero de 1945, es probablemente, el primero donde Celia aparece destacada en un medio de prensa como figura principal de un programa o evento. La música afro en Mil Diez tendría ahora

[1]   Noticias de Hoy. 2 de enero de 1945. p. 6.
[2]   Noticias de Hoy. 18 de enero de 1945. p. 6

**M I L D I E Z**

**LA EMISORA DEL PUEBLO**

## PRESENTA

### CADA NOCHE A LAS 10:15

# Momento Afro Cubano

Con la actuación siempre aplaudida de Celia Cruz, notable intérprete de nuestros motivos negros

Cantos afros en la voz y estilo pimentoso de la más destacada figura de este género en la Radio Nacional

Acompañamiento musical de la gran Orquesta MIL DIEZ, conducida por el maestro González Mantici

ANUNCIO DE SU PRIMER PROGRAMA PERSONAL, PUBLICADO EN NOTICIAS DE HOY EL 18 DE ENERO DE 1945. ARCHIVO DE LA AUTORA.

una nueva figura, que reemplaza a *Chiquita* Serrano, quien dejaría los estudios de la Emisora del Pueblo para poner rumbo de nuevo a Europa y asentarse allí definitivamente. Será Celia Cruz, con su programa *Momento Afro-Cubano,* la encargada de mantener un programa del género afro en las ondas radiales de Mil Diez, en una línea de continuidad no concertada que iniciara antes Radio Cadena Suaritos.

La industria discográfica da fe de que el término "afro-cubano" o "afrocubano" comienza a utilizarse, al parecer, en la década de los 20: entre las numerosas grabaciones, la de Antonio Machín en 1928, acompañado de un coro masculino y la orquesta Simons, de *Paso ñáñigo* (Victor-46445), clasificada genéri-

camente por su autor Moisés Simons como, "aire afrocubano".
Simons asignó esta palabra como género a otras composiciones
suyas como *Chivo que rompe tambó*. En la primera mitad de la
década de los 40, Santos Ramírez –fundador y líder de la comparsa El Alacrán– había creado o se proponía crear su Septeto
Afrocubano y Mario Bauzá y Frank Grillo, *Machito*, fundaban en
Nueva York la orquesta *Machito* y sus Afrocubans.

Desde los años veinte y hasta el momento en que cobra auge
como denominación genérica o estilística, marca de identidad o elemento publicitario para la radio y el *show-business*, se
utiliza la palabra "afro", como apócope de *"afro-cubano",* para
distinguir las manifestaciones culturales y artísticas que tenían sus raíces en el legado de las poblaciones negras escla-
vizadas y traídas a Cuba desde sus sitios originarios en África.

El término "afro" fue inexacto y limitante desde los inicios
de su uso: no reflejaba con suficiente amplitud los elementos
resultantes de los arduos, complejos y contradictorios procesos de resistencia e integración de esas poblaciones negras,
como parte ineludible del tronco de la nación cubana, y la asimilación e intercambio de influencias y apropiaciones recípro-
cas, principalmente de las culturas franco-hispánicas en las
diferentes zonas de su asentamiento en el país. Pero probablemente y hasta hoy, a falta de otro más exacto, el término afro-
cubano permitía definir las dos vertientes principales de una
noción de unicidad más abarcadora: la criolla o cubana de origen español y la africana.

Dejados atrás los tangos, definitivamente, y junto con los
temas del género afro, en su programa de Mil Diez y en sus
presentaciones en teatros, Celia comienza a cantar guarachas
y canciones y a delinear los primeros trazos en la búsqueda de
un estilo propio.

### ♦ RITA MONTANER, ROSITA FORNÉS... ♦ Y CELIA EN LUCHA POR LOS ARTISTAS

Celia ha venido trabajando duro, perfeccionando su canto y sus
conocimientos musicales. Lleva su voz y su encanto a donde
quiera que la llamen, y se va adentrando en el ambiente artístico, delineando inconscientemente el lugar que su talento la
haría ocupar. En 1945 se recrudece la vieja batalla de los artistas y músicos cubanos contra los empresarios cinematográficos que han secuestrado los teatros, despojándolos de una de
sus mayores fuentes de empleo, al aumentar las proyecciones

de películas y en muchos casos suprimir el segmento de música donde actúan solistas y agrupaciones. La lucha sindical se agrava cuando crean el Comité de Lucha Pro-Artistas y Músicos en Teatros y Cines Diarios, y se lanzan a la calle a exigir al presidente Ramón Grau San Martín la promulgación de un decreto-ley que les garantice que se mantenga el trabajo a artistas y músicos en los teatros. Celia se implica en las exigencias y manifestaciones, al igual que muchos artistas que emergían al mundo del escenario desde los estratos más empobrecidos de la sociedad. El gremio vivía momentos de penurias económicas y escasez de fuentes de trabajo. Las figuras más enérgicas en tales demandas, en apoyo a sus compañeros, fueron Rita Montaner y Rosita Fornés, quienes con el prestigio que ya ostentaban, podían influir de modo decisivo en las administraciones que tenían en sus manos la solución del problema.

El 31 de julio la prensa nacional anuncia la solución del diferendo: Ramón Grau San Martín, presidente de la Repúbli-

CELIA −TERCERA POR LA DERECHA− EN MANIFESTACIÓN PRO-DERECHOS
DE LOS ARTISTAS. AÑO 1945.

ca en su segundo mandato, aprueba y firma el decreto-ley que establece la presencia obligatoria de *shows* o espectáculos con músicos y artistas en las programaciones de los cines-teatros, junto a la exhibición de películas. Las protestas de los artistas en la calle habían dado resultados.

En agradecimiento y en honor al presidente Ramón Grau San Martín, se realiza el 2 de agosto y desde tempranas horas un gran y prolongado acto artístico en la Avenida de las Misiones, frente al Palacio Presidencial, en el que participan figuras principales como las propias Rita Montaner y Rosita Fornés; los cantantes líricos Luisa María Morales, Hortensia Coalla, Iris Burguet, Hortensia de Castroverde, René Cabel, América Crespo y Miguel de Grandy; la Coral de La Habana, dirigida por María Muñoz de Quevedo, la rumbera Isora y su conjunto de baile, y también Celia Cruz, en lo que constituye su primera actuación en un evento de esta envergadura.[3] Los maestros Rodrigo Prats, Enrique González Mantici, Félix Guerrero, Oscar Calle, Alfredo Brito, Adolfo Guzmán y Manuel Duchesne Morillas, indistintamente, dirigen una orquesta especialmente formada para la ocasión, con más de 200 músicos, así como la Filarmónica y la Lecuona Cuban Boys.

El periodista Hilarión G. Boudet entrevista a Celia para la publicación *Arte radial. Anuario de la Radio*, y a la pregunta de cuál había sido el momento más emocionante de su vida, Celia, con apenas 20 años cumplidos, respondió: "Cuando actué ante el señor Presidente de la República, en el show organizado por el Comité de Lucha de Músicos y Artistas para testimoniar al Primer Mandatario de la Nación, y el público, que rebasaba el millar, me tributó la mayor ovación que he recibido en actuación alguna".[4]

Pasado algún tiempo, este logro de los artistas sería escamoteado: el Decreto-Ley sería incumplido por los empresarios. El gobierno de Grau miraría para otro lado, pues en el fondo, no quería problemas con las empresas cinematográficas norteamericanas que movían los hilos de las entidades locales que manejaban los cines, contrarios todos a intercalar espectáculos en el intermedio o al final de los pases de las películas.

En medio de esto, Celia iría poco a poco conquistando cada vez mayores espacios. El 22 de diciembre forma parte de un espectáculo que sube a la escena del cine-teatro Reina, con Rita María Rivero, Mario Fernández Porta, Olga Rivero, Miguel

[3]   Fajardo Estrada, Ramón: *Rita Montaner, testimonio de una época.* Editorial Oriente. Cuba. 2017. p. 99.
[4]   Boudet, Hilarión G. *Arte radial. Anuario de la Radio.* Editado y distribuido por Distribuidora Ultis. La Habana. 1945. p. 20.

Angel Ortiz, Dandy Crawford, Orlando Guerra *Cascarita*, Esperanza Chediak, Manolo Fernández. El momento culminante es la reaparición de Rita Montaner después de presentarse en la cercana república mexicana.[5]

Cuando termina el año 1945, Celia Cruz había alcanzado logros significativos: se mantenía como la cantante por excelencia del llamado género afro en Mil Diez, en momentos en que la emisora subía en los *ratings* de audiencia gracias a su variada programación y, en lo musical, a un elenco que centraban Olga Guillot, Elena Burke, Zefir Palma, Arcaño y sus Maravillas, que ya se anunciaba como "la orquesta del nuevo ritmo", el conjunto Jóvenes del Cayo y otros, junto a figuras extranjeras como el Trío Janitzio, de México. Celia contaría otro triunfo más al ser destacada en el *Anuario de la Radio* por el periodista Hilarión G. Boudet, quien, con el lenguaje de la época, escribe de ella: "Los ritmos negros tienen en Celia Cruz, la simpática chiquilla que actúa con singular éxito por las ondas de la Emisora del Pueblo 'Mil Diez', una de sus más destacadas intérpretes. Una prueba palpable de lo que decimos anteriormente, es la enorme cantidad de correspondencia que recibe solicitando su atractiva silueta.

"Celia Cruz es una de las cultivadoras de la música afro, que sin grandes ditirambos, ha llegado a un lugar preferente en la radiofonía nacional. Esta bella mujer ebánica, nació el 21 de octubre de 1925 en la ciudad de La Habana. Su peso es de 106 libras, tiene una estatura regular. Su cabello y ojos negros contrastan admirablemente con el color bronceado de su tez. Y para satisfacción de muchos, sí de muchos, es solterita... y sin compromiso".

Al resumir la vida musical de Celia en esos momentos, el periodista apuntaba:

"Como casi todos sabemos, Celia se inició en la vida artística como aficionada, allá por el año de 1935[6], en un programa para nuevas promesas que presentaba las emisoras García Serra. Una sola presentación en el mencionado programa, bastó para que la que más tarde es una de las mejores intérpretes del patio obtuviera los primeros premios.

"Unos años consagrada al estudio y perfeccionamiento de su voz... y a las lides profesionales a través de las más populares emisoras y en los más exclusivos teatros de esta capital e interior de la República". Y por Boudet, podemos conocer algunos

---

[5]   Fajardo Estrada, Ramón: *Rita Montaner, testimonio de una época*. Editorial Oriente. Cuba. 2017. p. 103.

[6]   Este dato es erróneo, como se puede ver y comprobar en páginas anteriores de este libro. En 1935 Celia tenía solo 10 años. (N. de la A.).

de los teatros donde Celia ya en diciembre de 1945 se había presentado: "... Fausto, Nacional, Campoamor, Alkázar, Villaclara y Caridad, de Las Villas, Sauto de Matanzas, y otros".[7] Según el *Anuario*, en esos momentos Isolina Carrillo y Facundo Rivero eran los compositores favoritos de Celia, de los que ya, al parecer, cantaba varias obras.

En el mundo artístico la noticia más importante al cierre del año es la elección de Rita Montaner como Reina Nacional de la Radio 1945, como resultado del concurso auspiciado por el diario Mañana, cuyo jurado debió elegir entre artistas de todas las emisoras radiales del país.

7    Boudet, Hilarión G. *Arte radial. Anuario de la Radio.* Editado y distribuido por Distribuidora Ultis. La Habana. 1945. p. 20.

# •1946•

CELIA CON OTRA DE SUS PRIMERAS BATAS CUBANAS.
FOTO: NARCY. CA. 1946

La prensa continúa insertando elogiosos comentarios sobre el trabajo de la joven Celia Cruz. El periódico *Alerta* la califica como *"intérprete insuperable de nuestra música vernácula"*[1], mientras se mantiene en Mil Diez y se beneficia de la competitividad y los altos *ratings* de la emisora, que logra tener en su programación al Trío Matamoros, a Olga Guillot, y a las orquestas que los bailadores llaman *Los Tres Grandes:* Melodías del 40, con sus danzones en el espacio de las 9.00 am; Arsenio Rodríguez y su conjunto, en el segmento más escuchado: a las 5.00 pm; y Arcaño y sus Maravillas, *la Radiofónica de Arcaño* a las 7pm.

## ◆ RIMAS Y RITMOS NEGROS. ◆
## SU SEGUNDO PROGRAMA

El programa *Rimas y Ritmos Negros* comienza a salir al aire por sus ondas el primer día de febrero de 1946, los martes, jueves y sábados a las diez de la noche con 15 minutos de duración y se extenderá durante todo 1946 y parte de 1947. El actor y declamador Amador Domínguez y Celia Cruz combinan poesía, estampas costumbristas y música, según anunciaba *Noticias de Hoy.* Con horarios que cambiaron en algunos meses, es uno de los espacios de mayor permanencia en la parrilla de programación de la emisora. Amador Domínguez[2] es uno de los primeros actores negros de la radio cubana. Se había iniciado en

[1]  ¡Alerta! La Habana, 30 de abril de 1946, p. 4.
[2]  Amador Domínguez (La Habana, 30 de abril de 1912 – 1962). En 1940 forma parte de la revista *Batamú*, de Obdulio Morales, con la que viaja a México. Figura entre los 10 actores iniciales de la radioemisora Mil Diez. Luego trabajaría en RHC, CMQ y otras emisoras radiales. Aparece en algunos filmes y tuvo participación en programas de la TV Cubana.

la compañía de Julio Chappottín, dirigida por Enrique Medina, y en 1939 ya hacía coreografías en la Compañía Cubana de Color –toda de actores músicos y bailarines negros– dirigida por el destacado músico, compositor, arreglista y director Obdulio Morales, que se presentaba en el Teatro Nacional. Ese sería el origen de la compañía de revistas musicales *Batamú*, bajo las órdenes del propio Obdulio y el coreógrafo Armando Borroto. En la radio, Amador Domínguez ha trabajado en varias emisoras, incluída la RHC Cadena Azul. Es uno de los actores que colabora con Paco Alfonso en el elenco de Teatro Popular, y también hace parte del grupo teatral ADAD, donde demuestra su calidad en empeños dramáticos que van más allá de los roles que usualmente son destinados a los actores negros. Los días 16, 17, 18, 21 de marzo, Noticias de Hoy inserta un anuncio en recuadro sobre este programa en el que Celia aparece destacada.

Para dar una idea de la importancia de Mil Diez en la década, vale mencionar algunos momentos de su vida y programación. En su cartel musical, en esos momentos en que Celia es artista de la emisora, figuran Bebo Valdés, los cantantes Berta Velázquez y Miguel de Gonzalo, Bobby Collazo, Tony Chiroldi y el Trío Matamoros, Arsenio Rodríguez y Olga Guillot, entre muchos otros. Al uso de las estrategias comerciales que vienen siguiendo las radioemisoras que comparten con Mil Diez la preferencia de la radioaudiencia, la llamada Emisora del Pueblo continúa organizando y produciendo espectáculos en los principales teatros, en los que los artistas de su elenco tenían aún una mayor visualidad y protagonismo.

Desde las nueve de la mañana del 31 de marzo, el Teatro América abrió sus puertas a un macro-concierto que coincide con el tercer aniversario de la emisora. Se trata de un homenaje a Olga Guillot, –elegida como la cancionera más destacada de 1945– y festejando el cumpleaños de Ibrahim Urbino. Con el respaldo de la orquesta Mil Diez, dirigida por Félix Guerrero, Roberto Valdés Arnau y Rafael Ortega, subirían a escena, encabezadas por *La Única*, Rita Montaner, los cantantes Zoraida Marrero, Elizabeth del Río, Olga Guillot, René Cabel, José Fernández Valencia, junto a Bola de Nieve, el Trío Matamoros, Bienvenido León y Alfredo de la Fé, Miguel de Gonzalo, las mexicanas Hermanas Águila, Canelita, el Trío Loquibambia, Los Diablos del Swing, y otros artistas y la actuación especial –así se anunciaba– del conjunto Jóvenes del Cayo. Celia Cruz hace parte de este fabuloso espectáculo en honor a la Guillot y a quien poco después sería su esposo, Ibrahim Urbino.[3]

En Mil Diez, la marca cigarrera Regalías El Cuño patrocina una orquesta dirigida por Enrique Pilderot con el nombre de la conocida firma. Sus cantantes son Juan Antonio Ramírez, *El Fantasmita*, Bienvenido León, Jesús Díaz y alguien que llegaría a ser muy cercano a Celia, de hecho su primer y único novio conocido en Cuba: el sonero y cantante de afros Alfredito León[4]. De estirpe sonera y trovadoresca, pero también rumbera, Alfredito heredó dotes de buen cantante, pues era hijo de Bienvenido León, una de las segundas voces más portentosas de Cuba. Alfredito había sido uno de los pilares del Septeto Segundo Nacional y ya por estos tiempos era uno de los mulatos mejores plantados y más elogiados en la escena galante de La Habana.

A las 4.30 pm, los lunes, miércoles y viernes, Bebo Valdés mantiene su programa *Agutex* en Mil Diez, y con el bajista Luis Felipe Torriente repasan las más populares melodías norteamericanas. Los martes, jueves y sábado este programa lo centra el joven y emergente pianista Frank Emilio Flynn, con los cantantes Miguel de Gonzalo y Berta Velázquez.[5] Otras orquestas, todas estelares, seguían animando los espacios bailables en la programación: la Ideal, de Joseíto Núñez, Arsenio Rodríguez y su Conjunto, Pedrito Calvo, Los Comandos de René López, Arcaño y sus Maravillas, y otros.

En la medianoche del 16 de noviembre, el Teatro Alkázar abre sus puertas a un gran *show* en homenaje a Félix Guerrero, destacado compositor, director orquestal y en esos momentos, director musical de Mil Diez. El elenco no podía ser más relevante. Encabezando el cartel, en este orden, el maestro Ernesto Lecuona al piano, Ignacio Villa, Bola de Nieve; Marta Luque, Celia Cruz, Olga Guillot, Alfredo de la Fe, los bailarines Doris y Roberts; los cantantes Elvirita López, Zaphir Palma. También la soprano Zoraida Marrero, la cantante mexicana Chela

3    Noticias de Hoy. 29 de marzo de 1946. p. 6.
4    Alfredo León, *Alfredito*, hizo parte del Grupo Coral Folklórico de Cuba, fundado y dirigido por Obdulio Morales en 1938. En los años 40 pasó por los conjuntos Siboney de Isolina Carrillo y Los Leones, dirigido por su padre. También participó en los coros de claves y guaguancó y otras formaciones. En 1956 integraba el grupo de Frank Domínguez que amenizaba las noches del bar del *cabaret* Sans Souci. En la década de los 60 grabó con la cantante cubana Edda Quian el LP *Cuba tradicional* (EGREM LD-3193), su único disco como artista principal. Su voz puede escucharse, entre otros fonogramas, en la grabación del bolero *Rosa María*, por Alejandro Mustelier y su conjunto Chacumbele (V 23-0768), grabado en 1946.
5    Noticias de Hoy. 25 de junio de 1946. p. 6.

Campos; Orlando Guerra, *Cascarita*; Rolando Ochoa, Blanca Becerra, Bienvenido León, el Trío Matamoros, el ensemble Los Diamantes Negros, los bailarines Felo y Freddy, Humberto de Dios, y una gran orquesta integrada por 50 profesores y dirigidas por Enrique González Mantici, Roberto Valdés Arnau y el director austríaco Paul Csonka, quien acompañó al pianista Rafael Ortega.[6] Pudo ser ésta la primera vez que la novel Celia Cruz coincidiría en un elenco con quien ya era un gran maestro, pianista y productor: Ernesto Lecuona.

En paralelo, Celia asume otros trabajos: en la pantalla del cine Reina aún se podían ver las atractivas imágenes de Judy Garland y Mickey Rooney en el filme *En alas de la canción*, cuando el 8 de mayo la proyección dio paso a un espectáculo musical que reunió a Celia Cruz, los tríos Loquibambia y Juvenal, junto a la cantante Iraida Lazaga y una orquesta dirigida por Roberto Valdés Arnau. Según el anuncio publicado en la prensa, Celia encabezaba el cartel. Junto a Rita Montaner, Olga Guillot, Elizabeth del Río, Dandy Crawford y Carlos Suárez, con Orlando de la Rosa al piano, sube el 15 de mayo al escenario del Teatro Cervantes para cantar en el homenaje al joven cancionero Tony Herrera.[7]

### ♦ CELIA Y HARLEM. PRIMER CONTACTO ♦

La empresa el Teatro Campoamor, en lo que anuncia como la "glorificación de los ritmos negros", presenta la revista *Estrellas de Harlem y de La Habana* para la que contratan a cinco estrellas negras de los escenarios de Broadway: los bailarines acrobáticos Son & Sonny, la pareja negra de bailes de salón Smiles and Smiles, muy populares por sus apariciones en el cine, y la cantante Dolores Brown. La lista de los cubanos en el elenco la encabezan Orlando Guerra *Cascarita*, los rumberos Rolando y Aida y... Celia Cruz, ya insertada en el principal circuito teatral de la capital cubana. El espectáculo se anuncia por una semana, del 24 de noviembre al 1 de diciembre de 1946, con cuatro funciones diarias. El Campoamor era uno de los principales teatros habaneros y uno de los importantes aportes urbanísticos que la comunidad asturiana dejara en el entramado visual de la capital cubana. Ubicado en una de las esquinas que forman las calles Industria y San José, en lo que entonces se identificaba con el centro de la

6   Noticias de Hoy. 15 de noviembre de 1946. p. 6.
7   Fajardo Estrada, Ramón: *Rita Montaner. Testimonio de una época.* Editorial Oriente. Cuba. p. 113.

ANUNCIO PUBLICADO EN DIARIO NOTICIAS DE HOY EL 24 DE NOVIEMBRE DE 1946.

capital cubana, el Campoamor se alzaba muy próximo al Paseo del Prado y a los teatros Payret y Nacional.

La crítica de arte del diario Noticias de Hoy, Mirta Aguirre, dedica por lo general su columna semanal al teatro y la música de concierto. Sin embargo, en esta ocasión, destinó un espacio significativo el 27 de noviembre de 1946 a reseñar esta revista negra que presenta el teatro Campoamor. Al hablar del desempeño de Celia, la conocida intelectual acierta: "En el programa que vimos en la noche inaugural del lunes, Celia Cruz inició el desfile artístico, con su voz hermosa y su honda manera de decir las canciones que se inspiran en nuestra liturgia de raíz africana. A Celia Cruz, sobria y exacta en el género que especializa solo cabría recomendarle más cuidado en la utilización del micrófono. Éste, tabla salvadora para las gargantas pobres, conspira a veces un tanto contra las voces potentes como la de Celia Cruz, sobre todo en locales pequeños. Alejarse un poco más del aparato amplificador o controlar el volumen vocal es lo aconsejable en estos casos". Y aprovecha para congratularse por la idea de la empresa Artists International de traer a estos artistas de Harlem, al tiempo que advierte acerca de lo grotesco en el tratamiento del tema negro en la escena cubana de aquellos tiempos: "Lo negro, con harta frecuencia –por ahí anda, demostrándolo nuestro Chicharito– es tomado como pretexto para desbarrancamientos artísticos de cepa discriminatoria. El espectáculo del Campoamor demuestra que lo negro, lo popular, en nada contradicen la alta calidad artística tanto en lo técnico formal como en el fondo de la orientación estética".[8] Esta observación de una ya prestigiosa crítica de arte como Mirta Aguirre resulta importante, porque demuestra que, tan temprano como en 1946, ya Celia Cruz mostraba el buen gusto interpretativo que la caracterizó durante toda su carrera, apelando únicamente a su voz, su plasticidad escénica y su naturaleza alegre y desinhibida. Es ésta una de las primeras críticas aparecidas en la prensa cubana donde se pondera la solvencia que ya mostraba Celia sobre los escenarios, con apenas 20 años.

## ◆ LAS MULATAS DE FUEGO. PREÁMBULO ◆

Con su minimalista arquitectura *art-deco*, el cine-teatro Fausto se alza desde 1938 en la esquina del habanero Paseo del

---

[8]   Aguirre, Mirta: "Estrellas de Harlem y de La Habana", en Noticias de Hoy. La Habana. 27 de noviembre de 1946. p. 6.

Prado y la calle Colón. Entonces esa era zona privilegiada dentro de lo que se consideraba el centro neurálgico de La Habana. Su patio de butacas podía albergar a 1.640 espectadores y en 1946 era uno de los más importantes del circuito cinematográfico que, como ya se sabe, debía por ley incluir espectáculos musicales y artísticos junto a los pases de las películas. En 1947, el Fausto hace parte del Circuito Teatral Paramount, junto a otros espacios de importancia en cuanto a sus espectáculos musicales, como el Alkázar y el Encanto. Este circuito proyectaba filmes de las distribuidoras norteamericanas Columbia, Warner Bros, MGM, Universal y Paramount.  En los inicios de la vida artística de Celia, el cine-teatro Fausto tiene una importancia cardinal.

Ese año un joven mulato santiaguero, llamado Roderico Neyra, era ya uno de los productores y coreógrafos de algunos de esos espectáculos.[9] Venía del teatro Shanghai, espacio popular entre la población masculina habanera por sus espectáculos subidos de tono como reconocido sitio precursor de la escena *porno* en Cuba. Allí Roderico había sido bailarín y había realizado sus primeros escarceos como diseñador de escenas de baile.  En el Fausto, Celia y Roderico iniciarían una relación amistosa que llegaría más allá de los días de gloria de ambos en el *cabaret* cubano y que marcará también la carrera de quien será *La Guarachera de Cuba*: tras varios años Roderico se convertirá en el mítico *Rodney*, el hacedor de las fantasías más inimaginables y fastuosas en la historia del espectáculo nocturno y uno de los grandes amigos de Celia Cruz para toda la vida.

Con las películas *El Ladrón de Bagdad* y *Hogueras de pasión* en la pantalla, el 8 de diciembre, la prensa anunciaba en el escenario del Fausto, la revista *Acuarela del Brasil*, con la *vedette* brasilera Elvira Pagán, acompañada de Miguel de Gonzalo, Olga Salas, Felo Bergaza y la Orquesta Fausto, junto a "seis bellas modelos". No olvidar este detalle, porque de ellas y su relación con Celia se hablará más adelante.[10] Mientras todo esto sucede, en los bajos del *cabaret* Montmarte, en 23 y P, comienzan las primeras pruebas experimentales para introducir la televisión en Cuba, el llamado *Televisión Show*, en función continua de 3.00 a 7.30 pm a través de la emisora CM-21P. Y a poco de que llegue la Nochebuena, Pascuas o Navidad, como solían llamarle los cubanos a los días 24 y 25 de diciembre, Mil Diez

[9]   José Roderico Neyra, *Rodney* (Santiago de Cuba, Cuba. 11 de febrero de 1912-México, D.F. Abril de 1962).
[10]  *Noticias de Hoy.* 8 de diciembre de 1946. p. 8.

RITA MERCEDES MONTANÉ, ANITA ARIAS, MECHE LAFAYETTE Y CELIA CRUZ,
EN EL CAMINO DE LAS MULATAS DE FUEGO. 1948. LA HABANA. COLECCIÓN MECHE
LAFAYETTE Y BEATRIZ EIRIS.

promueve un bailable gigante a través de sus ondas radiales con los *Tres Grandes* –Arsenio, Melodías del 40 y Arcaño–, además del Quinteto Tomé y los Jóvenes del Cayo. Por esos días, finales del año, La Habana era el centro de muchas cosas, entre ellas, la reunión cumbre que llevó en secreto a la capital cubana, a los jefes de las familias de la mafia italiana en Estados Unidos, la famosa y persistentemente legendaria reunión del Hotel Nacional. También, y sin vínculo con esto, el fin de año nos traía el regreso triunfal de Miguelito Valdés a Cuba, otra vez. La prensa anunciaba en primeros titulares su llegada el 27 de diciembre de ese año 1946. Y Celia estará involucrada en las presentaciones de *Mr. Babalú* en La Habana.

# · 1947 ·

MIGUELITO VALDÉS Y CELIA CRUZ EN LA MIL DIEZ.
CA. DICIEMBRE 1946–ENERO 1947.

## ◆ CELIA Y MIGUELITO VALDÉS ◆
### EN LA HABANA

El cantante está en la cúspide de la fama en Nueva York, tras conquistar a legiones de norteamericanos desde su debut años antes con la orquesta de Xavier Cugat. Miguelito Valdés, ya conocido como *Mr. Babalú*, ha vendido decenas de miles de discos y ha hecho carrera también en el cine: a estas alturas de 1946, ha sido portada de la influyente revista Billboard en 1942, y ha aparecido en tres filmes de Hollywood –*Panamericana, Bailando nace el amor* y *Suspense*– y en México, en *Mi reino por un torero, Imprudencia, Conga Bar, Cimarrón* y *Estampas Coloniales*. Sus dos éxitos más sólidos son *Babalú* (Margarita Lecuona) y *Negra Leonó* (Ñico Saquito). Es en Estados Unidos, sin dudas, el cubano más popular.

Al arribar al aeropuerto de Rancho Boyeros, Miguelito está en condiciones de decidir y lo hace: sus primeras presentaciones serán, por voluntad propia, en Mil Diez, La Emisora del Pueblo, y rápidamente, Mirta Aguirre lo entrevista y anuncia su debut "... en un programa monstruo, a las ocho de la noche, cantando arreglos suyos, con una orquesta de cinco saxofones, cinco cuerdas, cuatro metales, piano, bajo y percusión; con Félix Guerrero en la batuta; con Olga Guillot, la cancionera más destacada del año; con Celia Cruz, la mejor voz negra de la radio nacional. ¡Un espectáculo único! Todas las noches, desde el miércoles primero hasta el sábado cuatro. Durante todo enero, los lunes, miércoles, viernes y domingos".[1]

El anuncio de este programa resalta en los medios de prensa. Noticias de Hoy lo inserta cada día con las fotos de los tres

---

[1]   Aguirre, Mirta: "Miguelito Valdés en La Habana", en Noticias de Hoy. 31 de diciembre de 1946. p. 10.

cantantes y el maestro Félix Guerrero. La elección de Celia para presentarse junto a Miguelito Valdés habla alto del lugar que ya ha alcanzado entre las cantantes cubanas. Todos coincidían en el significado de este hecho, nombrándola con diferentes epítetos: "la insuperable intérprete de nuestra música vernácula", "la mejor voz afro de la radio".

Patrocinado por la marca cigarrera Regalías El Cuño, el viernes 17 de enero ofrecen un programa especial, donde participan también Celia y Olga Guillot, al que se suman el Trío Matamoros, el conjunto de Arsenio Rodríguez, Arcaño y sus Maravillas y el conjunto Jóvenes del Cayo. Miguelito era la noticia. A propuesta de los ediles Nicolau, Ortega y Escalante y atendiendo a los triunfos del cubano en los Estados Unidos, que lo han convertido, sin dudas, en un embajador de nuestra música, la Cámara Municipal de la capital cubana distingue al cantante con la Medalla de La Habana, que le será entregada en un grandioso homenaje en el Gran Stadium de La Habana (hoy Stadium Latinoamericano) el 25 de enero de 1947. Fue un espectáculo maratónico donde actuaron Rita Montaner, Bola de Nieve, Olga Guillot, María de los Ángeles Santana, Graciela Santos, las Hermanas Márquez, el Trío Servando Díaz, el barítono René Castelar y Nilda Espinosa; los actores cómicos Aníbal de Mar, Mimí Cal y Leopoldo Fernández, el animador Rolando Ochoa, la rumbera Isora, Orlando Guerra, *Cascarita*; Alfredo de la Fe, los tríos Moreno y Hermanas Lago, el conjunto Cuban Star Swing y por supuesto, Celia Cruz. Todos, respaldados por una gran orquesta, que dirigieron durante la velada los maestros Félix Guerrero, Enrique González Mantici y Roberto Valdés Arnau. La cantante mexicana María Luisa Landín, el puertorriqueño Bobby Capó, el argentino Trío Mastra, los norteamericanos Rolling and Rolling y los españoles de Los Ibéricos, que trabajaban en emisoras de radio y escenarios habaneros en ese momento, se sumaron también al elenco del homenaje.[2]

Durante este mes de enero Celia alterna esas presentaciones junto a Miguelito Valdés con el programa *Variedades Mil Diez*, junto a los cantantes Margarita Robles y Alejandro Rodríguez, el argentino Trío Mastra, Los Ibéricos, el Trío Antillano, *El Indio Naborí* y Eloy Romero, con la orquesta Mil Diez. A la 1:45 pm la voz rotunda y alegre de Celia salía durante 15 minutos por las ondas de la emisora con el indicativo CMX. La revista Ra-

2   Fajardo Estrada, Ramón: *Deja que te cuente de Bola*. Editorial Oriente. Santiago de Cuba. 2011. pps. 147-148. Véase también: Noticias de Hoy. 25.1.1947. p. 10.

dio-Guía destacaba su nombre en este segmento de programación. [3] Miguelito se presenta también en el Teatro América y en el *cabaret* Tropicana, con resonante éxito. Celia, involucrada en algunos momentos de la visita de Miguelito Valdés a La Habana, asiste también al *ponche*[4] de despedida que organiza Ibrahim Urbino, director de Mil Diez, el 28 de enero.

Celia sigue siendo designada para presentarse con artistas visitantes. A inicios de febrero llega a La Habana, contratado también por Mil Diez, el Conjunto Los Paraguayos, intérpretes del folklore guaraní. El 8 de febrero se presentan en el teatro de Ómnibus Aliados, escoltados por Olga Guillot, Celia Cruz, el conjunto vocal Cubanacán y el conjunto español Los Ibéricos, con Roberto Valdés Arnau al piano. Un mes después cumple la invitación a participar en un homenaje al trío Hermanos Rigual, con un elenco estelar encabezado por Rita Montaner y con Bola de Nieve, la soprano Zoraida Marrero, Olga Guillot, Tony Chiroldi, los conjuntos de Isolina Carrillo y Facundo Rivero, María de los Angeles Santana, Dandy Crawford, las Hermanas Márquez, el pianista Felo Bergaza, los cantantes Miguel de Gonzalo y Vilma Valle.

## ◆ CELIA, THE NICHOLAS BROTHERS ◆ Y SERENATA MULATA

En su edición del 7 de febrero, el Diario de la Marina inserta un anuncio sobre el inminente debut de The Nicholas Brothers en el Teatro Campoamor al día siguiente a las doce de la noche, tras el pase del filme *Morena Oscura*. Según la gráfica, los extraordinarios bailarines norteamericanos serían escoltados por las actuaciones de *Cascarita* y Celia Cruz. The Nicholas Brothers eran los mejores exponentes del *tap* y el baile acrobático en la mejor tradición afroamericana. El espectáculo denominado *Fiesta Negra* recogía los lauros cosechados por la revista con artistas afroamericanos que el coliseo de Industria y San José presentara en el mes de enero y ahora unía a estos genios de la danza con nuestros *Cascarita* y Celia Cruz. No ha sido posible confirmar si, efectivamente, Celia llegó a presentarse con The Nicholas Brothers, ante la duda

[3] "¿Qué estación local desea usted oír?", en revista *Radio-Guía*. Año XIII. No. 151, 152 y 153. Enero, Febrero, Marzo 1947.
[4] Ponche, versión criolla de *punch*, bebida norteamericana, que en Cuba, además, identifica en aquel tiempo a un evento o reunión social donde se sirve a los asistentes. (Nota de la autora).

ANUNCIO PUBLICADO POR EL DIARIO DE LA MARINA EL 7 DE FEBRERO DE 1947.

que provoca un anuncio similar dos días después, donde en su lugar aparece el nombre de la cantante mexicana María Luisa Landín.[5]

Un mes más tarde, el exclusivo Diario de la Marina publica la primicia de un evento asociado al nombre de la famosa canción de Bobby Collazo: "Diez cuadros divididos en dos actos hacen la más sensacional revista que La Habana haya disfrutado en los últimos diez años. 'Serenata Mulata' será la sensación del año en el teatro Principal de la Comedia el próximo miércoles [19 de marzo] a las nueve y media de la noche. Colores, lujo, rico

[5]   Véase en Diario de la Marina. 7 y 9 de febrero de 1947. p. 6.

vestuario, gran orquesta y las actuaciones de primerísimas figuras de nuestra escena y la radio: Olguita Guillot, Zaphir Palma, Celia Cruz y la gran soprano y destacada artista Issa Mar
[...] hará desfilar en bellísimas evoluciones a las ocho mulatas auténticas más hermosas de La Habana".[6] Al día siguiente,
el mismo medio confirmaba la noticia y agregaba, al referirse
al programa y a otros artistas que se sumarían: "... Celia Cruz,
creadora del afrocubano, el conjunto musical Loquibambia, especialistas en swing, la sensacional pareja de bailes Mercedes y
Rolando, el bailarín José Rodríguez y la destacada intérprete de
los cantos afro Mercedes Lafayette... y ocho auténticas mulatas
que harán levantar de su silla a los espectadores".[7] Es, ni más ni
menos, la primera aparición, al completo, de quienes pronto serían Las Mulatas de Fuego, a las que Celia pronto se vincularía.

Para mayo, Celia inicia una gira por el interior del país que
la lleva a diferentes pueblos y ciudades y que la prensa califica
como "llena de triunfos". Al regreso, comienza una segunda
etapa en Mil Diez, a partir del 2 de junio en el programa *Radio
Cocktail Musical* a las 9:35 de la noche. En el cartel, el Trío Servando Díaz, los populares "trovadores sonrientes", la cancionera Inés María y el dúo de excéntricos musicales Elmar
y Spiegel, Los Meloparodistas Vieneses. Así la anunciaba Noticias de Hoy: "Sí, es ella: Celia Cruz, la indiscutible máxima
intérprete del género afrocubano, que regresa a los micrófonos de la Mil Diez con su maravillosa voz y su gracia criolla".[8]

## ◆ *RAPSODIA EN BRONCE Y NEGRO.* ◆
## LAS MULATAS DE FUEGO

El filme norteamericano *Las cuatro plumas*, del director Zol-
tan Korda, se proyecta en la pantalla del cine-teatro Fausto y
no pasaría de ser otra película en su calendario de programación si no fuera porque para alternar con ese filme se anuncia
el debut de *Rapsodia en Bronce y Negro*, un gran *show* producido
por Roderico Neyra, presentado ya como *Rodney* en el anuncio

---

[6]   Anónimo:"La Comedia: Mañana Issa Mar presentará *Serenata Mulata*", en
      Diario de la Marina. La Habana. Cuba. 18 de marzo de 1947. p. 8.
[7]   Anónimo: *Hoy La Comedia. Serenata Mulata con Issa Mar*, en Diario de la Marina.
      La Habana, Cuba. 19 de marzo de 1947. p. 8. Mercedes *Meche* Lafayette será
      una de las fundadoras de Las Mulatas de Fuego.
[8]   Noticias de Hoy. 27 y 28 de mayo de 1947. p. 10.
      Durante la permanencia de Celia en este programa pasarían por sus micró-
      fonos la soprano Mercedes Pérez Calvo, el tenor ruso Iván Nevadi, y además,
      Carioca y Luis Sánchez en el momento humorístico.

CELIA Y MECHE LAFAYETTE EN MÉXICO CON UN ADMIRADOR. 1948.
COLECCIÓN MECHE LAFAYETTE Y BEATRIZ EIRIS.

publicado en el Diario de la Marina el 19 de junio de 1947. Destacaba como primeras figuras del espectáculo a Celia Cruz, Nora Peñalver y Elena Burke, junto al cuarteto vocal de Facundo Rivero y 20 artistas más, todos acompañados por la orquesta Fausto y arreglos de Felo Bergaza. Continuaría en cartelera hasta el 1 de julio, ahora con la proyección del filme *La dama imperfecta*, con Ray Milland y Teresa Wright. *Rapsodia en Bronce y Negro* es el antecedente inmediato de la primera experiencia internacional de Celia Cruz, algo que llegaría el próximo año.

Bebo Valdés colaboró con *Rodney* en los ensayos y así quedó el hecho en su recuerdo: "Yo había trabajado con él [...] cuando hizo la primera coreografía de mambo, para Las Mulatas de Fuego, en un show en el teatro Fausto, de manera que nos conocíamos [...] Eran seis mulatas y fue un éxito tremendo. Celia Cruz cantaba con el grupo. Los arreglos eran míos y de René Hernández, creo.... Pérez Prado tenía un par de arreglos también".[9] Algunas

[9]    Lundahl, Mats. *Bebo de Cuba. Bebo Valdés y su mundo*. RBA Libros. Barcelona, España. 2008. .p. 107.

fuentes señalan a Felo Bergaza, entonces pianista de la orquesta del Fausto, como otro de los arreglistas participantes.

En julio Celia continúa en Mil Diez en el programa *Cocktail Musical*, ahora con la inclusión de los cantantes Toti Lavernia y Tony Chiroldi, Carioca y el dúo Romay, más un espectáculo cómico que reunía a Amador Domínguez, al argentino Ricardo Dantés, Thelma Norton y Luis Sánchez, entre otros, y alguien que dentro de tres años tendrá que ver con su carrera: la guarachera puertorriqueña Myrta Silva.[10]

A partir del 11 de agosto comienza a actuar en el programa *Radio Cocktail Musical* la emergente cantante mexicana Chavela Vargas, recién llegada a La Habana, contratada en exclusiva por Mil Diez, y el barítono José Fernández Valencia, que se suman al elenco anterior en el que permanecen Celia y Tony Chiroldi. Junto a Herminda García y Ramón Espígul Jr., Celia y Chavela compartirán micrófono en este programa durante varias semanas, en jornadas que se insertan en los inicios de la carrera de la gran diva de la ranchera.[11]

## ◆ CELIA EN UNIÓN RADIO ◆ CON GASPAR PUMAREJO

El 6 de octubre y de la mano del emprendedor Gaspar Pumarejo[12], Unión Radio comienza sus transmisiones y entra en la pelea por la radioaudiencia nacional, ya entablada y liderada por CMQ, el circuito pilotado por Goar Mestre, y RHC Cadena Azul, encabezada por Amado Trinidad, *El Guajiro*. Pumarejo es una figura ineludible en la historia de los medios de comunicación. En los momentos en que crea Unión Radio, ya había transitado con éxito desde los estratos más bajos como vendedor de la marca Humara y Lastra —la más importante distribuidora de aparatos de radio, discos, equipos eléctricos y luego, de victrolas—, hasta posicionarse con éxito como locutor, productor y empresario radial. Más tarde, será precursor de la introducción de la televisión en Cuba, y su labor como productor y presentador repercutirá de manera influyente.

[10] Noticias de Hoy. 11.7.1947. p. 10.
[11] Noticias de Hoy. 5 y 20 de agosto de 1947. p. 10. Isabel Vargas Lizaso, conocida como Chavela Vargas, cantante mexicana de origen costarricense (San Joaquín, Costa Rica. 17 de abril de 1919–Cuernavaca, México. 5 de agosto de 2012).
[12] Gaspar Pumarejo (Santander, España, 8 de noviembre de 1912 – San Juan, Puerto Rico, 25 de marzo de 1975).

En 1947 Pumarejo es un creativo conocedor del poder de la publicidad y al constituir Unión Radio se emplea a fondo para llegar a todos los rincones del país donde hubiera un aparato de radio. Unión Radio se anuncia retransmitiendo a través de 21 emisoras locales y, en particular, en La Habana, con el indicativo CMCF a través de los 910 kilociclos. Para las transmisiones iniciales, Pumarejo trae especialmente desde México a la bolerista María Luisa Landín y a Mario Ruiz Armengol, como director invitado de la orquesta que le acompañaría. Y para que no decayera el entusiasmo, anuncia para dentro de cuatro meses la contratación en exclusiva de Pedro Vargas, *El Tenor de las Américas.*

Cuarenta días después de su inauguración, Unión Radio promociona en el Diario de la Marina, con desbordada prosa, el espacio que Gaspar Pumarejo ha diseñado para dar un toque diferente a su parrilla de programación: *Rapsodia Afro-Cubana de Celia Cruz.*

"Celia Cruz, la genial intérprete de nuestros ritmos ha sido contratada con carácter de exclusividad con 'Unión Radio', la más moderna organización radial [...] 'Rapsodia Afrocubana de Celia Cruz', que se transmite los martes, jueves y sábado a las diez y media de la noche es sin duda alguna el espectáculo más completo en su clase que se ha radiado en Cuba y cuenta entre otros atractivos, además de la extraordinaria actuación de Celia Cruz, con la magnífica orquesta Cosmopolita [la banda de planta del afamado cine-teatro América] bajo la dirección del maestro Humberto Suárez y la colaboración de artistas invitados. Recomendamos a la radioaudiencia escuchar 'Rapsodia Afrocubana de Celia Cruz' que produce y escribe Roberto Garriga con Juan José González como animador y con Celia Cruz, cuya voz de calidad excepcional y estilo personalísimo e inigualable la acreditan como una de las más rutilantes estrellas exclusivas de Unión Radio".[13] La orquesta Cosmopolita era en 1947 una de las más destacadas *jazz bands*, con una nómina de experimentados músicos. Fundada por el saxofonista Vicente Viana en 1938, cubrió espacios en la RHC Cadena Azul en tiempos en que tenía como vocalista a Vicentico Valdés.

En realidad, y de acuerdo a las carteleras radiales que publica diariamente el Diario de la Marina, el programa de Celia comenzó a transmitirse a las 8.45 pm y luego con dos espacios

---

[13]   Giró, Alberto: *Rapsodia Afro-Cubana de Celia Cruz en Unión Radio*. En Diario de la Marina. Sección: *Radio y Electricidad*. La Habana. Cuba. 16 de noviembre de 1947. p. 37.

diarios de 15 minutos, manteniendo este horario y además una presentación a las 11.00 am. Esto propiciaría la coincidencia de Celia con su ídolo, Paulina Álvarez, *La Emperatriz del Danzonete*, quien también centra un programa con su nombre, a las 3.30 pm, en la misma emisora. Con este contrato con Pumarejo, Celia deja la radioemisora Mil Diez... por ahora.

### ◆ LAS PRIMERAS GRABACIONES. ◆ CHANGÓ Y BABALÚ AYÉ. UN HITO

Desde finales de la década de los treinta, el antropólogo y etnólogo Fernando Ortiz viene desarrollando una ingente labor investigativa y didáctica, orientada a aproximar los elementos culturales afrocubanos a la amplia percepción y comprensión de la sociedad. Había comenzado en 1937, con las primeras conferencias ilustradas que impartió en el Teatro Campoamor, auxiliado de algunos tamboreros, iniciados en diferentes jerarquías dentro de la Regla de Ocha. Junto a una obra que ya era profusa y cardinal, Ortiz no detiene su trabajo de extensión cultural. El 6 de agosto de 1947 dicta su famosa conferencia en el Anfiteatro de la Escuela de Verano de la Universidad de La Habana, con una exhibición de genuinos instrumentos, cantos y bailes litúrgicos africanos enraizados en Cuba.[14] Algunas emisoras radiales, como Radio Cadena Suaritos, Mil Diez y RHC, insertan espacios para la llamada música afro, donde los cantantes y percusionistas introducían en el repertorio cantos y toques litúrgicos, que popularmente se van conociendo como toques de santo.

Por esos mismos años Radio Cadena Suaritos lanza al aire cada domingo a las siete de la noche una serie de programas dedicados al folklore cubano, que terminan por cautivar a un número significativo de radioescuchas posicionándose en uno de los primeros lugares en la audiencia general. Con esta propuesta Radio Cadena Suaritos logra situarse, en esa franja horaria y durante algunos meses, por encima de los líderes de la competencia de entonces, las radioemisoras RHC Cadena Azul y CMQ. Una orquesta dirigida por el pianista, compositor y arreglista Obdulio Morales –uno de los primeros en persistir en el empeño de extender la cultura musical afrocubana–, y un conjunto de tambores batá, liderados por Torregrosa, acompañan

[14] Ortiz, Fernando: "Las músicas africanas en Cuba", en Revista Bohemia. 24 de agosto de 1947.

a la cantante Merceditas Valdés, quien lleva a las ondas radiales los toques y cantos de las ceremonias yoruba. Otra cantante del género afro que pasa por los estudios de Radio Cadena Suaritos es Candita Batista. Ya en Mil Diez, con su programa *Momento Afro-Cubano*, Celia comienza después a defender también la expresión de uno de los elementos más raigales de la cultura musical cubana.

Las fuentes al alcance de esta investigación no han sido suficientes para conocer las razones que motivaron a Ramón Sabat a realizar una serie de grabaciones que clasificaría genéricamente como "toques de santo"[15], pero entre ellas probablemente estuvieron el impacto de la expansión de la música ritual afrocubana en varias emisoras de radio y en escenarios teatrales, donde gana espacios en favor de una actitud más desprejuiciada y de aceptación social. Sin embargo, las notas anónimas que aparecen en los reversos de portada y contraportada del álbum con los tres discos de 78 revoluciones por minuto, ponen en claro no sólo estas razones sino también el sentido cultural que Panart le dio –o debió darle– a esas grabaciones. Estas notas se estructuran en tres breves partes, que refuerzan la tesis acerca de su sentido didáctico: *Introducción*, *El toque de santo*, y *Nomenclatura y simbolismos*. En la segunda y tercera se explican la ceremonia del toque de santo, los nombres de los orishas y su identificación sincrética, así como diferentes símbolos y voces. En la *Introducción*, se lee:

"Todo el patetismo que se desprende del cancionero sagrado afrocubano ha sido recogido en una notable colección de discos fonográficos que llevan el Sello PANART, cuya Dirección, en plan de hacer una obra de real envergadura, contrató al más famoso grupo de cantantes rituales lucumíes de las Antillas, el Coro Yoruba, que con el conjunto de Tambores Batá hizo marco a Mercedes Valdés[16] y Celia Cruz cuyo renombre de cantantes de 'Toques' es conocido en Cuba, en Haití, en Jamaica y aún más allá, donde quiera que haya un grupo afrocriollo que se dedique a sus ceremoniales ancestrales".[17]

"El Album de TOQUES DE SANTO de PANART ya ha recibido su consagración internacional al ser reconocido por la

[15]  Aquí, y en lo sucesivo, se indica el género o ritmo que aparece en el disco.
[16]  Se trata de la cantante folklórica Mercedes Valdés Granit, Merceditas Valdés (La Habana, 24 de septiembre de 1922 – 13 de junio de 1996).
[17]  Album *Toques de Santo*. Panart R-107. Al transcribir el texto de la Introducción se ha respetado la redacción exacta que aparece en el original.

UNESCO, rama cultural de la ONU, como la obra de divulgación musical más seria hecha en nuestro país sobre temas rituales afrocubanos". Aquí, la referencia a la UNESCO refuerza aún más la hipótesis acerca del sentido más cultural, por lo auténtico y raigal de estas grabaciones.

Las grabaciones *Changó* y *Babalú Ayé* son los primeros registros fonográficos, los primeros discos realizados por Celia Cruz, pero también le cabe el honor de haber cantado para concretar las primeras grabaciones comerciales de música litúrgica yoruba y afro-cubana realizadas en el mundo. Con números de matrices 290 y 219 respectivamente, fueron publicadas con referencia de catálogo P-1140, inicialmente en un álbum No. R-107 *Toques de Santo*, contentivo de 3 discos de 78 RPM. Merceditas Valdés tiene a su cargo el segundo disco P-1170, cantando *Ochún* y *Yemayá*; en el tercer disco P-1191, Merceditas Valdés, Bienvenido León y Facundo Rivero cantan a *Eleggúa* y *Obatalá*. En todos los casos, les acompañan el Coro Yoruba de Alberto Zayas[18] y los Tambores Batá de Trinidad Torregrosa, Jesús Pérez y Virgilio Ramírez.[19] En fecha muy próxima, en Nueva York, el empresario Gabriel Oller estaba grabando para sus sellos Coda y SMC, a Chano Pozo y a un grupo de percusionistas en otras grabaciones similares, aunque no iguales, pues incluyen, entre otros, cantos y toques abakuá, para también fijar el record de ser las primeras grabaciones comerciales de esta música ritual.

A inicios de la década de los cuarenta, el ingeniero Ramón Sabat[20] había comenzado a amasar el sueño de crear una fábrica, un estudio y una marca de discos. Primero fue la aventura de Musicraft y luego, la creación del sello Panart, el primero netamente cubano y establecido en la Isla, en la capital, en el número 410 de la calle San Miguel entre Lealtad y Campanario, en el habanero barrio de San Leopoldo, donde mismo radicó el rústico estudio allá por el año 1944. Junto a su hermano Galo, estableció la fábrica de discos —inicialmente un pequeño establecimiento donde instaló el equipamiento de uso traído desde Estados Unidos—, bajo la razón social Cuban Plastic Records Corporation y enfrentó con decisión tremenda lo que significaba tener a

---

[18] Alberto Zayas Govín *El Melodioso* (Matanzas, Cuba. 14 de febrero de 1908-Guanabacoa, La Habana, 1983).
[19] Estos discos serán reeditados en 1959 en el LP *Santero* (Panart LP-2060).
[20] Ramón Sabat (Cienfuegos, 31 de diciembre de 1902 – Miami, 17 de marzo de 1986).

la RCA Victor[21] como competencia, lo que señala formalmente el inicio de una industria discográfica netamente cubana.

Para 1944, la marca que crea se forma por las primeras sílabas de la frase *panamerican art* (Pan-Art). De acuerdo a los datos que ofrecen los propios discos de 78 RPM con sello naranja de Pan-Art, serán los muy populares Orlando Guerra, *Cascarita*, con la orquesta de Julio Cueva, quienes graben *Ampárame* y *En el ñongo* (ambos de la autoría de Chano Pozo). Ocupan así el primer número de referencia del naciente catálogo: el 1001. Panart nace con una voz guarachera, mulata, popular, respaldada por la orquesta de un músico que estaba de regreso de notables lides internacionales: Julio Cueva había sido testigo y partícipe del *boom* de la música cubana en Londres y París en los años finales de la década de los treinta y el inicio de los cuarenta.

A tres años de su creación, Panart fijará para siempre la voz de Celia en el primer escalón de su carrera discográfica. Sin embargo, a Ramón y a Galo Sabat, les faltó visión, al limitar la presencia de Celia en su catálogo a estos dos registros: el primer sello disquero auténticamente cubano dejó pasar la posibilidad de tener en su catálogo a las dos voces más grandes de la música popular cubana, Benny Moré y Celia Cruz. A diferencia de Moré, quien desde finales de la década de los cuarenta había establecido en México tempranos vínculos contractuales con la RCA Victor, Celia era en ese momento un talento virgen para la industria discográfica y es de imaginar que pasados los años, los Sabat nunca se perdonarían tal ausencia de acción y previsión dentro de su fértil y prolífica iniciativa empresarial.

Los registros *Changó* y *Babalú Ayé* serían los únicos de *La Guarachera de Cuba* que exhibirían la etiqueta Panart. Cuando todavía no había comenzado a cantar y a grabar con La Sonora Matancera, Celia dio muestras de su excelente desempeño interpretando en teatros y emisoras radiales, sobre todo afros, acompañada de grandes orquestas dirigidas por batutas incuestionables: Félix Guerrero, Enrique González Mantici y otros. No hubo iniciativas por parte de las disqueras norteamericanas que operaban en Cuba, ni tampoco por Panart, para fijar la voz de Celia en estos contextos.

---

[21]  A partir de 1930, el sello Victor comenzó a llamarse RCA Victor, cuando la compañía Victor Talking Machine Company es vendida a la RCA.

## SANTERÍA *VS* CATOLICISMO.
### ◆ RELIGIOSIDAD EN CELIA CRUZ ◆

La autenticidad que se percibe en estas grabaciones de Celia y en las que hizo a lo largo de su carrera hace a muchos no dudar de su pertenencia a la religión yoruba. Tal percepción le acompañó durante toda su carrera, pues los cantos dedicados a las deidades lucumíes continuaron sucediéndose en su repertorio, ahora fuera del ámbito estrictamente ritual o religioso, extendiéndose a géneros populares como el son, la guaracha, o el llamado afro. La formación espiritual de Celia

CELIA JUNTO A SU VIRGEN DE LA CARIDAD DEL COBRE.

Cruz era cristiana y desde su adolescencia fue católica practicante, a pesar de que los toques de santo, los santeros y santeras, los babalawos eran parte de su entorno vecinal y en una parte de su familia, con toda la discreción con que las religiones de origen africano eran practicadas en épocas en que era estigmatizada y discriminada en importantes sectores de la sociedad.

"Si hablamos de la santería, te tengo que decir que Celia no era religiosa. Ella era totalmente católica y fue siempre católica". Quien así se expresa es Marta Castillo, una de Las Mulatas de Fuego en su formación primigenia, ex-primera bailarina de Sans Souci, Tropicana y Montmartre y amiga de Celia desde los años 40.[22] Y continúa: "Celia respetaba las creencias de cada cual, pero nunca se hizo santo, ni nada. Su marido Pedro Knight tuvo un familiar cercano enfermo y le dijeron que le hicieran santo para que se salvara, se lo hicieron y no se salvó, por lo que él nunca creyó tampoco. Celia lo que sí fue muy devota de la Santísima Virgen de la Caridad del Cobre. En su familia sí había personas que eran creyentes y practicantes santeros, como su hermano Barbarito, su hermano favorito. Para poder cantar esos cantos de los toques de santo que Celia grabó debió tener ayuda de personas que sí eran santeras, quizás hasta la ayudara el propio Trinidad Torregrosa, que fue muy cercano a nosotras".[23]

Celia misma se encarga décadas después de reiterar la misma respuesta a idénticas preguntas: "Mucha gente que no me conoce bien piensa que yo soy santera. Me ven cubana y negra, y por eso están seguros de que lo soy. Toda mi vida he luchado contra eso. Hay gente que hasta asegura que me han visto tomar parte en rituales santeros [...]. Yo respeto todas las creencias y todas las religiones, incluso la santería, pero no la sigo. Tampoco niego que sé algo de ella. ¿Qué cubano hay que no sepa algo de la santería? Pero tengo que confesar que mis conocimientos de la santería son bastante superficiales. Para mí, la santería es un asunto del folklore cubano. Aun así, mucha gente insiste en calificarme como santera. Una vez más, repito que eso tiene que ver con los

[22]  Marta Castillo (31 de enero de 1931). Bailarina y cantante. Fundadora de Las Mulatas de Fuego. Fue primera bailarina en los tres grandes *cabarets* cubanos: Sans Souci, Montmartre y Tropicana. Formó memorables parejas con Alexander Cutting y Miguel Chekis.
[23]  Entrevista telefónica de la autora con Marta Castillo. San Lorenzo de El Escorial-Móstoles, Madrid, España. 30 de julio de 2020.

prejuicios de los demás, ya que al verme negra y cubana, piensan que no tengo más remedio que ser santera".[24]

Fuentes familiares han afirmado que en su juventud un célebre santero conocido como Chino Poey, le dijo con firmeza: "Tú has venido al mundo con una protección tal, que no necesitas tener santo, ni hacerte nada. ¡Nunca dejes que te toquen la cabeza!". Y Celia se atuvo siempre a tal premonición.[25]

Termina 1947 y el 13 de diciembre la Compañía Lírica Cubana lleva al Teatro Martí la zarzuela *Cecilia Valdés*, con la dirección musical de su creador, Gonzalo Roig. En los roles principales, la soprano Marta Pérez, el tenor Miguel de Grandy, y Blanca Becerra en su legendaria Dolores Santa Cruz. Cantando el solo de La Esclava, en ese papel, una joven de solo 22 años, llamada Celia Cruz. Nunca grabaría esta importante pieza de la zarzuela cubana.[26]

---

[24] Cruz, Celia y Reymundo, Ana Cristina: Op. cit. pps. 24–25.
[25] Testimonio de Omer Pardillo Cid. Entrevista telefónica con la autora. Diciembre 2020. La frase "tocar la cabeza" significa "coronar un santo (oricha) en su cabeza", legitimar la conversión de la persona como hijo/a de determinada deidad.
[26] Programa de mano, rescatado del Archivo del Teatro Martí, en La Habana, por el investigador Enrique Río Prado.

# ◆1948◆

CELIA Y ELENA BURKE EN 1948. COLECCIÓN MALENA BURKE.

## ◆ POR PRIMERA VEZ EN SANS SOUCI ◆

El año comienza para Celia con su primer contrato en uno de los tres *cabarets* más importantes de Cuba: el Sans Souci, donde actuaría hasta finales del mes de febrero. Situado en la zona de Marianao, en el kilómetro 15 de la carretera hacia el poblado Arroyo Arenas, la instalación del *cabaret que* aprovecha en un alto grado las bondades naturales del enclave, distante siete millas del centro de La Habana de entonces. Sans Souci fue fundado en los días siguientes a la I Guerra Mundial, cerca de 1914, cuando los estadounidenses ricos comienzan a ver a Cuba como un destino seguro para sus múltiples y dispendiosos viajes. Con su estilo bucólico, el *cabaret* cubano toma su nombre de Sanssouci, el conjunto de edificios y jardines imperiales ubicado en Postdam, en las cercanías de Berlín, que incluyen el antiguo palacio de verano oficial de Federico II El Grande, rey de Prusia. Su nombre podría traducirse como "sin preocupaciones", un sitio para el descanso y la relajación más allá de los avatares del poder político, y quizás eso mismo quisieron reproducir los dueños del *cabaret*, al crear y mantener un lugar donde quienes llegaban se sintieran en pleno disfrute del ocio y la distracción.

De sus propietarios poco se sabe: sólo que un gallego de nombre Arsenio Mariño, radicado en Cuba desde 1914, fue codueño del Sans Souci. Era el padre de la cantante, bailarina y actriz hispano-cubana Yolanda Farr, y vendió su parte en la década de los años 30 cuando marchó a Suramérica. Sans Souci podría haber inspirado a quienes después, en la década de los cuarenta, crearon en Villa Mina un espacio dominado por la naturaleza, la música y el baile que pronto se llamaría Tropicana. La influencia norteamericana en sus propuestas escénicas dará paso cada vez más a elementos de la cultura afrocubana.[1]

"Dos veces se presentará el magnífico *show*, en el que tomarán parte la pareja de bailes españoles Rocío y Antonio, que tanto gustan; la admirada cancionera Celia Cruz, la aplaudidísima bailarina cómica norteamericana Honey Murray y la pareja de rumba Meche y Pablo". Así reseñaba el Diario de la Marina el 15 de enero de 1948 la presencia de Celia en el nuevo *show* que pronto estrena Sans Souci.[2] Mientras Celia estuvo en este espectáculo, los bailables en el *cabaret* eran amenizados por la orquesta de Guillermo Portela y el conjunto Los Leones, de Bienvenido y Alfredito León. Celia vuelve a coincidir aquí con Alfredito, y quién sabe si quizás tuvo él algo que ver en la llegada de ella a Sans Souci, pues el conjunto Los Leones, ya venía trabajando en los espacios bailables del *cabaret* al aire libre. Otras figuras pasan por el *show* en sus dos pases (11.30 pm y 1.30 am), como la bailarina norteamericana Marta Nita y el actor Rolando Ochoa, en calidad de presentador.

Años después, el cronista Ñico Gelpi, en las páginas de la revista Show daría su versión sobre los inicios de Celia en el *cabaret* de la calle 51: "Fue nuestro director, Dr. [Carlos Manuel] Palma quien la inició [a Celia Cruz] en la gloria, cuando se la presentó al Sr. Miguel Miró, a la sazón dueño de Sans Souci, y éste la contrató sin conocerla. Celia se hizo sentir desde su debut y constituyó una singular atracción por muchas semanas. De esa prueba en la aristocracia de los clubes exclusivos, Celia fue agigantando su personalidad en forma progresiva".[3]

### ♦ ¿CELIA CANTANDO DÉCIMAS? ♦

En paralelo a su contrato en Sans Souci, Celia continúa en Unión Radio con su programa diario *Ritmos Afro-cubanos por Celia Cruz* y suma una nueva participación en su programación: en la sección *Informaciones Radiales*, el sábado 10 de enero el Diario de la Marina comenta el nuevo espacio: "Dramas de la vida real que ocurren a diario en nuestro país, son escenificados por Germinal Barral e interpretados por Gina Cabrera y su

[1]   Para la historia de Sans Souci, véase: Vizcaíno, María Argelia: "El *Cabaret* Sans Soucí de La Habana", en https://www.facebook.com/RecuerdosDeLaCubaDe NuestraNinez/posts/1093376297352568/

[2]   "Los jueves de Sans Souci", en *Crónica Habanera*. Diario de la Marina. 15 de enero de 1948. p. 9

[3]   Gelpi: "Confidencias en la noche", en revista Show. La Habana, Cuba. Octubre 1957. pp. 44

compañía Radio Teatral, todas las tardes a la 1 y 52, en 'El Teatro de la Vida', que transmite Unión Radio. Celia Cruz ilustra musicalmente 'El Teatro de la Vida' cantando las criollísimas décimas que escribe el joven poeta y actor José Luis Cueto".[4]

*El Teatro de la Vida* retoma para la parrilla de la emisora de Pumarejo una exitosa fórmula que ya entonces iba camino de convertirse en un clásico de la radio cubana. La idea de convertir en crónicas los sucesos cotidianos más impactantes a través de la radio había surgido casi diez años atrás cuando Joseíto Fernández, entonces cantante de la orquesta de Alejandro Riveiro, estrena por la radioemisora CMCJ, en las calles Monte y Estévez, y a iniciativa de éste, la *Guajira Guantanamera*.

La letra y la música, según explica Oscar Luis López "...llevaba una espinela escrita por él y fue siempre de tipo denuncia. Pronto se hizo popular, y en 1940 era el tema de la orquesta de Joseíto Fernández. En 1943, Joseíto es contratado por la firma Crusellas para incorporar la 'Guantanamera' a un espectáculo que se titulaba 'El Suceso del Día', que se radiaba por la CMQ con sede entonces en Monte y Prado, y cuya característica era escenificar los sucesos de la crónica roja. El autor inicial del libreto fue el cronista Germinal Barral (Don Galaor)[5] y las espinelas que cerraban el espectáculo las escribía Chanito Isidrón, con la melodía de la guajira 'Guantanamera' interpretada por Joseíto Fernández".[6] Después la destacada repentista Nena Cruz, *La Calandria*, se sumaría haciendo dúo con Joseíto.

Ahora Germinal Barral volvía a vincularse a un programa de este tipo, pero en lugar de Joseíto Fernández, será Celia Cruz, con 23 años, quien le pondría voz, asumiendo un género que pudo ser novedoso para ella –la décima–, y que va a influir en su repertorio y grabaciones futuras. Por ese camino llegará a ser una excelente improvisadora en el son montuno y la guaracha.

Por este tiempo, Celia continúa trabajando en Unión Radio, en Sans Souci y donde quiera que la llamen. A mediados de enero tiene lugar en La Habana la Conferencia de Comercio y Empleo, presidida por el ingeniero Sergio I. Clark, entonces ministro

[4]  Giro, Alberto: "Informaciones Radiales", en: Diario de la Marina. La Habana, Cuba. 10 y 22 de enero de 1948. pp. 2.
[5]  Germinal Barral (La Habana, 7 de mayo de 1902– Weehawken, New Jersey, USA. 13 de febrero de 1974).
[6]  López, Oscar Luis: *La radio en Cuba*. Editorial Letras Cubanas. La Habana, Cuba. 2002. p. 143.

sin cartera del gobierno de Ramón Grau San Martín. El sábado 24 de enero, Clark ofrece una gran cena en el restaurante del *cabaret* Sans Souci, después de la cual se presentó un espectáculo con la orquesta de Guillermo Portela y el conjunto Los Leones, con Alfredito León; la cantante Lalita Salazar, la bailarina Martha Nita, la pareja de bailes españoles Rocío y Antonio, la pareja de rumba Meche y Pablo "...y la fina cantante Celia Cruz", según reseña el columnista de *Crónica Habanera* en el Diario de la Marina. Entre los asistentes estuvo el vicepresidente de la República, Raúl de Cárdenas y otros personajes de la política y el comercio.[7]

Pumarejo ha comenzado el año de Unión Radio, trayendo a los mexicanos Eva Garza y El Charro Gil, e imparable, comienza a implementar sus iniciativas propagandísticas tan ligadas siempre a las amas de casas y a las mujeres en general, sector que congregaba a sus oyentes de mayor potencial. Así, organiza la Gran Subasta de Unión Radio y con sus anunciantes tradicionales y marcas que consideraba probables patrocinadores, pone a disposición del certamen utensilios de casa, electrodomésticos, ropa, consumibles y otros tentadores objetos que, anuncia, estarán "a mitad de precio", subiendo la parada ya al final de la semana del acontecimiento, subastando un automóvil Dodge 1948 por la décima parte de su valor. La subasta de Pumarejo tendría como escenario el Teatro Nacional. Como parte del elenco de la novel emisora radial, Celia participa como una de las figuras centrales en la Gran Subasta de Unión Radio durante la semana del 2 al 8 de febrero, en la que se proyectan varias películas, además de la revista teatral *Cuba, México y España,* con los españoles Curro Moreno y el Trío Moreno, los mexicanos Eva Garza y El Charro Gil y por Cuba, "la reina del afro" Celia Cruz.[8]

Para estas fechas, Celia es la cantante de afro con mayor visibilidad en los medios de prensa, la única cantante negra que consigue epítetos similares en la prensa cubana del espectáculo y la radio, que en ocasiones se manifiesta sobre este tópico demasiado obsequiosa, y en otras, sumamente parca.

Comenzaba febrero y el cine-teatro Fausto anunciaba los filmes *Tronado y destronado* y *La princesa de la selva,* con el consabido –y ya obligatorio- espectáculo musical en directo. Esta vez a cargo del grupo brasileño Los ángeles del infierno. Los

---

7   "La gran comida de anoche en 'Sans Souci'". *Crónica Habanera,* en Diario de la Marina, 25 de enero de 1948. p. 6.
8   Anuncio en Diario de la Marina. 31 de enero de 1948. Magazine. p. 7.

traía CMQ, que, como empresa, manejaba vínculos con algunos teatros para extender a ese ámbito las presentaciones de los artistas extranjeros que contrataba. Además, el anuncio destaca la presencia de "Elena Burke y 6 bellezas tropicales" respaldadas por Felo Bergaza y  la orquesta de planta del teatro (era la continuidad del esquema emergente de Las Mulatas de Fuego) en un espectáculo que estaría dos semanas en cartelera, acogiendo a continuación el debut de la cantante mexicana Martha Zeller.[9] Allí llegarán unos visitantes inesperados que cambiarán el curso de las vidas de Elena Burke, las seis bellezas tropicales y Celia Cruz.

### ◆ EN EL TEATRO MARTÍ ◆

Situado en la habanera calle Dragones, a escasos metros del Paseo del Prado, el Teatro Martí fue en la primera mitad del siglo XX uno de los principales coliseos del teatro bufo, vernáculo y lírico cubano. Había sido construido en 1884 con el nombre de Irijoa, hasta que en 1900 cambió su nombre a Martí, en honor al poeta, escritor, patriota y ensayista cubano.

En 1948 el Teatro Martí mantiene su prestigio en el género con un criterio artístico-comercial que asegura trabajo a músicos y artistas, y éxitos de taquilla, con frecuentes estrenos y nuevas figuras. Así, el lunes 8 de marzo estrena la revista *Su majestad Papaúpa*, con libreto de Carlos Robreño y dirección y coreografía a cargo del afamado Sergio Orta[10]. En el elenco figura Celia, recogiendo ya los frutos de sus reconocidas presentaciones radiales. El espectáculo se estructura en tres partes: "...Fiesta en México, Rapsodia Afro-Cubana y Mardigras en Brasil", y anuncia en él a "los genuinos reyes de cada género: Los Kíkaros —reyes de la comicidad; Carlos Pous —rey de la risa; Aidita Artigas —reina de las *vedettes*; Raúl del Castillo —rey de los cancioneros; Verdaguer —rey del equilibrio; Lolita Berrio —reina de las actrices cómicas y Celia Cruz —reina del afro, junto a las glamorosas Orta Girls"[11]. Días después se sumaría Marianela Bonet al elenco. Es la primera información documentada sobre la presentación de Celia como figura destacada en uno de los teatros habaneros con mayor historia. En el Martí

---

[9]  Anuncio en Diario de la Marina. 15 de febrero de 1948. p. 8.
[10]  Sergio Orta (La Habana, 1903 - ?), bailarín y notable coreógrafo y productor cubano con actividad en el primer *cabaret* exitoso en Cuba: el Edén Concert y luego en Broadway y Hollywood.
[11]  Anuncio en el Diario de la Marina. 7 de marzo de 1948. p.8.

continuaría hasta el 15 de ese mes de marzo, en que sube a escena, por una semana, la revista humorística *Pío-Pío en el Tí-
biri-Tábara*, también de Carlos Robreño y Sergio Orta, con un
elenco encabezado por Los Kíkaros –excéntricos musicales de
México–, Lolita Berrio, Carlos Pous, Gladys García, Emma Roger, Marianela Bonet y Las Orta Girls.[12]

### ◆ EL INICIO DEL EMPORIO MESTRE: ◆ EL CIRCUITO CMQ

El 12 de marzo de 1948 quedan inaugurados los nuevos estudios y oficinas del Circuito CMQ: el fastuoso Radiocentro, que
incluye, al estilo de sus símiles norteamericanos, un moderno
cine-teatro gestionado en forma mancomunada con la Warner
Bros. Las nuevas edificaciones de CMQ abarcan cerca de la mitad de la manzana que cubre las calles 23, 21, L y M en El Vedado
y muy pronto se convierte en el centro neurálgico de la radiodifusión cubana en su proyección futurista. Representa un crecimiento tecnológico sin precedentes en el país, con los más
modernos equipos. El emporio Mestre maneja estaciones en La
Habana, Pinar del Río, Santa Clara, Camagüey, Holguín y Santiago de Cuba, más una estación de onda corta. El equipo que
forman los hermanos Abel, Luis Augusto y Goar Mestre refuerza
también su apuesta al esquema de servicio publicitario que sustenta económicamente la programación del circuito CMQ, y en
el que las llamadas empresas jaboneras (Crusellas, Sabatés) re-
tenían los primeros lugares en el patrocinio de programas dra-
matizados (aventuras, radionovelas) y musicales, que incluían
las ya conocidas iniciativas de participación e interacción, tanto a través de la presencia del público en sus estudios-teatros,
como de la comunicación por correspondencia, y también la
contratación de cantantes y músicos internacionales de probada
o previsible popularidad.

El abrazo del presidente Ramón Grau San Martín a Goar
Mestre, cuando inauguraban Radiocentro y que quedó con-
gelado en la foto publicada en la prensa nacional, no deja lugar a dudas del apoyo oficial a la empresa CMQ y sus dueños.
Para la inauguración de Radiocentro, Goar Mestre hizo invitar
a importantes nombres de la radiodifusión y el *show-business*
en Estados Unidos y otros países, como Clemente Serna Martínez, director de la poderosa XEW de México; Meade Brunet,

---

12   Anuncio en el Diario de la Marina. 14 de marzo de 1948. p.10

vicepresidente y director ejecutivo de la RCA Victor; William F. Brook y John F. Royal, vicepresidentes de NBC a cargo de las Relaciones Internacionales y la Televisión, respectivamente, lo que da indicios de los planes de expansión tecnológica que, si no habían sido concretados, al menos ya bullían en las cabezas de los tres hermanos Mestre. Varios artistas internacionales son traídos especialmente para actuar en la gala inaugural: la actriz argentina del cine y la radio Amanda Ledesma y el cantante español Niño de Utrera, se presentaron en la parte artística, al igual que el maestro Ernesto Lecuona y el Orfeón Santiago, traído especialmente desde Santiago de Cuba. En todo caso, el programa musical respondía a las percepciones estético-musicales de los directivos de CMQ, que en su concepto de "lo culto" excluía cualquier manifestación estrictamente autóctona y popular.

Durante la semana, CMQ transmite los programas que emisoras norteamericanas y de América Latina dedican a la inauguración de Radiocentro. En particular, la NBC difunde dos días después un programa especial con su prestigiosa orquesta de planta, dirigida por el maestro Frank Black.

Al día siguiente concluía el Carnaval Habanero, en sus festejos anuales. Los premios a las mejores comparsas los retienen nombres de tradición y arraigo popular: con el primer lugar se alza El Alacrán, de los moradores de la barriada del Cerro liderados por Santos Ramírez; el segundo premio correspondió a Las Boyeras, el tercero a Los Componedores de Bateas y el cuarto, a Las Guaracheras. Ramón Grau San Martín, presidente de la República y Nicolás Castellanos, alcalde de La Habana, bajan con rapidez de la fastuosa gala de la CMQ a los festejos populares, y entregan las principales recompensas.[13]

Finaliza marzo y se anuncia con gran despliegue el debut de Pedro Vargas en el *cabaret* Sans Souci, el Teatro América, pero quien lo ha traído es Gaspar Pumarejo y lo hace debutar el lunes 29 en la inauguración del nuevo Cine-Estudio de Unión Radio, en la calle San Lázaro No. 68, muy cerca del habanero Paseo del Prado. Le han reservado el horario estelar de las 9.00pm y a su pianista Heberto Alcalá se sumará la orquesta Cosmopolita, dirigida por Humberto Suárez, en el acompañamiento. Como preámbulo se anuncia para las 8.30 pm un *Programa Extraordinario* con la participación de la cantante española Pepita Embill

[13] Anónimo. "Con un animado desfile y la entrega de premios a las comparsas y carrozas terminó ayer la temporada de Carnaval", en Diario de la Marina. 14 de marzo de 1948. p. 3.

–madre del tenor Plácido Domingo–, quien se encontraba hacía meses en Cuba con su compañía de zarzuelas; Carlos Pous, Los Kíkaros; y los cantantes Rita María Rivero, Cheo Valladares y Celia Cruz, quien, como artista exclusiva de Unión Radio, aparece en sus programas y espectáculos más destacados.[14]

### ♦ CELIA EN EL ZOMBIE CLUB ♦
### Y EL FIN DE MIL DIEZ

En la calle Zulueta, cerca de la nueva instalación de Unión Radio y a escasos metros del famoso bar Sloppy's Joe, estaba el *cabaret* Zombie Club, donde mismo décadas atrás estuvo el primer gran *cabaret* cubano: el Edén Concert, y hoy se alzan parte de las instalaciones del hotel Parque Central. El Zombie era uno de los centros nocturnos, que, en el estilo del *cabaret*, comenzaban a proliferar en la zona central y más antigua de La Habana y su ubicación, cercana al Parque Central, el Capitolio Nacional y al Palacio Presidencial, era privilegiada, pero en 1948 impedía, por esas mismas características, su propia expansión, limitando su capacidad para competir con los grandes espacios que ya triunfaban en La Habana: Sans Souci, Montmartre y Tropicana. Por ese carácter céntrico y además, por su cercanía a la zona portuaria, se mantenía como uno de los preferidos por los turistas norteamericanos que, en cifras crecientes, llegaban a la Isla. Y para mayor valor, el Zombie también era cercano a la zona de los más importantes teatros, como el Fausto, Payret, Martí, La Comedia, y otros. Su lema –en inglés, por supuesto– era *"a new spot in an old place in the heart of Havana"* y presumía aún más al anunciarse como *"America's famous Zombie Club"*. Sus dos formaciones de planta eran en ese momento la orquesta Great Guzmán y el conjunto Kubavana. Por ellas pasaron músicos que serían luego relevantes, como Dámaso Pérez Prado. A mediados de abril, el Zombie Club promueve su nuevo cartel, con las atracciones de Andreé Poupon, quien se presentaba como bailarina exótica francesa; el galán franco-argentino George Ross y Celia Cruz, a quien presentaban como cancionera. Celia permanece en la pista del Zombie Club hasta finales del mes de abril.[15] Décadas después, recordaría que allí conoció al gran percusionista cubano Carlos *Patato* Valdés, quien hiciera parte también de La Sonora Matancera,

14  Diario de la Marina. 28 de marzo de 1948. p. 21.
15  Diario de la Marina. 15 y 29 de abril de 1948. pps. 12 y 10, respectivamente.

aunque en época distinta a la suya, y de cuyo trabajo siempre habló con elogios y orgullo de haber compartido con él diversos escenarios.[16]

Mayo comienza con la noticia del asalto, en un aparatoso despliegue policial, al local de la radioemisora Mil Diez, en la calle Reina, ordenado por el coronel Genovevo Pérez Dámera, jefe de la Policía, en cumplimiento de una orden gubernamental del presidente Grau San Martín, bajo el argumento de una orden del Ministerio de Comunicaciones que obedecía a "defectos técnicos" de la estación. En realidad, la operación era parte del enfrentamiento del "grausato" con el Partido Socialista Popular y sus principales cabezas visibles. Su cierre se hace efectivo a partir del mismo día 1 de mayo de 1948.[17] Mientras se producían las querellas y reclamaciones de rigor, en el plato del tocadiscos de la sala de control quedaría por mucho tiempo, el disco que se radiaba en el momento del asalto: *Dónde irás, corazón*, de Libertad Lamarque. Eran las 11.15 de la mañana. En esa frecuencia, comienza a transmitir la CMZ, emisora radial del Ministerio de Educación.[18]Mil Diez nunca más volvería a abrir. Se cerraba así un ciclo importante y una gran oportunidad  para la música y los músicos cubanos.  Más allá de la filiación política e ideológica de Mil Diez, su contribución a la radiodifusión y a la cultura cubana no puede ser obviada, a menos que se decida olvidar o mentir. Muchos de los músicos y artistas que eran grandes o lo fueron después, pasaron por los micrófonos de la Mil Diez. La revista Bohemia, que en la década de los cuarenta no podía clasificarse de filiación izquierdista o comunista, publica el texto "El elenco perdido", en su edición del 28 de agosto de 1949 (a más de un año del cierre de Mil Diez), en una sección con un evidente compromiso comercial con algunas radioemisoras, no con Mil Diez. En sus inicios, el artículo comenta: "Si a usted le hicieran esta pregunta: 'Qué emisora de Cuba ha presentado ante sus micrófonos a los más destacados valores artísticos?', usted respondería: CMQ o RHC. Y no habría acertado con una ni con la otra.  La respuesta correcta, aunque a usted le extrañe, es ésta: Mil Diez.

Efectivamente, Mil Diez, la emisora del Partido Socialista Popular, que una orden de clausura dictada por el Dr. Ramón Grau San Martín silenciara para siempre, aglutinó los valores

[16]    Cruz, Celia y Reymundo, Ana Cristina: Op.cit. p. 6.
[17]    *Asaltó la fuerza pública la radioemisora 'Mil Diez' y procedió a la clausura ilegal*, en Noticias de Hoy. 2 de mayo de 1948. p. 1.
[18]    Sergio Nicols. *Radiofilia*, en Noticias de Hoy. 3 de mayo de 1949. p. 10.

más relevantes de la radio nacional, los mismos que ahora triunfan plenamente ante otros micrófonos". Y a continuación da una relación detallada de esos nombres y las emisoras donde en ese momento se desempeñan. Entre ellos, el articulista anónimo señala a los actores Eduardo Egea, Santiago García Ortega, Nenita Viera, Bellita Borges, Paco Alfonso, Raquel Revuelta, Antonia Valdés, Elvira Cervera, Enrique Alzugaray, Bob Wilkinson, Amador Domínguez; locutores como Ibrahim Urbino, también excelente directivo; músicos como Facundo Rivero, Bebo Valdés, Enrique González Mantici, Roberto Valdés Arnau, Félix Guerrero. Y al final del escrito, se indica: "Y agreguen, además, que la emisora Mil Diez contaba con cantantes como Celia Cruz, 'Olguita' Guillot, y Oscar López, y se darán cuenta de que es cierto lo que afirmamos al principio".[19] Poco más de 70 años después, la gran compositora Marta Valdés resume el legado cultural de la extinta emisora: "...donde hubo sitio para todo lo que ya era grande, así como impulso para toda corriente nueva que trajera luz propia."[20]

Por fortuna, sobrevivieron al menos cinco grabaciones realizadas por Celia en Mil Diez, con la orquesta de planta de la emisora: los afros *Mi Iyale*, *El Cabildo de la Mercé* y *Ruego a Changó*, y las guarachas–afro *Tuñaré* (Juanito Blez) y *Pa' congrí. Mi Iyale* es una suerte de canción de cuna con una progresión dramática en su letra a la que Celia se ajusta maravillosamente en su interpretación. La guaracha *Pa' congrí* había sido grabada cuatro años antes por La Sonora Matancera con las voces de *Caíto* y Rogelio y parece ser el primer registro sonoro que hizo Celia de un tema del compositor José Claro Fumero, quien dos años después le deparía a la joven guarachera otras alegrías autorales.[21] El *Tuñaré* que canta Celia no debe confundirse con el que grabara en 1940 Miguelito Valdés con la Xavier Cugat Waldorf Astoria Orchestra.[22] Se trata de dos piezas musicales homónimas, aunque diferentes. La de Celia se conoce también como *Al compás del tuñaré* y su autor, Juan Adolfo Blez González (Juanito

19  "El elenco perdido", *Radiolandia*, en revista Bohemia. La Habana, Cuba. 28 de agosto de 1949. pps. 45, 46 y 48. Conviene aclarar que esta sección solía escribirse sin firma de su redactor, de manera que en lo adelante, cuando no se indique "Anónimo", se entenderá como tal.

20  Valdés, Marta: *Palabras*. En http://www.cubadebate.cu/noticias/2010/12/12/cienfuegos-rinde-tributo-al-musico-felito-molina/

21  La guaracha *Pa'congrí* por La Sonora Matancera fue publicada por la RCA Victor en el disco V-23-0187, de 78 rpm, en 1944.

22  Miguelito Valdés con la Xavier Cugat Waldorf Astoria Orchestra grabaron *Tunare (Tuñaré)* el 26 de junio de 1940 en Nueva York, y fue fijada en el disco Victor 26697 de 78 rpm. Sus autores son Consuelo Bouza y Xavier Cugat.

Blez), la entregó también a Benny Moré, quien no la llevaría a discos, pero sí haría de ella una memorable interpretación en el filme mexicano *Carita de cielo*, su primera incursión cinematográfica, en 1947, donde se atisban ya los primeros indicios de lo que, años más tarde, será el estilo personal y único de *El Bárbaro del Ritmo*. Vicentico Valdés, en su etapa mexicana, lo grabó también con el Conjunto Tropical en 1947. Es decir, ambos, casi en las mismas fechas en que Celia la estaba cantando en Mil Diez. En la interpretación de Celia se aprecia su estilo guarachero inicial, que permite imaginar una vivaz expresión escénica por su parte y debió inspirar los excelentes solos de trompeta y el duelo de bongó y tumbadora. Curiosamente, en estas grabaciones se percibe que Celia aún estaba bajo la influencia de quienes dominaban el panorama de la guaracha en esos momentos: los cantantes masculinos, entre los que descuellan Miguelito Valdés y Orlando Guerra *Cascarita*. Ciertas frases y palabras que, como ellos, Celia lanzaba en medio del estribillo o los puentes, a modo de apoyaturas, pronto desaparecerían en ella, en la búsqueda de un estilo cada vez más personal.

Mientras tanto, Celia encuentra más oportunidades en Unión Radio: Pumarejo exprime las posibilidades de su elenco exclusivo y del 10 al 17 de mayo ofrece y transmite un megaconcierto con Pedro Vargas como figura central, escoltado por los cantantes María Ciérvide, Celia Cruz, Raúl del Castillo, Cheo Valladares, el llamado *Mariscal de la Guaracha* y la actriz Lolita Berrio, todos con el respaldo de la Orquesta Cosmopolita. El espectáculo en el flamante Cine-Estudio de Unión Radio se completaba con la proyección de una película diferente cada noche.[23] El columnista Alberto Giró, al reseñar el programa en su espacio *Informaciones Radiales* en el Diario de la Marina califica a Celia como "excelente voz afrocubana".[24]

Celia se mantiene trabajando en emisoras de radio y otros espacios donde podía. De momento, los grandes teatros habaneros con los espectáculos más relevantes, como los modernos América, Payret y Radiocentro, continuaban siendo infranqueables para la mejor voz de lo afrocubano en esos momentos.

El mes de junio comienza sin Celia en las carteleras de Unión Radio, pero reaparece en ellas el 8 del mes siguiente con un nuevo programa donde es la figura principal: *15 minutos con Celia Cruz*, en el horario de 11 am, con el cual la emisora

[23]  Anuncio en Diario de la Marina, 9 de mayo de 1948. p. 2.
[24]  Giró, Alberto: Informaciones Radiales, en Diario de la Marina. 12 de mayo de 1948. p. 2.

de Pumarejo continúa teniéndola en su programación, aunque sería por breve tiempo, pues recesaría al comenzar agosto.[25]

Casi no se encuentra información detallada acerca de los temas que Celia cantaba por estos tiempos en Unión Radio. Tampoco han sobrevivido las placas de aluminio que podrían haber recogido sus programas. Solo su pasión por el detalle, que la hizo consignar en dedicatorias o simples datos al dorso de algunas fotografías, nos permite saber que por estos años cuarenta su repertorio incluía "afro", como *Morumba*, o *Yo mambé* (Luis Yáñez). José Antonio Méndez, relevante compositor vinculado, como Yáñez, al entonces naciente movimiento del *feeling*, afirmaría que fue Celia Cruz quien en la Mil Diez le estrenó su primer gran éxito: la guaracha *Qué jelengue*, y que poco después *La Guarachera de Cuba* incluirá entre sus primeras grabaciones.[26]

En la medianía de 1948, el emporio CMQ aún no contaba con programas dedicados especialmente al llamado estilo "afro" en voz de algún intérprete solista. En Radiocentro, junto con el filme *El Tesoro de la Sierra Madre*, la voz y el encanto de Humphrey Bogart dan paso al *show* que sube a escena a finales de julio, en el que Rita Montaner se convierte en la primera afrodescendiente en actuar en el recién inaugurado y fastuoso Teatro Warner, integrado al circuito que lidera Goar Mestre. *La Única* continúa presentándose también desde hace varios meses en el *cabaret* Tropicana, donde Armando Romeu y Ernesto Grenet tienen a su cargo el respaldo musical de un espectáculo que incluye a Estela, la gran rumbera; Felo Bergaza con su piano y al histriónico Carlitos Pous. Por esas fechas y con la compañía Pous Sanabria, Daniel Santos se está presentando en el Martí con La Sonora Matancera, en simultáneo con su debut el 20 de julio de 1948 ante los micrófonos de Radio Progreso con este conjunto. El 11 de julio, un anuncio publicado en el Diario de la Marina incluye a Celia, cultora de los ritmos afro-cubanos, en un espectáculo que comenzaría a presentarse al día siguiente en el cine-teatro Radio Cine, donde Mario Fernández Porta actúa como cantante junto a un número circense de Linda Chang, virtuosa de la fuerza capilar, pero dos días después el elenco había sido sustituido por la excéntrica Fanny Kauffman, la inefable *Vitola*, y el Trío Servando Díaz.[27]

[25]  Cartelera Unión Radio, en Diario de la Marina. 8 de julio de 1948. p. 2.
[26]  Valdés, Marta: *Donde vive la música*. Ediciones Unión. La Habana. Cuba. 2004. p. 61.
[27]  Anuncio en Diario de la Marina. 11 de julio de 1948, p. 8 y 13 de julio de 1948, p. 8.

A mediados de año Goar Mestre, director general y cerebro del auge de CMQ y Radiocentro, refuerza su posición internacional al ser elegido presidente de la Asociación Interamericana de Radiodifusión. La expansión de CMQ y sus espacios radiales serán cruciales en la carrera posterior de Celia.

Justo por esas fechas de julio, el Consulado de los Estados Unidos Mexicanos en La Habana acuña con un visado por seis meses el pasaporte No. 30229 de la República de Cuba, emitido en La Habana el 16 de septiembre de 1947, a nombre de Celia Caridad Cruz y Alfonso, diez meses antes de que realice su primer viaje al extranjero. Pronto veremos con qué objetivo.

### ◆ MÉXICO, PRIMER VIAJE Y PRIMER FILME ◆

Marta Castillo[28], una de aquellas mulatas fogosas originales, en su residencia en Madrid, cuenta: "Llego a conocer a *Rodney* por mediación de Facundo Rivero, a quien me encuentro en la calle... iba yo para el Zombie Club, donde estaba ensayando para debutar allí como cantante, y me dice que vaya al Fausto que están escogiendo mulatas para un *show* que se va a llamar *Serenata Mulata*, donde todo el espectáculo lo va a montar Roderico y todo el elenco será de color. Fui de inmediato y *Rodney* me preguntó qué yo hacía y, cuando le digo que bailo y canto, me responde: 'Olvídate del canto, baila'. Y desde ahí comencé a bailar. Cuando ocurre esto, aún no se llamaban Las Mulatas de Fuego."[29]

La cartelera del cine-teatro Fausto[30] comienza a anunciar a Las Mulatas de Fuego de *Rodney*, acompañadas por Felo Bergaza y su orquesta, en un programa que exhibía en pantalla el filme *Festival en México*, con Xavier Cugat.

Poco antes habían llegado a La Habana dos conocidos mexicanos: Gabriel Figueroa, director de fotografía y César *El Chato* Guerra, productor de espectáculos, muy vinculado al célebre Teatro Follies, en Ciudad México. Después de visitar varios teatros, van a ver el espectáculo del Fausto.[31] De esa visita, recuerda Marta Castillo:

[28]  Marta Castillo (31 de enero de 1931) Bailarina y cantante. Fundadora de Las Mulatas de Fuego. Fue primera bailarina en los tres grandes *cabarets* cubanos: Sans Souci, Montmartre y Tropicana. Formó memorables parejas con Alexander Cutting y Miguel Chekis.
[29]  Entrevista de la autora con Marta Castillo Torrens. Móstoles, Madrid (España), 9 de agosto de 2019.
[30]  Anuncio en el Diario de la Marina. 19 de agosto de 1948. p. 8.
[31]  *El Chato Guerra*. Algunas fuentes indican que era el dueño del Teatro.

"Después de aquel espectáculo *Serenata Mulata*, vinieron de México el *Chato* Guerra con el *cameraman* Gabriel Figueroa. Andaban buscando un espectáculo para incluirlo en una película que estaban preparando y alguien le recomendó ver a *Rodney*. Chato Guerra era el productor de la película y cuando vio el espectáculo, decidió que aquellas seis mulatas estarían en su filme. Aunque estuve incluida, no me eligieron porque mi mamá no me dejaba viajar al extranjero si no iba ella. Las seis fueron: Olga Socarrás, Rita Mercedes Montané, Mercedes Lafayette, *Fefa*[32] (así le llamábamos y nunca supimos su nombre completo, porque fue la primera que abandonó Las Mulatas y no volvió nunca más), Anita Arias y Marta Castillo. Al no ir yo en el grupo, se incorporó Vilma Valle. Y para el viaje a México se suman Celia Cruz y Elena Burke. Fue *Chato* Guerra, quien nos puso el nombre de Las Mulatas de Fuego, ni siquiera fue *Rodney*, como se ha dicho después. Ya para los anuncios empezamos a ser Las Mulatas de Fuego de *Rodney*. Pero para el viaje a México −que es el primero que hacen Las Mulatas de Fuego− fueron más de seis, porque se sumó Elena Burke, que no tenía nada que ver con el grupo de bailarinas, pero Chato dijo que necesitaba cantantes y entonces se sumó Elena y también Celia Cruz, que fue contratada aparte para cantar. También hizo el viaje *Litico* Rodríguez[33], que era bailarín, y como Roderico no podía viajar por la enfermedad crónica que tenía, le dio las indicaciones a *Litico* para montar las coreografías". [34]

La *troupe* organizada por *Rodney* y contratada por los mexicanos viajaría al país azteca en el mes de junio de 1948. Para todas era su primer viaje al exterior. *El Chato* Guerra se dispone a rentabilizar la estancia de las chicas cubanas para participar en la película y es de ese modo que se presentan en el *cabaret*

[32]   Celia Cruz, en su libro autobiográfico antes citado, menciona el apodo con que llamaban a *Fefa*: *Simaya*. El Dr. Héctor Ramírez Bedoya en su libro *Celia Cruz, Alberto Beltrán, Celio González. Estrellas de La Sonora Matancera*, menciona un elenco que difiere bastante del aportado por Marta Castillo, en su condición de Mulata de Fuego fundadora, pero señala a Felipa Josefa Morales Rodríguez, que podría ser la apodada Fefa. Sin embargo, esta coincidencia no ha podido ser verificada.

[33]   José Manuel *Litico* Rodríguez: bailarín, rumbero, actor, comediante de larga carrera en el teatro musical y la televisión en Cuba, que comenzó en los primeros espectáculos concebidos por el coreógrafo Sergio Orta para Tropicana y por Alberto Alonso para Sans Souci. Trabajó durante años en Estados Unidos. En los años 50 hizo parte del espectáculo de Estela, la rumbera. Tiene una presencia destacada en numerosos filmes realizados en Cuba.

[34]   Entrevista de la autora con Marta Castillo Torrens. Móstoles, Madrid (España), 9 de agosto de 2019.

ELENA BURKE, ANITA ARIAS, MECHE LAFAYETTE, *TONGOLELE*, MECHE MONTANÉ, OLGA SOCARRÁS (LAS MULATAS DE FUEGO). EN SEGUNDA FILA, VILMA VALLE Y CELIA CRUZ. TEATRO FOLLIES, MÉXICO, 1948.

Waikiki y en el Teatro Follies, del que era administrador. El Wai-kiki se alzaba con un llamativo lumínico en el Paseo de la Re-forma y llegaría a ser, además de uno de los más concurridos, una de las plazas fuertes para las rumberas cubanas que harían historia en el cine mexicano en su época dorada. Cuando llegan Celia y Las Mulatas de Fuego, la reina y señora de su escenario era la bailarina exótica Kalantán. El Follies, en la famosa Plaza Garibaldi, había sido inaugurado en 1936 y desde entonces era una de las grandes mecas del teatro de variedades en México. Cuando Celia con Las Mulatas de Fuego llegan al Follies, Yolan-da Montes *Tongolele* es la primera figura del espectáculo, al que se integran las cubanas junto a los cómicos Palillo y Manolín y Schilinsky, entre otros. A finales de agosto la cartelera cambia y se anuncia al cómico Borolas, las bailarinas "exóticas" Kyra y Frine (están de moda las bailarinas "exóticas", cuyos nombres apelan a orígenes asiáticos, hindúes)[35]. Todas tratan de competir con la enigmática *Tongolele*, que reivindica unos ancestros tahitianos que se han mantenido en zona de misterio.[36]

Entra en escena el pianista cubano Juan Bruno Tarraza, quien poco antes había armado un grupo que se presenta en el Follies y el Waikiki, acompañando a *Tongolele*, Toña La Negra, Benny Moré, Yeyo Estrada y Kiko Mendive, y haría lo mismo con las aún desconocidas Celia Cruz y Elena Burke en éstas, sus primeras presentaciones en esos escenarios y fuera de Cuba.[37] Tarraza se hacía acompañar de músicos coterráneos suyos como el cantante y tresero Humberto Cané, los percusionistas Antonio Díaz Mena *Chocolate*; Silvestre Méndez, Enrique Tappam, *Tabaquito*; y Mongo Santamaría; también el bajista Manolo Berríos, y Alejandro Cardona, Lucas Hernández y *Caramelo* en las trompetas.[38]

Para iniciar septiembre, las cubanas —junto a Kyra y Frine— se mantienen en cartel, pero la marquesina del teatro anunciaba con grandes letras la actuación de Toña La Negra con el Conjunto de Tarraza. En su libro autobiográfico, Celia se refiere a un tercer sitio donde se presentaron:

"... y en un *cabaret* que se llamaba Zombie Club. También había un Zombie Club en La Habana, pero no sé cuál abrió primero. El dueño del Zombie de México era un cubano llamado Heriberto Pino, que luego se exiliaría en España. Las presentaciones que hacíamos allí siempre recibían buena crítica...". [39]

A partir del 9 de septiembre y durante 26 días el filme *Salón México*, protagonizado por Marga López, Rodolfo Acosta y Miguel Inclán, se rueda en los estudios CLASA, en el Distrito Federal y sería estrenado casi seis meses después, el 25 de febrero de 1949, en el cine Orfeón de la capital mexicana. Su director,

[35] *Kalantán* (en realidad era norteamericana y se llamaba Mary Ellen), *Kyra, Frine* son mencionadas por Benny Moré en su grabación de *Las mangoleles*, durante su etapa en México, con la orquesta de Dámaso Pérez Prado).
[36] García Hernández, Arturo: *No han matado a Tongolele*. La Jornada Ediciones. México D.F.1998, pps. 182–183.
[37] Medina Caracheo, Carlos: *El club de medianoche "Waikiki": un cabaret "de época" en la Ciudad de México* (1935-1954). Instituto de Investigaciones Históricas. Facultad de Filosofía y Letras. Universidad Autónoma de México. México D.F. 2010. PDF consultado online. p. 67.
[38] Algunos datos sobre la cartelera de Follies y el Waikiki han sido tomados de: Ramírez Bedoya, Héctor: *Estrellas de La Sonora Matancera. Celia Cruz, Alberto Beltrán, Celio González*. Publicación propia. Medellín, Colombia. 2007. pps. 30–31.
[39] Idem. p. 46. La investigación para este libro no ha podido encontrar documentos que verifiquen su presencia en el Zombie Club de México.

Emilio Fernández, *El Indio*, tendría como director de fotografía al legendario Gabriel Figueroa.[40] El argumento, construido en torno a un *cabaret* (el Salón México), como escenario principal, reitera el manido tema de la muchacha pobre, Mercedes, que busca abrirse paso en la capital para ayudar a su familia, pero que –para lograrlo, como cabaretera– tiene que someterse a una relación de explotación con un hombre violento, el *pachuco* Paco.

Cerca del minuto seis, comienza una larga escena que recrea un baile ritual afro, centrado por una de las Mulatas de Fuego, que parece ser la bella Olga Socarrás, y *Litico* Rodríguez. Mientras, las demás, junto a Celia y Elena Burke –quienes no cantan en el filme–, hacen coro en medio del grupo de espectadores y músicos. A cargo de la música está Antonio Díaz Conde, al mando de muchas bandas sonoras del cine de rumberas, que aprovecharía el acompañamiento del conjunto Son Clave de Oro –una de las agrupaciones habituales del *cabaret* Waikiki– para introducir en el filme danzones cubanos y mexicanos y temas de autores cubanos como *El caballo y la montura*, *Sopa de Pichón* y *El meneíto*.

Ni Celia, ni Elena Burke, tampoco Las Mulatas de Fuego, ni *Litico* Rodríguez aparecen en los créditos oficiales de la película, pero aun así el filme tiene un significado incuestionable para Celia Cruz: *Salón México* marca su debut cinematográfico y también su primer viaje con presentaciones fuera de Cuba. Resulta sugerente que la primera incursión de Celia en el cine ocurra con un filme considerado trascendente en la cinematografía mexicana, revalidado en su día también como uno de los mejores exponentes de la cultura popular, también mal llamada contracultura, en la Ciudad de México en la década de los cuarenta, y que tuvo en los *cabarets* y salones de baile sus escenarios por excelencia. El notable periodista y crítico mexicano Carlos Monsiváis lo considera una de las obras imprescindibles de la cinematografía mexicana y caracteriza el filme con exactitud: "… en Salón México, el Indio Fernández y [Gabriel] Figueroa captan los poderes de un salón de baile que es microcosmos de la sociedad y macrocosmos de la expresión corporal…".[41] En particular, la presencia de los cubanos en una

[40] García Riera, Emilio: *Historia documental del cine mexicano. Volumen III.* Universidad de Guadalajara. 1997.
[41] Monsivais, Carlos: *El fotoperiodismo. La historia se hace a cualquier hora* (Prólogo a: Gallegos, Luis Jorge: *Autorretratos del fotoperiodismo mexicano. 23 testimonios.* p. 32). Fondo de Cultura Económica. México. 2011.

escena que podría parecer exótica en México, en 1948, comenzaba a ser coherente con lo que ocurría en estos espacios en diversas zonas del país azteca, pero principalmente en la capital y las principales ciudades, y que va a ser sello distintivo de una parte importante y mítica de la llamada época de oro del cine mexicano: el cine de rumberas.

De la fundación de Las Mulatas de Fuego en 1948, Celia diría: "... fue de las cosas más innovadoras que hizo *Rodney*. Esas mujeres paraban el tráfico en dondequiera, ya que *Rodney* se buscaba a las mulatas más despampanantes que había. Incluso, hasta la fecha queda en el imaginario cubano esa fascinación con Las Mulatas. Pero cabe señalar que en realidad existieron varias versiones de Las Mulatas de Fuego. Por ejemplo, cuando las originales y yo estábamos en gira en México, *Rodney* formó otro grupo en Cuba, y luego, cuando regresamos, formó otro más y las mandó para la Argentina. [...] Las Mulatas de Fuego lanzaron su carrera en el teatro Fausto en La Habana. Yo cantaba y ellas bailaban. Me acuerdo de algunas canciones de esa época, como 'La puntillita', 'Meneíto pa'aquí... meneíto pa'cá...' y 'Pulpa de tamarindo'. Ya no me acuerdo quién dirigía la orquesta del teatro, pero el pianista era Felo Bergaza. Empezaba la música, salía yo cantando y después salían Las Mulatas. Una por una, se deslizaban sobre el escenario con sus trajes llenos de plumas de colores. Eso era precioso y único. Era un espectáculo que no se veía en ningún otro lado. El teatro se llenaba todas las noches, y por lo tanto, nuestras presentaciones fueron un gran éxito".[42]

Termina la aventura y el Servicio mexicano de Inmigración acuña el pasaporte de Celia el 2 de octubre de 1948, en Mérida, el mismo día en que llegaría por avión a La Habana. En la capital cubana estaría poco tiempo, pues ya a ella y a Las Mulatas de Fuego les esperaba un contrato que debían cumplir de inmediato.

## ◆ ¡A SEGUIR VIAJANDO! VENEZUELA ◆ CON LAS MULATAS DE FUEGO

Siete días después de llegar procedente de México, el Consulado de Venezuela en La Habana expide el visado correspondiente en el pasaporte de Celia Caridad Cruz y Alfonso. Con el mismo espectáculo que llevaron a México, ella y Las Mulatas de Fuego- con

[42]  Cruz, Celia y Reymundo, Ana Cristina: *Celia. Mi vida. Una autobiografía.* Rayo. Harper Collins Publishers. New York. USA. pps. 43 y 44.

la también jovencísima Elena Burke, y *Litico* Rodríguez- llegan
al aeropuerto de Maiquetía el 16 de octubre de 1948.[43] Se hospe-
dan en el hotel Majestic y como es lógico, llaman la atención de
la prensa venezolana. Sus primeras declaraciones confirman
que, por su ingenuidad, ellas mismas no se sentían aquellas vo-
luptuosas mulatas capaces de paralizar el tráfico allí por donde pasaran: "¡Periodista, periodista, nómbreme a mí, para que
mi mamá me vea anunciada!"- suplicó Olguita Socarrás. "Pero la
que se llevaba los titulares era una negrita un poco menos agra-
ciada, y según las malas lenguas, no la dejaban salir al escenario,
aunque tras el telón su voz se encargaba de llenar todos los espacios, la misma Celia Cruz que la noche de estreno en el Hotel Majestic —el 20 de octubre— era anunciada por Radio Cultura como
toda una estrella, a pesar de que aún faltaban dos años para con-
sagrarse con La Sonora Matancera", escribiría décadas después
el investigador venezolano Gherson Maldonado, glosando anécdotas recogidas a partir de testimonios y prensa de la época.[44]

En la Taberna del Majestic debutan el 20 de octubre, según anuncia el diario El Nacional, y les acompañan en el elenco
Chanela, *La reina de la alegría*, la pareja de bailes Olga Sotolongo y Faru y "la mujer que lleva la rumba en sus venas" —así la
presentaba—, Virgilia Morales.

Así recogía el periódico Últimas Noticias el suceso: "Procedentes de Cuba llegaron antes de ayer a nuestra ciudad, después de una larga temporada en teatros mexicanos, el conjunto
'Mulatas de Cuba' integrado por hermosas chicas de color. Las
pimentosas muchachas acudieron ayer tarde a visitar nuestra
redacción donde armaron un verdadero revuelo entre los chicos de 'Últimas Noticias'. Permanecerán una larga temporada
en nuestros salones de diversión por los cuales vienen contratadas. Se destaca entre todas ellas la admirada estrella del conjunto, Celia Cruz, Elena Burke y Litico Rodríguez, director del
'ballet', secundados por las muchachas que en él toman parte.

- ¿Qué temas estrenarán en Caracas" —les preguntamos.

- Los que más éxitos han tenido donde quiera que fuimos
—nos responde Celia Cruz. El último grito de Cuba dentro del
Ritmo Afro-Cubano son 'La Rareza del siglo' y 'Rinquincalla'[45],

---

[43]   Visto Bueno de entrada a Venezuela, acuñado en el pasaporte No. 30229 a
       nombre de Celia, por una vigencia de un mes a partir de la fecha.
[44]   Maldonado, Gherson: *La historia de la Sonora Caracas*, en: http://hemeroteca-
       musicavenezolana.blogspot.com/p/la-historia-de-la-sonora-caracas.html
[45]   *Rareza de siglo*, mambo de Bebo Valdés. *Rinquincalla*, son afro de Juan Bruno
       Tarraza.

pero el que será un verdadero suceso es "Mambo, algo bomba" [Mambé].

    - ¿Quién es la más en el ballet?

    - Yo —nos responde Vilma Valle impetuosamente".[46]

Le siguen varias presentaciones radiales de Celia en emisoras venezolanas: el 22 de noviembre actúa en el programa *Bingo Alas*, de Víctor Saume en Radio Caracas y allí canta *La Mazucamba* (Orlando de la Rosa), *Zahara* (Eligio Valera), *Rumba Columbia* (Senén Suárez), *Goyito*, y *Al compás del tuñaré* (Juan Blez González)[47]. Una semana después, el día 29 en el mismo espacio radial, Celia interpreta *Qué jelengue* (José Antonio Méndez), *Arará*, *Estoy aprendiendo inglés* (Facundo Rivero), *Pa'gozá* (Aurelio Martín), y *Yemayá* (canto litúrgico), según se indica en un anuncio impreso que promociona ese programa.

El día antes, Celia, acompañada de Vilma Valle, una de las Mulatas de Cuba, posa en foto para la revista Elite, junto al humorista Roberto Hernández, la actriz Angelina y el popular animador Víctor Saume, con quienes Celia trabajaría en el programa *La Revista Ford.* El periodista anónimo escribe: "Celia Cruz es el nombre de la artista cubana que ha debutado en los programas nocturnos de la Radio Caracas. Esta gran intérprete de los ritmos antillanos ha llamado fuertemente la atención del escucha por su gran conocimiento musical y por las buenas interpretaciones del afro y de los ritmos negroides cubanos [sic]"[48]. Se presenta además en el programa Eslabones de Oro, también de Radio Cultura, donde premonitoriamente es anunciada como "todo el fuego de Cuba en una voz privilegiada".[49]

A pesar de los elogios que comúnmente prodiga la prensa a un artista extranjero que llega a cumplir un contrato, Celia no era conocida en Caracas. Sus dos únicas grabaciones no podían ser conocidas allí y poco más podría haber llegado a tierras venezolanas acerca de sus presentaciones radiales en Cuba. Otra cosa sería cuando en sus actuaciones comenzó a demostrar su valía como cantante y su gracia natural.

De esas presentaciones en estudios de radio, Celia recordaría: "Hubo algunas noches solitarias en que mejor nos aplau-

---

46    Ultimas Noticias. Caracas, Venezuela. 19 de octubre de 1948.

47    Estos temas, excepto *Al compás del tuñaré* y *Goyito*, fueron grabados por Celia en Caracas durante ese viaje en 1948. (Nota de la autora).

48    *Nueva estrella de la Radio Caracas*, en revista Elite. 27 de noviembre de 1948. No. 1208. p. 15

49    Maldonado, Gherson: *La historia de la Sonora Caracas*, en: http://hemeroteca-musicavenezolana.blogspot.com/p/la-historia-de-la-sonora-caracas.html

díamos nosotras mismas, porque la gente no llegaba. Sin embargo, nuestra experiencia en el *cabaret* venezolano fue todo lo opuesto. Nos contrataron en un lugar que se llamaba La Taberna del Silencio, cuyo nombre siempre me pareció raro, ya que era un lugar para rumbear, y no era nada silencioso. Ahí nos presentamos por tres meses y todas las noches La Taberna se llenaba. Las Mulatas y yo hicimos tantas presentaciones juntas que yo me sabía los números de todo el elenco de memoria. Un día se enfermó una de ellas, y yo le dije a Elena [Burke], aunque no sé cómo se me ocurrió semejante idea: 'No te preocupes, yo me sé los números y puedo salir en su lugar' y ella me dijo, 'De verdad, Celia? Ay gracias, negra. Coge, aquí está el traje'. Me lo puse y me arreglé, y cuando estaba a punto de salir, me quedé tiesa. No salí. Es que no pude. Me quedé parada ahí como un palo, y después me metí en el camerino para cambiarme. Cuando regresó del escenario, Elena me preguntó: 'Chica, ¿qué te pasó? ¿Por qué no saliste?', y yo le contesté: 'Ay, Elena, lo siento, negra, pero no fui capaz. Me sentí completamente desnuda, y tanta gente ahí mirando. No, no, no, perdóname, chica, pero no pude'. Elena no hizo más que reírse, y por supuesto nunca más volví a ofrecerme para hacer el papel de una de Las Mulatas de Fuego. Me dediqué a cantar solamente, ya que eso era lo que yo sabía hacer bien".[50]

La independencia que le brindaba a Celia su condición de buena cantante, le permitió probar otros espacios de trabajo en Venezuela: "Cuando estaba de gira con Las Mulatas, siempre buscaba la manera de conseguirme otro trabajito. En una de esas me salió una oportunidad con un señor que se llamaba Víctor Saulman, un empresario muy importante de la radio venezolana. El señor Saulman me citó para Radio Caracas, me hicieron una prueba, y a raíz de eso hice unos cuantos programas patrocinados por una marca de cigarrillos venezolana".[51]

A finales de noviembre de 1948, encontrándose aún Celia y Las Mulatas de Fuego en territorio venezolano, se activa un golpe militar incruento contra el presidente Rómulo Gallegos, que desemboca en el nombramiento de una Junta Militar integrada por Marcos Pérez Jiménez, Carlos Delgado Chalbaud y Luis Felipe Llovera Páez, que se constituye en gobierno el 25 de noviembre. Los sucesos y la inestabilidad que inevitablemente debieron ocasionar en la situación interna venezolana,

[50]  Cruz, Celia y Reymundo, Ana Cristina. Op. Cit. p. 44.
[51]  Cruz, Celia y Reymundo, Ana Cristina. Op. Cit. p. 45. Presumiblemente se trata del empresario y radialista venezolano Víctor Saume.

debieron influir en el normal desarrollo de la estancia de las chicas cubanas en Venezuela.

### ◆ GRABACIONES EN VENEZUELA ◆

Según el investigador y hemerógrafo venezolano Gherson Maldonado, es en este viaje cuando Celia realiza una serie de grabaciones, en las que estaría acompañada por tres orquestas venezolanas: la Leonard's Melody Boys, de Leonardo Pedroza, la Orquesta de Luis Alfonzo Larraín y la Sonora Caracas. Los discos y otras evidencias dan fe de que fueron publicadas en diferentes momentos bajo los sellos venezolanos Turpial, Rex y Verco, y por el norteamericano Century.[52]

La propia Celia confirma en su citada autobiografía las grabaciones con las orquestas Leonard Melody Boys y de Luis Alfonzo Larraín, así como la Sonora Caracas en su primer viaje a Venezuela, aunque en el texto se cita el año 1949, cuando en realidad está documentalmente probado que permaneció en Venezuela los tres últimos meses del año 1948, y que no realizó viajes a ese país en 1949.[53]

La orquesta Leonard's Melody Boys estaba dirigida en ese momento por Leonardo Pedroza, que la había formado un año antes, cuando ya había pasado por la Sonora Caracas. La Leonard's Melody Boys hace las veces de orquesta de planta de la emisora Radio Libertador en Caracas. No se han encontrado datos fidedignos que permitan fijar el lugar donde Celia realizó estas grabaciones con la Leonard's Melody Boys. Según el investigador venezolano Larry Daniel Cabello, estas sesiones de grabación debieron realizarse en un estudio que radicaba en los altos del Teatro Nacional, en Caracas.[54]Pero también pudo ser en los estudios de Radio Cultura, según afirma el investigador colombiano Carlos Molano Gómez, con la lógica probatoria de los anuncios que promocionaban las audiciones de Celia en el programa *Eslabones de Oro* en Radio Cultura durante su viaje de 1948.

Atendiendo a las pruebas documentales disponibles, en este caso, en el contenido que recogen estas grabaciones aparecen

[52]  Maldonado, Gherson: "La historia de la Sonora Caracas", en: http://hemeroteca-musicavenezolana.blogspot.com/p/la-historia-de-la-sonora-caracas.html
[53]  Cruz, Celia y Reymundo, Ana Cristina. Ob. Cit. p. 44.
[54]  Cabello, Larry Daniel: "Celia Cruz y el misterio de la Sonora Caracas", en: https://gladyspalmera.com/la-hora-faniatica/el-misterio-de-celia-cruz-y-la-sonora-caracas/

como temas: el afro *Mambé* (Luis Yáñez)[55], la guaracha *El cumbanchero* (Rafael Hernández), el bolero negro *Quédate negra* (Facundo Rivero) y el capricho *La mazucamba* (Orlando de la Rosa). *Mambé* (*Yo mambé*) forma parte del repertorio de Celia desde antes, según reza la nota que escribe ella misma en el reverso de una foto suya donde indica que cantaba ese tema "... el 1 de enero de 1947 en el debut de Miguelito Valdés por las ondas de Mil Diez, la Emisora del Pueblo". En cuanto a *La mazucamba*, la suya debió ser una de las primeras versiones que se graban de este clásico en la carpeta autoral de Orlando de la Rosa. Particular destaque merece el bolero-afro *Quédate negra*, probablemente una de las primeras canciones que hablan claramente acerca de la reivindicación de la belleza negra, frente a los patrones patriarcales establecidos. Su autor, Facundo Rivero, fue prolífico en temas que abordan la temática racial, desde la deformación tipificadora del modo de hablar y la pronunciación:

*Pasa y pasa peine y pelo no enderezá*
*Pinta bemba y bemba no cambiá*
*Unta y unta polvo. Total, pa'no blanqueá.*
*Pa qué engañar a la gente. Quédate negra como estás*
*Quédate así, no te hagas ná*
*Quédate negra, que así me gustas más. (...)*
*Quédate así, no te hagas ná*
*Deja tu carita negra*
*Que así mismo la tiene la virgencita*
*Que tanto me acompaña.*

Los cuatro temas se publicaron en discos de 78 RPM bajo el sello venezolano Rex (Rex-34 y Rex-35, respectivamente). También se ha constatado la publicación de los temas *La mazucamba* y *Quédate negra* por el sello venezolano Turpial, igualmente en formato de 78 RPM (Turpial-34).[56]

Luis Alfonzo Larraín[57] ya era conocido con su orquesta, que se presenta en emisoras radiales, bailes populares y eventos

[55]   El título registrado en la sociedad de gestión de derecho autoral SGAE es *Yo mambé* y consigna como autores a Luis Vidal Yáñez Zuaznábar y a Celedonio Rolando Gómez Banquecer.

[56]   Ambos discos de 78 RPM, publicados por Rex y Turpial se reeditan años después en formato de 45 RPM bajo el sello venezolano Turpial, con referencias 45-344 y 45-343, respectivamente. Ejemplares de estos cuatro discos se conservan en Colección Gladys Palmera.

[57]   Luis Alfonzo Larraín (La Victoria, Venezuela, 22 de julio de 1911 - Caracas, Venezuela, 4 de julio de 1996).

teatrales. A finales del año recibe la propuesta de la discográfica Comercial Serfaty –productora y distribuidora venezolana de discos– para acompañar a Celia Cruz en unas grabaciones. El investigador Gherson Maldonado ha podido confirmar la existencia de cuatro registros sonoros de Celia con la orquesta de Larraín: la conga *Se acerca la comparsa* (Julio Blanco Leonard); el mambo *Rareza del siglo* (Bebo Valdés), la conga *Comparsa Barracón* (Bebo Valdés) y el afro *Morumba* (Julio Chapottin).

Dos de los temas se inscriben en el ámbito carnavalesco, el de las comparsas populares, en particular *Comparsa Barracón* dedicada a la comparsa habanera *El Barracón* y grabada en 1946 por Bebo y su orquesta para el sello Victor y también en Nueva York por Marcelino Guerra y su orquesta.

*Rareza de siglo* es, en rigor, un protomambo que Bebo Valdés compone en la medianía de la década de los cuarenta. Su primera grabación la realiza la orquesta de Julio Cueva con Orlando Guerra, *Cascarita*, como cantante, en tiempos en que Bebo era el pianista de esta orquesta, que es quien lleva esta pieza a la popularidad. Este disco venezolano prueba que Celia lo grabó dos años después, en plena popularidad del tema, pero antes de que Rita Montaner lo cantara en el filme mexicano *Ritmos del Caribe* (1950).[58] *Comparsa barracón* sería grabado en 1946 para el sello Víctor por el propio Bebo Valdés con una orquesta rítmica, en lo que constituye su primer registro fonográfico.[59]

La mayoría de los autores están en el entorno inmediato de Celia por esos años: Luis Yáñez, Orlando de la Rosa, Facundo Rivero, Julio Chapottín y Bebo Valdés son afrodescendientes y compositores muy activos ya en 1948. Valdés y Yáñez muy vinculados a Mil Diez y su entorno, el segundo, en particular, con clara filiación política de izquierda. De la Rosa y Rivero son además destacados pianistas y directores de cuartetos y conjuntos vocales, con presencia en las más importantes emisoras radiales y escenas teatrales.

Aunque existen los audios de esas grabaciones, los discos donde fueron prensados han sido esquivos a la investigación y no han podido ser localizados, salvo las fotografías de su publicación bajo la marca discográfica personal de Luis Alfonzo Larraín.

No hay dudas de que Celia grabó con la venezolana Sonora Caracas. Lo afirma en su libro autobiográfico y también en

---

[58]   Celia vuelve a grabar *Rareza del siglo* con La Sonora Matancera el 6 de febrero de 1958.

[59]   Maldonado, Gherson: "La historia de la Sonora Caracas", en: http://hemeroteca-musicavenezolana.blogspot.com/p/la-historia-de-la-sonora-caracas.html

*La dicha mía,* una guaracha que le escribió Johnny Pacheco décadas después narrando parte de su propia vida y que graba en 1986 junto con Pete *El Conde* Rodríguez para el sello Fania:

> *El señor me dio la dicha de grabar*
> *con La Sonora Matancera,*
> *Memo Salamanca, Lino Frías.*
> *Coro: Esa dicha me la dio el Señor*
> *Con Charlie Palmieri, René Hernández, la Sonora Caracas...*

Sin embargo, un misterio de larga data que nunca los biógrafos de Celia se decidieron a esclarecer con ella, rodea sus grabaciones con la venezolana Sonora Caracas y se hace presente en la investigación que sustenta este libro, con dos pruebas documentales: un único disco de 78 rpm indicando a una enigmática Sonora C y un impreso comercial que anuncia una serie de grabaciones de La Sonora Caracas para el sello venezolano Verco, y que fuera obsequiado a Gherson Maldonado por el músico Jesús Marcano.

El Palacio de la Música es la compañía fundada en 1947 por Ernesto Aue Sr. y Miguel Ángel Piña para la venta de instrumentos musicales. Poco después, un socio norteamericano propone ampliar el negocio a la producción y distribución de discos. Así surge Discos Verco (Venezuela Record Company), con el que El Palacio de la Música comienza a vender los discos de sus propias producciones, aunque inicialmente prensados en México, al no contar en Venezuela con el equipamiento necesario.[60] Según el *flyer* o impreso de Discos Verco, Celia habría grabado con la Sonora Caracas los siguientes temas: el son montuno *Qué jelengue* (José Antonio Méndez) y la rumba *Rumba Columbia* (Senén Suárez)[61] (Verco-019), el bolero-mambo *Un poquito de tu amor* (Julio Gutiérrez) y la rumba *Pa gozá* (Aurelio Martín) (Verco-020). Sin embargo, un único disco de 78 rpm publicado por el norteamericano sello Century da fe de estas grabaciones, pero contiene *Qué jelengue* y *Pa' gozá.* No se ha encontrado rastro de los registros de *Un poquito de tu amor* y en el caso de *Rumba Columbia,* un disco de hierro, presumiblemente la matriz de la grabación, estaría actualmente en manos privadas.[62] Persiste la

---

[60]   Guevara, José Cheo: "El Palacio de la Música: salsa con sello venezolano", en https://gladyspalmera.com/coleccion/el-diario-de-gladys/el-palacio-de -la-musica-salsa-con-sello-venezolano/
[61]   Su título original es *Rumba y Columbia.*
[62]   En el catálogo autoral de Senén Suárez aparece la obra *Rumba y columbia.*

duda de si estos dos temas finalmente llegaron a prensarse en discos comerciales –de los cuales no hay referencias ni indicios de su existencia– o si las placas con las grabaciones terminaron perdiéndose. Llama la atención que nunca estos títulos figuraron en el repertorio discográfico de Celia Cruz.

La Sonora Caracas, cuyos orígenes se remontan a 1933, tenía en 1948 la siguiente estructura: tres trompetas (Carlos Guerra, T. Landaez y Pedro Baez, en ese orden), Alirio Ramos, en el contrabajo; en el piano, Elías Carmonta y E. Tejera en la guitarra. Jesús Marcano era su cantante melódico y Johnny Pérez, el guarachero; Víctor Piñeiro en los coros y, como representante y tumbador, Carlos Emilio Landaeta, *Pan con Queso*.

El testimonio del músico venezolano Jesús Marcano, recogido por Gherson Maldonado, habla sobre cómo se originó la idea de la grabación y los temas registrados: "...tuvimos el honor de grabar con Celia Cruz, grabamos en los altos del Teatro Nacional, los temas: *Un poquito de tu amor, Qué jelengue, Rumba y Columbia* [sic][63], y *Pa' Gozá*. No había grabaciones de Celia, nosotros no la llamamos, fue un cubano que se llama Galán, Don Galán, un comerciante, tocaba saxofón gallego, en combinación con 'Piñita' hacen el negocio y nos llaman a nosotros para grabar con Celia...".[64]

Otro músico de la *Sonora Caracas*, Johnny Pérez contó a Maldonado: "Celia se presentaba en el Nuevo Circo. Y había un señor, este... Piñita, que tenía la agencia de música que quedaba al frente de Radio Caracas, la agencia de música. Por supuesto los músicos iban mucho ahí. Entonces, por medio de él fue que habló con Celia para que hiciera la grabación con nosotros".[65] Maldonado subraya que Marcano, Pérez y el cantante Víctor Piñeiro no dudan en afirmar que estas grabaciones se realizaron en 1948 durante la primera visita de Celia a Venezuela.

Carlos Emilio Landaeta, conocido como *Pan con Queso*, dejó escrita su autobiografía, aún inédita, en la que según Gherson Maldonado, habla de presentaciones de Celia en el cine Anauco refiriendo erróneamente el año 1949, pues ya ahora sabemos

---

[63]  Debe tratarse de *Rumba Columbia*, de la autoría de Senén Suárez.
[64]  Maldonado, Gherson: "La historia de la Sonora Caracas", en: http://hemeroteca-musicavenezolana.blogspot.com/p/la-historia-de-la-sonora-caracas.html
[65]  La única referencia encontrada sobre una actuación de Celia Cruz en el Nuevo Circo en Caracas, apela a testimonios orales que citan un dato erróneo: una supuesta presencia continuada de Celia en Venezuela de 1948 a 1950, cuando hoy es posible comprobar– a través de documentos migratorios oficiales– que fueron dos los viajes suyos a Venezuela, en 1948, de octubre a noviembre; y en 1950, y no una estancia de dos años, como sugieren esos testimonios.

que fue en 1948. Asegura Landaeta: "Celia grabó con nosotros en la Sonora Caracas, pero un cubano se llevó las matrices, no se supo nunca más de él...". Las matrices con las grabaciones de Celia con La Sonora Caracas salieron de Venezuela, según las afirmaciones de Marcano y Landaeta, en el equipaje de este cubano que Marcano identifica como Galán, y esto puede explicar el hecho de que dos de ellas hayan aparecido publicadas después bajo el sello norteamericano Century con la inscripción "Grabado en Cuba" y el sospechoso cambio en el nombre de la orquesta acompañante: Sonora C.

En su autobiografía, Celia coincide en algo y comenta que después de los dos temas que graba en Cuba con La Gloria Matancera −entre 1949 y 1950− "... hice otra con un señor al que le decían Don Galán, que creo estaba relacionado con la Sonora Caracas. Me acuerdo de él, porque el señor nunca me pagó, y en aquellos tiempos me hacía falta el dinero. Sin embargo, el daño no fue mayor".[66]

Los discos del sello Verco con estas grabaciones no han podido ser localizados, ni hay evidencias de que realmente hayan existido. Algunas fuentes venezolanas incluso se cuestionan si realmente los temas *Rumba y columbia* y *Un poquito de tu amor* llegaron a prensarse en discos.

En cualquier caso, y aunque hay certeza de que se hicieron durante su visita de 1948 a Caracas, no ha sido posible determinar el orden cronológico de las sesiones de grabación de Celia con las orquestas Leonard's Melody Boys, de Luis Alfonzo Larraín y la Sonora Caracas, que debieron realizarse entre octubre y diciembre de ese año.

El pasaporte de Celia Caridad Cruz y Alfonso exhibe el cuño de salida del país por el aeropuerto de Maiquetía el día de Navidad, 25 de diciembre de 1948, y entrada al aeropuerto José Martí de La Habana el mismo día, a tiempo para festejar en familia la Navidad, los éxitos conquistados en Venezuela y el advenimiento del nuevo año.

[66]    Cruz, Celia y Reymundo, Ana Cristina: Op. cit. p. 47.

# ·1949·

MIGUELITO VALDÉS Y JOSÉ ANTONIO MÉNDEZ SOSTIENEN LA GUITARRA. DETRÁS
BEBO VALDÉS ASOMA LA CABEZA. LE SIGUEN FRANK EMILIO FLYNN, CON GAFAS,
FRANCISCO FELLOVE, CELIA, OLGA GUILLOT, IBRAHIM URBINO. ESTUDIO DE MIL DIEZ.
LA HABANA. CA. 1948.

En el último año de la década, con 23 años, Celia Cruz afianza paso a paso su posición en la escena del teatro musical cubano. No parece que cuente con padrinos o mecenas, solo con su perseverancia y disciplina para hacer valer su calidad vocal e interpretativa.

Un acontecimiento que cada año centra la atención de la prensa y el público es la elección de la Reina de la Radio, promovida por el magnate Amado Trinidad, presidente y dueño de la RHC Cadena Azul, además de solvente y próspero empresario. La Fiesta de Coronación, en un estilo pomposo que hoy clasificaría en el *kitsch* más tradicional, es el evento culminante que reúne en un extenso espectáculo a los artistas más relevantes o populares del momento. En 1949 resulta elegida Reina de la Radio la actriz Lolita Berrio, de amplia trayectoria e igual popularidad en sus histriónicos programas. El Teatro Nacional abre sus puertas a la Fiesta de Coronación de este año, fijada para comenzar a las nueve de la mañana el domingo 6 de marzo. El anuncio publicado en Noticias de Hoy incluye a Celia Cruz en un importante elenco junto a los cantantes Elizabeth del Río, Miguel de Gonzalo, Rita María Rivero, María de los Angeles Santana, Obdulia Breijo, Idalmis García, Radeúnda Lima, los actores Carlos Badías, Gina Cabrera, Eduardo Casado, Candita Quintana, el Chino Wong, Armando Palacios, Rolando Ochoa, y otros como María Ciérvide, el trío Hermanos Rigual, Aurora Celles, Lidia de Córdova, el dúo Amanecer, Lucerito de España y otros.[1]

Para el 13 de marzo, se promueve un acto organizado por el periódico Noticias de Hoy y en el que se proyectará, en función extraordinaria, el filme *Niñera último modelo* y un *show*

[1]    Noticias de Hoy. La Habana, Cuba. 2 de marzo de 1949. p. 10

animado por Manolo Ortega, con el barítono Gil Mar, el trío
Servando Díaz, y Celia Cruz, acompañados por una orquesta
dirigida por Roberto Valdés Arnau.[2]

### ◆ EL GRAN ÉXITO DE *FACUNDO* ◆ EN EL TEATRO MARTÍ

En 1949 Celia Cruz se vincula a la famosa compañía Pous-Sanabria, una de las formaciones esenciales del teatro bufo y
vernáculo cubano, con la que por breve tiempo se presenta en varias revistas en el habanero Teatro Martí y otros espacios. En la sección *La farándula pasa*,de la revista Bohemia,
se anuncia el debut para el sábado 30 de abril, " ...con Isora,
Rosita Lago, Rosendo Rosell, Candita Quintana, Alicia Rico,
el Chino Wong, Carmelita Bermúdez, Gilberto Delfino Rodrigo de la Cervera, Celia Cruz, Las Mulatas de Fuego y las
*Rodney* Girls".[3] El periodista Sergio Nicols, en su recién estrenada columna *Radiofilia*, alertaba de este importante suceso
en la carrera de la joven cantante: "A Celia Cruz no se le oye
con frecuencia por radio, porque está derramando sal y pimienta en el Martí, con la revista 'Mambo'". Sobre la producción 'Mambo', el Diario de la Marina, en su edición del 20 de
abril, destaca los llenos totales que está registrando el Martí con esta revista, con un records de 7.879 espectadores en
las tres noches que siguieron al estreno: "En el teatro de las
cien puertas, el negrito Pous y el gallego Sanabria, al frente
de un conjunto en el que abundan las atracciones, están haciendo teatro cubano, pero teatro cubano más que del bueno,
del mejor. Ágil, dinámico, chispeante, moderno y con música
de ritmo que se cuela y bulle muy dentro de nosotros. [...] En
el elenco no hay estrella, porque todos son estrellas: Elizabeth del Río, Rosita Lago y Lolita Chanquet, entre las *vedettes*; el
Chino Wong, Candita Quintana y Alicia Rico, entre las primeras figuras cómicas; Rosendo Rosell, Rodrigo de la Cervera y
Armando Bianchi, entre los galanes; Carmelina Bermúdez y
Gilberto Delfino, responsabilizándose con la parte más humana de las obras; Isora, las tropicales Mulatas de Fuego, y
la voz leader [de] Celia Cruz y las *Rodney* Girls, entre las rít-
micas atracciones. Y una orquesta, especializada en Mambo,
que dirige [René] Urbino. Y a la cabeza de este elenco de todos

---

2    Noticias de Hoy. La Habana, Cuba. 6 de marzo de 1949. p. 14
3    *La farándula pasa*, en revista Bohemia. 27 de abril de 1949. p. 86.

estrellas, Carlos Pous y José Sanabria".[4] A juzgar por estos comentarios, Celia es un verdadero suceso en la escena del Martí y contribuye en mucho al gran éxito de esta revista.

Pero no todos reaccionan igual ante el ascendente desempeño de Celia. En el diario habanero El Avance Criollo, su columnista de música y espectáculos, Sergio Piñeiro, escribe una opinión muy negativa. Para refutarla y a la defensa de Celia, Sergio Nicols dedicaría su columna en Noticias de Hoy, con una opinión que tiene además una importancia notable para valorar la polémica como reconocimiento de lo que ya en 1949 había conquistado Celia, pues resume el criterio de grandes directores orquestales acerca de su trabajo como solista de la llamada música afro.

"En un periódico de La Habana y con la firma de Sergio Piñeiro apareció hace pocos días un absurdo juico artístico sobre la valiosa artista del teatro y de la radio Celia Cruz, conocida y aplaudida por nuestro público. Es lástima que Gutenberg se hubiera pelado las pestañas para inventar las letras de molde y que se haga tan malo e injusto uso de ellas, como en este caso. Piñeiro anatemiza contra Celia escribiendo en su columna que 'es descuadrada y descuartiza el FACUNDO [sic] de Eliseo Grenet'. Inmediatamente los que entienden en la materia han salido en defensa de Celia Cruz para colocarla en el sitio que se merece y, para 'arreglarlo', Sergio Piñeiro −despectivamente− escribe que, si es tan buena como dicen, que vaya a cantar al Metropolitan. Esto es 'Astrakán' puro.

Guárdese esta vez Piñeiro su opinión particularísima donde no se entere nadie y no desbarre. A Celia Cruz la han dirigido y ensayado durante años músicos que conocen nuestro género como [Félix] Guerrero, [Enrique González] Mantici, Bebo Valdés, [Adolfo] Guzmán, Humberto Suárez, [Roberto] Valdés Arnau, etc., y jamás han osado expresar esa opinión de Celia, sino todo lo contrario. Que el ritmo y la medida le brotan por los poros, lo que es ya suficiente para que cualquier profano tenga tacto al circular por un terreno que conoce poco.

Y respecto a lo otro, a que vaya a cantar al Metropolitan[5], estamos todos seguros que, con el género cultivado por Celia Cruz, puede

---

[4]    "Siguen los llenos en el Martí con la gran Cía. Pous & Sanabria. Éxito creciente de MAMBO", en Diario de la Marina. La Habana, Cuba. 20 de abril de 1949. p. 8. Véase también: Sección La Farándula Pasa, en revista Bohemia. 27 de abril de 1949. p. 86.
[5]    Se refiere al Metropolitan Opera House, de Nueva York.

presentarse, no sólo allí, donde asiste un público que no entiende ni papa de nuestra música popular afro-cubana, pero la aplaudirían, porque el arte, cuando no se comprende, se siente como un soplo que pone los pelos de punta.

Celia sabe cantar, siente nuestra música y hace creaciones de cuanto interpreta. Si no lo cree, pregúntesele al mismo Eliseo Grenet.

Ante la nota discordante y desafinada del crítico, el público que conoce del caso se pregunta: ¿qué hachita tendrá que afilar contra Celia Cruz, el señor Piñeiro...?."[6]

Celia, sin embargo, no se detiene. Mientras esta polémica arrincona al fallido columnista, el 15 de mayo canta en el escenario del Teatro Fausto, donde tiene lugar un homenaje al periódico Noticias de Hoy, que, desde las ocho de la mañana reunió, en torno a la orquesta dirigida por el maestro Valdés Arnau, a un amplio grupo de cantantes y artistas: Olimpia Ruiz, *La muñeca andaluza*; los tríos Buenos Aires y Servando Díaz; el cuarteto de Facundo Rivero, la soprano Mercedes Pérez Cairo, el *crooner*[7] Pepe Reyes y *El Acuarelista de la Poesía Antillana*, el gran Luis Carbonell, según anuncia el propio diario.

Dieciséis días después forma parte del elenco artístico en el homenaje que varias emisoras radiales han organizado para festejar el aniversario 38 del líder sindicalista Lázaro Peña. El cine-teatro Favorito acogió a los artistas más populares del momento, entre ellos y además de Celia, el cantante Pepe Reyes, el Trío Matamoros, el Conjunto Vocal de Facundo Rivero, quien presentó fuera de programa a la *vedette* cubana Isa de Mendoza.[8] Los maestros Félix Guerrero, Roberto Valdés Arnau y Jorge Junco dirigieron la orquesta.

Pocos días después, a propósito de sus actuaciones en la revista *Mambo* en el Teatro Martí, la sección *La farándula pasa*, de la revista Bohemia publicaba el siguiente comentario, que se suma a las opiniones positivas al enjuiciar su arte, enfocándose, desde una comparativa, en sus características innatas para abordar la música: "Lo mejor de Celia Cruz es precisamente esa

---

[6]    Nicols, Sergio: "Con letra y música". Sección *Radiofilia*, en Noticias de Hoy. La Habana, Cuba. 27 de abril de 1949. p. 10.

[7]    Se le denominaba así a los cantantes que hacían de la contención en la proyección de su voz un estilo murmurante; también a aquellos con voz baritonal, a lo Frank Sinatra.

[8]    Nicols, Sergio: Sección *Radiofilia*. En Noticias de Hoy. 31 de mayo de 1949. p. 10. Isa de Mendoza es la cantante y actriz Isaura Mendoza.

anarquía con que canta una canción, sin que los músicos tengan que preocuparse del ritmo y la melodía. Pero eso lo puede hacer Celia, porque es cuestión de oído. Y de facultades. Dos cosas con las cuales se pasan la vida luchando nuestros cancioneros más conspicuos". El conocido crítico, cronista y reportero Germinal Barral, *Don Galaor*, tras el anonimato de esta sección, no se equivocaba.[9]

Sin dudas, con su éxito cimero *Facundo*, Celia está provocando un aluvión de reacciones positivas y de popularidad, que sustentan su permanencia en cartelera en el Teatro Martí, tal como subraya el periodista Sergio Nicols, quien desde su columna vuelve a romper una lanza en favor de la joven cantante: "Celia Cruz lleva cantando siete semanas seguidas, a petición del muy respetable público, que acude al teatro Martí, el 'Facundo' de Eliseo Grenet".[10] El afro de Grenet ha tenido antes otros intérpretes populares, como La Sonora Matancera que lo graba en 1946 cantando Bienvenido Granda[11]. En los fondos del Instituto Cubano de Radio y Televisión se ha conservado una grabación en directo de 1952, con respaldo orquestal y un arreglo mambeado donde Celia innova con rubateos y un manejo singular del fraseo. Es uno de los escasos, pero valiosísimos registros radiales que se conservan de su etapa en Cuba. [12] Tendrían que pasar poco más de 12 años para que Celia llevara el tema *Facundo* de su éxito teatral a un disco comercial (Seeco-8086, 45 rpm).

La compañía Pous-Sanabria abandona el Teatro Martí y va contratada al Teatro Campoamor el 23 de septiembre de 1949, para una temporada de varios meses. Pero en noviembre Celia vuelve al Martí, esta vez, junto a la compañía teatral de otro grande del vernáculo cubano, Alberto Garrido, quien ofrecía una función de homenaje a las actrices Alicia Rico y Candita Quintana. El programa incluía el sainete-revista *Cubanos en Miami*, con libreto de Enrique Núñez Rodríguez, interpretado por toda la compañía, terminando con la pareja de bailes Estela y Rolando, y la Sonora Matancera con la cantante

9    *La farándula pasa*, en revista Bohemia. La Habana, Cuba. 22 de mayo de 1949. p. 83.
10   Nicols, Sergio: Sección *Radiofilia*, en Noticias de Hoy. 3 de junio de 1949. p. 10.
11   Grabación original Panart 1071, 78 RPM. Se recoge también en numerosos LP y CDs al considerarse uno de los grandes éxitos de Bienvenido Granda con La Sonora Matancera.
12   La grabación en directo de *Facundo* por Celia se puede escuchar en el CD *Celia Cruz con La Sonora Matancera – En Vivo C.M.Q. (1951-1952) Vol. 5*. Sello Bárbaro B-230. Estados Unidos, 1995.

boricua Myrta Silva, que era entonces su voz femenina habitual. En la segunda parte, se presentaba el juguete cómico *Póker de Ases*, con las dos homenajeadas, más Garrido y Piñeiro, seguido del número *Rhapsody Manhattan*, del coreógrafo Sergio Orta con Las Orta's Girls, los cantantes José Fernández Valencia y Miguel de Gonzalo; después, la pieza humorística *Qué clase de palo*, de Eladio Secades, con Alicia Rico y Candita Quintana y al finalizar, las cantantes Celia Cruz e Idalmis García, el tenor René Cabel y la bailarina Sonia Saavedra. Completan el cartel María de los Angeles Santana, el Chino Wong, el viejito Bringuier y Luis Carbonell.[13]

Por primera vez una foto de Celia Cruz aparece en Bohemia, una de las dos revistas generalistas más importantes de Cuba. Se inserta en un artículo de corte farandulero relativo a las costumbres y rutinas de los artistas antes de salir al escenario. Rita Montaner, Enrique Santiesteban, José Sanabria, Celia, Candita Quintana, El Chino Wong y Angeline Fernández hablan de sus supersticiones. El pie de foto de la joven cantante dice mucho de cuánto sigue calando su interpretación del afro de Eliseo Grenet: "Celia Cruz coloca en todos los camerinos de los teatros donde trabaja una imagen de Cristo. Su 'Facundo' no le sale bien, dice ella, si antes no le reza una oración. Se le considera hoy una de las mejores intérpretes de la música negra".[14]

### ◆ A RADIO CADENA SUARITOS ◆

*Suaritos* da otra vuelta de tuerca en su pulso con la competencia desde su emisora, la CMBL Radio Cadena Suaritos, de la que también es su principal locutor, productor y diseñador de anuncios. Nada lo amilana. Su carismática personalidad radial y su singular modo de diseñar su propia publicidad lo ha hecho uno de los hombres más populares de la radio, e imprescindible en la historia de la radiodifusión cubana. Laureano Suárez Márquez, *Suaritos*, hace del escándalo una herramienta radial, y del desenfado, una marca. Su publicidad, diseñada en contrario, no tuvo al parecer, antecedentes en Cuba. Tampoco el uso del doble sentido que en sus patrocinadores provocaba lo mismo el enfado ruidoso, que una sonora carcajada: "Radio Cadena Suaritos. ¡No escuche esta

[13]   "Martí: Homenaje a Candita Quintana y Alicia Rico,"en: Diario de la Marina. La Habana, Cuba. 29 y 30 de noviembre de 1949. pps. 15 y 14, respectivamente.
[14]   Báez, Narciso: *Esto hacen antes de salir a escena...*, en revista Bohemia. La Habana, Cuba. 10 de julio de 1949. p. 22

emisora!"; "Póngase en cuatro, señora; póngase en cuatro señor, póngase en cuatro horas de La Habana a New York en los
super-constelations de Cubana de Aviación. ¡A la vanguardia del progreso aéreo!"; o "En la fabada donde cae un chorizo
Nalón, no queda una judía señorita...".

Como paradoja, la contribución cultural de Radio Cadena
Suaritos fue importantísima: favorece el regreso de María Teresa Vera a las ondas radiales en la segunda mitad de los años
treinta, esta vez en su memorable dúo con Lorenzo Hierrezuelo, y tiene la sensibilidad suficiente y el olfato comercial para
detectar un vacío en la programación de las emisoras radiales de la competencia ante una audiencia potencialmente propicia, y decide destinar un espacio a la auténtica música ritual
afrocubana, con cantos y toques yorubas. Para ello contrata a la
persona ideal, a Obdulio Morales, que es no solo uno de los directores de la orquesta de planta de RCS, sino también uno de
los promotores de esta música en los espacios teatrales. *Suaritos* logra mantener este programa por varios años con altos *ratings*, centrados en quienes serían legendarios cantantes
folklóricos: el *akpwon* Felipe Gil[15] y la gran Merceditas Valdés[16].

A esas alturas de 1949, ya había presentado con éxito en los
micrófonos de su emisora a los boricuas Bobby Capó, Daniel
Santos y a la mexicana Avelina Landín. Ahora, además de los
suyos propios, inserta llamativos anuncios publicitarios en la
prensa para divulgar su nueva contratación internacional: la
cancionera veracruzana Toña La Negra, de notable arraigo popular en Cuba desde que cantara en la isla a inicios de la década.
La *Sensación Jarocha* inicia sus presentaciones el 4 de mayo de
1948 respaldada por el pianista y compositor cubano Juan Bruno Tarraza, quien lleva años acompañándola primero en Cuba
y luego en México y en giras internacionales.

Con las grabaciones que hace a los artistas que se presentan en su emisora, *Suaritos* garantiza una manera de hacer radio en la que fue pionero en Cuba: estructura una cadena radial
a partir de la difusión de grabaciones propias, fijadas en placas
y así llega a crear una marca disquera con su nombre, aunque
de efímera duración, que registró hitos tan relevantes como las

---

[15]  Felipe Gil, considerado uno de los cantantes más completos de los géneros
     provenientes de culturas africanas asentadas en Cuba.
[16]  En su estudio-emisora, situado en la calle 25 No.1115 entre 6 y 8 en El Vedado,
     el peculiar empresario y promotor grabó decenas de miles de horas de progra-
     mas a lo largo de muchos años. Los masters nadie ha sabido decir a dónde fueron
     a parar y se consideran materialmente desaparecidos.

primeras grabaciones de Celina y Reutilio, entre otros. Sin embargo, su visión no le alcanzó para valorar a Celia Cruz en su justa medida.

En junio de 1949 Celia comenzaba su contrato por seis meses con Radio Cadena *Suaritos*. "Por la prensa me enteré que Celia Cruz ha sido contratada seis meses por *Suaritos* –anuncia Sergio Nicols en su columna, sin cejar en su apoyo a la cantante-. Buena adquisición, Don Laureano! Celia, la magnífica, es uno de nuestros más preciados valores jóvenes por su voz, por su estilo y por su gracia criolla. No sabemos si va con calidad de 'cañonazo' o de 'descarga de fusilería', pero es un nombre que responde donde sea".[17] Andrés Castillo Jr. en su sección *Motivos Radiales* en la revista Guión, comentaba: "Suaritos sigue 'saboreando el picadillo', y sus adquisiciones más recientes han sido las presentaciones exclusivas a las 9 de la noche, del tenor [Manolo] Álvarez Mera y la contratación de Celia Cruz, (la reina del afrocubano) la cual se presenta en programas estelares siempre acompañada por la Orquesta Atómica Suaritos".[18] La rimbombante orquesta no era otra que la misma que dirigía Obdulio Morales como única de la emisora radial del carismático empresario.

Sin embargo, el *gallego Suaritos* no le da a Celia un programa personal a una hora fija, lo que de alguna manera, la sitúa en desventaja, en particular, con los cantantes extranjeros que contrata en esta etapa. Alguna prensa se hará eco de esta observación: "Es una lástima que a Celia Cruz no se le oiga a una hora fija por 'Suaritos'. ¡Tan buena cantante para hacer un programa bonito y cubano!"- se lamenta ya en septiembre el columnista del diario Noticias de Hoy.[19] Ese mes Radio Cadena Suaritos inaugura una nueva planta y presenta a bombo y platillo al mexicano trío Cantarrecio, pero la potente voz de Celia no tiene el reconocimiento que merece y nunca logra que *Suaritos* le asigne un programa fijo. Del crecimiento profesional de Celia y de la versatilidad, que se convertirá en unos de sus rasgos más notables, dan fe las escasísimas grabaciones que han sobrevivido de su tránsito por Radio Cadena Suaritos.

Celia resumiría así su relación con Suaritos y su paso por la radioemisora del polémico promotor: "... me quedé ahí como por año y medio. Ahí tenían de figuras principales a Amelita

---

[17]   Nicols, Sergio: Sección *Radiofilia*, en Noticias de Hoy. 23 de junio de 1949, p. 10.
[18]   Castillo, Andres Jr.: Sección *Motivos Radiales* en revista Guión. Agosto 1949, p. 12.
[19]   Véase: Nicols, Sergio: Sección *Radiofilia*. En Noticias de Hoy. 8 y 17 de septiembre de 1949, p. 10.

Frades, que en paz descanse, y a Candita Batista, y eran ellas las que grababan para la emisora. Yo hacía de corista, o sea, les hacía de segunda a Candita y Amelita y nunca me permitieron ser solista. Un día, el señor Laureano Suárez me dio un numerito con un cantante que se llamaba Charles Burke, pero después de eso, más nunca me dieron otra oportunidad de hacer algo exclusivo con la emisora. De hecho, la cancioncita esa la transmitieron muy poco. Supongo que no fui santo de la devoción del señor Suárez. Sin embargo, aprendí mucho con todos ellos".[20]

Pronto Celia tendrá una compensación, y de ello advierten las noticias: "A los que no les haya sido permitido escuchar por radio a Celia Cruz, por no haber tenido un programa fijo en 'Suaritos', le comunicamos que la estrella negra alumbra con su presencia y sus cantos afrocubanos el escenario del Teatro Campoamor, donde ha sido recientemente contratada".[21]

Termina octubre con dos verdaderos huracanes mediáticos: la llegada y actuación en Cuba de la diva María Félix y del Trío Los Panchos. *María Bonita* actuó en CMQ y en Tropicana. Su escultural y enigmática figura y su ceja arqueada en señal de desdén se dejaron ver en el Casino Deportivo y en cuanto sitio importante le invitaran. El trío mexicano cumpliría contrato también en CMQ, presentándose además en el *cabaret* Sans Souci.

La Sonora Matancera, que ya también tiene contrato con la emisora de los hermanos Mestre, triunfa con Myrta Silva en el programa *Cascabeles Candado,* que va remontando en popularidad, gracias a la simpática boricua, al decano de los conjuntos y a las hilarantes presentaciones de *Mamacusa Alambrito* y *Pirolo.* Noviembre comienza con el anuncio del debut el día 4 del astro norteamericano Cab Calloway en el *cabaret* Montmartre, en sus primeras presentaciones en Cuba.          ◆

## DE NUEVO TEATROS: MARTÍ, NACIONAL Y AMÉRICA

A partir del 30 de noviembre, el Teatro Martí repone la revista *Poker de Ases*, donde Celia vuelve a participar.[22] Y el año cierra para ella con más teatro. Para inicios de diciembre, se anuncia, al decir de la prensa "la función más grande del año". Con el

[20]  Cruz, Celia y Reymundo, Ana Cristina: Op. Cit, pps. 48-49.
[21]  Nicols, Sergio: Sección *Radiofilia.* En Noticias de Hoy. 22 de octubre de 1949, p. 10.
[22]  Noticias de Hoy. 20 y 30 de noviembre de 1949, p. 10.

auspicio del Sindicato Nacional de Autores Musicales Cubanos, el Teatro Nacional abre sus puertas el domingo 4 de diciembre a las 9.30 am a La Fiesta del Compositor. Las figuras más representativas y populares, que durante 1949 han pasado por los escenarios teatrales y los micrófonos radiales, conforman el programa,[23] que incluye el cuadro *Glorificación del mambo*, donde intervienen Las Mulatas de Fuego, y Celia Cruz.[24]

Las últimas semanas de 1949 reservan para Celia su presentación en una de las plazas teatrales más selectas y codiciadas. ¡Al fin llega al escenario del teatro de variedades América! Debuta el 19 de diciembre haciendo parte del elenco del espectáculo *Christmas's Show*, que acompaña la proyección del filme *Aquel hombre mío (That's My Man)*, con Don Ameche y Catherine McLeod, y que se mantiene en escena hasta el día 27. El cartel del *show* lo completan la cantante María Ciérvide, los malabaristas cómicos *The Coronas*, la bailarina Marta Nita, *The Canel Girls* y los pianistas Mario Fernández Porta, Orlando de la Rosa, Felo Bergaza y Humberto Suárez.[25]

En la radio, el año terminaba con un saldo de evolución: en la batalla por la audiencia, Radio Progreso ha ido escalando con paso discreto, pero firme, mostrando un empuje inusual en la presentación de cantantes extranjeros: con La Sonora Matancera, Myrta Silva ha estado en la programación de *La Onda de la Alegría*, y en septiembre volvería Daniel Santos a presentarse con el decano de los conjuntos cubanos. Además, la mexicana Adelina García lo hace con la orquesta de Humberto Suárez. CMQ, por su parte, anuncia para el 24 octubre la salida al aire

[23]  El cartel contempla a los cantantes Rita Montaner, Marta Pérez, Rosita Fornés, María de los Ángeles Santana, Esther Borja, Bola de Nieve, Luis Carbonell, Hortensia Coalla, María Cervantes, René Cabel, Elena Burke, Eusebio Delfín, Tomasita Núñez, Elizabeth del Río, Miguel de Gonzalo, Aurora Lincheta, Miguel Angel Ortiz, Pepe Reyes, Eva Flores, Olga Rivero, Rita María Rivero, *Cascarita*, Manuel Licea, *Puntillita*; las Hermanas Lago, las Hermanas Márquez, el Cuarteto Taicuba, los conjuntos de Arsenio Rodríguez y Nelo Sosa; los pianistas Isolina Carrillo, Humberto Suárez, Frank Emilio Flynn, Bebo Valdés, Candito Ruiz, Facundo Rivero, Felo Bergaza, Orlando de la Rosa, Mario Fernández Porta, Bobby Collazo, la orquesta de Orestes Santos; los actores y actrices María Julia Casanova, Minín Bujones, Alejandro Lugo, Eduardo Egea, Candita Quintana, Aníbal de Mar, Alicia Rico, Leopoldo Fernández, Carlos Pous. Como invitados, los boricuas Myrta Silva y Daniel Santos, los mexicanos Manuel Medel y el trío Los Panchos, y como animadores Germán Pinelli, José Antonio Alonso, Carlos Badías, Rosendo Rosell, Rolando Ochoa y Carlos D'Mant.

[24]  Fajardo Estrada, Ramón: *Deja que te cuente de Bola*. Unos & Otros Ediciones. Miami, USA. 2019, pps. 145 y 146.

[25]  Anuncio en Diario de la Marina. La Habana, Cuba. 18 de diciembre de 1949, p.14.

de la nueva versión reformada del programa *Cascabeles Candado* por CMQ, donde también La Sonora Matancera y Myrta Silva —cedidos por la gerencia de Radio Progreso a la empresa jabonera Crusellas[26], patrocinadora del programa— tendrán los roles más importantes. La maniobra radialista tiene como objetivo enfrentar con éxito al *rating* que favorece al programa dramatizado de aventuras *Tamakún, el vengador errante*, que transmite la RHC Cadena Azul, patrocinado por la competencia en la industria de la espuma: la marca Sabatés, y que está llevándose toda la audiencia de esa franja horaria. En el último *survey* realizado por los anunciantes, *Tamakún* retiene el segundo lugar, mientras que *Cascabeles Candado* no logra avanzar desde el puesto número 22. La incorporación de La Sonora, así como la presentación de importantes figuras internacionales como la diva mexicana María Félix, y otras, renovarán un programa que llegará con el tiempo a la cima de la popularidad, gracias —en gran medida— a la posterior contribución de Celia Cruz.[27]

---

[26] Crusellas y Sabatés eran las firmas más importantes de la llamada *soap industry* (industria jabonera) en Cuba. Crusellas producía el jabón Candado y más tarde se hizo con la franquicia de marcas norteamericanas importantes como Palmolive y Fab. Crusellas fue un destacado patrocinador de importantes programas de radio y televisión en Cuba antes de 1959, como *Cascabeles Candado*.

[27] Sección *La farándula pasa*, en revista Bohemia. La Habana, Cuba. 23 de octubre de 1949, p. 112 y 6 de noviembre de 1949, p. 56.

# ·1950·

CELIA ENTRE RENÉ CABEL (IZQUIERDA) Y ROSITA FORNÉS, ARMAND E IBRAHIM
URBINO (DERECHA). CA. 1950 COLECCIÓN REY GONZÁLEZ.

Tras años de fino y perseverante accionar para convertir a Cuba en el objetivo inmediato del gran negocio de la mafia italo-norteamericana, el inicio de esta década fija el golpe de timón que a la larga, beneficiará sobremanera a la clase artística cubana, a pesar de lo contradictorio y deplorable que resulta su vinculación con el juego como industria, y los métodos que trae aparejados. En el período republicano en Cuba, los gobiernos de turno garantizaron el marco legal para ello, incluída la represión a cualquier elemento que pudiera poner en peligro los ambiciosos planes de sentido eminentemente económico. La floreciente industria, la visibilidad en la capital de los *businessmen* italianos y norteamericanos que alistaban su engranaje y la sensación de bonanza económica que experimentaban los miles de empleados en toda la cadena, que debían sustentar –músicos incluídos–, aseguraban que los fabulosos resultados financieros fueran visibles y engrosaran las arcas de empresarios y funcionarios venales a los que había que tener contentos para que todo marchara sin tropiezos. La expansión de los hoteles-casinos tiene como elemento esencial la creación de clubes nocturnos que atraían a artistas de categoría, tanto cubanos, como norteamericanos y europeos. "El resultado fue una época fabulosa en lo que se refiere al mundo del espectáculo, tal vez el período más orgánico y exótico de la historia de la delincuencia organizada – afirma T. G. English, experto en temas relacionados con la mafia y Cuba. [...]–. La Habana siempre había sido un lugar donde se podía escuchar música estupenda, pero en la época de la Mafia, una generación de músicos encontró su propia forma de expresión".[1] Y también, muchos más espacios para mostrarla.

[1]    English, T.G. *Nocturno de La Habana. De cómo la mafia se hizo con Cuba y la acabó perdiendo*. Editorial Debate. España, 2011, p.16.

## ◆ CON ANACAONA. SEGUNDO VIAJE ◆
## A VENEZUELA

Celia Cruz inicia el año en preparativos para su próximo viaje. Llega de nuevo a Venezuela el jueves 16 de febrero, esta vez como cantante especialmente contratada (no era miembro oficial de la agrupación) por la orquesta Anacaona, la más notable formación femenina en la historia de la música cubana. Cuando la huelga contra el gobierno de Gerardo Machado obligó a Concepción Castro, *Cuchito*, a interrumpir sus estudios para ser lo que soñaba –dentista–, lo primero que se le ocurrió para ocupar su tiempo y, de paso, ganar algún dinerito, fue armar un septeto. Era febrero de 1932. Debutan en el teatro Payret y gustaron tanto que empezaron a llamarlas para tocar en los Aires Libres, una zona de cafés y terracitas exteriores en el habanero Paseo del Prado. Las hermanas Ada, Olga (a quien llaman *Bola*), *Cuchito* y Ondina Castro, y sus amigas Isabel Álvarez, Berta Cabrera y Elia O'Reilly formaron el septeto primigenio. Después, y según las circunstancias y los contratos lo requirieran, se convierten en una *jazz-band* o un conjunto. Se sumarían las restantes hermanas, Caridad (*Cachita*), Emma, Flora, Alicia, Argimira (*Millo*), Xiomara y Yolanda. En la década de los treinta del pasado siglo viajan a Puerto Rico, México, Panamá, Colombia y Venezuela. Recorren Nueva York y París con un extraordinario éxito, que solo el comienzo de la Segunda Guerra Mundial puede detener. Para entonces han reclutado como cantante a una muchacha de voz estupenda y muy buena tocando las claves. Se llama Graciela Pérez Grillo y, una década después, será la gran cantante cubana que triunfará en Nueva York como figura femenina de *Machito y sus Afrocubans*.

Debió ser en 1948. La orquesta Anacaona se está presentando durante varias semanas en el habanero cine-teatro Actualidades, en la calle Zulueta, muy cerca del teatro Payret y de los Aires Libres del Prado. "Fue por ese tiempo que conocimos a una cantante muy joven y con muchas ganas de triunfar. Su nombre es Celia Cruz. [...] Ella era capaz de convertirse tranquilamente en una verdadera sensación con su potente voz y su repertorio de música afro-cubana" –contaría en sus memorias Alicia Castro, una de las once hermanas Castro y saxofonista en la orquesta, acerca del momento en que conocieron a Celia.

"Observé que durante nuestro primer ensayo juntas, la muchacha negra, de baja estatura y muy curvilínea subió al escenario con mucha timidez. Roderico Neyra, *Rodney* –que después sería el gran coreógrafo de Tropicana– dirigía el *show* que íbamos a ensayar. Celia se lanzó y comenzó a cantar un tema que era un hit en ese momento: 'Mango Mangüé'.

'¡Para, para ahí!'- gritó *Rodney* interrumpiendo la canción y mirando a Celia con una tremenda consternación. '¡Negra! ¡Así no es, así no es! Con lo flaca que eres y te paras ahí como un palo frente al micrófono! ¡Tienes que moverte. Tienes que ponerle más sandunga, más pimienta cuando cantas!'. Tuvimos que reírnos cuando *Rodney* saltó al escenario como un torbellino para ponerse al lado de Celia, moviendo las caderas y brincando como un pavo real. *Rodney* prendió el fuego en Celia y le enseñó cómo hacer que la gente no sólo la escuchara, sino que también la mirara."

El inmovilismo de Celia en el escenario había sido desde muy temprano la gran preocupación de la tía Ana, su "caballo de batalla" para que su sobrina acompañara sus excelentes dotes vocales con los movimientos corporales y escénicos que demandaban los géneros de la música que cantaba. La tía Ana sabía que debía desatar lo que tenía adentro. Por eso trabajó mucho para que la Celia joven hallara la seguridad que necesitaba para proyectar una imagen de coherencia y solidez sobre el escenario o ante el micrófono.

"Pronto nos hicimos buenas amigas de Celia –siguió contando Alicia Castro–. Ella vivía también en Lawton y su novio era Alfredo León, a quien conocíamos bien, ya que él cantaba en el septeto 'Segundo Nacional', era sonero, como su padre, Bienvenido León, que era cantante del 'Septeto Nacional [de Ignacio Piñeiro]'. Nuestro padre solía encontrar a Alfredo en el Mercado Único, cuando éste iba a tomar sopa wonton después que terminaba de tocar con el septeto[2]. 'Oye, Alfredo, ¿cuánto tú piensas casarte con Celia?' –le preguntaba a cada rato nuestro padre. Pero como muchos hombres, Alfredo no quería amarrarse".[3]

---

[2]  El Mercado Único era uno de los puntos *after hours* a los que los músicos iban a comer y a charlar cuando terminaban sus "toques". El padre de las muchachas Castro tenía allí un puesto de venta.

[3]  Castro, Alicia with Kummels, Ingrid and Schäfer, Manfred: *Anacaona. The Amazing Adventures of Cuba's First All-Girl Dance Band*. Atlantic Books. London. 2002, pps. 235-238.

Arriban a Venezuela por Maracaibo, y el mismo día el revuelo llega también a la prensa de la ciudad: "Se encuentra nuevamente entre nosotros la famosa orquesta cubana femenina Anacaona. Vinieron contratadas por la emisora de la calle del Comercio y para el Centro Social Deportivo 'Mara'. Otro éxito radial de [la radioemisora] Ondas del Lago". Así daba la noticia el diario caraqueño El País, mientras que el medio Mundo Radial, al tiempo que publicaba una foto de Celia y las chicas de Anacaona, y adelantaba información sobre el baile que amenizarán en el Standard Sport Club en el poblado de Tía Juana y que fuera transmitido por la emisora Ondas del Lago.[4] Se presentan después en esta emisora, propiedad de Nicolás Vale Quintero, en su Estudio de Verano, al aire libre, y también en Radio Cabinas, con un gran éxito popular.[5]

Según lo publicado por La Esfera, en su edición del 13 de marzo de 1950 y por El País también por esas fechas, es en este viaje de Celia, donde, en el estudio de Radio Caracas, se produce su primer encuentro con el tenor venezolano Alfredo Sadel, iniciando una perdurable amistad.

Senén Suárez realiza su primer viaje a Venezuela, como parte del Conjunto de Ernesto Grenet en 1950, contratado para actuar en los Carnavales de Caracas. "En el mismo avión en que íbamos para Maracaibo, iba la orquesta Anacaona con Celia como figura principal –contó Suárez. Nos hicimos amigos. Nos retratamos juntos. Ella me cantaba un número que se llama 'Mi bumbané'. Yo lo saqué en el año 44. Cuando regresamos de Maracaibo la amistad de Celia y mía continuó".[6] En entrevista con el investigador y radialista colombiano Rafael Bassi Labarrera, Senén Suárez afirmó sobre Celia y el encuentro en Maracaibo en 1950: "Resulta que vivíamos muy cerca y nunca nos habíamos visto. Nos hicimos buenos amigos. Cuando la oí cantar quede impresionado. No seré buen músico, pero tengo una vista para ver quién sirve y quién no sirve".

Celia sale de regreso a La Habana desde el aeropuerto de Maracaibo. Llega a la capital cubana, entrando por el aeropuerto de Rancho Boyeros, tres días después, el martes 7 marzo.[7]

---

4    El País y Mundo Radial. Venezuela 1950 (paper-clips sin fechas ni más datos exactos).
5    Paper-clip sin fecha ni fuente. Archivo Gherson Maldonado.
6    Senén Suárez en el documental biográfico Mi vida en una guitarra, del realizador e investigador cubano José Galiño. Producción: Centro de Desarrollo del Documental Octavio Cortázar, UNEAC. La Habana, Cuba. 2012.
7    Datos migratorios reflejados en el pasaporte cubano No. 30229 a nombre de Celia Cruz.

## *RINCÓN CRIOLLO*, EL SEGUNDO FILME, ◆
### EL PRIMERO PARA CANTAR

Con un elenco  estelar, el productor Salvador Behar asegura el éxito del filme *Rincón Criollo*, dirigido por Raúl Medina, que tendría su estreno mundial en La Habana el 12 de junio de 1950. El filme reproducía el nombre, la idea y el ambiente de un popularísimo programa radial que por 11 años había centrado la atención de la radioaudiencia en torno a situaciones, temas y canciones vinculadas al campo cubano y también a la ciudad. Esta idea había sido llevada también al teatro vernáculo cubano por la compañía de variedades Pous-Sanabria, en el escenario del Teatro Martí, con la que Celia ya había trabajado. Con argumento de Yeyo Arias, basado en una obra de Rodríguez Díaz, guión de P.P. Chávez y diálogos adicionales de la novelista Caridad Bravo Adams, la *vedette* y actriz Blanquita Amaro —junto a Néstor de Barbosa y José Sanabria— asumen los roles protagónicos seguidos de cerca por los actores Carlos Pous, Paco Alfonso, Asunción del Peso y otros.

La parte musical, uno de los componentes más importantes del filme, la sostienen Fernando Albuerne, el mexicano trío Los Panchos —de visita en Cuba por las fechas del rodaje—, Manolo Fernández, Celina y Reutilio, Rosita Díaz y su Coro Brasilero, Paquita de Ronda, Juan José Martínez Casado, el guarachero Ñico Saquito con su conjunto, y nuestra guarachera, que aparece en créditos como Celia Cruz y su coro "Mambo". La dirección musical y los arreglos estuvieron a cargo de Obdulio Morales.

Con un ceñido vestido blanco, de estilo *strapless o* palabra de honor —tan gustado por ella durante sus años juveniles—, realzando su cuerpo, muy armónico dentro de los cánones habituales de los cubanos, Celia hace una espectacular entrada en la pista del *cabaret* del *set* de filmación, acompañada por un grupo de ocho bailarines de ambos sexos —las chicas eran las fabulosas Mulatas de Fuego— y el respaldo de la *jazz band* de Radio Cadena Suaritos —la Orquestsa Atómica—, dirigida por Obdulio Morales. Con una proyección escénica comedida, pero sensual, Celia canta *El mambo es así*, compuesto por Obdulio especialmente para la ocasión.

Se ha reiterado que fue con La Sonora Matancera que Celia aprendió las claves del buen vestir para un artista, pero en realidad no fue así. Aún no han llegado los tiempos de La Sonora Matancera. Además de fotografías anteriores, ahí está la primera prueba audiovisual del buen gusto que exhibe Celia en su vestuario, ya antes de comenzar a cantar con *El Deca-no de los Conjuntos*. Sería ésta su primera incursión en el cine como figura destacada en un acto donde ella es la protagonista, y el primer filme donde aparece su crédito. A las puertas del estreno del la película, el Diario de la Marina anticipa información acerca del elenco y la banda sonora de la cinta: "Obdulio Morales escribió para Rosita Díaz y su magnífico conjunto 'Soy señorito', y para Celia Cruz y su maravilloso grupo de mulatas tropicales 'El mambo es así'. Este número merece especial atención, ya que podemos sentirnos orgullosísimos de que Obdulio Morales haya vertido para [el filme] 'Rincón Criollo' toda la gama de su saber en esta melodía, que ha de electrizar a sus oyentes".[8]Celia no grabaría esa pieza en discos comerciales, por lo que de ella solo existe el registro del filme.

*Rincón Criollo* se estrenó en once cines de la capital cubana de manera simultánea el 12 de junio de 1950: el céntrico e importante Campoamor, seguido del Reina, Negrete, Cuatro Caminos, Santos Suárez, Luyanó, Roxy, Gran Teatro, Record, Olimpic, Modelo y Marta.[9] El filme tuvo escasa distribución internacional.

### ◆ INICIOS EN CMQ ◆

CMQ organiza una gran celebración por su 17° aniversario y el 2° de Radiocentro, a partir de una programación extraordinaria que tendría como punto culminante la audición *Honor a quien honor merece*, para la entrega de diplomas a autores, actores y técnicos de los programas de mayores *raitings*. A las 9.30 el Gran Programa Aniversario reúne a los actores más destacados del cuadro dramático de CMQ y en la parte musical, a Hortensia Coalla, Marta Pineda, Viola Ramírez, Fernando Albuerne, Bola de Nieve, Orlando Guerra, *Cascarita*; Pepe Reyes, el Conjunto de Facundo Rivero y Aurora Lincheta, todos acompañados por la orquesta de CMQ, dirigida por los maestros González Mantici, Félix Guerrero y Paul Csonka, en un programa con una hora de duración. Así dejaba constancia el Diario de la Marina en su edición del 12 de marzo.

---

8    Anónimo. "Rincón Criollo y el 20 de mayo", en Diario de la Marina. 20 de mayo de 1950, p. 14.
9    Anónimo. "Relación de los teatros que tienen el honor de estrenar la formidable película cubana 'Rincón Criollo'", en Diario de la Marina. La Habana, Cuba. 28 de mayo de 1950, p. 14.

Sin embargo, tres días después, al reseñar el evento, el periódico Noticias de Hoy comentaba: "Muy buena la audición de Marta Pérez, Carmelina Rosell y Oscar Lombado con selecciones de 'Carmen', de Bizet y orquesta dirigida por Paul Csonka. También Pepe Reyes tuvo una noche muy buena, así como Celia Cruz, Bola de Nieve y los maestros Mantici y Guerrero".[10]

En efecto, en marzo de 1950 Celia se vincula al Circuito CMQ. El primer programa en que actúa como parte de su elenco fijo es *Cine Revista*, un espacio cómico-musical, producido por Manolo Reyes, con libreto de Francisco Vergara, destacado escritor de exitosos programas humorísticos como *Cascabeles Candado* en sus inicios. Estrellas del calibre de Rolando Ochoa y Luis López Puentes, ambos muy apreciados por su versatilidad lo mismo en la cuerda humorística que en la actuación dramática, figuran en el elenco. El Diario de la Marina, en su sección *Informaciones Radiales* fija una importante opinión: "Y en la parte musical, nada menos que Celia Cruz, la maravillosa intérprete de los ritmos negros que acompañada por la orquesta del maestro [Enrique] González Mantici, hace prodigios con su voz y su estilo únicos...".[11]

*Cine Revista* sale al aire todos los lunes a las 9 de la noche y de inmediato comienza a cosechar favorables críticas donde se destaca el desempeño de la guarachera. Por ejemplo, el diario Noticias de Hoy en menos de diez días dedica elogiosos comentarios, que evidencian la incursión de Celia en el mambo, como género y ritmo: "Celia Cruz, la soberana negra de los ritmos afro, por su voz excepcional y arte único, obtiene triunfos merecidísimos en la audición de CMQ 'Cine Revista'". "Celia Cruz está causando sensación en este programa todos los lunes". "Mucho éxito para la formidable Celia Cruz en sus mambos...".[12]

Cuatro días después se presenta en el programa *Nieve en los trópicos*, que transmite la emisora de Goar Mestre los jueves a las 9 de la noche y cuya figura central es el gran Ignacio Villa, *Bola de Nieve*.[13] La perseverancia y disciplina de la muchacha de

10  Giró, Alberto: Sección *Informaciones Radiales*, en Diario de la Marina. 12 de marzo de 1950, p. 49. También Nicols, Sergio: Sección *Radiofilia*, en Noticias de Hoy. 15 de marzo de 1950, p. 10.
11  "CMQ presenta 'Cine Revista', programa cómico y musical, todos los lunes, a las nueve de la noche". Sección *Informaciones Radiales*, en Diario de la Marina. La Habana, Cuba. 19 de marzo de 1950, p. 51.
12  Nicols, Sergio: *Radiofilia*, en Noticias de Hoy. La Habana Cuba. 16, 24 y 29 de marzo de 1950, p. 10.
13  Nicols, Sergio: *Radiofilia*, en Noticias de Hoy. La Habana, Cuba. 26 de mayo de 1950, p. 10.

Lawton con su voz inimitable empieza a rendir frutos: llama la atención de los exigentes productores y ejecutivos de la CMQ y a partir de aquí, su crecimiento como artista de su elenco no se detendrá. Cierto es que su primer contrato no es en exclusiva, pero llegar a la principal emisora del país es un logro muy importante. Tal condición le permite presentarse en otras estaciones radiales y espacios, y la prensa se hace eco de algunas de esas apariciones: el 22 de mayo su voz comienza a salir por las ondas de RHC Cadena Azul a las 6:30 de la tarde, en un nuevo programa humorístico-musical de frecuencia diaria, original de Marcos Behemaras, con populares personajes, como el Viejito Bringuier, Pamela la Jamaiquina, y otros actores como Carmita Arenas, Américo Castellanos y Ricardo Palmerola.[14]

Cercanas a estas fechas parecen ser las dos únicas grabaciones de Celia acreditadas al conjunto Gloria Matancera. La agrupación fundada en 1927 por Juan Manuel Díaz Clemente, había evolucionado −al igual que sus coterráneos de La Sonora Matancera− del formato de septeto sonero al de conjunto y consiguen introducirse en el medio artístico de la capital. Entre 1949 y 1950, Celia y la Gloria Matancera coincidieron en la parrilla de programación de RHC Cadena Azul, aunque la fecha de estos registros no ha podido precisarse con exactitud. Celia confirmó que "...grabé un par de canciones con un grupo que se llamaba La Gloria Matancera, con el cual ya había cantado en Radio Cadena Azul...".[15] Se trata de los títulos *Ocanasordi* (Carmelina Kessel) y *Para que sufran los pollos* (Myrta Silva). Cabe pensar que esas grabaciones se realizaran en los estudios de la RHC Cadena Azul, pero no se han encontrado mayores detalles sobre los músicos y las circunstancias que rodearon la grabación.

### ◆ POR PRIMERA VEZ EN EL DÍA ◆ DE LA CANCIÓN CUBANA

En cuanto a los escenarios teatrales, por primera vez Celia es invitada a formar parte del elenco del *Día de la Canción Cubana*, un gran concierto anual que festeja desde 1945 el nacimiento del compositor Eduardo Sánchez de Fuentes y celebra con un concurso la labor de los compositores cubanos. Celia será

---

[14]   Nicols, Sergio: *Radiofilia*, en Noticias de Hoy. La Habana, Cuba. 12 de mayo de 1950, p. 10.
[15]   Cruz, Celia y Reymundo, Ana Cristina. Op.cit, p. 47.

presencia recurrente en este evento en los años por venir. El Teatro Blanquita acoge el importante evento el 27 de abril a las 9 de la noche, con dirección artística de María Julia Casanova, decorados de Oscar Barnintes, escenografía de Oscar Hernández y la producción de Maritza Alonso. Al escenario del flamante coliseo de Miramar en la primera parte subirían los cantantes líricos Hipólito Lázaro, Carmelina Rosell; Esther Borja, reconocida en su *Damisela Encantadora* (Ernesto Lecuona); Marta Pérez, en *Flor de Yumurí* (Jorge Anckermann), todos ya con una notable carrera, y Celia en *Mamá Inés* (Eliseo Grenet), las que serían destacadas por la crítica especializada.[16]

Sergio Nicols, el columnista de Noticias de Hoy que desde las primeras incursiones de Celia en la extinta Mil Diez había apostado por su talento y llamado la atención de los lectores sobre la emergente cantante, le dedica el 18 de mayo la sección fotográfica *Ego Sum*, con el siguiente pie de foto: "Celia Cruz, indiscutible estrella de los cantos afro-cubanos que se anota un éxito más en cada actuación que hace en teatros y radios. El gran sentido musical y artístico de Celia Cruz, que respalda su hermosa voz, hacen de ella una de las más solicitadas figuras de las principales emisoras, como la CMQ y la RHC, por cuyas ondas se le escucha con frecuencia".[17]

Un importante acontecimiento impacta en el *radio-bussiness* criollo: el 29 de mayo, y con la asistencia del presidente de la República, Carlos Prío Socarrás, se inaugura la nueva dotación tecnológica de Radio Progreso, instalada en la antigua finca Noguer, a dos kilómetros de Guanabacoa en la carretera de Guanabo. Con el nuevo equipamiento de 50 mil watts, Radio Progreso se pone a la cabeza de la tecnología en la radiodifusión en el país. Se festeja además con un gran desfile artístico de figuras de la emisora, que incluye, entre otros, a los boricuas Myrta Silva y Daniel Santos con La Sonora Matancera; los mexicanos Tito Guízar y María Luisa Landín; los cubanos Olga Chorens y Tony Alvarez, América Crespo, Aurora Lincheta, las orquestas Cosmopolita de Humberto Suárez, Almendra, Casino de Sevilla, orquesta de Fernando Mulens y los conjuntos de Luisito Pla y sus Guaracheros, y el de Nelo Sosa.

La gerencia de Radio Progreso anuncia también el debut en sus estudios, el 26 del mismo mes, del mexicano Chucho Martínez Gil, ex-integrante del trío Los Panchos, con un contrato

[16]   Nicols, Sergio: "El Día de la Canción Cubana", en Noticias de Hoy. La Habana, Cuba. 29 de abril de 1950, p. 10.
[17]   En Noticias de Hoy. 18 de mayo de 1950, p. 10.

por cuatro semanas prorrogables. Como artistas exclusivos incorpora al popular binomio de Olga Chorens y Tony Alvarez, en el muy escuchado espacio de las 6.30 pm y mantiene en la siguiente franja, a las 7:00 pm, al boricua Daniel Santos con La Sonora Matancera, entre los de mayor preferencia. Para el próximo año asegura la presencia de María Luisa Landín, reconocida bolerista mexicana.

A finales de mayo, un acuerdo entre las gerencias y los sindicatos de trabajadores destrababa la crisis que mantuvo cerrados los *cabarets* por varias semanas. Los artistas se mantienen reclamando y defendiendo sus espacios de trabajo frente a los escarceos del empresariado; algo similar ocurre con los cines-teatros después del decreto presidencial que en su día firmara el ex presidente Grau San Martin y que obligaba, entre otras normativas, a presentar un *show* artístico-musical en cada estreno de películas.[18]

### ◆ EL DEBUT CON LA SONORA MATANCERA ◆

En 1950 La Sonora Matancera era ya un veterano conjunto, uno de los más respetados y populares, afianzado por varias décadas de ascendente arraigo entre el público bailador. Un tiempo antes, cuando el año 1924 acababa de comenzar, el 12 de enero un grupo de muchachones, bajo la iniciativa del tresero Valentín Cané, fundan en Matanzas la Tuna Liberal. Era un sexteto, que debía su nombre a una sugerencia de la formación local del Partido Liberal, para presentarlo en sus eventos y mítines políticos. El mérito de la acción fundacional le correspondió a Valentín Cané, en el tres; Ismael Goberna, cornetín; Domingo Medina, primera guitarra; José Manuel Valera, segunda guitarra; y Julio Govín, tercera guitarra; Juan Bautista Llópis, cuarta guitarra; Pablo *Bubú* Vázquez, contrabajo; Manuel Sánchez *Jimagua* en el timbal y Eugenio Pérez como cantante. En 1926 cambió su nombre a Septeto Soprano, de fugaz duración, pues ese mismo año vuelve a cambiar por el de Estudiantina Sonora Matancera —mucho más acorde a su integración numérica e instrumental— y con el cambio se incorpora quien sería uno de sus pilares, el cantante Carlos Manuel Díaz Alonso, *Caíto*. Un año después, en 1927, *Caíto* recomienda a Rogelio Martínez *El Gallego*, quien es aceptado y llegaría a ser su segundo y

---

[18]   *La farándula pasa.* En revista Bohemia. La Habana, Cuba. 21 de mayo de 1950, pps. 172-173.

definitivo director. Sabían que solo en la capital había oportunidades de una superación en toda regla, y todos deciden viajar y establecerse allí. Se ponen en contacto con la RCA Victor
y consiguen realizar sus primeras grabaciones los días 12 y 30
de enero de 1928, en medio del *boom* sonero que estremece La
Habana. Eran composiciones de sus mismos integrantes: *El
por qué de tus ojos, No te equivoques conmigo, De Oriente a Occidente* y *Matanzas, tierra de fuego*, de Valentín Cané; *Cotorri-
ta* y *Fuera, fuera, Chino*, de José Manuel Valera y *Eres bella como
el sol*, de Ismael Goberna. Se suceden los cambios de personal y
también aquéllos que le van marcando las tendencias en cuanto a la incorporación de nuevos instrumentos, como es el caso
del piano, que por primera vez tocó un jovencísimo coterráneo
matancero: Dámaso Pérez Prado, aún lejos de conquistar la corona de *Rey del Mambo*. Con la Matancera estaría hasta 1938,
dejando vacante la plaza que después ocuparía Severino Ramos, hasta 1944 cuando entra Lino Frías, el pianista más du-
radero en el conjunto. A partir de entonces y hasta 1957, Ramos
será el arreglista oficial del conjunto. En 1935 deciden cambiar
de nuevo el nombre y el elegido ahora será definitivo y con el
que conquistarán todos sus triunfos: La Sonora Matancera. En
las décadas de los treinta y cuarenta realiza numerosas grabaciones para los sellos Victor, Stinson y Panart. Se amplifican
sus éxitos entre los bailadores y en los programas y audiciones
radiales. Varios cantantes pasan por la nómina matancera desde su fundación, dando inicio a la estrategia llevada –hasta las
últimas consecuencias– por quien se convertirá en su director
legendario, Rogelio Martínez Díaz: no contar con un cantante
fijo y único, sino varios y, en última instancia, muchos a lo largo de su historia. Hasta 1950 habían sido cantantes de La Sonora Matancera (o grabado con ella) Humberto Cané, Bienvenido
Granda, Israel del Pino, Alfredito Valdés, Bienvenido León, Miguel de Gonzalo, los boricuas Daniel Santos y Myrta Silva, y por
supuesto, Carlos Manuel Díaz *Caíto*. Cuando finaliza la década
de los 40, La Sonora Matancera mantiene su paso firme, pero
con el Conjunto Casino pisándole los talones como una variante del tradicional formato conjuntero, que ahora alentaba un
aire de innegable modernidad gracias a los innovadores arreglos de Andrés Echevarría Callava, *Niño Rivera*. En una tesitura más apegada al estilo tradicional, aunque con aportaciones
trascendentales al formato, Arsenio Rodríguez mantenía aún
su conjunto en Cuba, que muy pronto, al decidir relocalizar-
se en Nueva York, se convertiría en Chappottín y sus Estrellas.

Transcurría el mes de mayo de 1950 y en los predios de CMQ y Radio Progreso ya se comentaba la decisión de la popularísima Myrta Silva de regresar a su país, Puerto Rico, donde le esperan contratos, al igual que en Nueva York y Brasil. *La Gorda de Oro*, como comenzaron a llamarle a Myrta Silva, había llegado a Cuba por primera vez en 1940, vivía en Nueva York desde 1937 y se había hecho notar en el Teatro Hispano de esa ciudad como cantante y animadora. En 1939 hace sus primeras grabaciones con la orquesta del puertorriqueño Julio Roqué[19] y 3 meses después se une al Grupo Victoria, dirigido por Rafael Hernández, con quien actúa y también graba. Cuando llega a Cuba se presenta cantando en la CMQ. En 1947, en lo que parece ser su segundo viaje, la Sylva es contratada por Mil Diez y será esa la primera oportunidad donde ella y Celia comparten escenario, en el programa *Cocktail Musical*, junto al dúo Romay, los cantantes Toty Lavernia y Tony Chiroldi, y el cantante humorístico Carioca. También habían coincidido en los programas del Teatro Martí.[20]

Su tercera temporada en Cuba sería en 1949. Ese año a Rogelio Martínez, director y dueño de La Sonora Matancera, no se le escapa el tirón de la guarachera boricua y la suma al conjunto, convirtiéndola en la primera voz femenina contratada para cantar con los de La Matancera. La popularidad de la Silva crece a niveles insospechados, y ha ido construyendo en Cuba una legión de furibundos seguidores. Las contrataciones le llueven a Rogelio Martínez y la remontada económica es floreciente. En fecha indeterminada, cercana a 1949, Myrta Silva realiza cuatro grabaciones con La Sonora para el sello Cafamo: el son montuno *Qué corto es el amor*, las guarachas *Suelta ese paquetón*, *Loca*, y *Sangongo*.

Myrta había ganado dinero suficiente para acometer en su país los planes que quería, y dejaba Cuba, cuando estaba en la cima de la popularidad entre los que seguían y gustaban del estilo de los conjuntos, que la reconocían como la voz femenina de la guaracha en esos momentos. La *Gorda de Oro*, con La Sonora Matancera, y el elenco humorístico, habían logrado sacar de los más bajos *ratings* al programa *Cascabeles Candado*, de

[19]  Según el proyecto Discography of American Historical Recordings (DAHR) de la Universidad de Santa Barbara, California, el 13 de junio de 1939 Myrta Silva grabó en Nueva York 5 canciones con la orquesta de Julio Roqué: La casita, Déjamelo ver, La llave, Salambó y Venancio. Consultado en: https://adp.library.ucsb.edu
[20]  Anuncio en Noticias de Hoy. 11 de julio de 1947, p. 6.

CMQ, y situarlo en los primeros lugares de popularidad, con lo que era su indiscutida especialidad: la guaracha.

Cierta prensa publica, con un matiz de veracidad, la noticia de que Myrta dejaría Cuba los primeros días de junio, y la casi certeza de que sería sustituída por Celia Cruz como voz femenina para La Sonora Matancera, aunque los principales medios –como Bohemia, Diario de la Marina– nada decían sobre Celia y un posible vínculo con el conjunto.[21] Ella sigue trabajando en Radio Cadena Suaritos y décadas después contaría lo que ocurrió cuando Laureano Suárez, el dueño de la emisora, se enteró de los rumores: "...me botó con las siguientes palabras: 'Ya usted termina este viernes diecinueve' [de mayo]. Al dejarme en la calle, Suaritos me puso a pasar hambre, porque en esos días yo no tenía más que eso [...]. Suaritos me pagaba una miseria, pero me venía muy bien, porque con eso yo podía ayudar a mi familia".[22]

Pero semanas antes de la drástica decisión de Suaritos, a Celia ya le habían llegado algunos rumores, que se concretan en esta anécdota: "Estaba yo trabajando en Radio Cadena Suaritos cuando se apareció un señor que todo el mundo conocía como Sotolongo" –cuenta. "Venía a buscarme porque quería que yo cantara con la Sonora Matancera. Cuando ese señor me dijo eso, se me saltó el corazón de emoción y casi me ahogo cuando me di cuenta que mi sueño podía hacerse realidad".[23]

La dirección de CMQ y la empresa Crusellas, que continúa patrocinando el programa Cascabeles Candado, que animaba La Sonora Matancera, habían decidido resolver el problema que ocasionaba la partida de Myrta Silva y buscar una voz femenina que pudiera cantar con La Sonora Matancera. "Por eso fue que mandaron a Sotolongo a buscarme a Suaritos, donde me dijo que quería que cantara en el programa y como él trabajaba en la emisora, hablaba con autoridad. Recuerdo que Sotolongo me dijo: 'Vaya a la emisora, y busque al director de la Sonora, Rogelio Martínez, y dígale que yo la mandé'. Le di las gracias y me despedí".

Quien había conminado a Celia a contactar a Rogelio Martínez era Rafael Sotolongo, publicista de la marca jabonera Crusellas, que patrocinaba los programas de La Sonora Matancera en Radio Progreso (denominado: La Sonora Matancera) y en CMQ (Cascabeles Candado), un personaje de frecuencia casi permanente en los predios de las radioemisoras y con todas las

[21]  Véase: Sección Dial en Radiolandia, en revista Bohemia. La Habana, Cuba. 4 de junio de 1950.
[22]  Cruz, Celia y Reymundo, Ana Cristina: Op. cit, pps. 55–56.
[23]  Cruz, Celia y Reymundo, Ana Cristina: Op.cit, pps. 53–54.

facultades para actuar en estas circunstancias, incluso ante el director de una orquesta o conjunto. "Me quedaban unas cuantas canciones antes de poder irme a casa –continuaría narrando Celia–, pero casi no podía cantar de tanta emoción. Cuando terminé, recuerdo que antes de regresar a casa decidí ir a hablar con *Rodney* y pedirle que me aconsejara. Como era viernes, sabía dónde encontrarlo: en el Teatro América. Puesto que para entonces, ya éramos buenos amigos, le dije a *Rodney*: 'Tú, que eres amigo de Rogelio Martínez, preséntamelo, por favor. ¡Fíjate tú que me han hablado para trabajar con la Sonora Matancera, chico!'. Y él me contestó: 'Bueno, mañana vete al Teatro Blanquita porque tenemos una presentación. Allá te lo presento'."[24] Celia fue, se hicieron las presentaciones de rigor, invocó a Sotolongo y Rogelio le indicó ir a Radio Progreso, donde, le dijo, ensayaban todos los días de lunes a sábado de nueve de la mañana hasta el mediodía. '¡La esperamos!'". –resumió Rogelio.

Celia acudió puntual y el director del conjunto dio la orden de comenzar. "¡Cuando esa negra abrió la boca se me pusieron los pelos de punta!" –dijo Rogelio Martínez décadas después en una entrevista.[25]

Quien hubiera comprado el Diario de la Marina el sábado 22 de julio de 1950 y hubiera buscado la columna *Radio* del periodista Alberto Giró, se habría topado con su titular: "Debutará próximamente en Radio Progreso la cantante Celia Cruz". Y el subtítulo: "Está considerada la mejor intérprete de la música afrocubana". Era en verdad un avance digno de tal destaque. En el texto de la columna, el periodista escribía: "Hoy vamos a ofrecer una noticia exclusiva de Radio Progreso: el próximo debut de Celia Cruz, Reina del Afrocubano, con el acompañamiento de La Sonora Matancera. En la tarde de ayer firmó el contrato la aplaudida artista que se presentará muy pronto a través de los 690 kilociclos".[26] De esta noticia, y de las declaraciones de Celia en diferentes momentos, queda claro que el contrato inicial fue firmado con Radio Progreso, no con La Sonora Matancera. Esto es ratificado por Celia misma: "La confusión sobre mi lugar con la Sonora se debe a que muchos no saben que mi contrato no era con la Sonora Matancera, sino con Radio Progreso [...]. Cuando yo comencé con la Sonora, Bienvenido Granda era el cantante de plantilla.

24 Cruz, Celia y Reymundo, Ana Cristina: Op. cit. pps. 53 y 54.
25 Citado por Eduardo Marceles en *La biografía de Celia Cruz*. Reed Press. New York. 2004, p. 44.
26 Giró, Alberto. Sección *Radio*, en Diario de la Marina, 22 de julio de 1950, p. 15.

Tenía un tremendo bigote, y por eso la gente le puso 'el bigote que canta'. Él se integró a la Sonora el mismo año que Pedro [Knight]. O sea Pedro entró el 6 de enero de 1944 y Bienvenido entró en diciembre. Cuando Humberto Cané se retiró, dejó recomendado a Bienvenido, y la Sonora lo contrató".[27] Celia mantenía así su independencia como solista, aunque es indudable el gran impacto que para su carrera tuvo el hecho de cantar, grabar y ser la imagen femenina por excelencia con el decano de los conjuntos cubanos, implicado durante 15 años en su ascendente camino artístico.

Tal y como le había dicho Rogelio Martínez, Celia acude puntual a los estudios de Radio Progreso. "Cuando entro en la emisora, al primero que me encontré fue el que sería mi futuro esposo, Pedro Knight.[28] Luego me enteré que él siempre era el primero en llegar. [...] me le presenté a Pedro y le conté lo que Rogelio me había dicho cuando lo conocí. Pedro me preguntó si había traído mis arreglos musicales, a lo cual respondí que sí. Como yo estaba haciendo mis pininos, y cantaba con una orquesta aquí y otra allá, pues ya empezaba a acumular mi repertorio y mis propios arreglos que siempre llevaba conmigo cuando me brindaban audiciones. Los revisó y se dio cuenta que mis partituras eran para catorce músicos. Me dijo que no le parecía que me darían resultado, porque en la Sonora solo eran nueve músicos, pero me dijo que sería mejor esperar a Rogelio. Cuando éste por fin llegó, me dijo exactamente lo mismo. Aun así, me pidieron que esperara, y cuando llegaron los demás, intentamos ensayar algunos números. Tratamos de hacer 'No queremos chaperona' y 'En el tiempo de la colonia'[29], pero no sonó nada bien. Decidimos que lo mejor sería dejarle la música a Rogelio para que se la pasara a Severino Ramos −el arreglista de la Sonora−[30] y que fuera él quien adaptara mis partituras".[31]

[27]  Cruz, Celia, y Reymundo, Ana Cristina: Op.cit, p. 57.
[28]  Pedro Knight Caraballo (Matanzas, 30 de septiembre de 1921 − Los Angeles, California, 3 de febrero de 2007) entra a La Sonora Matancera como segundo trompetista el 6 de enero de 1944. El 30 de abril de 1966 deja La Sonora Matancera para dedicarse a acompañar la carrera de Celia, quien era ya su esposa.
[29]  Juan González Sosa, Nelo, es el autor de No queremos chaperona. En el tiempo de la colonia es de la autoría de Mario Recio.
[30]  Severino Ramos Betancourt (Matanzas, 1 de junio de 1903 − La Habana, 2 de noviembre de 1969) entró a La Sonora Matancera en 1938, ocupando la vacante dejada por el anterior pianista, el gran Dámaso Pérez Prado, tras permanecer tres años en el conjunto. En 1944 entra como pianista Lino Frías y Ramos pasa a ser, hasta 1957, el arreglista oficial.
[31]  Cruz, Celia y Reymundo, Ana Cristina: Op.cit., pps. 54−55.

Pasaron cerca de dos semanas, durante las cuales Celia estuvo pendiente del aviso de Radio Progreso, con una expectación lacerante, sin saber si su contrato finalmente sería realidad. Hasta que al fin, después de muchos intentos, puede hablar con Rogelio Martínez. "Puede venir, ya por fin están listos los arreglos para ensayarla".

El martes 1º de agosto de 1950 Celia cumple su gran sueño. Según publicó el columnista Alberto Giró en el Diario de la Marina: "Celia Cruz, la gran intérprete del afrocubano, debutó anoche, a las 7, en la Onda de la Alegría, acompañada de la Sonora Matancera. Su presentación ante los micrófonos de Radio Progreso constituyó un franco éxito. Muchas fueron las llamadas telefónicas, solicitando muchas de sus magníficas creaciones".[32]

Sergio Nicols, que desde su columna en Noticias de Hoy tanto ha apoyado la carrera de Celia, publica de este modo la noticia: "Celia Cruz: Adquirida recientemente por Radio Progreso, en cuyas potentes ondas se presenta en el programa que, precipitadamente, tuvo que abandonar el 'inquieto' boricua [se refiere a Daniel Santos].[33] Celia Cruz no necesita adjetivos de elogios. Escúchenla en este buen cambio de la Onda de la Alegría".[34]

Celia llega a un punto de inflexión y desarrollo que será crucial en su carrera, y se acerca a él no como una novata, sino como alguien que ya había tenido un recorrido en ascenso ante los micrófonos de varias emisoras radiales –Radio García Serra, Mil Diez, Unión Radio, CMQ, RHC Cadena Azul–, en algunas de ellas con un segmento o programa propio; ha mostrado la finura y el sabor de su arte en los escenarios de importantes teatros habaneros como el Martí, Fausto, Campoamor, Warner, Blanquita; ha actuado, aunque por poco tiempo, en uno de los tres principales *cabarets* cubanos; ha marcado un hito realizando, junto con Merceditas Valdés, las primeras grabaciones de música litúrgica afrocubana de la historia, se ha presentado en México y Venezuela, realizando grabaciones en este último y, además, ha participado en dos películas, cantando como figura central en una de sus escenas musicales.

---

[32]   Giro, Alberto: Celia Cruz debutó anoche en Radio Progreso. En sección *Radio*, en Diario de la Marina. 2 de agosto de 1950, p.15.

[33]   Daniel Santos había tenido que salir de Cuba al enfrentar una serie de problemas derivados de polémicos incidentes que protagonizó.

[34]   Nicols, Sergio: *Ego Sum-Radiofilia*, en Noticias de Hoy. 4 de agosto de 1950, p. 10.

Del día de su debut en Radio Progreso, Celia cuenta: "...mi familia entera estuvo ahí en primera fila. Mi primo Serafín – que tanto me había ayudado– estaba feliz esa tarde. Sin embargo, el pobre falleció al poco tiempo de que empecé con la Sonora, y por lo tanto, nunca llegó a ver hasta dónde me llevó todo lo que él hizo por mí".[35]

El reto estaba planteado y no solo sería preciso tener una voz poderosa y una imagen y estilo impecables. Celia era la segunda mujer en poner voz a las presentaciones de la Sonora Matancera, una orquesta de hombres. Su antecesora, Myrta Silva era un mujer no cubana, blanca, y que había alcanzado una gran popularidad con su simpatía y buen hacer. A pesar de la emoción y alegría, cada vez que se para delante del micrófono con La Sonora Matancera a sus espaldas, y del apoyo de un importante sector de la prensa, no todo es perfecto: "Por un lado había muchas personas que me aplaudían, pero por el otro había un público que estaba loco por Myrta Silva, y, por lo tanto, no me quería a mí para nada. Llamaban a la emisora, le escribían cartas a Manolo Fernández, el director de la emisora, y a Rogelio y a mí, diciendo que yo no encajaba con un grupo como la Sonora Matancera y quién sabe cuántas cosas más. Las cartas que llegaban a mis manos las leía, y si había una crítica válida y algo que aprender, yo encontraba la manera de mejorar, pero si no eran más nada que veneno las botaba, pero rápido. De todas formas, ese tipo de correspondencia negativa me entristecía, ya que duele dar lo mejor de uno y que la gente se lo rechace sin razón, simplemente porque uno no es lo que quieren que sea. ¡Ay *Ollita*, mi madre santa, cómo me ayudaron sus consejos y los de tía Ana! Me decían: 'No dudes de ti, mi niña. Dios sabe lo que hace' y 'Usted siga p'alante. Si la gente no la quiere, quiérase usted más, y nunca baje la cabeza para nadie'. Con esos consejos y ese amor yo me fortalecía todos los días. Le daba las gracias a Dios por todo, inclusive por las dificultades, porque sabía que con eso Él me estaba enseñando lo que tenía que saber para convertirme en la persona que quería ser".[36]

La historia de perseverancia, disciplina, entereza y superación personal, que ha caracterizado la vida de Celia Cruz, tiene aquí un momento supremo, donde su voluntad se pone a prueba y donde demuestra su altura de miras: "Mi familia contaba con la ayuda económica que yo le daba, y por nada del mundo

35  Cruz, Celia y Reymundo, Ana Cristina: Op.cit, p. 10.
36  Cruz, Celia y Reymundo, Ana Cristina: Op.cit., p. 59.

podía darme por vencida. Me fijé bien en lo que tenía que hacer. Me aprendía los números, nunca falté a los ensayos, siempre llegaba temprano, me portaba bien con la gente y me vestía de lo mejor, dentro de mis posibilidades. Dios no me dio una cara bonita, pero sí me dio muchos otros talentos y supe valerme de ellos. Y creo, que al fin de las cuentas, mis virtudes me han valido más que cualquier otra cosa"-concluiría Celia muchos años después.[37]

Que pudiera soportar y crecerse frente al barraje de negatividad que debió enfrentar demuestra que, con 25 años de edad, tenía la madurez suficiente para calibrar la situación, estar segura de sus virtudes e identificar las desventajas y diseñar un modelo de actuación que no ignoraba los prejuicios presentes en la sociedad en que vivía, sino que contaría con ellos para vencerlos. A pesar de todo, algunos medios opinan de manera positiva. Noticias de Hoy comenta que "...el triunfo de Celia Cruz por Radio Progreso, en el programa de las 7:00 pm ha resultado uno de los éxitos más grandes obtenidos en los últimos tiempos por La Onda de la Alegría".[38]

La interacción público-músicos-cantante era inmediata, habida cuenta de la tradicional afluencia de espectadores al estudio de Progreso donde se presenta La Sonora Matancera. La reciente instalación del nuevo y potente transmisor de Radio Progreso les beneficia de inmediato, pues su programa diario en directo se puede escuchar ya en todo el país e incluso, llegan a otras zonas del Caribe insular, como Trinidad, Curazao, Bonaire, y las más cercanas Haití y Santo Domingo, donde *La Guarachera* y el conjunto comienzan a hacerse populares.

Cada día está más cerca de que llegue la televisión comercial a Cuba. A poco del debut de Celia con la Sonora Matancera, el 10 de agosto y en el estudio 3 de CMQ, Goar Mestre realiza una prueba demostrativa a la "familia CMQ", con diálogos y apariciones de los actores Carlos Badías, Gina Cabrera, Julio Díaz, Rolando Ochoa y Leopoldo Fernández y la mezzo-soprano Marta Pérez.[39]

No ha pasado un mes del inicio de Celia en Radio Progreso, cuando el columnista del diario Noticias de Hoy, el 24 de

[37]  Cruz, Celia y Reymundo, Ana Cristina: Op.cit., pps. 59-60.
[38]  Nicols, Sergio: *Radiofilia*, en Noticias de Hoy. La Habana, Cuba. 17 de agosto de 1950. p. 10.
[39]  Véase: Giró, Alberto: Sección *Radio*, en Diario de la Marina, La Habana, Cuba. 11 de agosto de 1950, p. 15.

agosto comenta: "... Radio Progreso está ofreciendo a las 6.30 de la tarde la actuación de Olga Chorens y Tony Alvarez para unirse con el programa de las 7.00 de la noche con la gran Celia Cruz, quien se asegura pasará a actuar también en los programas Cascabeles Candado de las 8:00 pm por CMQ".[40] Tres días después el Diario de la Marina confirma la noticia ya como hecho consumado: "La parte musical de 'Cascabeles Candado' está a cargo del más gustado y aplaudido de todos los conjuntos: la Sonora Matancera cantando Bienvenido Granda y Celia Cruz, la célebre mambolera y reina de los cantos afro. Así que a reírse con las 'boberías de Pirolo y Pompilonia'[41]... a carcajear con las ocurrencias de Tachuela y la Cansadita... y a bailar y a gozar con la mambolera número uno: Celia Cruz y el decano de los conjuntos: La Sonora Matancera".[42]

La empresa jabonera Crusellas patrocina ambos programas: el de las 7.00 pm con Celia y La Sonora Matancera en Radio Progreso y *Cascabeles Candado*, en horario estelar de las 8.00 pm en CMQ. Para Celia la popularidad en ambos crecía como la espuma del mismísimo jabón Candado y se afianzaba con el poder que prometía la publicidad que centraba la inefable Conchita García, *Jazmín*, una de las primeras actrices negras en integrar el cuadro actoral de CMQ, repitiendo sin cesar: "Candado tiene ahora pirey... pirey con fuerza blanca". Celia se integra con rapidez y naturalidad al elenco de *Cascabeles*.... La revista Bohemia en su edición del 19 de noviembre publica una foto que deja constancia de la visita de la afamada bailarina argentina Brenda−que hace pareja con su coterráneo Siccardi− a la muy popular mansión Candado y a su "propietaria", la formidable *Mamacusa Alambrito*, personaje aún recordado, que encarnaba el actor Luis Echegoyen. En la foto, tomada después de la transmisión del programa, aparecen Jorge Guerrero, Celia, Lilia Lazo, Manolín Alvarez, Luis Echegoyen, Velia Martínez y el productor Celestino García Suárez. Al fondo, Marta Jiménez Oropesa, Bellita Borges y Conchita García.

En paralelo a su actividad con La Sonora Matancera, Celia continúa su trabajo como solista. En noviembre de 1950, el

[40]  Nicols, Sergio: *Radiofilia*, en Noticias de Hoy. La Habana, Cuba, 24 de agosto de 1950, p. 10.
[41]  *Pirolo, Pompilonia, Tachuela* y *La Cansadita* son personajes humorísticos del programa, interpretados por Manolín Alvarez, Enrique Alzugaray, Lilia Lazo, Marta Jiménez Oropesa.
[42]  Giró, Alberto: "Todas las noches a las ocho brota la alegría en Cascabeles Candado". Sección: *Radio y Televisión*, en Diario de la Marina. La Habana, Cuba. 27 de agosto de 1950, p. 35.

Teatro Nacional presenta durante dos semanas el espectáculo *Lluvia de Estrellas*, producido por sus primeras figuras, Brenda y Siccardi, que concitan cada vez más aplausos con sus danzas *Cocaína* y *El sueño del fauno*, y un impresionante elenco que, en este orden, anuncia el Diario de la Marina: Manolo Fernández[43], *El Caballero del tango*; Celia Cruz, "la más formidable intérprete de los ritmos afros"; Luis Carbonell, *El Acuarelista de la poesía antillana*; la actriz Zulema Casals; el humorista Kiko Hernández; los pianistas Felo Bergaza, Fernando Mulens y Orlando de la Rosa; y Las Mulatas de Fuego *"dirigidas por Siccardi"* y la orquesta a cargo de Armando Romeu Jr. Todo esto, junto al estreno del filme *Tres Pretendientes* con Peter Lawford. Según el diario, no se habla de otra cosa en La Habana, y ante la gran demanda de público que aún no ha podido ver el *show*, la gerencia del Teatro Astral decide ampliarlo bajo el título *La danza sensacional*.[44] Es un momento de gran efervescencia artística en la capital cubana, donde coinciden importantes eventos: la diva franco-norteamericana Josephine Baker debuta en el Teatro América; Dámaso Pérez Prado se presenta en el Teatro Alkázar con las hermanas bailarinas cubanas Las *Dolly Sisters*; los circos *Ringling Brothers* y *Razzore* y una espectacular selección de filmes en los principales cines, acompañados de *shows* de diverso calibre.

## ◆ POR LA RADIO Y LOS TEATROS ◆

A fines de junio, el jueves 29, Celia vuelve al programa de CMQ *Nieve en los trópicos*, que tiene a Bola de Nieve como figura central y anima Rolando Ochoa, mientras continúa con su espacio habitual en el programa Cine Revista, que ahora ha sumado a su elenco a los actores María Brenes, Antonio Hernández e Idalberto Delgado. [45] Al día siguiente, se produce su retorno a la escena del Teatro Martí con la Compañía de Bailes y Canciones Estampas Cubanas. Se insertan anuncios en los principales medios nacionales de prensa, destacando el cartel encabezado, en ese orden por Esther Borja, Luis Carbonell, Celia Cruz y las Hermanas Valladares, seguidos del llamado *cuarteto de la risa*: El Viejito Bringuier, Alicia Rico, Candita Quintana y El Chino Wong, además de Las Mamboletas de Gustavo Roig, Raquel

---

[43]   Se trata aquí del cantante Manolo Fernández, que no era la misma persona que su homónimo, el director de la emisora Radio Progreso.
[44]   Diario de la Marina. La Habana, Cuba. 26 de noviembre de 1950, p. 10.
[45]   Nicols, Sergio: *Radiofilia*, en Noticias de Hoy. 16 de julio de 1950, p. 12.

Mata, Lina Salomé, Armando Bianchi, Elena Burke y el Conjunto Vocal de Orlando de la Rosa.[46]

El 9 de julio el Diario de la Marina anuncia el debut de Celia, al día siguiente, en el cine-teatro Encanto, uno de los más importantes de la capital, como primera figura de un *show* que estará en escena aproximadamente hasta el domingo 16, con el respaldo de la orquesta dirigida por Julio Brito.

### ◆ LLEGÓ LA TELEVISIÓN ◆

La carrera por establecer la primacía la gana Gaspar Pumarejo al inaugurar el 24 de octubre de 1950 las transmisiones televisivas comerciales diarias en Cuba a través del Canal 4. Su empresa Unión Radio y Televisión ubica los estudios en una esquina de la calle Mazón No. 52, esquina a San Miguel, dotados con equipos de procedencia norteamericana, marca RCA Victor. La primera imagen televisada fue la de una cajetilla de cigarros de la marca Competidora Gaditana, acompañada de un *jingle* cuya música fue creada por Alfredo Brito. El presidente Carlos Prío Socarrás pronuncia el discurso central del acto inaugural que comienza a las 12.30 del mediodía con la cámara No. 1 instalada en el Salón de Recepciones del Palacio Presidencial para la transmisión por control remoto. La transmisión de ese día incluye un programa de variedades a las 7 de la tarde y dos horas después, la emisión de la fiesta de celebración, conducida por el anfitrión Pumarejo, desde el edificio del canal 4. Con el lema que lanza, Pumarejo confirma que está a la ofensiva: *"Unión Radio Televisión Canal 4. Primera en televisión–Primera en popularidad".*[47]

Cincuenta y tres días después, el 18 de diciembre, los hermanos Mestre y sus asociados empresariales inauguran la televisión que integra el Circuito CMQ con sede en su nuevo edificio de las calles 23 y M en El Vedado. En su primer día, CMQ Televisión se estrenó con el dramatizado *Tensión* y un juego de la liga profesional de *baseball* que enfrentó a los equipos Almendares y Habana, transmitido por control remoto desde el *Stadium* del Cerro (hoy Latinoamericano).

La maquinaria venía alistándose desde hacía meses, el auge de la televisión se va construyendo a lo largo de 1951. Será

[46]   Nicols, Sergio: *Radiofilia*, en Noticias de Hoy. 30 de junio de 1950, p. 10. Véase también: Anuncio en Diario de la Marina. La Habana, Cuba. 30 de junio de 1950, p. 15.

[47]   Para ampliar sobre este tema, ver: Pedraza Ginori, Eugenio: *Memorias cubanas I y II*. Create Space. 2016.

imparable y abrirá nuevas y mayores posibilidades de trabajo para técnicos, actores, músicos y comunicadores.

## SEECO RECORDS.
## ◆ LAS PRIMERAS GRABACIONES ◆
## CON LA SONORA MATANCERA.

El panorama musical en las postrimerías de la Segunda Guerra Mundial en Estados Unidos trae aparejado la disminución de la popularidad de las grandes bandas de la era del *swing* que por 1926 encarnara, como figura indispensable en la evolución al sonido propio de la *big-band*, el gran pianista Fletcher Henderson y continuaran los portentosos Benny Goodman, Count Basie, Duke Ellington, Glenn Miller, que las hacen legendarias en los años 30 y 40 y que ponen a bailar a los norteamericanos. Vendrán después las voces –cantantes como Perry Como, Frank Sinatra, Tony Bennett, Nat King Cole– que en muchos casos se hacen acompañar de grupos con un formato reducido. Pero la gente sentía que le faltaba una propuesta diferente con la que pudieran continuar bailando. Se renueva entonces el sonido del *swing* con un mayor aporte rítmico y la incidencia del *blues*, algo que ocurre con fuerza en la costa oeste, medio oeste y en el sur de los Estados Unidos. Pero al tiempo que esto ocurría, en Nueva York y en la costa este de la Unión, los sonidos latinos y en particular la música cubana a partir del *boom* de *El Manisero*, comienzan a penetrar y a demostrar sus enormes cualidades y su rápida acogida en los *ballrooms* y espacios de baile.

Es en ese contexto en que un joyero de origen judío se percata del fenómeno, aguza su olfato comercial y lo enfoca a la música latina que durante los años de la guerra hace mover el esqueleto cada vez a más norteamericanos y otros residentes en sus territorios. Lo primero será crear la marca, la empresa, y lo segundo, ampliar el diapasón de las ventas de su joyería Casa Siegel en la 115th St y la 5th Ave, en Nueva York: Sidney Siegel[48] destina los activos de su negocio joyero (aunque también vendía muebles, radios y discos) para fundar en 1943 Seeco Records. No sólo producirá grabaciones musicales: además de caros brazaletes, espectaculares sortijas, elegantes leontinas y llamativos pendientes y collares, desde su tienda comienza

[48]   Sidney Siegel (New York, 8 de noviembre de 1902 – 20 de julio de 1969). Datos aportados a la investigación por su hija Susan Naiman-Siegel.

CELIA CON LA SONORA MATANCERA EN RADIO PROGRESO. CA. 1953.

a vender sus propios discos. Siegel tuvo que hacer en Canadá su primera operación de fabricación y venta de vinilos, debido a las regulaciones existentes en Estados Unidos en cuanto al uso de goma laca en tiempos de guerra.[49] Las cuatro primeras referencias del catálogo Seeco corresponden a sus grabaciones inaugurales con los puertorriqueños del Grupo Marcano. Le seguirían las de Johnny Rodríguez y Bobby Capó –también boricuas– hasta que llega el primer cubano, Miguelito Valdés, para grabar una rumba y un bolero: *Cucha el eco del tambó* (Silvestre Méndez) y *Te quiero dijiste* (María Grever). Luego grabarán sus coterráneos Guillermo Portabales, el Trío Servando Díaz –*Los trovadores sonrientes*–, Pupi Campo, el Conjunto Matamoros, Canelina, Carlos Varela con su orquesta, Chano Pozo y su conjunto, Rita María Rivero, Yayo El Indio, un misterioso Conjunto Tropicana que graba cuatro temas en 1949 en los estudios de CMQ– el Trío Oriental, Los Hermanos Díaz.

[49]   http://www.donaldclarkemusicbox.com/encyclopedia

Hasta que el 26 de enero de 1950 La Sonora Matancera debuta en Seeco *Records* grabando en un estudio de CMQ dos boleros-mambo: *Solo contigo* (Antonio López Martin), *Yo la quiero conocer* (Osvaldo Estivil) y dos guarachas: *El velorio* (Rubén Escobar) y *Hay que dejarse de cuento* (Ángel Duarte). Cuatro meses después Siegel vuelve a ordenar que Rogelio y sus músicos entren al estudio para grabar otros cuatro temas.[50]

Rogelio Martínez, que hasta finales de 1949 había mantenido a La Sonora Matancera como artista exclusivo de grabaciones en Panart, se sintió agraviado cuando Ramón Sabat contrató en exclusiva al Conjunto Casino. La agrupación, que lideraba Roberto Espí se disputaba con La Sonora el público y los espacios de la música de conjuntos. Aunque la decisión del dueño de Panart provocó la decisión del líder de la Matancera, Rogelio y Espí no eran enemigos, por el contrario, llegaron a ser amigos que tenían por encima de todo, la decencia y la música. Rogelio, y en particular, Celia, sabían y encomiaban la calidad del Conjunto Casino.

Acerca de la pertinente rivalidad entre La Sonora Matancera y el Conjunto Casino, décadas después, estando en Medellín, Colombia, en territorio de fanaticada incondicional a La Sonora Matancera, Celia fue risueña y amable, pero enfática cuando alguien en la reunión quiso poner un disco del Casino. Así glosó el coleccionista Gabriel Pareja, presente en el encuentro, la reacción coloquial de Celia Cruz:

"'¿El Conjunto Casino? Chico, ¡los arreglos son inmejorables, te lo digo yo que los conocí, Faz enorme y Espí como bolerista, lindo, con aquella voz abaritonada! Canté y grabé mucho con la Sonora... aquí Gabriel nos habla del Conjunto Colonial, que a él le gusta... Cuando tenía tiempo iba ver al 'pollo masculino', así le decían a Nelo... ¡Qué voz, qué arreglos! La gente paraba de bailar para verlos tocar, tenía un sonido muy dulce y lindo, oiganlo y notarán la diferencia, oigan las charangas, las danzoneras, el danzón es lindísimo. Ahí está la Cuba profunda, Belisario Lopez, Arcaño, Romeu, Cheo Belén, en fin oigan la música de mi querida Cuba y no se queden en la Sonora Matancera.... ah y no se olviden de mi maestra Paulina Alvarez'. Nadie le replicó a Celia".[51]

Según el registro oficial de matrices del sello Seeco[52], el 12 de diciembre de 1950 Celia Cruz realiza sus dos primeras graba-

50  *Seeco Records Masters Guide.* Manuscrito consultado en los fondos de la Colección Díaz Ayala en Florida International University (FIU).
51  Testimonio de Gabriel Pareja, recogido por René Espí Valero.
52  *Seeco Records Masters Guide* (Registro oficial de grabaciones del sello SEECO), manuscrito depositado en la Colección Díaz Ayala, Florida International University.

ciones con La Sonora Matancera: la guaracha *Cao cao, maní picao* (José Carbó Menéndez) y el afro *Mata siguaraya* (Lino Frías), que saldrían publicados bajo el sello norteamericano en un disco de 78 rpm (S-7076). Es su primer disco con La Sonora Matancera, y así, a la primera, ambos temas alcanzaron una inesperada popularidad. El registro fonográfico se realiza, según la misma fuente, en un estudio de CMQ Radio y estuvo precedido de un incidente premonitorio, que narra la propia Celia: "Rogelio [Martínez] ya me había dicho que quería hacer una grabación conmigo, y yo sólo esperaba que me dijera cuándo. Un día llegué a Radio Progreso y me dijeron que estaba ahí un tal señor 'Sígol'. Sidney Siegel era el empresario americano del sello Seeco que tenía el contrato de exclusividad para grabar a la Sonora Matancera, y nosotros le decíamos 'Míster Sígol'. Él estuvo oyendo el programa, y después fue a hablar con Rogelio, que le informó que iba a hacer una grabación conmigo. Sin embargo, Siegel le dijo que tenía que estar loco y que no quería que grabara conmigo. Rogelio no cedió, y le dijo que él era el que se encargaba de decidir quién grababa y quién no. Pero Siegel insistió, y le explicó que las mujeres no vendían discos; que servían para los programas en vivo, pero no para vender discos. Le contó que se le había caído la venta a Libertad Lamarque, y le preguntó que qué pensaba sacar con una muchachita como yo, cuando una mujer de la talla de Libertad Lamarque no estaba vendiendo bien. Pero Rogelio sabía muy bien que Siegel estaba equivocado, ya que otras cantantes como Toña La Negra, Eva Garza, Elvira Ríos y María Luisa Landín estaban vendiendo, y muy bien. Le trató de explicar a Siegel que una cosa era naranja y otra era piña, pero Siegel no quería ver la verdad. Finalmente, Rogelio y Siegel quedaron que si el disco no se vendía, entonces la Sonora me pagaba y que no le costaría nada a la Seeco. Y así fue. Grabé un sencillo con dos canciones. Ese disco pegó por toda Cuba, y a partir de eso más nunca tuve problemas ni con el público ni con Sidney Siegel. Años más tarde, Rogelio me contó que después del éxito de ese disco, Siegel le dijo: 'Rogelio, go ahead', o sea, que le daba el visto bueno en lo que se refería a mí. Llegué a grabar setenta y cuatro Lps con la Sonora Matancera. Es decir, cada tres meses sacábamos un disco, y duré quince años grabando exclusivamente con la Seeco".[53]

*Cao cao maní picao* y *Mata siguaraya* fueron los talismanes de la suerte que permanecerán para siempre en el repertorio de

[53] Cruz, Celia y Reymundo, Ana Cristina: Op.cit., pps. 60-61. Son 11 los LPs originales con grabaciones realizadas por Celia en Cuba entre 1952 y 1960.

Celia. Al momento de la grabación sus compositores tenían un vínculo precedente con La Sonora. De Carbó Menéndez y en la voz de Bienvenido Granda, el conjunto había grabado en 1946 la premonitoria guaracha *La televisión*, y Lino Frías, era el pianista de la agrupación desde el 6 de enero de 1944. También había aportado temas al repertorio: en 1949 con Bienvenido, La Sonora le grabó el bolero *Si alguna vez volviera* y al año siguiente, *Oye este mambo*. Luego, ese mismo año, registró –con Daniel Santos– *Vuelve muñequita, vuelve*. Pero ninguno alcanzó la popularidad que tuvieron esos dos temas en la voz de Celia Cruz. Mientras permaneció en Cuba, Celia no volvió a grabar temas de Carbó Menéndez, a diferencia de los de Lino Frías, de quien en la siguiente sesión perpetuó el mambo-conga *Baila Yemayá* y cinco años después, la guaracha *Óyela gózala*.

El jueves 21 de diciembre reabre el *cabaret* Sans Souci tras mantenerse cerrado varios meses y sometido a una total remodelación. Un *show* diseñado por el coreógrafo californiano Carlyle, respaldado por las orquestas de Rafael Ortega y Charles Rodríguez, da la bienvenida a los asistentes y para los días finales del año se les suman Pérez Prado y su orquesta. El día de Nochebuena, Radio Progreso anuncia bailables con los conjuntos Casino y Colonial de Nelo Sosa, la orquesta Almendra con Dominica Verges, y La Sonora Matancera, anticipando la noticia de varios estrenos: *En la nochebuena, Ban-Gan, Chupando caña, La mulata Lola* y la *Conga camagüeyana*.[54]

El año 1950 termina para Celia con una grata noticia, de la que ella hace parte: en el *Survey* Nacional, realizado por la Asociación de Anunciantes, el programa *Cascabeles Candado* (CMQ) se alza con el primer lugar entre los espacios humorístico-musicales y el tercero más escuchado, mientras que el espacio *Celia Cruz y la Sonora Matancera* (Radio Progreso) ocupa el puesto número 39 entre los 40 de mayor audiencia. La causa de tan baja puntuación se debe a la reciente contabilización del programa, que comenzó con Celia en el mes de agosto.[55]

*Cascabeles Candado* se convierte en el paradigma del humor al uso en la radio de la época, que nutre sus libretos de las vivencias del cubano común y corriente, sublimando algunas de

[54]   *Baile esta noche con el monumental programa de Radio Progreso, la Onda de la Alegría en 690 kc*, en Diario de la Marina. La Habana, Cuba. 24 de diciembre de 1950, p. 37.
[55]   *Tele-Radiolandia*, en revista Bohemia. La Habana, Cuba. 31 de diciembre de 1950, p. 35.

sus características más acusadas a través de la creación de personajes que son de inmediato aceptados por el público, por su dosis de ridiculez e inverosimilitud. Todo eso aderezado con buen equilibrio por la parte musical, de la que se encargan Celia y La Sonora. Dirigido por Celestino García Suárez, que se ocupaba inicialmente del libreto, el programa tuvo después como libretista a Enrique Núñez Rodríguez, que con un concepto de serie, y la incorporación de personajes ya establecidos como el *Viejito Chichí*, lo lleva a un plano superior y lo convierte, junto a las aventuras de Leonardo Moncada, en los programas líderes de la radio en aquel momento, ambos a través de CMQ.[56]

Pero el mejor regalo para Celia le llega de la mano de la exigente Asociación de la Crónica Radial Impresa (ACRI) y que refrenda después de un destacado titular en las páginas del conservador Diario de la Marina, en la sección *Radiovisión*: "Celia Cruz, la inimitable estilista de los ritmos afrocubanos, y el Conjunto Casino, los campeones del ritmo, fueron seleccionados por la Asociación de la Crónica Radial Impresa como la mejor cancionera popular y el mejor conjunto típico respectivamente durante el año 1950. Sabido es que Celia Cruz y el Conjunto Casino pertenecen al staff de atracciones que brinda 'la Onda de la Alegría' a sus miles de oyentes, lo cual se traduce indiscutiblemente en una positiva y valiosa contribución al porcentaje crecidísimo que obtuvo Radio Progreso en el último survey llevado a efecto por la Asociación de Anunciantes de Cuba en toda la República y que la sitúa en el tercer lugar entre las principales radioemisoras de Cuba. La dirección artística de Radio Progreso, que demuestra su capacidad y su sentido del éxito en cuanto a complacer los gustos del público oyente, anuncia que Celia Cruz y el Conjunto Casino continuarán actuando indefinidamente ante los micrófonos de 'la Onda de la Alegría'. Celia Cruz, desde luego, seguirá teniendo como acompañante a su inseparable Sonora Matancera, el decano de los conjuntos típicos, sin cuyo valioso acompañamiento dice que ella que no se atrevería a cantar guarachas y boleros"... aunque, como veremos más adelante, la propia Celia se encargaría de desmentir esta afirmación, pues toda regla tiene sus excepciones.[57]

[56]  Véase: Cue, Mayra: http://www.envivo.icrt.cu/nuestros-fundadores-enrique
     -nunez-rodriguez-2/
[57]  Giró, Alberto: "Seguirán en 'Radio Progreso' Celia Cruz y el Conjunto Casino".
     Sección *Radiovisión*, en Diario de la Marina. La Habana, Cuba. 2 de enero de
     1951, p. 2.

# ·1951·

CELIA CON RODRIGO PRATS Y LA SOPRANO MARTA PÉREZ.
COLECCIÓN REY GONZÁLEZ. AÑOS 50.

Tras las fiestas de despedida del año 1950 y recibimiento del nuevo 1951, el evento más connotado de esos primeros días de enero es el homenaje que en el Teatro Martí se le tributa a la *vedette* María de los Ángeles Santana antes de su partida a España para cumplir un importante contrato. Cantante y actriz, la *vedette* exhibe a la altura de 1951 una brillante carrera. Apoyada por Ernesto Lecuona, quien la atrajo a sus famosos conciertos de música cubana, se abrieron para ella las puertas a la radio cuando ingresa en el elenco de CMQ en 1940. Antes ya había incursionado en el cine, en varios filmes, como *El romance del palmar*, *Sucedió en La Habana*, *Cancionero cubano* y otros. Durante la década del cuarenta trabaja por varios años en México y a su regreso consigue éxitos de taquilla cuando se presenta en los teatros Martí, Principal de la Comedia y otros. A inicios de 1950 debuta de modo espectacular en Madrid, con la revista *Tentación*, de un éxito arrasador, que motiva un nuevo y jugoso contrato para regresar a los escenarios españoles en 1951.

Y el Diario de la Marina, en esa misma edición, vuelve a focalizar el nombre de Celia en el titular de la noticia relacionada: "Celia Cruz, la reina de los ritmos afros, se presentará en la despedida a María de los Ángeles Santana, mañana en el Teatro Martí", y como si ello fuera poco, el anónimo periodista comienza su nota así: "Celia Cruz es uno de los carteles estelares más sólidos del momento teatral cubano. Su voz, su estilo, su personalidad indiscutible, se han impuesto en todos los programas en que ha intervenido. Por eso, cuando se sumó a los artistas que van a decir ¡hasta luego! a la artista favorita de los cubanos, María de los Ángeles Santana, no se dudó un momento en considerar que el programa había adquirido un refuerzo considerable. [...] En efecto. Con Celia Cruz

y María de los Ángeles Santana, aparecerán en el desfile estelar de mañana en el Martí, Siccardi y Brenda, Carmen Torres,
Maruja González, Mimí Cal, Las Mulatas de Fuego de *Rodney*,
la escultural Lina Salomé con las popularísimas Mamboletas
de Gustavo Roig, Olga Guillot y los maestros Rodrigo Prats y
Ramón Bastida".[1]

Tales elogios no son gratuitos: la distinción hecha por un
medio como el Diario de la Marina, situando a Celia en rango paralelo al de la Santana, dice mucho del destaque que ya,
de manera individual y en su estilo, ha alcanzado *La Guarachera de Cuba*.

En el panorama escénico, Josephine Baker estira todo lo que
puede sus posibilidades para continuar presentándose en La
Habana. Actúa en Tropicana, canta ante los micrófonos de CMQ
y en el Teatro Astral. Por su parte, Sans Souci tiene a Pérez Prado, con su orquesta, como artista exclusivo, en momentos en
que el mambo avanza literalmente en su marcha triunfal por
el mundo.

### ♦ CON *TONGOLELE* EN LA HABANA ♦

Comienza marzo y llega Yolanda Montes *Tongolele* a La Habana, donde causará el revuelo esperado, con la alarma de las
ligas de la decencia y los círculos más pacatos de la sociedad
habanera. Nada de esto detuvo las caderas de la *Tongo*, ni ocul-
tó su ombligo, que parecería en esos días ser el vórtice, alrededor del cual giraba la tierra. La *Tongolele* está en el cenit de
la fama, lleva años provocando en México una auténtica batalla entre moralistas y avanzados. Las películas de rumberas,
que a partir de 1946 marcan una tendencia en la época de oro
del cine mexicano, y el asalto de ellas mismas a los escenarios
de los principales sitios de la noche en Ciudad de México revoluciona el modo y signo de la diversión masculina. *Tongolele*, que insiste en no ser parte del fenómeno de las rumberas y
reivindica un arte que ella ubica geográfica –y erróneamente–
en sus orígenes tahitianos, se convierte en el *summum* de toda
transgresión y atentado "contra la moral y las buenas costumbres", en la diana de todos los dardos de la moralina provincia-
na. En Cuba sería más de lo mismo, aunque amortiguado por
la decisión de los empresarios de *cabarets* y teatros de por nada

---

[1]    "Celia Cruz, la reina de los ritmos afros, se presentará en la despedida a María
de los Angeles Santana, mañana en el Teatro Martí", en Diario de la Marina. La
Habana, Cuba. 2 de enero de 1951, p. 12.

del mundo dejar de presentar a quien era la manzana internacional de la discordia, pero capaz de colgar el cartel de *sold-out* donde se presentara.

Se produce, pues, el reencuentro de *Tongolele* con sus amigas Celia Cruz y Elena Burke, a quienes había conocido cuando éstas, con Las Mulatas de Fuego, compartieron escenario con la bailarina tahitiano-americana-mexicana, en el famoso Teatro Follies de la ciudad de México, poco más de dos años atrás. Con Celia coincide en *Cascabeles Candado* y con Las Mulatas de Fuego, en Tropicana, donde la *Tongo* presenta su espectáculo *La Diosa Pantera* con coreografía de Héctor del Villar y un elenco en el que figuran Olga Guillot, la pareja de bailes Juliette y Sandor y el pianista Felo Bergaza. Con ellos también subirá a la escena del Teatro Nacional, cuando hace la primera visita al teatro para comenzar ensayos. Ahí la reciben sus amigas Celia Cruz y Elena Burke, junto a parte del elenco que la acompañará en la producción *Delirio en Ritmo*.[2] Algunas fuentes indican que la tahitiana invitaría a Celia a cantar también en Tropicana.

El Teatro Astral, que continúa entre los primeros en cuanto a la calidad de sus espectáculos, contrata también a *Tongolele*. El *show* es el mismo que presentó en el Nacional, llevado por los productores González y Obrador bajo la inspiración de Carlos Sandor, y es catalogado por la revista Bohemia como "de muy estimable calidad". A él se incorpora ahora Celia Cruz, junto a Olga Guillot, la pareja de bailes españoles Rocío y Antonio, El Negro Flamenco, Don Norait y el propio Sandor con su compañera de dúo danzario Juliette. *Tongolele* incorpora al *show* su escena *La Diosa Pantera*, esa recreación del cautiverio de fiereza animal –¡con jaula y todo! – que tanta fama le dio en México y donde quiera que se presentó. [3]

Avanza el año y Celia consolida su posición en CMQ a través de su participación continuada en *Cascabeles Candado*, que en marzo se ubica como el tercer programa más escuchado de la radio nacional, según *survey* radial de la Asociación de Anunciantes, publicado a mediados de año por la revista Bohemia y donde CMQ mantiene el primer lugar en la preferencia del público. Radio Progreso retiene el cuarto lugar, solo superada por

[2]   Don Galaor: "Tongolele en La Habana", en revista Bohemia. La Habana, Cuba. 4 de marzo de 1951, pps. 83–84 y 93.
[3]   *La farándula pasa*, en revista Bohemia. La Habana, Cuba. 18 de marzo de 1951, p. 84.

la RHC Cadena Azul, de Amado Trinidad, y muy de cerca por Unión Radio, de Gaspar Pumarejo.[4]

La responsabilidad de Celia por el éxito de *Cascabeles Candado* y su impacto popular es tal, que la revista Bohemia, en su sección *Tele-Radiolandia* refrenda en tono humorístico este hecho, cuando bajo el título "Disputada", publica una foto de Celia con Ibrahim Urbino y Enrique Íñigo. El pie de la foto iba de esta guasa: "¿Qué pasa, Urbino? ¿Me la quieres llevar? –exclamó Enrique Iñigo, productor de Cascabeles Candado, programa donde la cantante es verdadera atracción. 'A lo mejor'–respondió Ibrahim Urbino, figura importante de la RHC Cadena Azul".[5]

### ◆ AL TEATRO BLANQUITA ◆

A las puertas de 1950, dos días antes del inicio del nuevo año, el magnate Alfredo Hornedo inaugura su nueva y flamante inversión: el Teatro Blanquita, presentado en la estrategia de promoción como el mayor del mundo e inaugurado con lujo y total repercusión. Con 6.600 butacas, pista de patinaje sobre hielo con una sofisticada tecnología, y cafetería para 200 comensales, superaba en 500 los asientos del afamado Radio City Hall de Nueva York. Lo bautizó así en memoria de su esposa Blanca Maruri, fallecida poco antes, en 1948. Desde que abrió sus puertas, con el espectáculo *De París a New York* por la compañía de revistas de Lou Walter, el Teatro Blanquita se propuso en sus espectáculos emular en estilo, temáticas y profuso elenco a los mejores de los Estados Unidos. Desde ese momento los espectáculos que allí se presentan presumen de la influencia norteamericana en búsqueda obsesiva del encanto de los grandes musicales de Broadway.

En agosto de 1951 están en La Habana la diva argentina del tango, Libertad Lamarque y el actor y galán mexicano Arturo de Córdova. El equipo de Hornedo, para el manejo del Teatro Blanquita, no puede dejar escapar la oportunidad de presentarlos en el nuevo y ya famoso coliseo de la Calle Primera en la suntuosa zona de Miramar. Organizan un mega espectáculo, un *one-night show*, para presentar a las dos figuras internacionales, junto a la *vedette* cubana Ninón Sevilla, que trabaja y triunfa en México; a su colega mexicana Lilia del

---

[4]  "El último survey". *Tele-Radiolandia*, en revista Bohemia. La Habana, Cuba. 18 de marzo de 1951, p. 40.

[5]  Sección *Tele-Radiolandia*, en revista Bohemia. La Habana, Cuba. 24 de junio de 1951.

Valle, y completando el cartel internacional, los muy casti-
zos Miguel Herrero y el Niño de Utrera. Además, incluyen un
verdadero desfile de artistas cubanos presentados por Carlos
Amador y Rolando Ochoa: los populares personajes humorísticos *Pototo* y *Filomeno* (Leopoldo Fernández y Aníbal de Mar)
con Mimí Cal; Otto Sirgo y Magda Haller, que reaparecen después de una prolongada temporada en Suramérica, y a continuación en el cartel, se anuncia a Celia Cruz, seguida de Luis
Carbonell, el italiano Ernesto Bonino, Olga Chorens y Tony Alvarez, Marta Pérez y en la parte danzaria, las parejas de Ana
Gloria y Rolando con Leandro y Alicia, junto a Lina Salomé y
Las Mamboletas de Gustavo Roig.[6] Se va convirtiendo en una
regularidad la presencia de Celia en este tipo de espectáculos
de pretendido enfoque abarcador en cuanto a géneros musicales, en los que los productores garantizaban con ella la presencia de los géneros más populares: la guaracha y el llamado afro.

## ♦ RADIO PROGRESO Y LA CARAVANA ♦ DE ESTRENOS

Celia con La Sonora Matancera continúa presentándose en
*Cascabeles Candado* en CMQ TV todos los lunes a las 8.00 pm, y
en el espacio de La Sonora en Radio Progreso. Justo en agosto
de 1951 regresa Myrta Silva a La Habana, y a los micrófonos de
La Onda de la Alegría, comenzando el lunes 20, en el segmento
de las 7.30 de la noche, pero esta vez no será La Sonora Matancera quien la respalde, sino el Conjunto Colonial de Nelo Sosa.
*La Gorda de Oro* continúa disfrutando del favor del respetable,
pero Celia y La Sonora tienen ya una legión de seguidores que
va cada día en aumento, haciendo patente su leal fanaticada
con su entusiasta presencia en los estudios de Radio Progreso.

Siete días después del renovado debut de la cantante boricua, comienza en Radio Progreso la *Caravana de Estrenos* correspondiente al mes de septiembre, donde se anuncia que
Celia y La Sonora Matancera estrenarán un tema de otro boricua, Daniel Santos. El Diario de la Marina anticipa el nombre, *El padre del hijo de nadie*[7], que –al parecer– se trata de *El pai
y la mai,* un seis chorreao, expresión musical de Puerto Rico,

[6]   Anuncio en el Diario de la Marina. La Habana, Cuba. 15 de agosto de 1951, p.12.
[7]   Giró, Alberto: "Radio Progreso presenta todas las tardes a las 7.30 a Myrta Silva, Emperatriz de la Guaracha". Sección *Radio y Televisión*, en Diario de la Marina, 26 de agosto de 1951, p. 51.

que cantan Celia y Bienvenido Granda. Rogelio Martínez anuncia que estrenarán otros cinco temas, entre guarachas, afros y boleros.[8]

La *Caravana de Estrenos,* un espacio destinado a promover la obra de autores cubanos y extranjeros defendidos por intérpretes del cuadro artístico de la emisora, continúa hasta 1952 en Radio Progreso y consigue atraer gran cantidad de público que acude a ver en un mismo programa a sus artistas favoritos, presentando nuevos temas. En su edición del 27 de abril de ese año, el columnista Alberto Giró, del Diario de la Marina, comenta, sin mencionar género ni autor, haber escuchado en la *Caravana* de mayo de 1952, el estreno del tema *Amor de naylon* [sic] por Celia y La Sonora Matancera, del que a día de hoy no se han encontrado grabaciones. La fórmula funciona, los fanáticos y espectadores que acuden al estudio o escuchan el programa por radio, son movilizados por la salida de los nuevos estrenos: ¿Qué traerá este mes La Sonora? ¿Qué traerá Celia? En junio el éxito del programa rebasa las expectativas, a juzgar por lo que publica Nelita Martín en su columna de Noticias de Hoy. Señala como los grandes triunfadores ante el público a La Sonora Matancera con Celia y Bienvenido Granda, Olga Chorens y Tony Alvarez. "Una y otra vez hemos dicho que de los triunfos de Radio Progreso, es responsable principalísima La Sonora Matancera con las voces de Celia Cruz, la inimitable reina del afro, y Bienvenido Granda".[9]

Días antes, el domingo 5 de agosto, en un estudio de CMQ, la emisora donde Celia Cruz también canta regularmente, resuena el disparo que, según la prensa de la época, impactaría en la conciencia de cada cubano: el popular político Eduardo Chibás, presidente del Partido Ortodoxo, apretó el gatillo de su pistola, señal de lo que llamó "mi último aldabonazo" con el que, al no poder probar las denuncias realizadas contra un funcionario venal, atentaba contra su vida en dramática pelea contra la corrupción imperante en el gobierno de Carlos Prío Socarrás. Moriría tras agonizar durante varias semanas, el 16 de agosto. Su sepelio es uno de los grandes acontecimientos multitudinarios en la historia de Cuba.

---

8    Fecha y datos tomados del documento *Registro oficial de grabaciones del sello SEECO* (manuscrito)

9    Giró, Alberto: "La caravana de estrenos de mayo en Radio Progreso es formidable". Sección *Radiovisión*, en Diario de la Marina, La Habana, Cuba. 27 de abril de 1952, p. 38. Martin, Nelita: "Cámaras y Micrófonos", en Noticias de Hoy. 4 y 15 de junio de 1952, p. 4 y 6.

CELIA CON LA SONORA MATANCERA EN EL ESCENARIO DEL TEATRO MARTÍ, EN LA HABANA. PRIMERA MITAD DE LOS 50.

## ◆ LAS GRABACIONES DE 1951 ◆

El 9 de abril Celia entra en su segunda sesión de grabación con La Sonora Matancera, producida por el sello de Sidney Siegel. Registra la guajira mambo *El guajirito contento* (Severino Ramos) y el mambo-conga *Baila Yemayá* (Lino Frías), que serían publicados por Seeco inicialmente en discos de 78 rpm (S-7100). Durante el año, realizaría otras cuatro sesiones, grabando el 17 de julio: *Las frutas y mi son cubano* (René León Monzón), *El disgusto de la rumba* (Aldo Carrazana) (S-7117); *Tatalibabá* (Florencio Santana) y *Lacho* (Facundo Rivero) (S-7118). En la tercera sesión de este año, el 15 de septiembre, graba *Ritmo, tambó y flores* (José Vargas) y *Eleguá quiere tambor* (Luis Griñán Camacho)(S-7134); *La danza del cocoyé* (Luis Griñán Camacho)[10] y *La*

---

[10]   En algunas ediciones y textos estos temas han sido adjudicados erróneamente al legendario pianista y compositor Luis Martínez Griñán, *Lilí* Martínez, cuando en realidad su verdadero autor es el músico habanero Luis Griñán Camacho. (Nota de la autora)

CELIA Y BAILARINES EN *JUEVES DE PARTAGÁS*. PRIMERA MITAD DE LOS 50.

Leonard) y *Rumba para parejas* (Calixto Leicea) (S-7152) y el 15 de diciembre registra un único tema: *El pai y la mai* (Daniel Santos) (S-7160).[11] En estas sesiones los compositores Facundo Rivero y Julio Blanco Leonard repiten en el repertorio que va construyendo Celia, pues sus nombres también firman dos de las grabaciones que realizara en Venezuela en 1948. Otros se reiterarán en posteriores fonogramas, como Calixto Leicea y Juan Bruno Tarraza.

[11]    Catálogo SEECO. Consultado en el manuscrito original.

Los grandes *cabarets* cubanos, como plataforma de exposición de la música y la danza, terminan el año 1951 con un modelo de espectáculo en franco desgaste, y al parecer, en cuanto a sus gerentes y productores, con conciencia de ello. Para las fiestas navideñas y el advenimiento del nuevo año, Sans Souci presenta a Olga Guillot, los pianistas Felo Bergaza y Juan Bruno Tarraza, la pareja de bailes españoles Pilar y Jesús Reyes y la pareja de bailes afros y folklóricos Martha y Alexander, la bailarina norteamericana *Skippy*, el *chansonnier* francés Roland Gerbeau —que se ha quedado en Cuba después de llegar con Josephine Baker a finales de 1950—, y el binomio Henry Boyer-Sonia Calero. Completan el *show* las producciones coreográficas *Capricho Español* y *Rumbantela*, por el ballet de Sans Souci y las orquestas de Rafael Ortega y Charles Rodríguez.[12] Pero, específicamente, aquí, en el *cabaret* del reparto La Coronela, todo está a punto de cambiar.

Celia termina 1951 manteniendo durante todo el año su presencia diaria, a las 8pm en el programa *Cascabeles Candado* de CMQ Radio y los lunes en CMQ TV, siempre con La Sonora Matancera. La prensa resalta la creciente afluencia de público a los estudios de CMQ Radio para verlos en vivo y en directo, junto al elenco humorístico del programa.

12    Diario de la Marina. La Habana, Cuba. 26 de diciembre de 1951, p. 10.

# ·1952·

CELIA EN SANS SOUCI CON LA CAMPEONA MUNDIAL DE PATINAJE SOBRE HIELO SONJA HENIE (CENTRO), LA PRIMERA BAILARINA MARTA CASTILLO (EXTREMO IZQUIERDO), ENTRE OTRAS. LA HABANA, 1952. COLECCIÓN MARTA CASTILLO.

El nuevo año es continuidad de los triunfos de 1951. La Sonora Matancera, con Celia y Bienvenido, son los reyes y señores de los dos espacios más populares en CMQ y también en Radio Progreso. En el entrante enero sumarán al *Inquieto Anacobero*, Daniel Santos, quien ha conseguido regresar a La Habana y vuelve por sus fueros a cantar con el decano de los conjuntos cubanos. La prensa se hace eco y Manolo Fernández, el director de Radio Progreso, mima a quien ha dado muestras de ser una de las figuras más populares y rentables. El 10 de febrero, el diario Noticias de Hoy publica una foto de Celia, mostrándole a Fernández un ejemplar de su primer disco.

El parque Martí es la sede del Gran Festival de la Televisión, donde Rolando Ochoa y Lilia Lazo son proclamados Mr. y Mrs. Televisión 1952. El festejo es un multitudinario desfile de artistas, orquestas y conjuntos, entre los que se encuentra La Sonora Matancera.

Planteada como estaba la batalla entre los tres grandes *cabarets* habaneros, la gerencia de Sans Souci da un paso más para singularizar la diferencia. Era ya un hecho la presencia de elementos de la mafia italo-norteamericana en el control del juego en los casinos. Los *cabarets* habían pasado a ser una ficha importante en ese engranaje, como elemento de distracción y variedad para los turistas que eran atraídos hacia los casinos y salas de juego. El ambiente lúdico y sensual, donde la naturaleza –en el caso de Tropicana y Sans Souci– aportaba un valor adicional, tenía su punto culminante en los espectáculos o *shows* que llevaban a sus escenarios a los mejores artistas, con una fórmula hasta entonces infalible, que incluía la música cubana, contemplando la afrocubana, aunque en una versión ligera y descafeínada la mayoría de las veces; la española, lo más conocido de la norteamericana, y algún que otro número circense. Para entonces, el norteamericano Norman Rothman dirigía y controlaba todas las operaciones del *cabaret* y de su sala de juegos del *Sans Souci*, pero se percató de que hacía falta algo más para pasar a un escalón superior, y ese plus estaba en el elemento autóctono de nuestra cultura musical.

El investigador norteamericano T. G. English resumía el acierto de Rothman cuando lleva al *cabaret* del reparto La Coronela a ser "el mayor rival del Tropicana entre las salas de espectáculos. El club de Rothman [en ese momento] llevaba ventaja, sobre todo porque montaba fabulosos espectáculos que eran la envidia de los directores de teatro de toda La Habana".[1] En enero de 1952 ya Roderico Neyra, *Rodney*, está en Sans Souci contratado como coreógrafo principal. Su debut, su primera producción allí, no pudo ser más emblemático, tanto, que aún hoy se habla de *Sun Sun Babae*, por más de una razón.

## ◆ EL GRAN SUCESO DE *SUN SUN BABAÉ* ◆ EN SANS SOUCI

Remozado y ambientado para la ocasión, Sans Souci vuelve por sus fueros, se atempera a los nuevos tiempos y cumple su cometido de atraer cada vez más a la clase media y alta de la sociedad cubana y a los turistas norteamericanos. El escenario es escoltado a ambos lados por dos escaleras semicirculares que terminan en una pasarela rectangular donde modelos y figurantes del cuerpo de baile se mueven a los acordes de la orquesta de planta del *cabaret*, dirigida por el maestro Rafael Ortega, que se sitúa al fondo y debajo de ella. El *show* pasa dos veces en la noche: a las 11:30 pm y a la 1:30 am, con dos tandas de bailables antes y después, a cargo de la orquesta que comparte espacio con la de Charlie Rodríguez. Celia Cruz vuelve a Sans Souci; reaparece el 15 de febrero de 1952 y se integra al programa donde figuran la cantante norteamericana Marion Murray; Felo Bergaza y Juan Bruno Tarraza, que ya impactan con su impresionante dúo de pianos; la estelar cantante Olga Guillot, y tres parejas de baile: Pilar y Jesús Reyes en lo español; Martha y Alexander (Marta Castillo y Alexander Cutting) en sus bailes afrocubanos; y Henry Boyer con Sonia Calero.[2]

1   English, T.G.: *Nocturno de La Habana. Cómo la mafia se hizo con Cuba y la acabó perdiendo.* Random House Mondadori, S.A. Barcelona, España. 2011, p. 173.
2   "Noches de Sans Souci", en Diario de la Marina. La Habana, Cuba, 15 de febrero de 1952, p. 7.

Poco más de quince días después, *Rodney* da muestras de su gran confianza en Celia, quien debuta por todo lo alto  como cantante principal de la revista musical *Sun Sun Babaé*[3], creada, según los créditos que anuncia el Diario de la Marina, "...por César Alonso, con montaje e ideas de *Rodney* y dirección musical del maestro Ortega. [...] Las voces centrales están a cargo de las máximas estrellas del canto Celia Cruz y Olga Guillot con Xiomara Alfaro y [José] Fernández Valencia, y la responsabilidad de los bailables bajo la asombrosa ductilidad de [la bailarina norteamericana] Skippy[4], Martha Castillo y Alexander [Cutting], destacándose el magnífico cuerpo de baile de Sans Souci".[5]

La nueva revista musical *Sun Sun Babaé* toma su título de la canción afro homónima, de la que es autor Rogelio Martínez, el director de La Sonora Matancera. Es el pretexto para recorrer, en amena demostración, los diversos géneros de la música popular cubana con énfasis en las raíces africanas.

*Sun sun sun sun sun babaé*
*Sun sun sun sun sun babaé*
*Pájaro lindo de la madrugá*
*Pájaro lindo de la madrugá.*

La nueva producción de *Rodney* marca un hito en la representación escénica de eso que podría definirse como "lo cubano". Se enfrenta rechazando la visión romántica e inconsistente que centra la cubanía fuera del legado africano, o cuando menos, éste es situado en un plano idílico y edulcorado. Ejemplo puede ser el publicitado espectáculo *Esto es Cuba*, que había subido a la escena del Payret unos meses antes,

[3]  El afro *Sun Sun Babaé* puede aparecer también como *Zun Zun Dambaé*. Sin embargo, el registro oficial de la obra en la entidad de gestión de derechos de autor, corresponde a la primera denominación.
[4]  Evelyn Heltzer es el verdadero nombre de la bailarina norteamericana Skippy, que trabajó durante una larga temporada en Cuba. De aquí tomó la idea de su posterior espectáculo y compañía. El 19 de febrero de 1953, el Diario de la Marina (p. 8) informa que Skippy y su *manager* han formado un conjunto de bailarines, cantantes y cubanos afrocubanos que inician ese día una gira por Haití, Puerto Rico y Venezuela. Llegarían primero a Haití, donde se presentan en el Rex Theater y el *night-club* Coban Cochum y después irían a Puerto Rico para actuar en el Jazz Club y el Paramount Theater. Las cantantes del grupo eran Anita Ravelo y Margarita Domínguez. Entre los bailarines, la nota cita a Emma Frómeta, Luisa Castro, Ciro Humanes, Raúl Brito, Roberto Montoya, Sergio Sánchez, Luis Barry y Eleanora Constanzo.
[5]  "El sábado en Sans Souci", en Diario de la Marina. La Habana, Cuba. 4 de marzo de 1952, p. 11.

en 1951[6]. Con mirada bucólica y fallida, se intenta mostrar la idiosincrasia y la realidad del cubano. *Rodney* y César Alonso apuestan por un lenguaje impactante, que consiguen hacer comprensible  a través de percusionistas afrocubanos que se encargan de toques auténticos, salidos de la ritualidad yoruba, mezclados con elementos profanos y eminentemente artísticos.

Durante los tres meses que *Sun Sun Babaé* permanece inicialmente en cartelera, se suman al elenco principal, en diferentes momentos, otras figuras como los norteamericanos Harvey Grant, Bobby Sherman y Marion Murray, que regresaba a la pista del *cabaret* cubano en otros cuadros y escenas.

Así permaneció *Sun Sun Babaé* en el recuerdo de Celia:

"Fue una hermosa celebración afrocubana. [...] se presentaban varios cuadros, conmigo como la cantante estelar [...] duraba una hora y media [...]. La presentación empezaba con bailes modernos, cantantes y *vedettes* como Olga Chaviano –que en paz descanse–, que salía reclinada en un palanquín sostenido por cuatros negros en cada esquina. Era algo sensacional. Luego había un cuadro con una rubia espectacular a la que le decían Skippy.  Nunca supe si ese era su nombre de verdad, y después de ese espectáculo nadie más nunca supo de ella. Skippy aparecía sentada en una mesa como si fuera turista, oyendo los tambores batá y viendo a los negros bailar. De pronto, le entraba el santo y se iba detrás de ellos bailando muy exóticamente, despojándose de la ropa hasta quedar en bikini.  Por cierto, los bikinis de esos tiempos tapaban mucho más que los de ahora, pero igual era considerado un atuendo bastante atrevido.

Yo salía cantando primero en lucumí.  Los tambores sonaban, las bailarinas entraban haciendo sus acrobacias, y el público se impresionaba con tanto espectáculo. A mí me dijeron que después de componer la música de la obra, Rogelio Martínez consultó con los santeros y que ellos le pidieron permiso a los orichas –los dioses del panteón afrocubano– para presentarlo. Tengo entendido que los orichas concedieron, pero se tuvo que cambiar un poquito para que no fuera igual

---

[6]    El montaje, con libreto de Agustín Rodríguez y música de los maestros Jorge Anckermann, José White, Gonzalo Roig, Eliseo Grenet y Rodrigo Prats, incluía la actuación de la soprano América Crespo, el Dúo Martí, Guillermo Portabales y Eduardo Saborit y sus guitarras.

a un auténtico. Quién sabe si eso es verdad. Quizás sea un cuento que se inventó alguien para ponerle más misterio al espectáculo. [...] Con el éxito que tuvo *Rodney* con ese espectáculo, le dieron el contrato para ser el coreógrafo de plantilla del Tropicana. Sun Sun babaé fue el espectáculo que convirtió a *Rodney* en una leyenda".[7]

La mirada de un periodista norteamericano que asiste como público coincide en mucho con el recuerdo de Celia y aporta interesantes elementos:

"Era un espectáculo tropical kitsch. En escena, una mulata vestida con la tradicional indumentaria amarilla de Ochún, la diosa del amor, bailaba una especie de rumba rodeada por un grupo de bailarines negros que parecía mandingos. La mujer se movía sugestivamente al son de los tambores; los rostros de los hombres relucían de sudor. De pronto, los hombres se mezclaban con el público. Un reflector los seguía mientras descendían del escenario y se acercaban a una mesa donde una clienta rubia tenía un cóctel en la mano. La rubia no podía apartar los ojos de los hombres semidesnudos que la rodeaban, pero también parecía asustada. Los hombres prácticamente la levantaban de su asiento y la subían al escenario, seguidos siempre por el foco. Una vez en el escenario, la mujer se embriagaba con el sonido de los tambores y los cantos rítmicos, que eran cada vez más fuertes y más intensos. Los espectadores estaban al mismo tiempo hipnotizados y confundidos, sin saber muy bien si lo que veían sus ojos iba en serio o formaba parte del número.

De repente y sin previo aviso, la rubia se arrancaba el vestido largo de color negro y, sin nada encima excepto la ropa interior de encaje y un portaligas negros, se ponía a bailar. El público se daba ahora cuenta de que todo formaba parte del número y empezaba a reír disimuladamente. La mujer parecía estar hipnotizada y su baile se volvía más frenético a medida que iba cayendo bajo el hechizo de los santos. Los hombres la tomaban en brazos y se la pasaban unos a otros. Entonces, en medio de la música in crescendo y de movimientos cada vez más rápidos, la mujer salía súbitamente de su trance, profería un grito de turbación y recogía apresuradamente su ropa.

[7]   Cruz, Celia y Reymundo, Ana Cristina: Op.cit., pps. 41-42.

Todavía semidesnuda, abandonaba corriendo el escenario, cruzaba la sala y salía por la puerta trasera del *cabaret*. Los espectadores aplaudían, aturdidos, regocijados y excitados al mismo tiempo".[8]

Para el investigador y escritor norteamericano T. G. English, en *Sun Sun Babaé*, *Rodney* tuvo un motivo poderoso, que sería también un objetivo de *marketing*: "...invitar al público a dejarse seducir por la cultura afrocubana, a levantarse de sus asientos y participar en los placeres sensuales de la isla...", lo cual sería crucial en la estrategia de los gestores del juego y la noche habanera para atraer cada vez más a los turistas norteamericanos, quienes sin saberlo comienzan a contribuir con los planes de la mafia en Cuba.[9]

En su labor de rescate de las culturas afrocaribeñas, la coreógrafa norteamericana Katherine Dunham tuvo en ese *show* de *Rodney* en Sans Souci un inesperado referente. Asistente en varias ocasiones al *cabaret* de La Coronela, Dunham conoce allí al percusionista Francisco Aguabella y a la soprano Xiomara Alfaro, que trabajaban en *Sun Sun Babaé*, e impresionada por sus desempeños, los llevará poco después a su compañía para participar en el rodaje del filme *Mambo*, en Roma, Italia.

La fama de *Sun Sun Babaé* va *in crescendo*. Los periódicos floridanos The Miami News y The Miami Herald publican a gran tamaño anuncios que presentan a Sans Souci como *"World-Famous 'Under the Stars' Dinner-Supper Club and Casino"* y al *show* de *Rodney* como *"Afro-Cuban Voodoo Black Magic Reveu"*, resaltando a Celia Cruz y a *Skippy* como las primeras figuras del cartel y presentando el *bondyé*, la nueva locura del baile, elementos nuevos que *Rodney* va adicionando al espectáculo durante su vida en escena.[10] The Miami Herald, en particular, publica en su edición del 13 de julio, una breve reseña crítica con el título "Revista habanera en su 8º mes" : "Lo más destacado de la revista que presenta el night-club habanero Sans Souci, es la espectacular danza llamada 'Sun Sun Babaé', un ritual afrocubano que combina el canto y el baile de los talentosos Skippy

8    Mallin, Jay: "Cuba's Carefree Cabaret", en *Cabaret Quarterly*. Abril de 1957. Consultado en English, T.G.: *Nocturno de La Habana. Cómo la mafia se hizo con Cuba y la acabó perdiendo*. Random House Mondadori S.A. Barcelona, España. 2011, p. 174.
9    English, T.G: Op. Cit., pps. 174-175.
10   De 8 de marzo al 2 de mayo de 1952 el anuncio del *show Zun Zun Dambaé* en los periódicos floridanos The Miami Herald (en 8 ocasiones) y The Miami News (en 6 ocasiones).

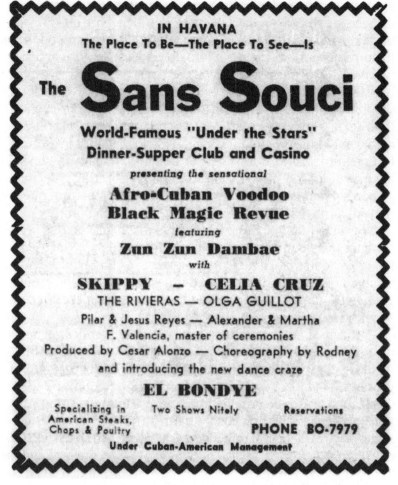

ANUNCIO PUBLICADO EN THE MIAMI HERALD EL 2 DE MAYO DE 1952.

Heltzer, muy conocida ex-integrante de cuerpos de baile en Miami, Celia Cruz, Alexander y Marta, los Tambores Batá [sic], Henry Boyer y el Cuerpo de Ballet de Sans Souci. La revista va por su octavo mes".[11]

*Sun Sun Babaé*, con algunos cambios en el elenco, pero con Celia Cruz siempre, se mantiene en cartelera hasta finales de julio de 1952, con un receso por parte de la cantante para realizar, con La Sonora Matancera, el primer viaje a Haití.

En cuanto al afro que dio nombre al afamado espectáculo, La Sonora Matancera con Bienvenido Granda lo habían grabado

---

11   Cox, Sylvan: *Sección Vacation Travel*, en The Miami Herald. Miami, USA. 13 de julio de 1952, p. 31.

antes de que fuera llevado a Sans Souci, en registro para el sello Seeco realizado en La Habana el 5 de diciembre de 1951 y publicado en disco de 78 RPM rpm (S-156). Otra versión por ellos
mismos quedaría fijada en álbum doble del sello norteamericano Team (7030) que recoge el concierto que La Sonora Matancera
realizara en el Carnegie Hall en ocasión de su 65 aniversario, el 1
de junio de 1989.[12] El mexicano Ramón Márquez; los boricuas Tito
Rodríguez y Eddie Palmieri; los venezolanos Oscar D'León y Dimensión Latina; el catalán Xavier Cugat; los cubanos José Curbelo, Conjunto Casino, Carlos Puebla, Conjunto Kubavana, son sólo
algunos de los intérpretes y agrupaciones que a lo largo del tiempo han versionado el ya célebre afro de Rogelio Martínez que in-
mortalizaran Celia Cruz y *Rodney* con su *show* homónimo.

Tras el éxito, *Rodney* continúa en Sans Souci con dos revistas sucesivas con tema afrocubano: *Omelenkó*[13] e *Iroko Bam-
ba*, en las que mantiene idéntico elenco, Celia incluída, quien
también durante algunas semanas de mayo canta en la revista
*Tatalibabá*, ideada por César Alonso y que sube a escena como
segundo *show*.[14]

Pero *Sun Sun Babaé*, como revista musical, tendrá varias vidas después de Sans Souci: una inmediata, cuando a finales
de junio el espectáculo abandona los predios del *cabaret* para
presentarse en el Teatro América, y, ante la popularidad que
ya alcanza el afro de Rogelio Martínez, se anuncia como "*el hit
musical del año*". Era una absoluta rareza que la prensa y mucho
más el Diario de la Marina, insertara una crítica sobre un *show*
de *cabaret*. Tal era el éxito de *Sun Sun Babaé*. Encontrándose
Celia en Haití, la redactora Regina de Marcos publica en su columna en ese periódico, una elogiosa reseña crítica, que resulta
importante porque, por primera vez, se valora la gran producción de *Rodney* y Alonso, como un producto de arte y como una
muestra de alto valor:

> "Puede seguírsele la pista al 'Sun Sun Babaé' por la Bodeguita
> del Medio, por los vodús haitianos, por el triángulo de África.
> Se descubrirán así sus orígenes, su leyenda, su rito ancestral
> y esa esencia fuerte que escapa al parecer sin agotamiento,
> de cada cuerpo contorsionado por la inquietud y el éxtasis.

[12]   Díaz Ayala, Cristóbal: *Cuba canta y baila. Enciclopedia Discográfica de la Música
       Cubana.* Florida International Unviersity. http://latinpop.fiu.edu/
[13]   *Rodney* realizará después un espectáculo en Tropicana con el mismo nombre.
[14]   Collazo, Bobby: *La última noche que pasé contigo. 40 años de farándula cubana.*
       Fundación Musicalia. Santurce, Puerto Rico. 1987, p. 349.

El estudio sería profundo, erudito y también inútil, porque el 'Sun Sun' es todo eso... convertido en espectáculo teatral. Y es solo esta síntesis brillante, móvil, sonora, la que lograra impresionar durante largos meses a la concurrencia del *cabaret* Sans Souci y la que ahora lleva al público hasta el teatro América.

'El Sun Sun' comenzó escandalizando un poco a los habituales del Sans Souci, todos ellos mayores de doce años. Es un show atrevido, en que los artistas mienten −hasta un punto de verdad− sentirse posesionados por los instintos. Y basta eso para conmover. Pero además, el 'Sun Sun' está perfectamente dosificado y encierra un pequeño drama que toma su tiempo para prepararse, para que se anude al conflicto, para reanudarse brillantemente y en fin para terminarse, para silenciarse, o mejor, para apagarse en una nota casi poética: '...pájaro lindo de la madrugá...'.

Haber visto el 'Sun Sun' en Sans Souci y verlo, urbanizado, en el América es comparar los pros y los contras del teatro en escenario y del teatro en pista (o arena). En el verde marco −natural, vegetal, tropical y otras consonancias por el estilo− de Sans Souci, el 'Sun Sun' absorbe el ambiente: surge entre el follaje, se mete entre los espectadores, se escabulle entre las mesas. Se adivina más que se contempla y su especie de hipnosis es más auditiva que visual.

En el escenario [del teatro], mantiene invariablemente la distancia estética. Está siempre visible, lo que permite admirar sin obstáculos la coreografía de *Rodney*. Pierde algunos grados de calentura hasta el momento del 'santo', esto es, hasta que Skippy, desprendiéndose esta vez del lunetario, se deja arrebatar por el ritmo. Quizás el paralelo resulte inoportuno, pero aquellos movimientos en aspa, aquel cuerpo desarticulado, que actúa casi únicamente por reflejos, recuerda el inolvidable solo de 'Petrouchka'.

No está Celia Cruz en el 'América', y esto sí es una pérdida para el 'Sun Sun', pues su voz grave, penetrante, algo metálica e impersonal, conseguía el justo tono de obsesión en el 'Bembé'. Afortunadamente queda Skippy, tan artista, tan sensible, que interpreta ya nuestros ritmos como si no hubiera nacido americana. Y Alexander y Marta, y todos los demás que han logrado componer, trabajando juntos un eficaz equipo teatral".[15]

No hay dudas de que el desempeño de Celia en *Sun Sun Babaé* fue, hasta entonces, el momento culminante de su carrera, que la proyectaría ante un público social y culturalmente diferente, cuya reacción positiva será crucial para su consagración en el ámbito del *cabaret* y de la escena cubana.

Las vidas de *Sun Sun Babaé* continúan sucediéndose, cuando ese mismo año la patinadora noruega de fama mundial Sonja Henie se lleva a su compañía, contratados por un año, a la pareja de Martha y Alexander, primeras figuras danzarias del *show* de *Rodney*. Desde julio de 1952, los cubanos interpretan en la compañía de la noruega, el afro de Rogelio Martínez, como gran cierre del fabuloso espectáculo de patinaje sobre hielo, que recibía atronadores aplausos en el cuadro final, con la Henie sobre la plataforma donde, sin patines, Marta Castillo y Alexander Cutting –junto a toda la compañía– cantaban y bailaban al *pájaro lindo de la madrugá*. También durante 1953 el *show* de Sans Souci se presentará en Las Vegas, pero aquí tampoco estaría Celia Cruz.

Un acontecimiento inesperado cambiaría el curso de la vida del país: el 10 de marzo, Fulgencio Batista junto a un grupo de jóvenes militares descontentos con el gobierno de Carlos Prío, perpetra un golpe de estado, fracturando el orden constitucional e interfiriendo el proceso electoral que debía culminar con las elecciones presidenciales previstas para junio, e instaura una dictadura militar. Batista, como representante del Partido Acción Unitaria, tenía escasas posibilidades de hacerse con el poder, incluso después del fatídico suicidio de Eduardo Chibás, líder del Partido del Pueblo Cubano (Ortodoxo) que no sólo mantenía sino que había aumentado su impacto en la preferencia popular y se perfilaba como el candidato más cercano al triunfo. Batista suspende las garantías constitucionales, pero aun así recibe el apoyo –discreto en los primeros días– del gobierno norteamericano, y demostraría a lo largo de su gobierno que sería el mejor garante para los intereses económicos de Estados Unidos en la Isla. En el *show bussiness* su impacto será positivo, al abrir aún más las puertas a las

15   De Marcos, Regina: "El 'Sun Sun'en Sans Souci y América". Sección *Escenario y Pantalla*, en Diario de la Marina. 4 de julio de 1952, p. 12.

empresas de la mafia italo-norteamericana que ya controlan el negocio del juego en los casinos habaneros, de los que se nutre el entramado económico que sustenta el espectáculo en los *cabarets* y *night clubs* y sus ramificaciones.

## ◆ LLEGAR A LA TELEVISIÓN ◆

En 1951 la televisión comercial vivió sus primeras semanas de vida en Cuba. En enero uno de los primeros programas en compartir con el nuevo medio el éxito conquistado en la radio es *Cascabeles Candado*, que ahora se presenta también por CMQ-TV con todo su elenco humorístico y las voces de Celia y Bienvenido Granda con La Sonora Matancera todos los lunes en el horario estelar de las 8 de la noche. [16] Esto sitúa a Celia Cruz entre las primeras cantantes en aparecer en la programación regular de televisión en Cuba, tras el período inicial de lógicos ajustes del nuevo medio de comunicación.

Al año siguiente, dos días antes de ser depuesto Prío por el golpe militar de Fulgencio Batista, el magnate Goar Mestre anunciaba a la prensa que CMQ TV, ahora con transmisores en Santa Clara, Camagüey y Santiago de Cuba, extendía el alcance de la televisión comercial a todo el país.[17] La televisión va a ser otra ventana promisoria para que Celia demuestre su capacidad de comunicar alegría y felicidad, y también para la escasa presencia de la cultura afro y sus principales exponentes. Aparece en el programa *Cabaret*, que en franja de *prime-time* transmite CMQ-TV, con un cartel que incluye a la soprano italiana Tina de Mola, que cumple contrato en Cuba, la pareja de bailes Clarisse y Marvin, la *vedette* Bertica Serrano y el Conjunto *Rodney* que, se presume, sea una versión sucedánea de sus afamadas Mulatas de Fuego.[18]

No era habitual la presencia de actores, actrices y cantantes solistas negros en los inicios de la televisión cubana. Estaban muy lejos de ser mayoría o igualar siquiera una cifra comparativa. De hecho, su ausencia fue restallante en las transmisiones inaugurales y en los primeros programas que salieron al aire. El récord de primacía parece retenerlo Conchita García, una

[16] "Vea Cascabeles Candado, el mejor programa cómico musical, todos los lunes a las 8 por la CMQ-TV", en Diario de la Marina. La Habana, Cuba. 14 de enero de 1951, p.33.
[17] "Quedó inaugurado ayer el servicio de CMQ TV en toda la República. Sección Radio y Televisión", en Diario de la Marina. 9 de marzo de 1952, p.38.
[18] Giró, Alberto: "Los 'paneles shows' en nuestra televisión". *Radiovisión*, en Diario de la Marina, 30 de abril de 1952, p. 14.

locuaz y espontánea actriz y presentadora que se hacía llamar *Jazmín*, en un desesperado y contradictorio gesto por destacar el color dominante y por ser reconocida como una igual. *Jazmín*, seguida por Enrique Alzugaray *El Jiníguano*, Amador Domínguez, su esposa, la excelente actriz Gladys Zurbano y la gran declamadora Eusebia Cosme figuran entre los primeros artistas negros en aparecer en la programación regular de la televisión en Cuba.

## ◆ CELIA, EL BATANGA DE BEBO VALDÉS ◆ Y MATILDE DÍAZ

Era el domingo 8 de junio de 1952. Una *big band* ampliada, un verdadero orquestón *all stars* integrado por 23 músicos colmó todo el espacio del escenario en el estudio de la RHC Cadena Azul, en el habanero Paseo del Prado, donde se presenta a la prensa especializada, en un programa especial, la nueva creación de Bebo Valdés: el ritmo batanga. Culminaban así largos meses de preparación que llevaron a Bebo a trabajar con los mejores tamboreros cubanos en la búsqueda y concreción de una idea musical con preeminencia de la percusión afrocubana, que pudo haber revolucionado la música cubana en su momento. La prensa, los músicos y los seguidores de Bebo lo sabían y estaban expectantes, pero Bebo no los defraudó.

El director, compositor y arreglista explica el batanga como

"...una polirritmia bastante complicada. Tiene siete ritmos diferentes. Es una combinación de tres tambores. El primero es la tumbadora original, la segunda es el tanga. Yo le puse el nombre. Es otra tumbadora que contesta a la primera. El tercero es el batá. Eso era lo básico, y puse al ritmo "batanga": ba-tanga. La palabra es masculina, no femenina, como se cree la gente. También hice un tumbao de cáscara para los timbales; cuando tocas los timbales por los lados se llama cáscara, y cuando se toca por arriba, baqueteo. Y saqué los bongoses, porque no se podía escribir polirrítmico para bongoses. El martilleo que se toca en los bongoses no cabe con el ritmo del batanga, y los platillos no cabían tampoco. Por eso puse los timbales, y el bajo tuvo su propio ritmo. Se necesitaba mucha gente sólo para el ritmo.

Querías el batanga para el show de Tropicana. Todos los inviernos, a partir de diciembre, había un show afrocubano allí, cuando venían de los Estados Unidos. La idea era usar el batanga para el show. El ritmo ya existía, pero queríamos saber si podía triunfar".[19]

La premiere del batanga el lunes 9 de junio en la RHC Cadena Azul contó con un *show* adicional en el que interviene Celia, cantando la canción de cuna *Lacho*, que Facundo Rivero había compuesto para su hijo. Acompañada de piano y tambores, Celia provocó con su interpretación que alguna prensa la calificara de "maravillosa". Actúan además los cantantes Pepe Reyes, Olga Rivero, Oscar López, y la colombiana Matilde Díaz, quien se sumó al elenco cantando un porro[20]. Recién había llegado a La Habana junto a su esposo el gran músico y compositor Lucho Bermúdez, por la RHC Cadena Azul.[21] Matilde Díaz y Lucho Bermúdez debutan esa misma semana en el programa *Ritmos de Cuba*, acompañados por la orquesta de la RHC dirigida según el caso por Bebo Valdés y por el propio Lucho Bermúdez.

Nacería aquí, muy cerca el Malecón habanero, una amistad entre Celia y Matilde que sería eterna:

"En Cuba yo oía una emisora que se llamaba Radio Continente –contó Celia–. Como siempre me he despertado muy temprano, me ponía a oír a las siete de la mañana a una orquesta colombiana que se llamaba la Orquesta de Lucho Bermúdez. Ese grupo tocaba una música muy bonita con clarinete, y Matilde Díaz era la que cantaba. Yo era muy admiradora de ellos. Un día, en 1951 me enteré que habían venido a Cuba y que estaban en Radio Cadena Azul. Arranqué para allá con la esperanza de conocerlos en persona. Cuando llegué me dijeron que ya se habían ido, pero que los podía encontrar en un hotel cercano, y para allá fui.

Llegué al hotel, pregunté por ellos y bajó Lucho. Me presenté, le conté que yo era gran admiradora de ellos, y Lucho se portó muy fino conmigo. Esa vez no conocí a Matilde. Yo digo que eso

[19]  Entrevista con Bebo Valdés en *Cara a cara*, CNN+, 2 de julio de 2003. Citada de: Mats Lundahl: *Bebo de Cuba. Bebo Valdés y su mundo*. RBA Libros. Barcelona, España. 2008, p. 120.
[20]  El porro es un ritmo musical de la **Región Caribe colombiana**, tradicional de los departamentos de **Córdoba, Sucre y Bolívar**. Posee un ritmo cadencioso, alegre y fiestero, propicio para el baile en parejas. Se ejecuta en compás de 2/2 o, como se le dice popularmente en América, compás partido. Es una música fiestera popular que generalmente es interpretada por bandas conocidas en Colombia como "Pelayeras", también conocidas como "Bandas de Músicos".
[21]  Martín, Nelita: "Cámaras y micrófonos", en Noticias de Hoy. 11 de junio de 1952, p. 4.

fue en 1952, pero Matilde dice que fue en 1953. Qué más da, ya que desde ese encuentro comenzó una lindísima amistad. En Cuba estuvieron en el Tropicana, y cuando se fueron a trabajar a México, Matilde y yo nos escribíamos mucho.

Pasaron los años y mis discos sonaban por dondequiera, hasta que hubo uno que pegó bien fuerte. Ese número se llamó 'Burundanga', y me llevó a Colombia. Lucho y Matilde vivían en Medellín –aunque se fueron luego para Bogotá–, y cada vez que íbamos a Colombia nos veíamos porque a nosotros solían llevarnos de Cartagena de Indias a Medellín y de ahí a Bogotá. Hemos sido muy buenos amigos los cuatro. Incluso, después de que se separaron, mantuve la amistad con los dos. Es más, soy madrina de su hija Gloria María".[22]

La empresa que gestiona el negocio en el *cabaret* bajo las estrellas se prepara para la bonanza anunciada de cara a los próximos años, con el auge del turismo norteamericano del juego y la diversión nocturna. Sus instalaciones al aire libre, necesitan de un espacio cubierto que permitiera ampliar la propuesta escénico-musical y a la vez sirviera como alternativa a las noches de lluvia o mal tiempo. El proyecto constructivo y de diseño del joven arquitecto Max Borges Jr. sedujo a los directivos que dieron el aplauso de aprobación y luz verde a la ejecución de una instalación que se inserta de manera orgánica en el follaje natural y en el espacio ambiental en la antigua Villa Mina. En una fastuosa gala y un espectáculo con el grupo mexicano Los Hermanos Zavala, Tito Leedock y el grupo donostiarra Los Xeys, que cerró la noche del 2 de mayo de 1952, se inaugura el fabuloso salón Arcos de Cristal.[23]

El año avanza y se registra la venta de Unión Radio, incluído su canal de TV, el 4. Tras meses en declive y problemas, ha sido comprada por Tele-Mundo, que ya controla el canal 2 y estrena flamante edificio. La televisión se extiende con rapidez en número de canales y en el alcance de su señal a otras provincias.

Para la función de homenaje que el Teatro Blanquita organiza como clásica despedida a los cantantes italianos Tina de Mola y Ernesto Bonino –quienes terminan sus contratos en Cuba– la prensa anuncia un profuso cartel de estrellas, que

[22]  Cruz, Celia y Reymundo, Ana Cristina. Op.cit, pps. 72-73.
[23]  Anuncio en Diario de la Marina. La Habana, Cuba. 2 de mayo de 1952, p. 6.

lideran Celia y La Sonora, como unas de las grandes atracciones, junto a Luis Carbonell, la bailarina Brenda, el humorista
Tito Hernández, y otros. Lo ocurrido, también fue ampliamente
ventilado por los medios: de todos los anunciados sólo acudieron *Lalita* Salazar, Gil Mar e Idania Villegas –la hija de Blanquita Amaro–. Parecía que todos los demás artistas le pagaron a
los italianos con su misma insolidaria moneda, pues nunca habían accedido a presentarse en similares funciones cuando se
les convocaba. No consta si la decisión de Celia y La Sonora tuvo
la misma motivación, porque lo cierto es que por esos días se
encontraban de gira en una provincia cubana y a punto de protagonizar un importante acontecimiento.[24]

### ◆ HAITÍ Y SANTO DOMINGO. PRIMER VIAJE ◆

Los integrantes de La Sonora Matancera se ausentan de La Habana durante 17 días. Van rumbo a la provincia de Camagüey, donde cumplen algunos compromisos. Los programas del decano de
los conjuntos cubanos, con Celia Cruz, que salen al aire a través
de Radio Progreso tienen impacto en los países de la cuenca del
Caribe, provocan entusiasmo y motivan que algunos empresarios
tanteen posibles presentaciones del conjunto en otros países. La
primera oportunidad se concreta en Haití, a donde llegan los músicos y *La Guarachera de Cuba* procedentes de Camagüey, el 30 de
junio de 1952, para una gira de siete días. En todos los programas
y compromisos de bailes y fiestas en Cuba los sustituye el Conjunto Casablanca.[25]

De acuerdo a lo convenido con Pierre LaElle, que era quien
les había facilitado el contrato, el conjunto debía presentarse
en el *cabaret* Cabane Choucoune y en el Teatro Verdure –informa la revista Bohemia en un amplio reporte.[26]

Cabane Choucoune, en Pétion-Ville, era entonces el más famoso centro nocturno de Haití. Con una construcción rústi-
ca, techo de guano y una estructura cónica, similar a un caney,
fue fundado en 1940 por su dueño, Max Ewald, y se considerara entonces uno de los mejores lugares de baile. Lo que pasó en
Haití, rebasó todos los pronósticos de Celia y los músicos de la

[24]  Anónimo: "A una, otra". Sección *Tele-Radiolandia*, en revista Bohemia. La Ha-
      bana, Cuba. 27 de julio de 1952, p. 48.
[25]  Martin, Nelita: "Cámaras y Micrófonos", en Noticias de Hoy. La Habana, Cuba.
      3 de julio de 1952, p.4.
[26]  "Como no lo habían soñado". Sección *Tele-Radiolandia*. Bohemia. 20 de julio
      de 1952, pps. 42 y 100.

Matancera: "Los de La Sonora nunca se imaginaron que lo de Haití iba a ser lo que fue. En el aeropuerto, esperándolos una entusiasta multitud y las más altas representaciones oficiales. De allí al hotel fue una monstruosa y alegre manifestación que ellos encabezaban. Ésta era la primera de la larga e ininterrumpida serie de demostraciones de afecto y admiración que iban a recibir los cubanos. Amén del éxito de sus presentaciones en Cabane Choucoune y el Verdun (del teatro, Celia Cruz tenía que salir escoltada por los soldados que la defendían de la multitud que se agolpaba para verla de cerca), los de La Sonora tuvieron que presentarse en múltiples recepciones que les preparaban las más altas personalidades. Y para que visitaran los lugares más pintorescos del país, el propio presidente Magloire[27] puso a disposición de los representantes de nuestros ritmos una potente nave aérea".

El director de la Sonora trata de resumir sus impresiones y el periodista las recoge como anécdotas: "Un día de la semana anterior, Rogelio Martínez, director del conjunto, habló, entusiasmado, poco antes de comenzar el ensayo de 'Cascabeles Candado', sobre la estancia en la hermana República. Dijo: 'Todavía estoy buscando una frase que describa el buen trato que recibimos en Haití y no la he encontrado. Nunca pensamos que nos conocieran y nos quisieran como nos quieren. Nuestros números se popularizan allá rápidamente. 'Cascabeles Candado', de CMQ y 'Alegrías de Hatuey', de Radio Progreso, se oyen en Haití tanto como en Cuba. En el aeropuerto, el día que nos íbamos, hasta los hombres lloraban".

Celia opinó también y así lo recoge el periodista, apreciando "su natural gracejo":

¡Acabamos! Fíjense si seremos populares allá, que las fotografías del conjunto que nosotros llevamos para regalar, fueron vendidas en una fiesta benéfica a cinco 'guda'[28] cada una, es decir, a peso. Y la creadora de 'Facundo' adicionó, entre risas:

–¿No saben una cosa? A Bienvenido le decían: 'Bienbenue, le moustach qui chante': 'Bienvenido, el bigote que canta'...

---

[27]  Paul Eugène Magloire (Puerto Príncipe, 5 de julio de 1907 – Puerto Príncipe, 12 de julio de 2001). Político y militar haitiano, presidente de Haití de 1950 a 1956.
[28]  Se refiere al *gourde*, moneda oficial de Haití.

Y no fue más lo de La Sonora en Haití porque, según explicó el Presidente de la República en la entrevista que les concedió a sus componentes, él acababa de perder un hermano.

—Si no estuviéramos de luto —les dijo el Primer Mandatario— les habríamos preparado más fiestas en su honor".[29]

Como cantantes en ese primer viaje, van Celia y Bienvenido Granda. De esa primera experiencia en Haití, Celia contaría: "De lo que más me acuerdo es de haber conocido a la maravillosa Martha Jean-Claude, que era una gran cantante y bailarina haitiana. La invité a que fuera a Cuba y me hizo el gran honor de venirme a ver en La Habana en 1952. Realizó varias actuaciones en el Tropicana y grabamos un dueto muy famoso, que se llamó 'Choucoune'".[30]

La revista Bohemia, en su edición de 31 de ese mes de agosto, publica una foto de Celia con Martha Jean-Claude[31] y La Sonora Matancera y el siguiente texto al pie: "...es la más destacada cantante del folklore haitiano. Ahora visita nuestra capital, invitada por los integrantes de La Sonora Matancera, para quienes ella tuvo grandes deferencias cuando visitaron su país, recientemente. Martha posó con los músicos cubanos y la cantante Celia Cruz en un estudio de Radiocentro. La Sonora acaba de grabar 'Choucoune', un merengue original de la artista haitiana, que lo interpretó además en su parte vocal".[32]

Sin embargo, el periodista anónimo de Bohemia se equivocaba: el tema grabado no es de la autoría de la cantante haitiana, sino un tema tradicional, cuyos orígenes datan del siglo XIX, y su autor es Michel Mauléart Monton, quien hizo la música, a partir de un poema de Oswald Durand, ambos haitianos. No era ése el único error en esta historia contada: en realidad, no fue en Haití, donde Celia y los músicos de La Sonora habían conocido a Martha Jean-Claude, sino en Cuba. Es éste el testimonio de la clarinetista Sandra Mirabal Jean-Claude, hija menor de Martha: "El presidente Magloire, el mismo que había homenajeado a Celia y a La Sonora Matancera, había dado la orden

[29]  "Como no lo habían soñado". *Tele-Radiolandia*, en revista Bohemia. La Habana Cuba. 20 de julio de 1952, pp. 42 y 100.
[30]  Cruz, Celia y Reymundo, Ana Cristina. Op.cit, p. 61.
[31]  Martha Jean-Claude (Port-au-Prince, Haití. 21 de marzo de 1919 – La Habana, Cuba. 14 de noviembre de 2001) Cantante, escritora, compositora, activista por los derechos sociales y civiles.
[32]  "Artista haitiana". *Tele-Radiolandia*, en revista Bohemia. La Habana, Cuba. 31.8.1952, p. 39.

de encarcelar a mi madre por considerar subversiva su obra de teatro *Avrinette*. Mi madre pasó muchos meses en prisión, me llevaba aún en su vientre. Todavía estaba prisionera cuando la visita de Celia y La Sonora a Haití en el mes de julio".

El relato que en su día haría Martha Jean-Claude confirma las palabras de su hija Sandra, que nace en Haití: "Salí de Haití después de pasar varios meses en prisión durante el embarazo. Di a luz dos días después de salir. Un mes después de salir de la cárcel, mi marido estaba en Cuba, me fui con él". Varios años antes la cantante haitiana había conocido en su país al periodista cubano Víctor Mirabal con quien se casa, tiene tres hijos y espera a su cuarto vástago cuando es encarcelada. "Solo una gran amabilidad hacia mi madre puede explicar la actitud de Celia y la Sonora, que se enteran de que ha llegado a Cuba una gran cantante haitiana, y deciden, de cara a la prensa y a la publicidad, relacionarla con los éxitos que habían alcanzado ellos en Haití, y no con su verdadera historia de persecución y encarcelamiento. La invitan a grabar ese tema haitiano *Choucoune*, lo que sería muy bueno para ambas partes y un apoyo más para que mi madre pudiera insertarse en el medio artístico cubano, como logró hacerlo con su gran talento"– explica Sandra Mirabal Jean-Claude, quien naciera poco antes de que con su madre llegara a La Habana el 20 de diciembre de 1951.[33] Martha Jean-Claude no vuelve a Haití y permanece en La Habana.

Al regresar del vecino país, Celia y La Sonora Matancera invitan a Martha Jean-Claude y graban *Choucoune* el 26 de agosto de 1952 en un estudio de CMQ, en Radiocentro, y sería publicado, en primer prensaje, por el sello Seeco en disco de 78 rpm (S–7231). Por la otra cara, otro tema haitiano que se incorpora al repertorio de Celia con La Sonora Matancera: *Guede Zaína*, un afro congo haitiano sumamente rítmico, recreado con mucho acierto por La Sonora en una versión, donde Celia canta en *creole*, respaldada por los coros de *Caíto* y Rogelio. La Jean-Claude se afinca en La Habana, donde desarrolla una buena parte de su carrera que la lleva a los más importantes escenarios y programas de radio y TV, y ejerce de matriarca venerada de una descendencia de artistas y músicos. Martha Jean-Claude fue inspiración para el pueblo haitiano en sus luchas y en la

---

[33]   Entrevista de la autora con Sandra Mirabal Jean-Claude. España-Holanda por vía telefónica. 17.5.2020. La descendencia artística de Martha Jean-Claude incluye además a la soprano Linda Mirabal, al bajista Richard Mirabal y a su nieto, el artista plástico Michel Mirabal.

defensa de sus valores culturales. Considerada por sus coterráneos la voz más alta de la canción haitiana, suelen compararla con lo que Celia Cruz representa como cubana para la música de su país.

El Diario de la Marina, en su edición del 6 de julio comenta las actuaciones de Celia y La Sonora en Puerto Príncipe, Haití y también en Ciudad Trujillo (hoy Santo Domingo), en República Dominicana, a donde han viajado después de Haití, también por primera vez.[34] Al regresar, Celia se reincorpora a Sans Souci, como estrella de la producción *Sun Sun Babaé*, y comienza en el programa *De fiesta con Bacardí*, uno de los de más larga data y popularidad de la CMQ. Animado por los presentadores José A. Íñiguez, Xiomara Fernández y Eusebio Valls, cubre la franja de las 9.30 pm. En un programa donde su presencia llegaría a ser habitual, Celia comienza inicialmente en sábados alternos, a partir del 19 de julio, compartiendo espacio con Luis Carbonell y su Conjunto Vocal y el respaldo de la orquesta CMQ dirigida por el Maestro González Mantici. Al anunciar el debut en el popular programa, la columnista Nelita Martin comenta: "Pocas intérpretes de nuestra música folklórica han conseguido imponerse en las simpatías del público, en la forma lograda por Celia Cruz".[35]

### ◆ EN EL DÍA DE LA CANCIÓN CUBANA ◆

El sorpresivo cuartelazo del 10 de marzo, que reinstaura en el poder la figura de Fulgencio Batista, y la conmoción generada en la vida del país obligan a aplazar la celebración anual del Día de la Canción Cubana para el 24 de julio y no el tradicional 3 de abril. Esta vez, Celia también es invitada al elenco del festejo que, con el tiempo, se convierte no solo en homenaje a Sánchez de Fuentes, sino también en un estímulo a la creación musical en Cuba. A nivel de reconocimiento de trascendencia cultural, el evento constituye uno de los más importantes en los que nuestra *Guarachera de Cuba* ha participado. Esta vez el Teatro Auditorium, en la calle Calzada de El Vedado, registra una gran afluencia de público. Al acto asiste el primer mandatario Fulgencio Batista, varios ministros de su gobierno, diplomáticos y personalidades políticas y de la intelectualidad. Es inaugurado por los doctores

---

[34] Del debut de Celia Cruz en Santo Domingo en 1952 no ha sido posible encontrar más informaciones.

[35] Martin, Nelita: "Cámaras y Micrófonos", en Noticias de Hoy. 14 de julio de 1952, p. 4.

Andrés Rivero Agüero, ministro de Educación, y Carlos González Palacios, director de Cultura.

El Himno Nacional abre el acto que, en su primera parte, además de los discursos, incluye la entrega de premios a los compositores ganadores por las obras presentadas a concurso. La segunda parte se dedica al estreno de las canciones galardonadas, entre las que obtiene el primer premio de la categoría A, la canción *Y bajaron las estrellas*, de Francisco Formell Madariaga[36], interpretada por la soprano Marta Pineda. Le sigue *Romance criollo*, de María Emma Botet, con el segundo premio de la misma categoría, cantada por Sara Escarpenter. En la categoría A, el tercer premio correspondió a *África*, de Ángel Rodríguez, y sería ésta la obra que defenderá Celia Cruz. En la categoría B las obras *La bruja* (Ricardo Bravo), *Cantar criollo* (Alfredo Gabriel) y *El Caraquero* (Ofelia Grandales) son cantadas por el Trío Los Armonians, Manolo Torrente y Oscar López, respectivamente. La tercera y última parte está dividida en varios cuadros de carácter histórico-musical que recorren hitos de nuestra historia desde el siglo XIX hasta el triunfo de la música cubana por el mundo a través de las canciones más internacionalmente populares, recorriendo los géneros más representativos: la habanera, la guaracha, el danzón, el punto cubano, la guajira, la controversia, el zapateo, la criolla-bolero, el pregón, el son, la rumba, el danzonete y la conga. En particular destacan el cuarto y quinto cuadros, con la intervención de los llamados ritmos negros, intentando mostrar su preeminencia en la música bailable, con el son, la rumba, el danzonete y la conga: desde *Son de la loma* (Miguel Matamoros) hasta la conga *Una, dos y tres* (Rafael Ortiz, *Mañungo*), pasando por el impacto internacional del afro *Tabú* (Margarita Lecuona), *El Manisero* (Moisés Simons), el tango congo *Ay, Mamá Inés* (Eliseo Grenet), estos dos últimos interpretados por la genial Rita Montaner.

En el elenco figuran además, Marta Pérez, Isidro Cámara, Oscar Lombardo, Tomasita Núñez, el Trío Matamoros, Ramón Veloz, Vicente Marín y el conjunto Saborit, el Ballet Alicia Alonso, el conjunto de danza de Ramiro Guerra, al que se unen de manera notable Celia y La Sonora Matancera, atendiendo a un libreto de María Julia Casanova y la dirección

---

[36]  Francisco Formell Madariaga (Santiago de Cuba, 5 de septiembre de 1904 – La Habana, 14 de octubre de 1964) Pianista, director orquestal y compositor. Es el padre de Juan C. Formell Cortinas (Juan Formell), uno de los músicos más trascendentes y populares de la música cubana, creador en 1969 de la orquesta Los Van Van.

musical de dos grandes colosos de la música cubana toda: los maestros Gonzalo Roig y Rodrigo Prats.[37]

Los productores del Día de la Canción Cubana confían a Celia el tema *África*[38]. No existen evidencias de que ella haya grabado alguna vez el tema de Ángel Rodríguez.

Con un repertorio de rumbas, afros y guarachas, Celia singulariza su rol en La Sonora Matancera, que es resaltado por los medios de prensa junto a los coros de Rogelio, *Caíto* y *Bubú*, el contrabajista, junto a la excelente labor del cantante del conjunto, Bienvenido Granda. Agosto será un mes de homenajes, a los que Celia será convocada como parte ya ineludible de ese segmento superior de la vida musical cubana. En el Campo Alegre Club, un grupo de colegas le ofrecen el 26 de julio un homenaje de simpatía al Trío Servando Díaz. Ahí estarán y cantarán para ellos en el *show* Olga Chorens, Tony Alvarez −el popular dúo Olga y Tony−, otro dúo, pero humorístico, Pototo y Filomeno (Leopoldo Fernández y Aníbal de Mar), y Celia Cruz, que actúan ante un público de amigos artistas y representantes de la prensa de radio y televisión. Pero aquí no acabaría el festejo por la gira que emprenderán Los Trovadores Sonrientes, como se le conoce al trío: un mega *show*, *La Fiesta de la Alegría*, se presenta en el sábado 16 de agosto en el Teatro Blanquita con un elenco que reúne, sin lugar a dudas, a lo mejor de la escena cubana en el momento, y que encabezan Rita Montaner, Zoraida Marrero, Rosita Fornés, Marta Pérez, Olga Guillot, el Trío Matamoros, y Celia, a quien el Diario de la Marina califica de "super estrella", en medio de ese elenco que, además, completan América Crespo, Pototo y Filomeno, Cuarteto Llopis-Dulzaides, el trío circense de los hermanos españoles Aragón −Gaby, Fofó y Miliki−, Otto Sirgo, Ramón Veloz, María Luisa Chorens, Enrique Santisteban, trío Hermanos Rigual, los mexicanos del trío Chiapaneco y el español Miguel Herrero, todos con la orquesta de Julio Gutiérrez y la actuación especial del Ballet de Alberto Alonso con los solistas Luis Trápaga y Sonia Calero, entre muchos otros.[39]

[37]  Véase: "Noche memorable de arte cubano será la del 'Día de la Canción'", en Diario de la Marina. 23 de julio de 1972, p.16. También: Fajardo Estrada, Ramón: *Rita Montaner. Testimonio de una época*. Editorial Oriente. Santiago de Cuba 2017, p.236.

[38]  Vale aclarar que no es el tema homónimo catalogado como "ritmo orizá" que grabara para el sello Seeco (S-7869) el 1 de noviembre de 1958 y cuyo autor es el también cubano Justi Barreto.

[39]  Giró, Alberto: "Noticias". Sección *Radio Visión*, en Diario de la Marina. 24 de julio de 1952, p. 14. También: Sección *Teatro*. Diario de la Marina. 16 de agosto de 1952, p.15.

Paco Salas es, en 1952, un veterano y olvidado actor de origen
español con una destacada trayectoria en la radio cubana. En
reconocimiento a su trayectoria sus colegas del teatro, la radio y la televisión le ofrecen un homenaje el sábado 23 en el
Teatro Martí, con una gran función a las 9.00pm que reúne a
grandes luminarias del canto lírico como Rosita Fornés, Maruja González, Panchito Naya, René Cabel, Zoraida Marrero y
Marta Pérez, el pianista Francisco Godino; renombrados cantantes como Olga Guillot, Guillermo Portabales, Ramón Veloz;
la *vedette* Olga Chaviano, el trío Hermanos Rigual, los españoles Miguel Herrero y Carmelita Vázquez, y actores que animan a personajes muy populares como Leopoldo Fernández y
Aníbal de Mar (Pototo y Filomeno), Enrique Alzugaray, *El Jiníguano*, Luis Echegoyen, *Mamacusa Alambrito*. La orquesta estaría en manos de los maestros Gonzalo Roig, Rodrigo Prats y
Enrique González Mantici. Celia Cruz estará entre las figuras
de este elenco.[40] Celia, siempre invitada y participante en todos
estos homenajes.

Vuelve en estas fechas por dos semanas al Teatro Campoamor como primera figura del espectáculo de 35 minutos que
acompaña la proyección de los filmes *Sombra en el cielo* y *Tartu*,
y que se estrena el 27 de julio de 1952. Le acompaña en la cabeza
de cartel el cantante Oscar López[41], también clasificado dentro
del género afro, y secundados por Las Mamboletas de Gustavo
Roig, Rosita Alfonso con el respaldo de Fernando Mulens y su
conjunto, y El Negrito Silva, presentado como excéntrico musical.[42] Celia "dobla" cada noche, entre el Campoamor y el Sans
Souci, pues aún es la primera figura de *Sun Sun Babaé*, que todavía sigue en cartelera en el *cabaret* de La Coronela.

Por primera vez el Diario de la Marina publica una foto de
Celia en tamaño destacado, anunciando que el lunes 25 de
agosto dará inicio el popular programa *Gran Caravana de Estrenos de Radio Progreso*, donde *La Guarachera de Cuba* estará como siempre en estas citas, con La Sonora Matancera, y
es figura favorita según sondeos, junto a las hermanas Olga y

---

40  Martín, Nelita: "Cámaras y Micrófonos", en Noticias de Hoy. 21 de agosto de
    1952, p. 4. También: "Notas", en Diario de la Marina. 19 de agosto de 1952,
    p. 12.
41  Oscar López, cantante cubano que cultivó el género afro y otros, con presencia
    en espectáculos teatrales en Cuba. En los años 40 grabó dos temas con Los Di-
    plomáticos de Pego. Vivió y trabajó en México donde en los años 50 graba con
    Bebo Valdés su *Rapsodia de Cueros* y se presenta en teatros como el Follies en
    la emisora XEW
42  Anuncio en el Diario de la Marina. 27 de julio de 1952, p. 40.

María Luisa Chorens, Tony Alvarez, Manolo Fernández, Dominica Verges, Abelardito Valdés y su orquesta Almendra, Nelo Sosa y su conjunto, y Rey Díaz Calvet con el suyo.[43]

Agosto comienza también con otros importantes momentos que se relacionan en mayor o menor medida con Celia y su carrera: se anuncia la formación de la nueva compañía Cadena Azul de Cuba S.A. como sucesora de la RHC Cadena Azul, con el norteamericano Edmund A. Chester como administrador general del grupo mixto que ha realizado la compra y el cubano Roberto Smith Valdepares como nuevo presidente. Benny Moré debuta el 1 de agosto con la orquesta del batanga de Bebo Valdés en la RHC Cadena Azul y ya la columnista Nelita Martin lo llama *El Bárbaro del Ritmo*.[44] El éxito de *Sun Sun Babaé* en Sans Souci, la ovación final a la que respondía emocionado todo el elenco, encabezado por Celia Cruz y Skippy, se convirtió en la pesadilla de Alberto Ardura, director artístico de Tropicana, después de verlo con sus propios ojos. "Ardura ya no podía esperar más. Lo había visto de nuevo, y salió de allí preocupado, pensando, primeramente, qué le iba a decir a Martin [Fox] y después, cuánto tiempo le podría tomar llevarse a *Rodney* para Tropicana" –contaría en sus memorias Ofelia Fox, la esposa del dueño del *cabaret* bajo las estrellas.[45] Por ello, era de esperar que la competencia le hiciera una propuesta blindada al gran artífice de aquel memorable *show*, Roderico Neyra, *Rodney*, y le ponen delante un contrato irrechazable como coreógrafo principal de Tropicana.

*Rodney* se estrena el primer día de agosto de 1952 con el espectáculo *Prende la vela*, inspirado en el famoso mapalé (con música de Lucho Bermúdez y letra de Ramón de Zubiría) y popularizado en Cuba por Lucho y Matilde Díaz, que deviene el mejor recuerdo de su paso por Cuba. En el elenco, como primera figura, la cantante lírica Zoraida Marrero, y las atracciones de la *vedette* en ciernes Minet Cendán y la pareja de bailes de Ana Gloria y Rolando, que ya desde hace meses está bailando en el *Paraíso bajo las Estrellas*. Y por supuesto, todo esto con la orquesta de Tropicana, dirigida por Armando Romeu Jr., que también ameniza los bailables, al igual que Senén Suárez y su

[43] Giro, Alberto: *Radiovisión*, en Diario de la Marina. 24 de agosto de 1952, p. 38.
[44] Martin, Nelita: *Cámaras y Micrófonos*, en Noticias de Hoy. 1 de agosto de 1952, p.4.
[45] Fox, Ofelia y Lowinger, Rosa: *Tropicana Nights, The Life and Times of The Legendary Cuban NightClub*. In Situ Press. New York, Miami, Los Angeles. 2005, p. 126 (Traducción de la autora).

conjunto. La llegada de *Rodney* a Tropicana no pudo ser un negocio mejor para su gerencia. Roderico será decisivo en el camino ascendente del *cabaret* hacia el primer lugar indiscutible entre los tres grandes de Cuba. Marcará un estilo y un nuevo modo de hacer revistas musicales, situando el elemento afrocubano si no como el principal atractivo, al menos como uno de los esenciales en la seducción del turismo foráneo y la consolidación del nombre de Tropicana. Comenzará así el desfile de estrellas, magnates, *socialités*, periodistas, advenedizos y candidatos a famosos, *gangsters* y *playboys*, que venían sólo para conocer aquel paraíso al aire libre del que tanto se comienza a hablar en Nueva York, Miami, Las Vegas o Los Angeles.

La prensa destaca como noticias el debut de Lola Flores el 4 de agosto en el Teatro América, acompañada del bailaor Faíco, el guitarrista Paco Aguilera, su hermana la bailaora Carmela Flores y el respaldo de la Orquesta Cosmopolita. Es su primera visita y presentación en Cuba. Gaby, Fofó y Miliki, los simpáticos y populares payasos españoles deleitan a chicos y grandes desde el programa *Aventuras*, de CMQ-TV, a partir de las 6:15 de la tarde los martes, jueves y sábado. El 8 de agosto, Nelita Martín en su columna de Noticias de Hoy aventuraba el rumor de que Celia había rechazado contratos en México "porque se siente muy bien en Cubita y porque quiere ver ya con la llave puesta su casita".[46]

A pesar del avance de la televisión, la radio se mantiene como el medio más popular y las novedades en él no se detienen. CMQ continúa contratando importantes artistas extranjeros. El 9 de septiembre debuta ante los micrófonos del programa *De Fiesta con Bacardí* el astro mexicano Pedro Vargas, acompañado del Mariachi Vargas. Mientras tanto, Celia continúa su ascenso en la popularidad de los oyentes de Radio Progreso, y Noticias de Hoy resalta *que* "...está muy contenta porque el locutor Juan Manuel Tabares le mostró el magnífico record de peticiones que obtuvo en la quincena que acaba de vencer su estupenda interpretación de la guaracha titulada 'La rumba es mejor', original del compositor Humberto Hausman, en el programa 'La Discoteca Popular' que transmite Radio Progreso diariamente de 8.00 a 11.00 de la mañana y de 3.00 a 6.00 de la tarde".[47] En realidad, el compositor de este tema es Humberto Jauma Puñales, autor de varias

[46]   Martin, Nelita: "Cámaras y Micrófonos", en Noticias de Hoy. 8 de agosto de 1952, p. 4.

[47]   Martin, Nelita: "Cámaras y Micrófonos", en Noticias de Hoy. 11 de septiembre de 1952, p.4.

guarachas interpretadas por Celia a lo largo de su carrera. *La rumba es mejor* aparece en la discografía de Celia no como una grabación de estudio, sino como un registro en directo realizado en 1956 en Radio Progreso.[48]

### ◆ CELIA CON Y SIN LA SONORA ◆

A mediados de mes, Radio Progreso anuncia las estadísticas de las peticiones telefónicas de los oyentes, en las cuales los siguientes artistas sobrepasan las solicitudes de grabaciones de cantantes extranjeros: Celia Cruz, Olguita Chorens, Bienvenido Granda, Tony Alvarez, Nelo Sosa y Dominica Verges.

Finalizando agosto ya es noticia el próximo reto para Celia, revelado en titulares de la prensa, que la involucra por primera vez en un contrato con el *cabaret* Tropicana y que viene con un halo de sorpresa[49]. Se concreta por fin la esperada visita de Pedro Infante, quien se presentará a partir del 9 de septiembre en el cine teatro Radiocentro (antes Warner), acompañado por el Mariachi Vargas y compartiendo micrófonos con Luis Carbonell y el Conjunto Vocal de Facundo Rivero, y también en el programa radial *De Fiesta con Bacardí*.

La noche del 7 de septiembre, vísperas de la festividad de la Virgen de la Caridad de Cobre, a las 10 de la noche da comienzo en Radio Progreso un programa especial dedicado a la Patrona de Cuba, con La Sonora Matancera y Bienvenido Granda, el Conjunto Casino con sus cantantes Faz, Vallejo y Espí, la orquesta Almendra de Abelardito Valdés con Dominica Verges, los conjuntos de Nelo Sosa y de Luisito Pla. A las doce en punto de la madrugada se hace un solemne paréntesis para que Celia, respaldada por La Sonora y un gran coro, interprete el *Himno de la Caridad del Cobre*.[50] No sabemos si se trata del tema *Virgen de la Caridad* (J. Ruffino), grabado por Celia años después, ya fuera de Cuba, acompañada por la Orquesta de Memo Salamanca, e incluída en el LP *Serenata Guajira* (TRLP-1180) de 1968), pero en cualquier caso, su discografía no recoge un himno o un tema con ese título.

[48]   CD *Celia Cruz con La Sonora Matancera Grabado en vivo Radio Progreso en 1956* Vol 3. (Bárbaro 228) Editado en 1995.

[49]   Anónimo: "En el Blanquita la gran Fiesta del Sainete el 9 de octubre. 'Coreo Gráfico' leyenda haitiana cantada por Celia Cruz. ¡Asista!", en Diario de la Marina, 28 de agosto de 1952, p.12.

[50]   Giró, Alberto: "Gran programa de Radio Progreso festejando la Caridad del Cobre". *Radio Visión*, en Diario de la Marina, 7 de septiembre de 1952, p.38.

En la segunda mitad de 1952, la gerencia de Radio Progreso acepta la idea de Rogelio Martínez de introducir los *Jueves de
Moda* dentro del programa *Alegrías de Hatuey* que diariamente a
las siete de la noche anima el conjunto que dirige. Según la iniciativa, acompañados por La Sonora, se presentarían cantantes cubanos de reconocida popularidad, pero que por diversas
razones en los últimos tiempos han estado un tanto alejados de
los micrófonos. A finales de septiembre ya se habían presentado los muy aplaudidos Pepe Reyes, Manolo Suárez y Facundo
Rivero con su Conjunto Vocal.[51]

Al declinar agosto, el día 26, Celia y La Sonora graban la
guaracha *Agua pa mí* (Estanislao Serviá), que publica el sello Seeco y a inicios de octubre el tema alcanzaba gran aceptación en *Alegrías de Hatuey* en Radio Progreso. El desempeño
de Celia en este tema motiva una positiva crítica de la cronista
Nelita Martín, que en su columna habitual afirma que *La Guarachera de Cuba* "está a la altura de su justa fama".[52]

A beneficio de la construcción del Asilo de los Artistas, el
Teatro Blanquita, anuncia para el 9 de octubre un ecléctico me-
ga-*show* con cantantes y actores, encabezados por la pareja del
momento en las radionovelas: Gina Cabrera y Alberto González
Rubio. En el programa, se presenta la pieza de teatro vernáculo *Garrido* y Piñeiro *fotógrafos*, con la popular pareja de cómicos, y Rolando Ochoa, Alicia Rico, Rosendo Rosell, Humberto
de Dios, Candita Quintana, Germán Pinelli, El Viejito Bringuier,
Guillermo Álvarez Guedes, el Chino Wong, seguido esto de un
fin de fiesta musical —anunciado en este orden— con Rosita Fornés, René Cabel, Celia Cruz, la terna de payasos españoles Gaby, Fofó y Miliki, Roland Gerbeau, Olga Guillot, Manolo
Fernández, María Luisa Chorens, Pepe Reyes, Valencia, Obdulia Breijo, Raquel Mata, Luis Casanova, César Pomar, Sparry &
Pluggy, y el ballet de Alberto Alonso.[53]

Unidos por un incidente humorístico real en los predios
de Radiocentro, en torno a la moda, Celia aparece en una foto
junto a las cantantes Emma Roger, Dinorah Nápoles y Mercy Suárez y el actor Bobby López en la edición de Bohemia
del 19 de octubre, que por entonces cubría las incidencias del
*backstage* de los artistas mientras esperaban el inicio de sus

[51]  "Inaugura Radio Progreso los 'Jueves de Moda de la Sonora'". Sección *Radio
      Visión*, en Diario de la Marina. 28 de septiembre de 1952, p.38.
[52]  Martin, Nelita: *Cámaras y Micrófonos*, en Noticias de Hoy. 12 de octubre de
      1952, p. 6.
[53]  Anuncio en Diario de la Marina. La Habana, Cuba. 5 de octubre de 1952, p. 36.

ensayos y programas, y socializaban en los pasillos y exteriores de los estudios.

Antes de que termine el año, La Sonora Matancera dará otra sorpresa: el 21 de octubre el cantante argentino Leo Marini hace su debut con el Decano de los Conjuntos Cubanos en los dos programas que animan los muchachos de Rogelio: *Alegrías de Hatuey*, en Radio Progreso, y *Cascabeles Candado*, en CMQ.[54] Al parecer, Marini puso como condición en su contrato, que en sus actuaciones en La Habana lo respaldara La Sonora Matancera, según indica la columna *Cámaras y Micrófonos* del diario Noticias de Hoy.[55] El éxito de Marini con La Sonora, unido ahora a sus cantantes habituales Bienvenido y Celia, motivaría que Manolo Fernández, director de Radio Progreso, le prorrogara el contrato por seis meses, pero un incidente vendría a traer disgusto al argentino y a Rogelio Martínez: "La suspensión por la Comisión de Ética Radial –que desde hoy día 15 será también de Televisión– de la guaracha 'Tomando te', que popularizó Leo Marini a través de Radio Progreso 600 en su radio, es la actualidad. Ya la coreaba el público asistente al programa 'Alegrías' de los estudios de Prado y San José, a las 7 de cada noche", comentaba la columnista Nelita Martin en el diario Noticias de Hoy.[56] El delicioso y cubanísimo doble sentido de la guaracha de J. González y R. Gardy es mal vista por los pacatos regentes de la famosa Comisión en pleno éxito de su intérprete en las emisoras cubanas.

Por su parte, el circuito CMQ continúa con su ascendente desfile de estrellas extranjeras y toca ahora el turno al mexicano Pedro Vargas, viejo conocido del público cubano, que reaparece el 4 de noviembre ante los micrófonos del programa *De fiesta con Bacardí*. La popularidad de Mamacusa Alambrito y Pirolo, personajes infaltables en *Cascabeles Candado* lleva a la gerencia del Coney Island Park a presentar el 17 de noviembre un espectáculo para todas las edades, en el que la parte musical está a cargo de La Sonora con Celia, Bienvenido Granda y Leo Marini, y que sería transmitido por control remoto en el espacio del programa por el Canal 6, de 8.00 a 8.30 pm. Según comenta el Diario de la Marina, "por primera vez se realiza en Cuba un

54   Leo Marini debutará el martes 21 en "La Onda de la Alegría". Sección *Radio Visión*, en Diario de la Marina. 19 de octubre de 1952.
55   Martin, Nelita: *Cámaras y micrófonos*, en Noticias de Hoy. 28 de octubre de 1952, p.4.
56   Martin, Nelita: *Cámaras y micrófonos*, en Noticias de Hoy. 15 de noviembre de 1952, p. 4. La guaracha *Tomando* té fue grabada ese mismo año por La Sonora Matancera y Leo Marini (Seeco-7258, 78 RPM).

control remoto de este tipo", y aunque la columnista no explica las características de tal transmisión, que la hace singular –quizás haya sido el primer programa eminentemente musical que se transmitía en remoto–, Celia y La Sonora se inscriben en este probable récord.[57] El despliegue tecnológico de cámaras y equipos para hacerlo posible era, de por sí, una verdadera novedad para los que acudían al parque de diversiones en la Playa de Marianao, al que tenían acceso desde bien temprano.[58] La vida de esa zona de la capital cubana transcurría de manera radicalmente diferente en sus dos lados o aceras, según fuera de día o de noche: bajo la luz solar, el ala derecha ofrecía el disfrute del parque de atracciones Coney Island, que emulaba a su par neoyorkino. De noche, el ala izquierda prometía el divertimento desprejuiciado, sin paliativos, con pequeños clubes y *cabarets* de quinta categoría, de mala muerte, donde el olor a fritanga y aguardiente tenían iguales decibeles que los de la lujuria permanente en otros pequeños recintos aledaños. Por lo mismo, la Playa de Marianao era punto atractivo en la noche, furtivo o no, pero obligado sin distinguir clase ni procedencia social.

Apenas quince días después, el 29 de noviembre *La Guarachera de Cuba* estrena en el escenario del Teatro Blanquita, la pieza *Leyenda Haitiana*, del afamado Maestro Rodrigo Prats, precedida del anuncio de tan importante primicia. Ese día el moderno coliseo de Miramar abre sus puertas a *La Fiesta del Sainete*, un evento que en las primeras décadas del siglo XX tuvo una tradición en el teatro cubano y desde hace 35 años no se presentaba. Ahora es renovado por el maestro Prats y el libretista Agustín Rodríguez, con un espectáculo muy ecléctico. Alberto Garrido y Federico Piñeiro presentan el sainete *La Bodega del Medio* o *El derecho de permanencia*, original de Rodríguez; el trío por excelencia del teatro vernáculo –Mimí Cal, Leopoldo Fernández y Aníbal de Mar–, en otro sainete escrito por Fernández, Jesús Alvariño y Luis Echegoyen. El segmento lírico es protagonizado por la soprano Maruja González y el tenor Panchito Naya, reviviendo la *Cecilia Valdés*, de Gonzalo Roig y la mezzo-soprano Marta Pérez en la zarzuela *María Belén*

[57]  Giro, Alberto: "'Cascabeles Candado' en 'Coney Island Park,' mañana, CMQ-TV". Sección *Radiovisión*, en *Diario de la Marina*. 16 de noviembre de 1952, p. 38. Anteriormente se han realizado transmisiones por control remoto desde el Palacio Presidencial y también de eventos deportivos. Para ampliar véase: Pedraza Ginori, Eugenio: Memorias cubanas.
[58]  Anuncio en Diario de la Marina. 15 de noviembre de 1952, p.12.

*Chacón*. El *cabaret* está presente con las producciones de *Rodney*
para Tropicana: escenas de *Prende la vela* y *Las viudas alegres*,
que se presentan por primera vez en un teatro, con las actuaciones especiales de sus principales figuras: Zoraida Marrero,
las parejas de bailes Ana Gloria y Rolando, y Chiquita and Johnson. Completan el cartel los pianistas Felo Bergaza y Juan Bruno Tarraza, el Trío Servando Díaz y los payasos Gaby, Fofó y
Miliki, además de la orquesta Havana Cuban Boys, de Armando Oréfiche[59]. En la discografía de Celia no se registra la grabación del tema que le confiara Rodrigo Prats.

Ocho días después, en la medianoche del 7 de diciembre,
Celia se presenta en el Teatro Alkázar como parte del espectáculo *Lluvia de Estrellas*, que anuncia reunir "lo mejor de la
radio y el teatro". En el elenco, además de Celia, los cantantes líricos Marta Pérez, Zoraida Marrero, el tenor René Cabel,
Conjunto de Facundo Rivero, María Luisa Chorens, el Cuarteto
Llopis-Dulzaides, junto al Negrito Silva y un profuso elenco del
teatro vernáculo con sus principales exponentes.[60] Mientras
todo esto ocurre, Celia ha estado trabajando también en Sans
Souci, junto al *crooner* francés Roland Gerbeau, la *vedette* Marta Domínguez, José Fernández Valencia, el bailarín Tondelayo
y los bailarines Nancy y Rudy, todos respaldados por la orquesta de planta, bajo la certera batuta de su director por muchos
años, Rafael Ortega.

Como parte de la vertiginosa expansión de los *cabarets* como
paradigma del ocio nocturno, y con el fin de atraer más y más
entusiastas del turismo de casinos, los gestores norteamericanos contratan espacios en importantes medios de prensa para
anunciar el día a día de Tropicana, Montmarte, Sans Souci y
otros *cabarets* asociados a los casinos. La revista norteamericana Variety, de amplia circulación, es uno de ellos, en cuyas
páginas el nombre de Celia aparece encabezando los elencos
al anunciar los *shows* de los principales *cabarets* habaneros.[61]
En paralelo a su trabajo con La Sonora Matancera, después del
éxito monumental de *Sun Sun Babaé*, Celia Cruz se va convirtiendo en una de las principales cantantes demandadas por
productores y directores a la hora de reflejar la llamada música afro, o entusiasmar al público, en mayoría norteamericano,

[59]  "'La Fiesta del Sainete' el espectáculo teatral del año el próximo 29 de noviembre en el Blanquita", en Diario de la Marina. 23 de noviembre de 1952,
p.35.
[60]  Anuncio en Diario de la Marina. 7 de diciembre de 1952, p.36.
[61]  "Cabaret Bills", en revista Variety. 26 de noviembre de 1952, p.54.

con sus encendidas guarachas. El trabajo de Celia en el *cabaret* cubano sin La Sonora Matancera será tan brillante como el que realizaría, en grabaciones y actuaciones, con el afamado conjunto.

## ◆ EL PRIMER LP Y LAS GRABACIONES ◆ DE 1952. EL PRIMER BOLERO

Este año, Seeco Records publica el primer disco múltiple, de 10 pulgadas, de Celia Cruz, bajo el título *Selecciones favoritas de Celia Cruz* (SLP-28) que recoge ocho cortes: sus dos primeras grabaciones −*Cao cao, maní picao* y *Mata siguaraya*−, realizadas en 1950 y seis de las que registrara en 1951. El anónimo y esmerado diseño de carátula no pudo ser más hermoso y moderno.

Celia con la Matancera realiza dos sesiones, ambas en el estudio CMQ. El 24 de junio, poco antes de salir hacia Camagüey con destino a Haití, graba la fantasía negra *Sahara* (o *Zahara*) (Eligio Valera) y la guaracha *La batahola*, recogidas en el disco de 78 rpm Seeco S-7220. La revista Billboard, en su edición del 21 de febrero de este año, incluye este disco entre los anuncios de lanzamientos semanales. Con *La batahola* se inicia la presencia relevante de Oscar Muñoz Bouffartique[62] en la discografía de Celia, como se verá más adelante. En esta sesión, estará presente por primera vez la obra de otro autor que será importante en su carrera musical: el bayamés Ramón Cabrera[63], de quien en esta ocasión graba *Tu voz*. Este bolero-mambo tiene una connotación especial en la discografía de Celia: si exceptuamos *Quédate negra*, que su autor clasificó como bolero-afro, aunque es más bien una canción afro, el bolero-mambo *Tu voz* es en rigor, el primer bolero grabado por Celia, que será trascendente en su repertorio y carrera, sobre todo a partir de la segunda grabación que hará de él, también junto a La Sonora. Al momento de su primer prensaje en disco, en la interpretación de Celia, el bolero no fue apreciado en su justa dimensión, pero con el paso del tiempo y la presencia definitiva en su repertorio, fue revalorizado y se considera una de las interpretaciones más altas de la cantante, donde muestra que su

[62]  Oscar Muñoz Bouffartique. (Cruces, Cuba. 8 de noviembre de 1904 - Orange, California. 10 de enero de 1990).
[63]  Ramón Cabrera (Bayamo, Cuba. 16 de noviembre de 1918 – Madrid, España. 15 de diciembre de 1993). Su verdadero nombre era Ramón Pavón Argote. Se hizo famoso por sus excelentes sones montunos y guarachas dedicados a diversas ciudades y zonas de Cuba.

registro y emocionalidad la hacen también una destacada bolerista, con un estilo que irá perfilando a lo largo de su carrera.

En esa misma sesión, Celia registra la conga-babú *Ya llegó el
carnaval* (Eduardo Angulo) (Seeco-7221). La otra sesión sería el 26
de agosto para grabar otros cuatro títulos: los ya mencionados
*Choucoune* (con Martha Jean-Claude) y *Guede Zaína*, además de la
guaracha *Agua pa'mí* (Estanislao Serviá). Lugar especial corresponde en estas sesiones a *Reina rumba*, que escribe Senén Suárez
especialmente inspirado en Celia y dedicado a ella, y que es el
punto de partida en la prolífica colaboración fonográfica entre la
cantante y el autor, plasmada en la grabación de otros seis temas:
*Sandunguéate, Pregones de San Cristóbal, Vallán Vallende, El barra-
cón, Ahí na'má* y *La sopa en botella*. Esto convierte a Suárez en el
compositor con mayor presencia en la discografía de Celia Cruz
con La Sonora Matancera en su período cubano.

De estas grabaciones de 1952, la revista Billboard, en su edición del 21 de febrero de 1953 elige el disco *La batahola/Zaha-
ra* y lo destaca en su sección *Other records realesed this week*, y
a Celia como intérprete, en una de las primeras apariciones de
su nombre en este medio especializado. Es muestra del ingente trabajo de promoción del sello Seeco.[64]

Tendrían que pasar ocho meses para que entraran de nuevo al estudio para realizar grabaciones comerciales. La salida
del primer LP de Celia con La Sonora es un elemento más que
se adiciona a la repercusión en prensa que está teniendo la presencia de Celia como figura cardinal en el show *Sun Sun Babae*
de Sans Souci.

En su edición del 2 de octubre, el newyorkino diario La Prensa comenta: "Ya Federico Pagani está de regreso de su corto viaje a La Habana, a donde fue acompañado de Mr. Mack Hyman, el
propietario del Palladium Ballroom, quien se trasladó a La Habana en busca de atracciones artísticas... Pagani 'informó' [sic]
que tiene contratada (?) [sic] a Celia Cruz, la colosal cantante de
color, estrella por tres temporadas consecutivas del lujoso *cabaret* Sans Souci. También anuncia Pagani que para el año entrante traerá el conjunto de Sonora Matancera". El columnista
remata el comentario con una frase que transparenta escepticismo: "Bueno, sobre el particular, diremos como el popular Armand: 'Hay opiniones...'.[65] Es la evidencia de cuán temprano el
arte de Celia Cruz comenzó a generar interés en el ámbito latino

[64]   *Billboard*. New York. USA. 21 de febrero de 1953, p.55.
[65]   Diario *La Prensa*. New York. USA. 23 de octubre de 1952.

en Estados Unidos. Sin embargo, no todo sería un camino de rosas en el empeño de debutar ante la comunidad latina en el país del norte. Tendrían que pasar unos años para que el empeño del empresario boricua Federico Pagani pudiera concretarse en realidad.

En 1952 se dan los primeros pasos para formar la Cadena Interamericana de Televisión, integrada por Cuba, México, Puerto Rico, Panamá, República Dominicana y Venezuela. Goar Mestre, presidente del Circuito CMQ, ha llevado la presencia de Cuba a los organismos y acuerdos de carácter bilateral y continental para asegurarle a las empresas de la isla el lugar y los dividendos que le corresponden. Este año se instalan en CMQ los equipos para comenzar a realizar kinescopios de la mayor parte o de toda la programación. El kinescopiado de programas permitiría abaratar costes a los integrantes de la Cadena a través del intercambio y difusión de las trasmisiones. Era la primera tecnología de grabación de video y audio que se instalaba en la televisión cubana, y por supuesto, que tal como ocurrió con la radio, la distribución continental beneficiará a los artistas que lleguen a la programación televisiva.[66]

En la radio, La Onda de la Alegría[67] termina el año 1952 con avances en la conformación de su cadena nacional –propiciada por el aumento creciente de su dotación de tecnología–, cuya señal alcanza a Santa Clara, Camagüey, Holguín y Santiago de Cuba y ofrece rifas y sorteos como facilidades para la adquisición de radiorreceptores, lo que repercute de inmediato en el aumento de la audiencia de sus principales programas, *Alegrías de Hatuey* entre ellos.

Algunas distinciones y reconocimientos en el ámbito de la radio y la televisión involucran el trabajo de Celia: la poderosa Asociación de Anunciantes había publicado en la revista Bohemia el 21 de septiembre los resultados de su clásico *survey*, y el programa *Cascabeles Candado*, si bien baja dos puntos en relación con la del año anterior, se mantiene en la preferencia popular, ocupando el cuarto lugar entre todos los programas radiales.

[66]  Martin, Nelita: *Cámaras y Micrófonos*, en Noticias de Hoy. 17 de agosto de 1952, p. 6.
[67]  La emisora Radio Progreso fue creada por Domingo Fernández con el nombre de *El Progreso Cubano* el 15 de diciembre de 1929, teniendo su primera sede en Máximo Gómez (calle popularmente conocida como Monte) No. 139. Inicialmente tuvo el indicativo 2AF y a partir de 1930, el de CMBC. A principios de los años 40 se traslada para los bajos del Centro Gallego en San José 104, en La Habana. Manolo Fernández, hijo de Domingo, continuó con su hermano Ovidio el liderazgo al frente del negocio de la emisora.

Para *La Guarachera de Cuba*, el año 1952 termina, además, con el récord de llamadas solicitando sus temas en Radio Progreso. Atrás quedaron las reacciones negativas, las molestas llamadas cuando intentaba hacer valer sus dotes musicales en sus inicios con La Sonora Matancera, fresco aún el recuerdo de Myrta Silva. Su éxito total en La Onda de la Alegría la hace presente en el monumental programa especial para recibir el nuevo año junto a La Sonora Matancera, Daniel Santos, Bienvenido Granda, Nelo Sosa y su conjunto y el Conjunto Casino.

# ·1953·

PAULINA ÁLVAREZ, CELIA CRUZ, CELESTE MENDOZA Y ADRIANO RODRÍGUEZ
EN EL *SHOW COPACABANA* EN TROPICANA.

Para Celia, 1953 será el año en que hará historia con uno de sus temas más emblemáticos: *Burundanga*, del compositor cubano Oscar Muñoz Bouffartique, quien la clasifica como *ritmo bembé*. Con rapidez, *Burundanga* se hace sumamente conocido y tema casi obligado en todas las presentaciones radiales, teatrales, televisivas y en bailables de Celia con La Sonora Matancera. A lo largo del tiempo, Celia no podrá nunca desligarse del singular afro, que llevará su popularidad por todo el mundo. Su primera fijación sonora de carácter comercial se realiza el 6 de junio de 1953 en los estudios de CMQ. Será publicada junto a *Nuevo ritmo omelenkó* (Eduardo Angulo) en el disco S-7299 y le valdrá a Celia Cruz su primer Disco de Oro, y no faltarán problemas para que finalmente pueda tener en sus manos el codiciado reconocimiento.

En el ámbito artístico, el evento más mediático de los primeros meses de 1953, con una clara apuesta por la popularización de la nueva tecnología de video y su entrada a los hogares cubanos que puedan adquirir los aparatos receptores, es el II Festival de la Televisión, los días 6 y 7 de febrero en el Coney Island Park, en el popular balneario de La Concha, en la Playa de Marianao. Todo un diseño espacial, digno de una escenografía cinematográfica, remodela el parque de diversiones, recreando un barrio cubano, con la alegoría estereotípica representada por el tabaco, la caña de azúcar y la fisonomía de nuestras calles, y otro español, donde se sirven bebidas y comidas de la península ibérica, ofrecidas por populares artistas de la radio y la televisión, vestidas con trajes de sus diferentes regiones. Todo esto, animado por una orquesta que recién llegaba a La Habana precedida de éxitos en España y Suramérica: la Serenata Española, de la que son cantantes Enrique de Ayala y un joven colombiano que pronto daría mucho de qué hablar, asociado a La Sonora Matancera: Nelson Pinedo[1]. Dos grandiosos *shows* incluyen canciones y bailes españoles. La recreación de un fastuoso *cabaret*, tómbolas, verbenas, iluminación especial, fuegos artificiales y más de 5.000 pesos en regalos, completan las atracciones que durante dos días encontrarán los que asistan al festival.

La Unión de la Crónica Tele-Radial Diaria (UCTRD), uno de los organizadores, entrega diplomas y trofeos a los destacados de 1952, entre los que Celia es distinguida como Mejor Cantante de Conjunto. Se premia sus reiteradas actuaciones en el canal 6 del Circuito CMQ.[2] Dentro de la gala se eligen por voto popular a *Miss* y *Mr. Televisión 1953*, títulos a los que aspiran los binomios Rosita Fornés-Armando Bianchi –que resultarían ganadores– y Margarita Balboa-Rosendo Rosell. También se seleccionan a los *Reyes Infantiles de la TV* del mismo año: Flor de Loto LaRúa y Robertico Rodríguez. La monumental acción mediática incluye que el público asistente pueda ver de cerca y hablar personalmente con sus artistas favoritos, prometiendo que estarán Jesús Alvariño, Rolando Ochoa, Tito Hernández, *Rodney*, Celia Cruz, Sonia Calero, Minín Bujones, Olga Rivero, Santiago Ríos, "en fin, todo lo que constituye la constelación de estrellas del video cubano". Noticias de Hoy amplia la lista con las orquestas y conjuntos para los bailadores: "Riverside, La Sonora Matancera, Conjunto Casino, Gloria Matancera, Almendra, de Orestes Santos, de Neno González, Camacho y las orquestas femeninas Ensueño Tropical y Mercy, entre otras atracciones".[3] Es, sin dudas, uno de los eventos de mayor repercusión mediática del año que recién comienza.

Radio Progreso está a punto de estrenar nuevo y flamante edificio en una de las esquinas de las calles Infanta y 25, donde muchos identifican una suerte de  frontera invisible que divide –o integra– El Vedado y la hoy populosa zona de Centro Habana. Justo en frente, el *night club* Las Vegas y en la otra esquina, el bar San Juan, son vectores de actividad  en una zona que es cercana y se aproxima a  ese concurrido segmento que

[1]   Napoleón Nelson Pinedo Fedullo (Barranquilla, Colombia. 10 de febrero de 1928 – Valencia, Venezuela. 27 de octubre de 2016). Cantante y compositor colombiano, famoso por ser uno de los solistas que actuó y grabó con La Sonora Matancera.
[2]   Véase: Listado completo en *Tele-Radiolandia*, en revista Bohemia. La Habana, Cuba. 16 de noviembre de 1952, p. 84.
[3]   "El Festival de la Televisión será magno suceso el viernes 6, y sábado 7", en Diario de la Marina. La Habana, Cuba. 1 de febrero de 1953, p. 42 y 3 de febrero de 1953, p.12. Noticias de Hoy. La Habana, Cuba. 6 de febrero de 1953, p. 4.

simboliza La Rampa, donde se alzan las entonces imponentes edificaciones del Circuito CMQ con sus estudios, oficinas y el moderno Teatro Warner[4]. Cines, salas de teatro, cafeterías, centros nocturnos, aerolíneas y agencias de viaje, oficinas, tiendas, joyerías,  darán durante la década una identidad propia a la zona, cuyos inversores inmobiliarios y comerciales pronto intentarían convertir, salvando las lógicas distancias, en un sucedáneo local del famoso Broadway.

Como era de esperar por los triunfos y la popularidad que se consolidan en 1952, Celia y La Sonora Matancera continúan centrando sus dos programas estelares en Radio Progreso –*Alegrías de Hatuey*– y en el Circuito CMQ –*Cascabeles Candado*–, potenciados por los dinámicos avances tecnológicos de la radiodifusión que consiguen llevar la señal radiofónica cada vez a más y más regiones cubanas y a algunas zonas del Caribe.

En febrero están ya de regreso en Cuba la creativa y tenaz compositora y pianista Isolina Carrillo y su conjunto vocal, tras una temporada de nueve meses actuando en diversos escenarios en México.  La dirección de Radio Progreso, La Sonora Matancera y Celia le dan una calurosa y sonora bienvenida, invitándole a un programa especial el 14 de febrero en el estudio de La Onda de la Alegría, que se anuncia como un regalo por el Día de los Enamorados.[5]

## ◆ LA PRIMERA CRÍTICA ◆
## EN ESTADOS UNIDOS

En el teatro musical, Celia también se afianza como la intérprete por excelencia del repertorio afro. No hay espectáculo que se precie de importante que no la convoque.  Con ella esa línea iniciada en el teatro lírico cubano por la gran Rita Montaner asumiendo piezas icónicas de Lecuona, Grenet, Prats o Roig, adquiere una nueva forma de expresión, que la aparta de los modos de interpretación vocal apegados al *bel canto* y la zarzuela, pero que la incluye, como otra nueva y coherente posibilidad, más cercana a las formas populares. No es la única, pero sí la de más impacto y más consecuente y orgánica  defensa de los géneros populares ligados a la herencia africana.

[4]   El Teatro Warner recibió sucesivamente los nombres de Radiocentro y Yara, tal y como se conoce hoy.
[5]   Giró, Alberto: "Noticias". Sección *Radiovisión*. En Diario de la Marina. 14 de febrero de 1953, p. 14.

Su desempeño en el *cabaret* Sans Souci ha sido de tal impacto que encuentra reflejo en el rotativo Daily News, de Nueva York, en lo que podría ser la primera mención crítica sobre su trabajo en un medio norteamericano. El redactor Danton Walker en su columna *Broadway* describía el 1 de marzo el panorama del divertimento en La Habana estableciendo una comparativa con Miami en favor de la primera, donde el juego legalizado intenta vestirse de aparente inocencia con espectáculos musicales de franco atractivo. Al describir las instalaciones y el ambiente en Tropicana, Walker escribía, sin entender a cabalidad el asunto: "El show en el Tropicana es una versión corta, pero efectiva de una sesión de voodoo[6], con un espléndido vestuario, que ejecutan e interpretan Chiquita and Johnson, una pareja de baile que avergonzaría a otras parejas tan promocionadas en los Estados [Unidos]. En el Sans Souci, que también representa una sesión de voodoo, la estrella es Celia Cruz, una soberbia cantante sepia de cantos nativos, la que, con un manejo adecuado, sería aquí un gran éxito. Ella graba para [el sello] Seeco"[7].

Sin dudas, es importante que los norteamericanos que frecuentan los *cabarets* y *night-clubs* cubanos, y principalmente la prensa especializada de Estados Unidos, ubiquen a Celia como la cantante por excelencia de lo afro, con independencia de su trabajo con La Sonora Matancera. Su temprana amistad con Roderico Neyra, *Rodney*, y la confianza de éste en su talento, la situará en lo adelante en un lugar prominente en la escena del *cabaret* cubano de los años cincuenta, donde su voz y su dominio de la escena la irán convirtiendo no solo en una cantante grande y completa, sino también en una *vedette*.

### ♦ CELIA Y ERNESTO LECUONA ♦

En marzo de 1953, Ernesto Lecuona se prepara para emprender viaje a España, acompañado por Mimí Cal. Allí cumplirá contratos por una larga temporada y para despedirles, el Teatro Auditorium abre sus puertas el 20 de marzo a un espectáculo en dos partes con obras de la autoría del eximio músico y compositor cubano. En su primer segmento se presenta la zarzuela *El Cafetal*, por un elenco que encabezan la soprano Luisa María Morales y el tenor Miguel de Grandy, seguidos por Dora Carral, Mimí

---

6    Entonces, y todavía hoy, muchos norteamericanos identifican erróneamente un toque de santo o una ceremonia yoruba con el *voodoo* haitiano.
7    Walker, Danton: Sección *Broadway*, en Daily News. New York, New York. 1 de marzo de 1953, p. 105.

Cal, Luis López Puente, Pedrito Fernández, José Sanabria, Julita Muñoz y Candita García. Esa primera parte termina con el juguete cómico *Me voy pa'España*, con Leopoldo Fernández, Aníbal de Mar y la propia Mimí Cal. En el segundo segmento, Lecuona dirige un concierto con las mejores voces que han cantado sus canciones: las líricas Zoraida Marrero, Maruja González, Marta Pérez, Rosita Fornés, Rosaura Biada, Esther Valdés, Rita María Rivero, Tomasita Núñez; también Olga Chorens, el conjunto Vocal de Isolina Carrillo, Hilda de Carlo, Marta Luque, Tony Alvarez, y otros. Los poemas afroantillanos de Luis Carbonell, y la actuación de Gaby, Fofó y Miliki completan el programa. Celia también está entre las elegidas por el maestro Lecuona y hará parte de este segmento.[8] No sería la única vez donde la música uniera a Celia con el gran pianista, compositor y empresario.

Va siendo cada vez más popular y surgen enamorados platónicos que no dudan en interesarse públicamente por ella. Tal es el caso del enigmático N. Bonilla, residente en Las Villas, que escribe a la sección *Estafeta* de *Tele-Radiolandia*, en la revista Bohemia, indagando por ella. Muy simpática resulta la respuesta del redactor: "Celia Cruz —para nosotros nuestra primera cantante de lo popular—, es soltera. De su edad, nada. Estimamos un pecado interesarse por la edad de las mujeres. Celia, eso sí, es muy joven. Si tanto le gusta, ya sabe: todas las noches a las ocho está en la CMQ cantando en 'Cascabeles Candado'. El programa se acaba media hora después. Usted la espera a la salida, la saluda, se le presenta... y le declara su inmenso amor. Y luego a ver qué pasa".[9]

Pero él y otros quedaron en el camino del intento. Y aunque algunas fuentes hablan de cierta atracción que despertaba en ella el cantante Nelo Sosa, también líder del Conjunto Colonial, nada indica que algo haya traspasado ese límite de la admiración mutua. Mientras vive en Cuba, a Celia no se le conoce otro novio que no sea el cantante sonero Alfredito León. "Llegó un momento en que Celia le dijo a Olga Guillot, que quería casarse ya, pero Alfredo eludía el tema. Olga habló con Alfredo y él le respondió que su posición era que estaba tratando de hacer una grabación como solista e intentar dar el palo. Que él quería casarse también, pero se sentía apenado por la diferencia de nivel que había entre él y Celia", recuerda Santiago Alfonso,

[8] Sección *La farándula pasa*, en revista Bohemia. 15 de marzo de 1953, pps.132-133.
[9] *Estafeta*. Sección *Tele-Radiolandia*. En revista *Bohemia*. 19 de abri de 1953.

eminente coreógrafo, bailarín, y amigo personal de Celia.[10] La boda nunca llegaría a realizarse.

### ◆ DEBUT EN EL BAMBÚ ◆

A finales de abril y con un contrato por varios meses, Celia debuta en el *cabaret* Bambú Club, situado en la carretera de Rancho Boyeros, en las afueras del centro reconocible de La Habana. Junto a La Campana, Palette, Southland, Pennsylvania, Panchín, El Colonial, el Bambú se ha establecido como uno de los *cabarets* insignia de un circuito alternativo frente a los tres grandes –Tropicana, Sans Souci y Montmartre– que, por sus precios, propuestas musicales y rápida respuesta a los cambios en la popularidad, se hacen más accesible al cubano común y dan empleo a artistas tanto consagrados como emergentes. En la revista *Batey*, el Bambú Club reúne un elenco encabezado –no sabemos si fue casualidad– por Celia y Alfredito León, y siguiendo el clásico esquema de incluir música cubana y española, contempla a la bailaora Rocío, la pareja de bailes Nancy y Rolando, el cantante y presentador Gil Mar, todos acompañados por la orquesta de planta dirigida por Rafael Somavilla.[11]

En la nota que acompaña a una foto de Celia, comunicando la noticia, el periodista anónimo termina con una frase que, ciertamente, retrata el *performance* de Celia en cualquier lugar donde se presente: "¡Es mucho ritmo el ritmo de Celia Cruz!".[12] Con algunas intermitencias motivadas por compromisos internacionales durante 1953 y 1954, *La Guarachera de Cuba* cumplirá una larga etapa de exitosas presentaciones en el Bambú Club.

Con esa costumbre tan suya de sumarse a cuanto homenaje o adiós se organiza entre los artistas y músicos, el 4 de julio canta en el Teatro Campoamor en el concierto de despedida al cantante francés Robert Havre, al que se suman Rosita Fornés, Armando Bianchi, Esther Valdés y otros.[13] Dos días después, el lunes 6 de julio, Celia vuelve al escenario del Bambú Club. En el

---

[10]  Santiago Alfonso Fernández. (La Habana, 25 de julio de 1939). Coreógrafo, director artístico, bailarín y profesor de varias generaciones de bailarines cubanos. De 1992 a 2003 fue director artístico de Tropicana, para completar 39 años de trabajo en el afamado *cabaret* cubano. Recibió el Premio Nacional de Danza en 2006. Es considerado uno de los más prestigiosos coreógrafos y directores artísticos del espectáculo musical en Cuba. Entrevista con la autora. La Habana-San Lorenzo de El Escorial, 15 de mayo de 2021.

[11]  Anuncio en Diario de la Marina. 16 de mayo de 1953. Suplemento, p.2.

[12]  Sección *Tele-Radiolandia*, en revista Bohemia. 3 de mayo de 1953, p.102.

[13]  Diario de la Marina. 27 de junio de 1953. Magazine, p.4.

elenco, el actor y *crooner* Salvador Levy, y las parejas de baile Chiquita & Johnson, Rolando y Nancy, y las voces y bailes ibéricos de Fina de Villa y Angelito.

### ◆ *PIEL CANELA*, DESPOJO ◆ EN UNA PELÍCULA

Tras varios meses cerrado y sometido, de nuevo, a remodelaciones, Sans Souci reabre sus puertas el 9 de julio y Olga Chaviano sigue siendo su máxima y primerísima figura. No es para menos: la pequeña y linda bailarina y actriz es la preferida de Norman Rothman, el número uno de la gerencia del *cabaret* y representante de los intereses de la mafia ítalo-norteamericana en su casino. A propósito de Sans Souci, en las últimas semanas la prensa comenta noticias sobre el rodaje en La Habana del filme cubano-mexicano *Piel Canela*.[14] El Diario de la Marina, con el habitual exceso de adjetivación positiva que utiliza el redactor anónimo para llamar la atención de sus lectores, informa: "Para interpretar 'Piel Canela' se escogió un extraordinario reparto en el que figuran nuestra bellísima *vedette* Rosita Fornés, Miss Televisión de 1953. La incomparable Sarita Montiel, haciendo una verdadera creación de su brillante papel, a tal forma que a veces nos parece una cubana genuina: el decano de nuestros conjuntos La Sonora Matancera; la reina del afrocubano Celia Cruz; la sensacional Olga Chaviano; el popularísimo Clavelito[15], por primera vez en la pantalla, enviándole un mensaje de fe al pueblo de Cuba; la magnífica orquesta que dirige Julio Gutiérrez; el gran animador Gil Mar, el tenor continental Pedro Vargas ofreciéndonos el hit del momento 'Piel canela' de Bobby Capó, el gran actor mexicano Manolo Fábregas, Ramón Gay Fernando Casanova, Felipe de Alba y presentando a la nueva actriz Rosa Elena Durgel; el grandioso *show* del Sans Souci; las producciones de *Rodney* de Tropicana, todos bajo la genial dirección de Juan J. Ortega, productor de 'La mentira', 'El angel caído' y 'Ritmos del Caribe'".[16]

Algunas escenas fueron rodadas en Sans Souci y se incluyen cuadros del *show* que se exhibía en ese momento, que permiten

[14] Anónimo: "Por su argumento, por sus artistas 'Piel Canela' es la mejor película cubano-mexicana. ¡Véala!", en Diario de la Marina. 7 de julio de 1953, p.12.

[15] Miguel Alfonso Pozo, *Clavelito*. (Ranchuelo, Cuba, 29 de septiembre de 1908 - 21 de julio de 1975). Repentista, guitarrista y cantante de música campesina. Famoso por sus programas radiales donde relacionaba espiritismo y décimas.

[16] Anónimo: "Filmada en el corazón de La Habana! Una historia intensamente emotiva 'Piel Canela' con un gran reparto. Se estrena el próximo lunes, día 13", en Diario de la Marina. 11 de julio de 1953, p. 12.

la excelente aparición de Rosita Fornés interpretando *Since-ridad*, acompañada de una orquesta dirigida por su autor, Julio Gutiérrez, en una de sus mejores y más hermosas escenas cinematográficas. Sarita Montiel deja buena impresión en su esforzada interpretación del afro *Agua ta caé*, de Alejandro Mustelier, *Chacumbele*, aceptable en el espacio del *cabaret*. Pero hay más: los carteles y anuncios publicados en la prensa mencionan a Celia Cruz, Bienvenido Granda, La Sonora Matancera y *Clavelito* entre los artistas del elenco.

En el anuncio publicado el 14 de julio se observa, entre otras, una foto donde aparecen Celia, Bienvenido y Rogelio Martínez en plena actuación.[17] El filme *Piel Canela* se estrena en Cuba el 13 de julio de 1953 en los cines Fausto, Reina, Cuatro Caminos, Florencia, Santos Suárez y Olympic. En los *lobby-cards* y *posters*, Celia ocupa el tercer lugar entre las solistas, solo por detrás de Rosita Fornés y Sarita Montiel. Estuvo en cartelera solo una semana y no pasó a otros circuitos cinematográficos. Solo vuelve a ser mencionado en la prensa cuando se estrena en México a poco menos de un mes, el 6 de agosto de 1953. Pero la copia que ha trascendido en la única versión conocida del filme no incluye las escenas donde cantan Celia y Bienvenido Granda con La Sonora Matancera, y Miguel Alfonso Pozo, el inefable *Clavelito*, ni tampoco aparecen estos artistas en los créditos. Las evidencias hablan de la existencia de dos versiones del filme: la que fue estrenada en Cuba y la que a día de hoy ha trascendido públicamente –sin los cubanos mencionados–, pero las causas que motivaron las exclusiones de los cubanos no han podido ser esclarecidas, ni tampoco el destino del pietaje original que los incluía y que, según informaciones, podría haber estado en los fondos de una colección privada de cintas originales y descartes de películas notorias.[18] En cualquier caso, ha sido imposible apreciar el desempeño de Celia en este filme, aunque eso no impide que sea incluído en su filmografía, a la vista de las pruebas.

### ◆ CONSTRUCCIÓN DE UNA IMAGEN ◆

En julio, Celia vuelve a Haití para una brevísima visita. Llega el 18 de julio y al parecer, regresa el día 21.[19] Su popularidad

---

[17]   Anuncios en el Diario de la Marina, 12 de julio de 1953, p. 22 y 14 de julio de 1953, p.12.
[18]   Para ampliar esta información, véase: http://libertadlamarquelahistoria. blogspot.com/2012/04/piel-canela-1953-noticias.html
[19]   Datos tomados del pasaporte de Celia Cruz No. 30229.

demanda nuevas presentaciones en el cercano país francófono, mas los detalles de su vuelta a Port-au-Prince han sido esquivos a la investigación.

Los primeros atisbos del cine en tercera dimensión son anunciados en La Habana como uno de los grandes retos a la curiosidad popular. En el Payret se exhibe *El diablo Bwana* como "la primera película de largo metraje en colores naturales", y para estar a tono, el coreógrafo y productor Gustavo Roig presenta en el *show* en vivo que hace parte del programa, la revista *El mambo en 3ª dimensión* y un gran desfile de modas a cargo del diseñador y modisto Pepe Fernández.[20] Ya para esta fecha, Celia era visita frecuente de la renombrada casa Pepe Fernández Modas. A pesar de no figurar aún entre las artistas mejor pagadas, ni ser considerada de una elevada posición social como la mayoría de las que frecuentaban ese salón, Celia era ya una artista popular. Allí la conoció Irma Peñalver, una mulata joven, achinada y fina:

"Conocí a Celia a inicios de los años 50, en Cuba, cuando ella empieza con La Sonora Matancera —cuenta Irma—. Por ese tiempo, yo era jefa de costureras de Pepe Fernández, una *boutique-atelier* de modas donde se hacía ropa a la medida. Empecé buscando dónde trabajar, porque yo ya era profesora de corte y costura, tenía varias alumnas y algunas clientas. Mi mamá había fabricado una casa en La Lisa, pero a mí no me gustaba aquel barrio y una amiga me dio la solución: tenía que salir de allí. Y fue ella quien me presentó a Pepe, empecé en su *atelier* como simple costurera y ahí es donde conozco a Celia. La *boutique* estaba en el edificio de la esquina O y 23, segundo piso, en El Vedado, en lo que después se llamaría La Rampa. La mujer cubana, no importa cuál fuere su posición social, siempre se vistió bien. Mi madre era costurera también y recuerdo que se solía comprar los figurines franceses de los grandes diseñadores, y por ahí se copiaba. La orientación que las cubanas seguíamos en la moda en los años cincuenta era más bien francesa, no norteamericana. Se usaban mucho los vestidos, y mucho menos o casi nunca los pantalones, al contrario de lo que es más usual ahora. En Cuba en los años 40 y 50 hubo diseñadores y costureros famosos, como Bernabeu, cuya clientela eran las mujeres de las clases más altas, con mayor poder adquisitivo. También Julio Inza, un gran diseñador cubano.

[20]   Anuncio en Diario de la Marina. 7 de mayo de 1953, p. 12.

Pues bien, Pepe le hacía los diseños a Celia, él elegía también los colores, no recuerdo que ella tuviera un color preferido, ella nunca ponía objeción al color que Pepe le sugiriera para un diseño de vestido. Todos los colores le quedaban bien, tanto en aquella época como después. Cuando estábamos en Cuba, a ella le gustaba mucho el estilo *strapless* o palabra de honor, como le dicen en España, le favorecía mucho, pues tenía muy buen cuerpo y muy bonita la zona de los hombros y el escote. En Cuba Celia y yo no tuvimos amistad, fue una relación profesional, a veces era yo quien le probaba los vestidos, y le hacía los ajustes necesarios. Pero fue suficiente para darme cuenta de la clase de persona que era: alguien muy amable, con los pies en la tierra, no se daba importancia, no se consideraba por encima de los demás, pienso que ella misma no se daba cuenta de su grandeza como artista. Celia hacía muy bien su trabajo, pero nunca fue orgullosa. Trabajé en la *boutique* de Pepe Fernández hasta que me fui de Cuba y llegué a Estados Unidos el 9 de enero de 1960. Pasaría mucho tiempo para que volviera a retomar el contacto con Celia y me convirtiera entonces en su diseñadora y modista".[21]

Entre las peluqueras de Celia, Delia Montalvo fue la más conocida, quizás por ser ella misma famosa en el mundo del cuidado del cabello afro, desde su salón en las calles Virtudes y Águila. Delia fue una gran emprendedora y supo mantener por mucho tiempo el liderazgo en su oficio; fue de las primeras mujeres afrocubanas en representar una marca norteamericana de belleza. Las largas sesiones de maquillaje en Sans Souci, Tropicana y en los estudios de CMQ TV dieron a Celia los rudimentos necesarios para saber manejar su rostro, como parte esencial de su imagen. "Dios no me dio una cara bonita..."–dijo ella alguna vez, infravalorando la belleza de los rasgos heredados de sus antepasados de la etnia Balanta de Guinea Bissau[22], sin duda apresada en los estereotipos que por muchos años ha estigmatizado a la belleza negra. El nombre de Carlos Gomerí, maquillista del *cabaret* Tropicana en sus años gloriosos, es el más recordado entre los especialistas que contribuyeron a delinear la imagen escénica y el rostro de Celia Cruz.

Rematando su *look*, tanto en el escenario, ante un micrófono o una cámara, como en su vida cotidiana, los zapatos fueron

---

[21]   Entrevista de la autora con Irma Peñalver. 19 de junio de 2020. Vía telefónica.
[22]   Véase: https://oncubanews.com/cuba/studio-de-adn-de-celia-cruz-descubre-sus-raices-ancestrales-en-etnia-de-guinea-bissau/

siempre para Celia algo primordial, y con el tiempo llegaron a convertirse en uno de sus elementos más notorios de identidad, aunque en Cuba aún no usaba su icónico calzado donde

CELIA EN FOTO DE NARCY Y VESTUARIO DE PEPE FERNÁNDEZ

los tacones parecían haberse evaporado. Omer Pardillo Cid, su *manager* por muchos años y hoy albacea de su legado y presidente de la Fundación Celia Cruz, ve el detonante de esa pasión suya en un incidente familiar en su adolescencia. En la pobreza de aquellos años, fue invitada a una fiesta, pero debió pedir prestados los zapatos a su hermana Gladys, pues no tenía ella misma unos adecuados. Gladys se los prestó, pero luego se arrepintió del gesto y se presentó en la fiesta exigiéndole que le devolviera los zapatos. Esa noche, Celia regresó descalza a su casa de Santos Suárez y se prometió a sí misma que llegaría el día en que no le faltarían todos los zapatos que deseara.

Algunos hechos culturales marcan la mitad del año 1953: espoleado por la feroz competencia entre los tres grandes, desde el 30 de julio, el Montmartre continúa presentando su mejor producción en los últimos tiempos: *El Danzón*, en homenaje al cincuentenario del género. Ahora el *show* se extiende también a otro género autóctono cubano: el son y se llama *Danzón y Son*. Rita Montaner, Bola de Nieve, la pareja de bailes Elpidio y Margot, René Cabel, el Ballet de Alberto Alonso con Sonia Calero y Raúl Díaz, el Trío Matamoros, el Sexteto Habanero y las orquestas acompañantes Casino de la Playa y de Esteban Antúnez son los responsables de llevar a buen puerto esta producción con libreto de Juan Herbello y dirección musical de Félix Guerrero. En su número del 6 de septiembre, la revista Bohemia da fe del nacimiento del más grande cuarteto armónico femenino de Cuba: el Cuarteto D'Aida, con Elena Burke, Moraima Secada y las hermanas Omara y Haydeé Portuondo, bajo la dirección de la gran pianista y pedagoga Aida Diestro.[23] No hay precedentes en Cuba de una formación femenina similar, si bien hubo antecedentes masculinos y mixtos, como los de Facundo Rivero, Bobby Collazo, y The Cuban Pipers, considerado uno de los primeros cuartetos armónicos masculinos en Latinoamérica. El Cuarteto D'Aida va a revolucionar la escena musical y su estética, porque además de la coherente belleza de sus integrantes, cada una de sus fundadoras pasará, de manera individual, a la historia.

A mediados de agosto, el cantante colombiano Nelson Pinedo debuta con La Sonora Matancera en el programa *Alegrías de Hatuey* que a diario continúa alegrando a los fanáticos del decano

[23]  Véase: "Génesis de un cuarteto". Sección *Tele-Radiolandia*, en revista Bohemia. 6 de setiembre de 1953, p.48.

de los conjuntos y sus cantantes.[24] Conocido muy pronto como *El Pollo Barranquillero*[25] −era apuesto, elegante y carismático−, Pinedo había llegado a Cuba cuando es requerido por la orquesta Casino de Sevilla (que ya en La Habana cambia su nombre a Serenata Española). Los había conocido en Bogotá y a su director le había agradado su voz. Lo demás fue relativamente fácil: vestirse y hablar como un andaluz e intentar plantar competencia a Juan Legido y otros cantantes de las orquestas españolas que ya habían marcado territorio en la popularidad de los cubanos. Cuando los músicos de Serenata Española se marchan de La Habana, *Tito* Garrote, con ese olfato que tenía para detectar lo bueno en un artista, se había convertido en *manager* del colombiano, lo acerca a La Sonora Matancera, lo presenta a Rogelio, que en ese momento buscaba sustituto para cubrir el espacio dejado por la perentoria partida de Daniel Santos. Así, Nelson Pinedo se convierte en otro de los cantantes del conjunto e inaugura una nueva etapa en su historia.

Eugenio *Tito* Garrote[26] es, durante la década de los cincuenta, uno de los más famosos e influyentes empresarios del *show-bussines* en Cuba, como representante, *manager* y agente de *booking* de los principales músicos cubanos. En su catálogo empresarial los nombres son sumamente elocuentes, solo citamos unos cuantos: Benny Moré, el Conjunto Casino, Rolando Laserie, y extranjeros para sus presentaciones en Cuba, como Carlos Argentino, Antonio Prieto y Lucho Gatica. Se ocupa también de Celia y La Sonora, juntos y separados, aunque Rogelio Martínez, con perspicacia comercial y experiencia nada desdeñable, resulta siempre una contraparte que se desdoblaba con sagacidad, más allá de la música, en el rol de cliente exigente con capacidad de decisión para tener la última palabra.

En sus inicios, Celia tuvo que valerse sola, por sí misma, siempre sin mecenas, ni empresarios, pues no tuvo mucha suerte para encontrar a un promotor que quisiera manejar su carrera. Según ella misma contaría: "...no tuve representación hasta mucho después que empecé con La Sonora Matancera. [...] Después alguien me dijo que era porque algunos decían que era muy feíta; que sí, tenía una voz muy bonita, pero no el *look*

---

[24] Giró, Alberto: "Noticias". Sección *Radiovisión*, en Diario de la Marina. 19 de agosto de 1953, p. 14.
[25] En los años 50 se volvió usual en Cuba llamar "pollo" a cualquier hombre o mujer que destacara por ser apuesto o por una notable belleza.
[26] Eugenio Guillermo *Tito* Garrote Celpis (Santiago de Cuba, 28 de julio de 1917-Florida, julio de 1976).

adecuado. Todo lo tuve que hacer sin representante, lo cual me enseñó muchísimo. Y así fue hasta que llegó *Tito* Garrote, mi primer representante. Es decir, hasta que no grabé con la Sonora, nadie me llamó para representarme".[27]

*Tito* Garrote fue el *manager* de Celia hasta que ella se radicara definitivamente fuera de Cuba y llegó a manejar no solo su *booking* nacional, sino también la intermediación con otros países como Venezuela, Curazao, Puerto Rico, Estados Unidos y otros.

## ♦ LOS AUTORES Y SUS DEMANDAS. ♦
### EL ÉXITO DE *BURUNDANGA*

En un movimiento sin precedentes, un numeroso grupo de autores cubanos concreta la propuesta en favor de la creación del Instituto Cubano del Autor. El expolio flagrante de las editoras norteamericanas y sus representantes en Cuba y de una sociedad de autores con una dirigencia corrupta e inoperante, sume a la mayoría en situaciones cercanas a la miseria. Exhiben ante el periodista Don Galaor cheques que pagan con centavos la enorme difusión de temas de incontestable pegada popular en la radio, el teatro, las victrolas, la edición de miles de discos y partituras y ahora en la televisión y hasta en el cine. La muerte cercana de Manuel Corona, el 9 de enero de 1950, en la absoluta miseria siendo uno de los más grandes compositores cubanos, termina de estremecer la conciencia de sus colegas. Más de 400 autores firman la solicitud promovida por un grupo de compositores, muchos de los cuales, tienen ideas de izquierda e integran el activo grupo de *feeling*, como Rosendo Ruiz Quevedo, Luis Yáñez, José Antonio Méndez, junto a otros como Lorenzo Hierrezuelo, Walfrido Guevara, Orestes Santos, Agustín Ribot, Julio Blanco Leonard, Humberto Hautman[28], Juan Blez, entre muchos otros.[29]

En sus denuncias acuden a los medios de prensa y Bohemia, por ejemplo, recoge algunos de los hechos que demuestran la razón de sus demandas:

"Y vayan nombres y títulos para que aprecien todos la magnitud de este reportaje: José Antonio Méndez es el autor de 'La

27 Cruz, Celia y Reymundo, Ana Cristina: Op. cit, p. 65.
28 Su nombre aparece también en discos y otros documentos como Humberto Jauma.
29 Véase: Don Galaor: "En tanto pasen hambre los autores será una burla el 'Día del Compositor'", en revista Bohemia. 20 de septiembre de 1953, pps.26 ,27, 106, 107.

gloria eres tú' y 'Quiéreme y verás'. En más de catorce películas están incluídas sus canciones, y le dieron en la Federación
[de Autores de Cuba] un cheque por valor de $10.97. Julio Blan-
co Leonard es autor de las canciones 'Canto africano', 'Luna de
miel', 'Mambo del amor' con música en cuatro películas, le dieron $2.28 en agosto. Orestes Santos es autor de 'Amor del Alma',
'Amor de media noche', 'Tu hijo', 'Señora'; tiene música suya en
cinco películas. Le dieron en agosto $8.11. Juan Blez es el autor
de 'Poquito a poco', 'Ritmo alegre', 'Yo te conozco camaleón'.
También están incluídas sus canciones en varias películas. Le
dieron $6.14 en agosto. Walfrido Guevara, con 42 grabaciones
en discos por los intérpretes más populares del momento le
dieron $14.81 en agosto. Humberto Hautman, autor de 'Emma',
'Ni novia ni luna', cobró ¡56 centavos!...".[30]

Oscar Muñoz Bouffartique realiza unas importantes declaraciones a título individual, con una curiosa acción personal,
que también son recogidas por la revista Bohemia quince días
después, cuando publica textualmente su texto: "Atendiendo a
que soy autor y propietario de varias composiciones musicales
que se ejecutan en toda la Isla, entre las que figuran 'La Batahola', 'Burundanga' y 'Jecua Baba' [las dos primeras, éxitos de
Celia con La Sonora Matancera[31]] y habiendo recibido de la Federación de Autores de Cuba la cantidad de $8.10 como pago de
'Derechos de Ejecución' de todas mis obras durante el trimes-
tre que terminó en agosto 31 de 1953, considero que tan baja recaudación se debe a un estado de desorden existente en dicha
institución desde hace muchos años. Desorden que es de público conocimiento, y entiendo que el autor que permanezca
indiferente ante tales circunstancias está faltando a los más
elementales principios cívicos, indispensables para la conquista y el mantenimiento de la libertad. Por lo tanto, resuelvo:
Dejarme crecer la barba indefinidamente para que mi presencia sea una protesta visible y creciente por el ultraje que se comete despiadadamente con los indefensos autores cubanos.
Esto hago como una modesta cooperación a nuestra justa causa y como testimonio de estrecha solidaridad con las declaraciones y propósitos de los autores entrevistados por la revista
Bohemia el día 20 de los corrientes. F.) Oscar Muñoz Bouffartique, maestro y compositor cubano".[32]

30    Don Galaor: "En tanto pasen hambre los autores será una burla el 'Día del
      Compositor'", en revista Bohemia. 20 de septiembre de 1953, p.107.
31    Nota de la autora.
32    Sección *La farándula pasa*, en revista Bohemia. 4 de octubre de 1953, p. 101.

En 1953 *Burundanga* era, junto a *Facundo*, los dos grandes temas de mayor demanda en el repertorio de Celia. A la altura de 1953, cuenta en su repertorio y en su incipiente discografía con varias guarachas, afros y sones montunos de algunos de los autores que reclaman ahora sus derechos: *Yo mambé* (Luis Yáñez), *Qué jelengue* (José Antonio Méndez), *Se acerca la comparsa* (Blanco Leonard), cantados por ella en sus presentaciones en México y Venezuela, y también en sus primeras grabaciones discográficas; y con La Sonora Matancera ya había grabado *A todos mis amigos* (Pablo Cairo), *No sé lo que me pasa* (Jesús Guerra), entre otros. Muchos de estos autores – principalmente los del movimiento de *feeling* y afrodescendientes en su mayoría– constituyen la editorial Musicabana, como un medio para proteger sus derechos y los de quienes se sumen a ella. En abril de 1950 queda constituída, con la figura jurídica que consideraron más conveniente, la Asociación Editorial Musicabana y se inscribe en el Registro de Asociaciones de la República de Cuba, con la siguiente directiva: José Antonio Méndez como presidente, Luis Yáñez como administrador y Rosendo Ruiz Quevedo como secretario de Relaciones Exteriores. Muy pronto José Antonio partiría a México y la presidencia sería ocupada por Rolando Gómez (del binomino autoral Yáñez y Gómez).

La editorial Musicabana continuaría creciendo y expandiendo su trabajo con métodos rudimentarios, pero efectivos, llegando a tener representaciones en Estados Unidos y México y contribuyendo de manera adecuada a la difusión comercial del repertorio musical que administra.

En sus demandas y en la estrategia pública e interna, los autores de *feeling* y de Musicabana son asesorados por una figura muy cercana a ellos: el dirigente sindical de izquierda Lázaro Peña, miembro muy activo del Partido Socialista Popular y esposo de una joven compositora del grupo: Zoila Castellanos, *Tania*, quien desde finales de los años cuarenta era asidua a las descargas del *feeling* y, al parecer, ya noviaba con el dirigente sindical, quien, aficionado a la música, también asistía a esos encuentros, y va conociendo en los músicos sus deseos de encaminar el descontento ante los manejos de las editoriales norteamericanas.[33] Estos hechos y estos autores van a tener una incidencia política directa y en ocasiones

---

[33]  Para ampliar, véase: http://www.desmemoriados.com/jugar-con-candela -la-editorial-musicabana/

cuestionable en acontecimientos trascendentales e irreversibles en 1959 y 1960, no sólo en el ámbito autoral, sino también artístico.

### ◆ LA CASITA ◆

A mediados de octubre, entre los días 15 y 19 de octubre, Celia logra hacerse un hueco en el espectáculo que presenta el codiciado cine-teatro Radiocentro, donde ya antes se había presentado fugazmente al llamado de su amigo Luis Carbonell. Ahora lo hace con el respaldo de la orquesta dirigida por Adolfo Guzmán y el conjunto de bailes de Alberto Alonso, y los excéntricos humoristas mexicanos Los Tex-Mex. La revista Bohemia lo destaca como lo mejor de la semana en teatros.[34] Celia no para de trabajar, no solo por lo mucho que le gusta cantar, sino también, porque más allá de su objetivo primario –su carrera–, tiene una meta inmediata: está construyendo una casita –el diminutivo habla de su calidad y dimensiones– para su madre y para ella. Es en Lawton, un barrio cercano donde han vivido muchos músicos importantes, desde su gran amigo Rolando Laserie, hasta *Lilí* Martínez, el gran pianista del Conjunto de Arsenio Rodríguez en los años 40. Todo esto motiva al crítico Germinal Barral, trasmutado en su conocido alter-ego *Don Galaor*. Tras la entrevista, la caricatura de Arroyito y las fotos tomadas por Charlie Seiglie en el *cabaret*, en su casa, a pie de obra, la revista Bohemia publica el 25 de octubre el primer gran artículo dedicado a *La Guarachera de Cuba*, una especie de crónica, reportaje y entrevista, todo mezclado, cuya importancia mayor estriba en ubicar a Celia en el momento ascendente y notorio en que ya está su carrera.

Bajo el título, "Celia Cruz", el subtexto resume noticias y valoraciones del cronista: "Todo el mundo conoce su voz... Pero hay algo que no sabe el público que la ovaciona a diario. Y [es] esto: Celia Cruz está fabricando su casa propia con lo que le produce su voz clara, límpida, amplia, sonora, como la de una campana... Se puede decir que una canción, ella la convierte en un millar de ladrillos, y en otros materiales que intervienen en la fabricación de su casa... 'Facundo' de Grenet y 'Burundanga' de Bouffartique, dos 'hits' en la voz de Celia Cruz".[35]

[34]   Sección *La farándula pasa*, en revista Bohemia. 25.10.1953, p. 118; anuncio en Diario de la Marina, 18 de octubre de 1953, p.22.
[35]   Aquí y en las demás citas, hasta la próxima: Don Galaor: "Celia Cruz", en revista Bohemia. 25 de octubre de 1953, pps 54–56 y 80.

En ese momento, lo que escriba el influyente Don Galaor es decisivo: es el principal crítico de música y arte de Bohemia, la revista generalista cubana de referencia. Y es importante que ponga esto en blanco y negro: "Cuando termina de cantar una canción, el público pide otra. Cada grupo pide un título diferente. Y el barullo que se forma entre los aplausos atronadores, es inmenso. Siempre ocurre lo mismo. En el teatro. En el *cabaret*. En el estudio radial. Como ella es incansable, complace a todos. Cada canción que Celia incorpora a su repertorio se convierte rápidamente en un 'hit'. No importa que el autor, cuando vaya a cobrar sus derechos de propiedad se encuentre con una miseria. Ella populariza la canción que canta. Y si la acabamos de oír por radio. O la hemos visto hace unos minutos por televisión, no es nada extraño que nos topemos con su figura simpática y su voz magnífica en el teatro a donde vayamos esa misma noche. Y hasta en el 'show' de algún *cabaret*, después de la media noche".

Celia había comprado dos terrenos en la calle Terraza, en la parcela correspondiente al número 110, en su natal barrio de Lawton, donde aún vive en ese momento. En uno se construyó la casa y el otro se dejó como patio.[36] Y sabe que todo lo que necesita para terminarla, habrá de salir de su voz, de su trabajo. Don Galaor lo escribe aún más claro: "Y con el producto de un contrato de televisión, echó los cimientos de su casita. Cada pared ha sido levantada con lo que ganó con otros tantos contratos. El techo lo pagó con no sé cuántas semanas de actuación en el [*cabaret*] 'Bambú'.[...] Se puede decir que una canción de Celia Cruz, ella la convierte, en cálculos optimistas que hace mientras sonríe y se inclina para saludar la ovación que le están tributando, en un millar de ladrillos. O en las losas que cubrirán los pisos. O en las persianas y puertas que van a ser colgadas la mañana siguiente".

Don Galaor destaca un rasgo que sería característico en la vida de Celia, e infrecuente en muchos artistas de iguales orígenes: la constancia y la objetividad: "[El de Celia] es un caso que se presta al estudio sereno. A la medición acuciosa. Una artista como ella, que salió de la entraña misma del pueblo, se hace propietaria con el producto de sus canciones. En Cuba abundan pocos ejemplos de estos. Por eso lo estoy apuntando. El artista es derrochador. Derrocha dinero, y facultades y salud, dejándose arrastrar por el torbellino de la popularidad. Cuando ésta se acaba, se encuentra en el mismo punto donde

---

[36]  Cruz, Celia y Reymundo, Ana Cristina: Op.cit, p. 75.

había comenzado. Pero sin facultades. Sin los entusiasmos que le impulsaron para conquistar con los aplausos, y la fama y la fortuna, ¡el mundo!".

CELIA PAGA A UN OBRERO EN LA CONSTRUCCIÓN DE SU CASA. 1952.

Cuando el periodista la entrevista, la acompaña a la obra, y lo hace frente a la casita que ya está casi terminada. "Estoy muy contenta de haberme decidido" –le dice. Y se suscita este diálogo:

–¡Habrá ganado usted mucho dinero!

–Sí. Pero también he sudado lo mío. Hay días que me multiplico. Del radio al teatro. De la televisión al teatro otra vez. Del teatro al cabaret. ¡Pero había que hacer la casita!

Es ella quien controla, supervisa y paga, directamente. Debe lidiar con los obreros, no siempre acostumbrados a que una mujer les dirija y les exija. En la etapa de la entrevista, parece que ya todo marchaba viento en popa, pero, a juzgar por lo que Celia cuenta en su autobiografía, hubo un momento en que cierta impotencia ante los problemas la hizo aprovechar una inusual oportunidad que le brindó su amiga, la compositora María Hermida,[37] quien interpuso relaciones e influencias para que Celia animara con su voz una fiesta en la finca Kukine, propiedad de Fulgencio Batista, entonces presidente de la República. Al terminar su presentación, Batista la saluda y se entabla un breve diálogo, y al venir al caso, Celia, con su desenfado habitual, le cuenta en qué temas y problemas se encontraba en ese momento y sus dificultades para terminar su casa. Al día siguiente recibió la ayuda del mandatario, quien le envió un camión con los materiales de construcción que requería la terminación del inmueble.[38]

En cierta medida, Don Galaor en su reportaje de Bohemia es premonitorio cuando afirma que "Celia Cruz interpreta con hondura y con gracia [...], en su garganta está la mina que ha de producir oro de ley en la voz magnífica".

Dio esa felicidad a su madre *Ollita*, que ya tenía su casa confortable y equipada. Era común en las casas de barrios populares y Celia, devota eterna de la Virgen de la Caridad del Cobre, cuyo nombre forma parte del suyo, decidió construir un altar a la entrada de la casa, en honor a la Patrona de Cuba. "Desde ese

[37]  María Hermida (Placetas 28 de enero – Jackson Height, NY, 8 de agosto de 1996). Compositora cubana con obras significativas en los repertorios de Celia, Myrta Silva, René Cabel (*El Vals de los 15*), Fernando Albuerne (*Ya se me está pasando*), Hermanas Lago, Pedro Vargas, Morenita Rey y Lucho Gatica, entre otros.
[38]  Cruz, Celia y Reymundo, Ana Cristina: Op. Cit., p. 74.

INVITACIÓN A LA VELADA A LA VIRGEN DE LA CARIDAD DEL COBRE QUE, COMO
TRADICIÓN, CELIA CELEBRÓ CADA AÑO EN SU CASA EN LA HABANA.

día me prometí que todos los días 7 de septiembre, la víspera de
su día, en mi casa se celebraría una gran fiesta en su honor. ¡Las
fiestas de la Caridad que se celebraban en casa de Celia Cruz se
hicieron famosas por toda La Habana!" –afirmó rotunda muchos años después.[39]

### ◆ VENEZUELA, TERCER VIAJE ◆

Para cumplir un contrato en solitario, sin La Sonora Matancera, Celia llega a Venezuela el 27 de octubre de 1953, según el visto
bueno de entrada del Servicio Nacional de Identificación venezolano, asentado en su pasaporte. Este permiso es renovado el

[39]   Cruz, Celia y Reymundo, Ana Cristina: Op. cit, p. 74.

5 de noviembre y ocho días después, Celia abandona el territorio venezolano por el aeropuerto de Maiquetía. Debuta en el programa *Estrellas de Estrellas*, de Radio Continente, el viernes 30 de octubre y el diario La Esfera, de Caracas, en su edición del 1 de noviembre, con el lenguaje que era usual en la época, marcado por el tema racial, reseñaba así el suceso: "*Celia Cruz* debutó anteanoche, con todo el éxito que su arte tan depurado en este género le hace merecedora. Por cierto que *Celia Cruz* se dio un apretado abrazo con la popular artista criolla *Josefina Rodríguez* (La Gitana de Color), quien cubrió los programas de la estrella cubana de color antes que ésta pudiera presentarse a sus numerosos admiradores venezolanos. En compañía de *Celia Cruz*, auténtica artista cubana que se sabe conquistar el aplauso a fuerza de puro arte y sin recurrir a la vulgaridad tan común en las 'artistas' que a diario se presentan en tablados y 'night club' [sic] de nuestra capital, se presentó el cantor venezolano *César del Ávila* quien supo acaparar buenos aplausos al lado de la indiscutible estrella de color. Para todos ellos, así como para el director de '*Estrellas de Estrellas*' de Radio Continente, nuestro sincero aplauso por el acierto de traer a esta orfebre de la música negroide".[40] *La Gitana de Color* era el nombre artístico con el que la cantante y bailarina venezolana Josefina Rodríguez anticipaba el tipo de música a la que se dedicaba: el llamado género español. Ella y Celia se habían conocido cuando ambas coincidieron en los estudios de Unión Radio a finales de los años cuarenta, en ocasión de la presencia de la peculiar figura venezolana en la programación de la emisora de Gaspar Pumarejo.

La presencia de Celia en Radio Continente es destacada en esa misma edición con una foto firmada por Armand y dedicada por *La Guarachera de Cuba* a sus admiradores que siguen la sección *Radiomanía TV* del mismo medio de prensa, en cuyo pie destaca: "La aplaudida cancionera cubana Celia Cruz, quien ostenta el monopolio de las simpatías del público de Cubita la bella, considerada como la mejor exponente de la música negroide en el mundo, debutó exitosamente el pasado viernes por el espacio 'Estrellas de Estrellas' de 'La Primera en el Cuadrante' Radio Continente. Celia envía cordiales saludos al pueblo radiófilo venezolano a través de 'Radiomanía TV'". Alberto López Ruiz, director del programa, vincula la actuación de Celia con la inminente presentación de otras luminarias, como Libertad

---

[40]  Marconi, Teve: Sección *Miscelánea*, en La Esfera. Caracas, Venezuela. No. 9.539. 1 de noviembre de 1953. (El subrayado es del original).

Lamarque y Benny Moré, en el programa que anima la conocida pareja Marta Olivo y Roberto Hernández, preferidos del público por su estilo humorístico y ágil. [41]

En su edición del 1 de noviembre, el Diario de la Marina confirma la noticia de que Celia se encuentra en Venezuela cumpliendo contrato y que, en su ausencia, el binomio que forman
Mary Esquivel y Tony Lamar se están presentando, acompañados por La Sonora Matancera en el espacio que a las 7.00 pm
animan en La Onda de la Alegría.[42] Por su parte, Nelson Pinedo, que casi acaba de empezar con La Sonora en Radio Progreso, bate récord de estrenos y consigue aumentar la popularidad
que ya gana entre el público cubano.

A su regreso de Venezuela, el mismo mes de noviembre, Celia,
junto al elenco del programa De fiesta con Bacardí, de CMQ –Pototo, Filomeno y Nananina, entre ellos– se trasladan al poblado de Manacas, en la provincia de Villa Clara para participar
en el evento inaugural de la nueva fábrica de cervezas Hatuey,
construída y equipada por la firma Bacardí, como parte del desarrollo tecnológico de una marca de preferencia nacional. Bacardí era el principal patrocinador del programa, al igual que
de Alegrías de Hatuey en Radio Progreso. Su primera factoría
cervecera la inauguró en Santiago de Cuba en 1927, y mantuvo una expansión sostenida, fundando 21 años después la Cer-
vecería Modelo, en El Cotorro, La Habana. La de Manacas es
inaugurada por todo lo alto y como era de esperar, La Sonora
Matancera, con sus cantantes Bienvenido Granda y Celia, hacen justicia a la popularidad alcanzada por la marca y por el
programa que amenizan.[43]

En una noticia muy esperada y trascendente se convierte la
apertura, el sábado 28 de noviembre, del nuevo y flamante edificio de Radio Progreso, en una de las esquinas de las calles Infanta y 25, dotado de la más moderna tecnología, a la altura del lugar
que ya ocupa en la radiodifusión cubana, la segunda emisora
más sintonizada. Como parte del grupo de estrellas de la emisora, Celia participa en ese memorable día, y se le ve en una de
las fotos que publican los medios de prensa, en el nuevo despa-
cho de su director Manolo Fernández, junto a Rogelio Martínez,

[41]   En La Esfera. Venezuela. 1 de noviembre de 1953.
[42]   Triunfan Mary Esquivel y Tony Lamar en La Onda de la Alegría. Sección Radio-
       visión, en Diario de la Marina. 1 de noviembre de 1953, p.35
[43]   Altuna, Paco y Del Cueto, Mario G.: "Como a usted le gusta: ni amarga, ni dul-
       ce, ¡en su punto!", en revista Bohemia. 22 de noviembre de 1953, pps.78-80.

Bienvenido Granda, Olga Chorens y Tony Álvarez, constatando que se trata de los valores más representativos de la emisora.[44]

### ◆ *MAYOMBE*. DEBUT EN TROPICANA ◆

Con *Rodney* en su nómina, Tropicana ha iniciado un camino ascendente que acompañará la conquista indiscutida del primer lugar entre los grandes centros nocturnos habaneros. Su dueño Martín Fox forma, con Alberto Ardura y Oscar Echemendía, la tríada decisora para los temas comerciales y financieros, con la cercanía tutelar de William Bischoff, alias *Lefty Clark*, encargado de las operaciones del casino. Dentro de su esquema expansivo, saben que el *cabaret* es un atractivo esencial que viste de cierta condescendiente ingenuidad la antesala del gran negocio del juego. Durante el año, Tropicana ha presentado *shows* que han ido subiendo en fastuosidad visual y calidad musical: *Orquídeas en la noche, Europa año cero, Nabonga-Haití, Cuban Medley, Las hijas de Alá,* espectáculos que van renovando la imagen escénica. En algunos de ellos, Roderico vuelve a apostar por su fórmula del éxito: el predominio de la música afrocubana con componentes de la ritualidad ancestral. El primer *show* de *Rodney* con temática completamente afro-cubana es *El Omelenkó,* estrenado el 22 de diciembre de 1952 con la música de Bebo Valdés. *Mayombe,* un año después, sería el segundo, y su originalidad y excelencia rebasaría cualquier expectativa. Si en *El Omelenkó Rodney* utiliza a la bailarina norteamericana Chiquita como solista para interpretar una estilización de los bailes rituales yorubas, en *Mayombe* será la cubana Emilia Villamil, *La China,* quien asumirá ese rol principal, acercándolo mucho más a lo auténtico.

A finales de noviembre, Celia está ya en los ensayos del nuevo *show* que se prevé estrenar a mediados de diciembre. Inicialmente, se llamaría *Kimbámbula,* a juzgar por la galería de fotos que publica la revista Bohemia en su sección *La farándula pasa,* donde puede verse a Celia intentando replicar los pasos de baile que *Rodney* le marca. Pero al final, el nombre elegido sería otro más sencillo y fácil, pero no menos auténtico: *Mayombe*[45], el *show* que sube a la escena del Salón Bajo las Estrellas de Tropicana el 18 de diciembre de 1953, en el primer horario y se extenderá en cartelera hasta abril del siguiente año. La estrategia

44  Sección *Tele-Radiolandia,* en revista Bohemia. 6 de diciembre de 1953, p.46.
45  Mayombe es una palabra de origen bantú. Palo mayombe es una de las ramas de palo como ritualidad afrocubana.

de comunicación diseñada desborda tintes folkloristas y hasta tenebrosos para los advenedizos, jugando con la ignorancia generalizada que, sobre las culturas africanas y su arraigo en Cuba, exhibe el público que comúnmente asiste a Tropicana: en los anuncios y notas de prensa lo califican como "grandiosa producción afro-hechicero". En ellas Celia encabeza el elenco, pero en los grandes anuncios publicados, siendo ya una estrella innegable, no está especialmente destacada. Es posible imaginar lo que representa para ella en ese momento compartir escenario con alguien a quien con admiración siempre ha señalado como su  paradigma e inspiración: *La Emperatriz del Danzonete*, la gran Paulina Alvarez. Probablemente *Rodney* lo sabía y lo hizo posible.

"Trabajar con Paulina fue una experiencia maravillosa –cuenta Celia– ya que le pude confesar en persona que desde niña yo había sido una gran admiradora suya. Paulina me felicitó por mi forma de cantar, lo cual fue todo un honor, me dio mucha alegría".[46]

El resto del elenco principal de *Mayombe* incluye a la pareja de bailes Marta y Alexander (los cubanos Marta Castillo y Alexander Cutting), junto a Maño López. La noche en el Bajo las Estrellas se completa con el segundo *show*: *Carnaval Carioca*, una fantasía de inspiración brasilera que centran la orquesta ibérica Solera de España con su cantante José Forns, los bailarines Leonela González y Henry Boyer, y además Kiko Gonzálvez, el autodenominado *Rey del pandeiro*, probablemente brasileño. Los bailables de diez de la noche a cuatro de la madrugada son animados por la orquesta del *cabaret*, dirigida por Armando Romeu y el conjunto de Senén Suárez.[47] En esa temporada por Tropicana desfilarían numerosas estrellas de Hollywood –William Holden y su esposa Brenda Marshall, entre otros– a presenciar la maravilla creada por *Rodney* junto a músicos, cantantes y bailarines. La presencia de Celia en el elenco de Tropicana es destacada como primera figura en el publi-reportaje aparecido en la revista Bohemia el 20 de diciembre, casi en vísperas de los festejos navideños y de año nuevo.

La competencia, el Montmartre,  presenta un cartel en su tónica habitual de enfatizar una propuesta de corte más internacional: las parejas de baile Teddy y Phillips Rodríguez y

[46]  Cruz, Celia y Reymundo, Ana Cristina: Op.cit, p.27.
[47]  "La Solera de España en Tropicana", en Diario de la Marina, 15 de diciembre de 1953, p. 10; 19 de diciembre de 1953, p.15.

Sonia Calero y Raúl Díaz con el ballet de Alberto Alonso; la orquesta de violines del Monseigneur de París y su director concertista M. A. Zarou, con su cantante O, y Rosendo Rosell actuando como presentador. En los bailables continúan las orquestas Casino de la Playa y la de Esteban Antúnez. Sans Souci, no se queda a la zaga, y propone un *show* de tema afro, producido por Georgio Sacci con el *Negro Ballet de Walter Nicks* interpretando una de las danzas rituales del orisha Changó, y como primera figura la *vedette* Olga Chaviano, al decir de Bobby Collazo, "la dueña y señora del *cabaret*", privilegiada por su relación íntima, pero pública, con Norman Rothman. Collazo fue más explícito en cuanto al poder de la Chaviano sobre el escenario de Sans Souci por aquellos días: "Ninguna *vedette* puede trabajar en sus predios... Ella triunfa en las producciones de Sacci... Pueden cantar Olga [Guillot], Celia [Cruz] y Xiomara [Alfaro], pero para enseñar las piernas y mover la cintura, ella solamente; es la reina por su hermosura. ¡Qué bien me quedó la rima!", termina, sarcástico, el compositor y pianista.[48] El Negro Ballet de Walter Nicks le dio a la Chaviano la posibilidad de brillar a otra escala, arropada por la prestigiosa compañía del coreógrafo afroamericano, que se había formado en la escuela de Katherine Dunham, de la que en 1946 es nombrado director adjunto. En 1953 Nicks decide independizarse y forma su propia compañía con la que se presenta en Cuba en Sans Souci.[49] En 1953 la televisión cubana sigue en marcha. Nace el canal 11, de Manuel Autrán, con el nombre inicial de Televisión del Caribe. Y la afamada cantante mexicana María Victoria llega a La Habana para presentarse en radio, televisión y en el Teatro Nacional.

## ◆ LAS GRABACIONES DE 1953 ◆

Seeco Records continuó durante 1953 su camino ascendente e imparable dentro de la industria del disco en Estados Unidos, en su especialización en ciertas zonas de la música caribeña y latina. La revista Variety ubicó ese año al sello de Sydney

48  Collazo, Bobby: *La última noche que pasé contigo. 40 años de farándula cubana.* Fundación Musicalia. Santurce, Puerto Rico. 1987, p. 373.
49  Walter Nicks (Pittsburgh, Pensilvania, USA. 26 de julio de 1925 – Brooklyn, New York. Estados Unidos, 3 de abril de 2007). Con su Negro Ballet, se presentó también en México, República Dominicana, Puerto Rico y Haití, donde pasó varios meses estudiando las manifestaciones danzarias asociadas al *voodoo*,

Siegel en segundo lugar detrás del gigante RCA en el creciente mercado de música latina.[50]

Durante 1953 Celia realiza tres sesiones para Seeco con La Sonora Matancera en los meses de abril, junio y noviembre, todas en el estudio CMQ. El 24 de abril graban solamente las guarachas *Matiagua* (Jesús y Rogelio Martínez) y *A todos mis amigos* (Pablo Cairo), recogidas en el disco S-7286. Otras cuatro grabaciones se harían el 9 de noviembre: la guaracha-rumba *Boncó* (Florentino Cedeño), la muy famosa guajira-mambo *Melao de Caña* (Mercedes Pedroso), sin duda, la más famosa creación de la compositora cubana, que años después inspirara una excelente versión al sonero venezolano Oscar D' León; la guaracha-guaguancó *Pepe Antonio* (Jacinto Ledo) y el mambo *No sé qué me pasa* (Jesús Guerra). Estos cuatro temas se publican en sendos discos S-7354 y S-7355.

Con *Melao de caña*, se inaugura en el repertorio de Celia el capítulo de éxitos de temas compuestos por mujeres. En Cuba ella y Rogelio dieron cabida de manera creciente a compositoras como Mercedes Pedroso, a la que siguieron Elsa Angulo Macías, Grecia Domech, Isabel Valdés, Eridania Mancebo, Irma Murillo, Enriqueta Silva, Úrsula González, Oneida Andrade, María Hermida, Teté Cabrera, July Mendoza, y otras.

Como un momento importante en el año que termina, la fundación de la Banda Gigante de Benny Moré estremece el ambiente musical, conquista el favor del público y su popularidad será no solo creciente sino duradera. La banda es una *jazz-band* en toda regla, con verdaderas estrellas en cada instrumento. Los arreglos de *Cabrerita* y *Peruchín* y un repertorio rico e inteligentemente seleccionado, propician el marco idóneo para que *El Bárbaro* explaye todas sus facultades y agregue aún más fuego a la construcción de su leyenda viviente. El panorama sonoro en Cuba se enriquece con su llegada al sumarse al ya complejo, fructífero y diverso ámbito donde conjuntos como el Casino, Chappottin y sus Estrellas, el Colonial de Nelo Sosa y otros aportan un aire de experimentación renovadora, esencialmente a través de novedosos arreglos y repertorios de mucha pegada.

---

[50]  http://mamboniks.blogspot.cm/2007/11/sidney-siegel-and-seeco-records.html

# ·1954·

CELIA FIRMA AUTÓGRAFOS A SU LLEGADA AL AEROPUERTO
DE SANTO DOMINGO EL 28 DE JULIO DE 1954.

La llegada del nuevo año encuentra a Celia con casa nueva, trabajando de manera regular en calidad de solista en Tropicana y también en Radio Progreso y en CMQ con La Sonora y sin ella, como la solista de la música afro y la guaracha por excelencia. Radio Progreso estrena otra exclusividad: la cantante Olga Guillot, que con el inicio del año comienza en un nuevo espacio: *El programa Cristal*. Una cálida bienvenida mediática le dan Rogelio Martínez, Celia y La Sonora Matancera con los cantantes Nelson Pinedo, y Carlos Díaz.

El 11 de febrero, *Rodney* cumple 42 años y los artistas de Tropicana y Alberto Ardura, el responsable artístico del *cabaret*, organizan un sonoro festejo en el espacioso ámbito del *cabaret* La Campana, en homenaje al mago de las coreografías y los espectáculos. Se suman muchos otros cantantes, actores y actrices, conjuntos vocales, músicos, periodistas y en el *show* dedicado al homenajeado, verdaderas estrellas: Esther Borja, Vitola, Bertica Serrano, Luis Carbonell, Maño López, el conjunto de Orlando de la Rosa, Olga Guillot, Olga Rivero, Paulina Álvarez, Felo Bergaza, los bailarines Rolando, Marta Castillo y Alexander Cutting, Celia y muchos otros, acompañados por las orquestas Solera de España y la de Tropicana dirigida por Armando Romeu Jr., que también amenizan la parte bailable, donde todos se animaron a buscar pareja para tirar sus pasillitos, hasta la tremenda conga que se armó casi a los finales de la fiesta, cerca de las nueve de la noche.[1]

El Dr. Carlos Manuel Palma, conocido abogado criminalista, a la vez que bohemio irreductible, funda la revista Show dedicada especialmente al mundo del espectáculo, cuyo primer

[1]    Véase: Anónimo: "Festejando los 42 años de *Rodney*", en revista *Show*. Año 1. No. 1. Marzo 1954, pps. 44–45.

número ve la luz en el mes de marzo de este año. Se convertirá en el medio impreso por excelencia para dar una visión particular, pero abarcadora, del trabajo y la vida de los artistas y

CELIA CANTA CON PEDRO VARGAS EN EL PROGRAMA
*CASINO DE LA ALEGRÍA*, DE CMQ TV. CA. 1953.

músicos cubanos dentro y fuera de la Isla. En el primer número aparecen varias fotos y referencias a Celia en el marco del
*cabaret* Tropicana y el exitoso *show Mayombe*. En el segundo,
en abril, una breve afirmación da la idea de la febril actividad
que *La Guarachera de Cuba* viene desarrollando: "Celia Cruz es
la artista que más trabaja en Cuba. Tropicana, Radio Progreso y
CMQ"[2]. Pero como sabemos, la frase se quedó corta, pues Celia
se prodiga en otras muchas facetas y espacios de la vida artística cubana.

La competencia entre los tres grandes *cabarets* es encarnizada y obliga a la constante renovación. En julio, el *cabaret*
Montmartre renueva el sentido y el estilo de su espectáculo:
bajo la producción de Mario Agüero y con arreglos musicales
de Félix Guerrero estrena el *show Ritmolandia*, donde figuran
Benny Moré, el Cuarteto D'Aida, la pareja de bailes que forman
Marta y Alexander —que se mueven de Tropicana al *cabaret* de
El Vedado—, Maño López y el ballet de Alberto Alonso con sus
solistas Sonia Calero y Armando Fernán.[3]

Benny continúa siendo una de las grandes atracciones de
Radio Progreso, cuyos *ratings* se comparan con los que mantienen desde hace años La Sonora Matancera, con Celia Cruz y
también con Bienvenido Granda, Nelson Pinedo, Rodolfo Hoyos
y otros cantantes que Rogelio Martínez, con habilidad y sentido comercial, coloca ante sus micrófonos. Los meses y años por
venir demostrarán que fue capaz de sobrepasarlos en popularidad y aceptación. La revista Show dedica un reportaje especial a La Onda de la Alegría, que ya es un verdadero suceso con
su nuevo y flamante edificio, y destaca, junto a una foto donde
se ve una larga y abultada fila: "El público desde las primeras
horas de la tarde espera impaciente la oportunidad de ver en
persona a sus artistas favoritos de la radio. Benny Moré, Olguita Guillot, Olga y Tony, La Sonora Matancera, Celia Cruz, Rodolfo Hoyos, la orquesta Hermanos Castro y Nelson Pinedo".[4]
Y apunta a un hecho incuestionable: el monopolio de las mejores figuras de la música popular en la radio, lo tiene Radio
Progreso.

Al hilo de esta constatación, La Onda de la Alegría lanza un
nuevo programa de largo nombre: *Conozca el momento más feliz
de su artista favorito*, en esencia, un espacio de entrevistas por

[2] Sección *Me lo dijo Adela*, en revista Show. Año 1. No. 2. Abril 1954, p.42.
[3] "Montmartre. Crónica Habanera", en Diario de la Marina, 28 de julio de 1954, p.11-A.
[4] Radio Progreso y sus grandes atracciones, en revista *Show*.

donde desfilan los más populares artistas para responder a las preguntas del conocido locutor Juan Manuel Tabares. En abril Celia pasa por sus micrófonos, además de otros artistas de alto *rating*, como el Cuarteto Llópis-Dulzaides, Fernando Albuerne, Orlando Vallejo y los actores Elvira Cervera, Raquel Revuelta, Manolo Coego, Juanita Capdevilla y otros.[5]

En la esquina de Infanta y Manglar se ha abierto un nuevo *cabaret*, que amplía la geografía de la vida nocturna habanera. La inauguración de La Campana se convirtió en un gran suceso social y de inmediato el regreso de Myrta Silva, con sus ocurrentes y picantes guarachas, y su debut en ese escenario asegura los llenos totales que se producen casi a diario. La boricua tiene un público seguro en Cuba, desde furibundos defensores hasta quienes −la mayoría− comparten gusto entre ella y Celia, a la hora de cantar guarachas. Los ánimos competitivos siguen siendo estimulados, y en agosto Radio Mambí comienza a presenta a Myrta en su programa *La Corte Suprema del Arte* −sucedáneo del original de CMQ en los años 30− en horario de las 7.45 de la tarde, 15 minutos después que termina en Radio Progreso el estelar y popularísimo *Alegrías de Hatuey* que animan La Sonora Matancera y una Celia Cruz que no se arredra y se siente imbatible.[6]

### REPÚBLICA DOMINICANA.
### ✦ CON LA SONORA MATANCERA. ✦
### SEGUNDO VIAJE

Con el relevo del *show Mayombe* en abril, termina Celia esta temporada en Tropicana y se alista para una nueva gira que ya anuncian los medios de prensa: la próxima escala será República Dominicana, pues el 29 de julio comienzan en Santo Domingo (entonces, Ciudad Trujillo) los festejos por el 12º aniversario de la popular radioemisora La Voz Dominicana. Gelpi, el corresponsal de Show en esa ciudad anticipa que no se ha reparado en gastos para conseguir una fastuosa celebración, pues han sido contratadas muchas e importantes figuras internacionales como los mexicanos Pedro Infante y sus

5    Giro, Alberto: "Conozca el momento más feliz oyendo a Radio Progreso". Sección *Radio Televisión*, en Diario de la Marina, 25 de julio de 1954, p. 2C.
6    "La Habana de noche", en revista Bohemia. 30 de mayo de 1954. También: García, Heliodoro: "Myrta Silva, record de público en 'La Campana'", en Diario de la Marina, 24 de julio de 1954. Suplemento, p. 8. Ver, además, Sección *Baraúnda. Tele-Radiolandia*, en revista Bohemia. 15 de agosto de 1954, p. 46.

Mariachis, Pedro Vargas, Fernando Fernández; Dick y Biondi los cómicos ruso-argentinos que en ese momento trabajan en Cuba; los excéntricos mexicanos Manolín y Shilinski, y los cubanos Isolina Carrillo, Fernando Albuerne, las *vedettes* Minet Cendán y la afamada María Antonieta Pons, junto a su esposo, el director de cine Ramón Pereda, a cargo ahora del elenco proveniente de México y de parte de la producción; La Sonora Matancera con Celia Cruz y Bienvenido Granda, y un conjunto de bailarinas dirigidas por Héctor Villar.[7]

Celia y La Sonora llegan a la capital dominicana el 28 de julio para un viaje de siete días, y el regreso previsto para el 5 de agosto. Los espera una multitud de fanáticos. *La Guarachera de Cuba* debe firmar numerosos autógrafos, a solicitud de persistentes admiradores.

La celebración estaba fijada para el siguiente día a la llegada y La Voz Dominicana está empeñada en tirar la casa por la ventana, lo que ya habían comenzado a hacer al contratar a tal cantidad de importantes estrellas. Según testigos, fue lo nunca visto antes en la capital del vecino país. La fiesta comienza a las 9.45 de la mañana en el parque Colón con el estruendo de 21 cañonazos. Se inicia el desfile de los artistas por las principales calles de la ciudad: solistas, bandas, orquestas, conjuntos, tríos. Después, los bailarines y la orquesta dominicana Angelita. Un grupo representa un pasaje de la vida de Anacaona, la cacique taína. Y detrás, en convertibles y coches tirados por caballos, desfilan María Antonieta Pons, Dick y Biondi, Pedro Vargas, Miguel Bodegas, Inés María, y otros. Sobre una carroza, Pedro Infante con el famoso Mariachi Vargas de Tecalitlán, canta corridos mexicanos, para luego descender y montarse en un brioso caballo de raza. La *vedette* Minet Cendán venció a María Antonieta Pons por *knock-out* (Maritoña fue la que más cobró −8.000 dólares de entonces−, pero, según algunas fuentes, no estuvo a la altura de lo que entregaba en sus películas). La Sonora Matancera al completo, con sus cantantes Rodolfo Hoyos y Celia Cruz, van en una carroza exclusiva para ellos, con un diseño que asemeja un rincón del campo cubano en el que se realiza un guateque, y ellos tocan y cantan guarachas, rumbas, afros y guaguancó. El público enloquece con ellos, y también con otros: en medio de la multitud delirante de entusiasmo, Pedro Infante perdió las tres cuartas partes de

7  Sección *Desde República Dominicana. Gelpi dice...*, en revista Show. Año 1. No. 6. Agosto 1954, p. 21.

la cola de su caballo y parte también de su lujoso traje de charro, cuando esa misma muchedumbre se abalanzó sobre él en busca de un *souvenir*. Así, con todo detalle, lo contó Gelpi, corresponsal de Show en Dominicana, quien remata su relato con una frase que resume la excelente actuación de *La Guarachera de Cuba*: "Celia Cruz se creció".[8] José Alberto Íñiguez, el decano del Colegio Nacional de Locutores de Cuba, invitado también a las celebraciones, narró sus experiencias a la revista Bohemia y subrayó al mencionar a los cubanos que actuaron en los festejos: "Dejé a Celia para el final, porque ella fue la que acabó. Había que verlo: el público la seguía a todas partes. Lo que tienen en Santo Domingo con Celia es locura. Bueno, tuvieron que poner a su disposición policías que se encargaban de abrirle paso entre la multitud que acudía, para verla, a la emisora y al hotel donde se hospedaba...".[9]

La revista Radiomanía y TV, por su parte, fue otro de los diversos medios cubanos que comentaron los eventos de Santo Domingo, y coincidía en su reseña sobre el desempeño de Celia y La Sonora: "No es posible describir en breves líneas el apoteósico homenaje que el pueblo dominicano tributó a nuestra Celia Cruz; fue sin lugar a dudas la máxima atracción de la XII Semana Aniversario de La Voz Dominicana. Miles fueron las fotografías que con su firma obsequió a ese público que sólo la conoce a través de sus grabaciones. La despedida, ella, Rogelio Martínez −el Director− y los demás componentes del Conjunto pueden decirlo. Creo que Celia debe sentirse satisfecha de esta −tan bella− actuación por tierras de América".[10]

La directiva de La Voz Dominicana, encabezada por el fundador de la empresa el Mayor General J. Arismendi Trujillo, ofrece una cálida despedida a los artistas participantes, en el *night club* que regenta la radioemisora, con la presencia de los embajadores de Cuba y México.[11] Regresan a La Habana el 5 de agosto.

A poco más de dos meses de regresar de la exitosa presentación en Dominicana, Celia y La Sonora graban una guaracha de Luis Kalaff, uno de los más populares compositores

---

8    Gelpi, Ñico: *Desde República Dominicana... Gelpi dice.* en revista Show. Septiembre de 1954, p. 49.

9    "Noticias frescas". Sección *Tele-Radiolandia*, en revista Bohemia. 29 de agosto de 1954, p. 44.

10   Ache, José A.: "La XII Semana Aniversario de 'La Voz Dominicana'", en revista Radiomanía y Televisión. Año 19. No. 11. Noviembre de 1954, pps. 24-25 y 42.

11   Según la misma fuente, en ese momento el embajador de Cuba en Santo Domingo era Oscar Daumy Amat y el de México, Franciso del Río Cañedo.

dominicanos: *Juancito Trucupey*, que tiene gran aceptación entre el público cubano (Seeco S-7507). No sería ésta la única composición del dominicano Kalaff que Celia con La Sonora incorporarían a su repertorio y discografía: en enero de 1955 grabarían el bolero rítmico *Contestación a "Aunque me cueste la vida"* en su voz y la del dominicano Alberto Beltrán (Seeco S-7522). El tema *A Santo Domingo* lo incorpora a su repertorio en 1956 y de ese año data una grabación tomada en directo en un programa de Radio Progreso.

En su edición del 14 de marzo, la revista Bohemia, en un discreto reporte, da cuenta de un acontecimiento en La Sonora: Bienvenido Granda, su cantante de muchos años abandona la formación "...y embarcó, contratado, a Barranquilla, Colombia. Lo sustituye Orlando Vallejo. Buena adquisición para el conjunto de Rogelio Martínez", termina diciendo el periodista anónimo.[12] Pero el columnista no aclara que Vallejo no sustituye al *Bigote que canta* en el sentido estricto: si Bienvenido era, desde 1940, el cantante de plantilla de la Matancera, Vallejo será un cantante con la categoría de invitado y en paralelo a su trabajo con La Sonora, continuará presentándose como, hasta ahora, en diferentes sitios de manera individual. En los meses siguientes, Alipio García, el dueño del *cabaret* Alí Bar, lo contrata para cubrir el vacío que deja, de momento, Benny Moré, quien cumple compromisos en el *cabaret* Montmartre con sus exitosas apariciones en los *shows* sucesivos *El Solar*[13] y *Ritmolandia*, junto al Cuarteto D'Aida, que cumple su primer año de vida artística.[14] En meses sucesivos Vallejo es contratado también por Radio Mambí, al tiempo que mantiene todos sus compromisos con La Sonora.

El panorama artístico de la capital cubana marcaba una nota llamativa, que vincula la música con el deporte: el boxeador Kid

---

[12]  Sección *Baraúnda. Tele-Radiolandia*, en revista Bohemia. 14 de marzo de 1954, p.92.

[13]  Basado en *El Solar*, de Juan Herbello, el Teatro Martí presentará poco después, en septiembre de 1954, un espectáculo homónimo con algunas de las figuras que lo hicieron triunfar en Montmartre –Rita Montaner, Benny Moré– y además, Candita Quintana, Guillermo Álvarez Guedes, El Chino Wong, Armando Bringuier, Pedrito Fernández, María Pardo y los bailarines Elpidio y Margot, y Estela, Litico y Mario. *La farándula pasa*, en Bohemia, 26 de septiembre de 1954, pps.116-117.

[14]  En estos *shows* del *cabaret* Montmartre se presentan también Maño López, las parejas de baile Marta y Alexander y el Ballet de Alberto Alonso con Sonia Calero y Armando Fernán. (Anuncio en Diario de la Marina. 24 de julio de 1954. Suplemento, p.1.).

Gavilán[15], quien fuera campeón del mundo de peso *welter*, pretende seguir los pasos de su colega norteamericano Ray *Sugar* Robinson y, como quien dice, decide *meterse* a bailarín, cuando su
carrera en el deporte profesional estaba en un mal momento. No
le faltaron consejeros y adulones que le hicieron invertir dinero e imagen primero en una campaña política para hacerlo –infructuosamente– Alcalde de Marianao, y después, ahora, bailarín
solista, dueño y director de una compañía danzaria que le hacen
armar, en algo que parecía más una movida propagandística que
un empeño con un objetivo económico. Gavilán debuta como bailarín en el escenario del cine-teatro Radiocentro, en un *show* con
los cómicos Dick y Biondi, las hermanas Lago y la orquesta de
planta dirigida por Adolfo Guzmán. La fallida aventura miméti-
ca del boxeador traería más de un problema al peleador criollo y a
las bailarinas y artistas que se enrolaron en su descalabro. Ni era
Fred Astaire, ni tampoco Sugar Robinson: en La Habana las presentaciones de la compañía Kid Gavilán y sus Cuban Sepias en
el Teatro Martí y en un sitio controversial –el *night-club* Palette– dejaron mucho que desear, pero no obstante, los que manejaban su carrera y su cabeza, le dijeron que siguiera, lo embarcan en
una gira al interior del país y luego al exterior, asegurándole que
el éxito le esperaba fuera de Cuba. Así, le organizan una función
homenaje de despedida en la que actúan las líricas Esther Valdés y Jorgelina Junco, la humorística Vitola, la cantante Hilda Lee,
la pareja de bailes españoles Aurora y Reyes, y quien nunca falta al apoyo de sus colegas: Celia Cruz.[16] Primero a Santo Domingo
y luego a Venezuela y Estados Unidos. Lo de Kid Gavilán bailarín
no tuvo final feliz y el saldo a la cuenta del púgil fue estrepitoso en
declive y negativo en ganancias.

Con el fin de recaudar fondos para construir el panteón del
Colegio Nacional de Locutores, el Teatro Martí presenta una
monumental y única función el 7 de agosto que, entre múltiples estrellas, muestra los *shows* de Tropicana *Mayombe* y *El
Charleston*. Ahí estará Celia, con sus afros y guarachas, en su
aplaudida actuación en el primero.[17]

A mediados de año Rogelio Martínez acepta ensayar a un
cantante dominicano, que había llegado a La Habana en busca de nuevas oportunidades. Su potente y clara voz termina

---

[15]  Gerardo González Hernández, alias *Kid Gavilán* (Camagüey, Cuba, 6 de enero
     de 1926 – Miami, USA, 13 de febrero de 2003)
[16]  Collazo, Bobby: Op. Cit., p. 376.
[17]  "Un espectáculo único con más estrellas que en el cielo el sábado 7 de agosto, en
     el teatro 'Martí'", en Diario de la Marina, 30 de julio de 1954, p. 30-A.

por asombrar al "cazatalentos" en que se desdoblaba el director de La Sonora Matancera. Alberto Beltrán será una de las voces más populares y recordadas de las muchas que pasan por
el conjunto, pero sobre todo por su bolero *Aunque me cueste la
vida* (Luis Kalaff) con arreglos de Radhamés Reyes, con el que
literalmente arrasó en popularidad, al punto que motivó –en la
muy aceptada línea de hacer respuestas a canciones– la famosa *Contestación a "Aunque me cueste la vida"*, grabada por Celia,
uno de sus boleros más espectaculares y donde consigue rea-
firmar sus posibilidades expresivas también en el bolero, que
ya había validado con el éxito de *Tu voz*, de Ramón Cabrera.

En septiembre, el *rating* de Radio Progreso sigue en ascenso. La Sonora Matancera ha incorporado a otro cantante masculino: Estanislao Sureda, *Laíto*, quien junto a Celia y Rodolfo
Hoyos continúan siendo responsables de una buena parte del
éxito de La Onda de la Alegría.[18] *La Guarachera de Cuba*, por su
parte, permanece en el *cabaret* Bambú, cuya gerencia avanza
en la competencia encarnizada por la supremacía en las noches habaneras, entre sus iguales: el nivel inmediato por debajo de los tres grandes *cabarets*. Apuesta por Celia, encabezando
un elenco ecléctico, donde se mantienen Fina de Villa y Angelito con sus cantos y danzas españolas, y la pareja de bailes Juliette y Sandor, y el barítono Gil Mar.[19]

En su edición de octubre, Bohemia recoge la siguiente noticia que, de haberse cumplido, habría representado la llegada de
Celia y su arte a Europa: "Frank Pacheco ha conseguido un fabuloso contrato a la maravillosa Celia Cruz para España. Nuestra máxima cultora del cancionero afro-cubano prepara todo:
vestuario, repertorio, equipaje para emprender la marcha a la
Península...". Pero solo quedó en eso: en noticias anticipadas a
la realidad o quizás hasta en rápidos preparativos, pero el viaje nunca se realizó.[20]

## ◆ COLOMBIA, PRIMER VIAJE, EN SOLITARIO ◆

El tema *Burundanga* se abre paso más allá de las fronteras cubanas y especialmente en Colombia, en las ciudades de la Costa

[18]   La revista Show en su edición de Octubre de 1954 menciona a *Laíto* cantan-
       do ya en esta fecha con La Sonora Matancera, junto a Celia y Rodolfo Hoyos.
       (Show. No. 8. Octubre 1954. p. 47).
[19]   Anónimo: *"Un 'show' variado y sensacional"*, en revista Show. Año 1. No. 7. Sep-
       tiembre 1954, p. 56.
[20]   "Espectáculo". *La farándula pasa*, en Bohemia, 3 de octubre de 1954, p. 116.

Caribe. Según el investigador colombiano Dr. Héctor Ramírez
Bedoya, fue el empresario Víctor Nieto quien se empeña y concreta llevar a Celia Cruz por primera vez a Colombia. En La
Habana, el Diario de la Marina, que mantiene la sección *Aeropuerto*, dedicada a informar las llegadas y salidas de pasajeros ilustres o con notoriedad, informa en su edición del 26 de
octubre: "Con destino a la ciudad de Camagüey en el Super-46
de Cubana de Aviación la conocida cantante Celia Cruz, quien
continuará viaje hoy mismo hacia Barranquilla".[21] Debió viajar
dos días antes, pues su pasaporte exhibe el cuño de entrada a
Barranquilla, estampado por la Aduana de la República de Colombia. Por el reporte del periódico cubano Celia viaja sola, no
menciona que también viajen los músicos de La Sonora Matancera. El anuncio publicado por el mismo diario el domingo 24,
incluyendo a Celia y a La Sonora entre los cerca de 100 artistas
que participarán esa noche en el homenaje al *Mago de las Teclas*, Antonio María Romeu, en el Palacio de los Deportes, plantea la duda de si Celia cantó o no en este evento.[22]

Su pasaporte confirma su presencia en Cartagena el día 25 y
de ahí va a Medellín. Según afirman los investigadores Sergio
Santana y Octavio Gómez, "Celia Cruz debutó el 26 de octubre
de 1954 en Medellín, sin la Sonora Matancera, por la emisora La
Voz de Antioquia. Ya tenía en la ciudad un sólido prestigio por
temas como 'Burundanga', el cual ratificó con sus presentaciones por las emisoras de la cadena Caracol."[23]

Las actuaciones de *La Guarachera de Cuba* en suelo colombiano transcurren durante la última semana de octubre y los
primeros días de noviembre en las ciudades de Barranquilla,
Medellín, Cartagena y Bogotá.[24]

En las fechas en que Celia llega por primera vez a Colombia ya
algunos músicos cubanos se encuentran trabajando allí: el excelente bolerista Pepe Reyes triunfa en las audiciones de Emisoras
Unidas y la C.R.C. de Barranquilla, acompañado de un conjunto muy popular en esas tierras: La Sonora del Caribe, dirigida por
Adolfo Moncada, y que según el columnista de Bohemia "...ha
copiado el estilo de nuestra Sonora Matancera". Anuncia también que Reyes ya ha realizado 22 grabaciones en Colombia con

[21] Cicero, Oscar: *Aeropuerto*, en Diario de la Marina, 26 de octubre de 1954,
p. A-6.
[22] Anuncio publicado en Diario de la Marina, 24 de octubre de 1954, p. B-8.
[23] Santana, Sergio y Gómez, Octavio: *Medellín tiene su salsa*. Medellín: Editorial
Escuela de Ingeniería de Antioquia. Medellín, Colombia. 2014.
[24] Ramírez Bedoya, Héctor. *Celia Cruz, Alberto Beltrán y Celio González. Estrellas
de la Sonora Matancera*, publicación propia. Medellín, Colombia. 2007, p. 45.

evidente éxito de ventas y que tras concluir allí pasará a Cartagena para presentarse en Emisora Fuentes. A la pianista Numidia Vaillant le va muy bien como directora del conjunto de Radio Miramar, en Cartagena, además de animar como pianista las noches del Casino Turístico del Hotel del Caribe en esa ciudad.[25] En entrevistas posteriores, Celia afirmaría que Numidia la acompañó en sus presentaciones en esa ciudad costera. El regreso desde Barranquilla a Camagüey en vuelo de Pan American se comprueba también el día 5 de noviembre a través de su pasaporte.[26]

Tras su regreso de Colombia, el 14 de noviembre, Celia canta con La Sonora Matancera en el Teatro Martí en el homenaje al importante músico Abelardito Valdés, director de la orquesta Almendra, de igual nombre que su más célebre danzón. Hacen parte ambos del elenco con las más populares estrellas del momento que se dieron cita en el coliseo de La Habana Vieja: Olga Guillot, Orlando Vallejo, Olga y Tony, Marta Pérez, Maño López, el Trío Matamoros, el Conjunto Jóvenes del Cayo y muchos otros.[27]

Las semanas finales del año se destacan por la presencia de Miguelito Valdés, en Tropicana, mientras que en el Teatro América, Fernando Albuerne, Benny Moré y Olga Guillot, formando empresa, mantienen un *show* espectacular que hace historia, donde se presentan ellos mismos con destacable rentabilidad a nivel de taquilla y algunos invitados puntuales, entre ellos Celia. Ella y Olga Guillot eran muy cercanas, a juzgar por lo que cuenta quien por ese tiempo era un mulatico quinceañero que soñaba con ser bailarín y que llegaría décadas más tarde a los planos más altos en la danza y la coreografía en Cuba. Era inseparable de la Guillot, en esos empeños juveniles de seguir y perseguir a los artistas admirados, cuyo éxito convertía en meta personal a alcanzar: "Mi acercamiento a Celia se produce a través de Olga, –explica Santiago Alfonso–. Eran como hermanas y como yo prácticamente vivía en casa de Olga, la veía muy a menudo cuando salíamos juntos o cuando ella venía a casa por las tardes a visitarla, o en Radio Progreso pues Olga también tenía un programa junto a Benny, Albuerne,

[25]  Sección *Baraúnda. Tele-Radiolandia*, en Bohemia, 2 de enero de 1955, p. 40.
[26]  El periodista e investigador colombiano José Portaccio Fontalvo, en su libro *La música cubana en Colombia y la música colombiana en Cuba*, confirma la presencia de Celia actuando en Cartagena y Barranquilla en octubre de 1954. (Edición propia, p. 243).
[27]  Anuncio en Diario de la Marina. 14 de noviembre de 1954, p. 8-B.

La Aragón y Los Hermanos Castro de 8 a 8.30 y el de Celia y La
Sonora era de 7.30 a 8.00 pm. Benny, La Guillot y Albuerne tenían en el Teatro América un espectáculo que se llamaba 'Cuba
canta y baila' y Celia hizo presentaciones ahí también. Al conocerla en persona me impresionó mucho porque me di cuenta
de que era una persona muy educada, no decía malas palabras,
(que era usual en casi todas las artistas), pero a la vez su senci-
llez me hacía admirarla más. Tiempo después, en una conversación, supe que era maestra normalista. Disfrutaba mucho su
presencia porque estar cerca de una artista a la que admiraba
tanto era para mí sentirme en el cielo".[28]

Santiago cuenta más de su vínculo con Celia y Olga Guillot en
Cuba: "Durante esos años íbamos a la fiesta que daba Roderico
[*Rodney*] en su finca el 16 de diciembre para velar a San Lázaro.[29]
No se me ha olvidado que el último año que fuimos Celia llevaba una saya de tela de tambor, (así se llama la tela de saco), ador-
nada con cintas moradas muy bella. Allí ambas cantaron a dúo,
a petición de Roderico, un número que en su inicio decía: "...yo
estoy loca por librarme de unos ojos que ayer vi...".[30] A las fiestas de Roderico yo era el que las llevaba... En los últimos años de
Olga en Cuba el chofer trabajaba por lo general hasta las siete o
las ocho de la noche. Si ella no tenía trabajo nocturno en *cabarets*
o teatros o si el marido de Olga, (Alberto Ínsua), no la acompañaba, yo la recogía, me daba las llaves del carro y la llevaba para
la casa, y después dejábamos a Celia en su casa... En esos viajes
Celia era mi defensora, porque yo no era un buen chofer, prácticamente estaba aprendiendo, no tenía cartera dactilar (que así
se llamaba en esa época la licencia de conducción). Lo mismo me
metía en un bache que me salía del carril. Olga empezaba a gri-
tarme y Celia me defendía. El último año fue el peor, Olga estaba
en estado de Olga María con una barriga descomunal, —imagí-
nate que eso fue el 16 de diciembre y parió el 6 de enero—, en esa

[28]  Santiago Alfonso Fernández. Entrevista con la autora. La Habana–San Lorenzo de El Escorial, 15 de mayo de 2021.
[29]  En Cuba es tradición dentro del sincretismo religioso afro-cubano, la velada
de santos como Santa Bárbara, la Virgen de la Caridad del Cobre, la Virgen de
Regla y San Lázaro, que se identifican con las deidades yorubas Changó, Ochún, Yemayá y Babalú Ayé, respectivamente. La velada se inicia la víspera del
día del santo-orisha, ofreciéndole cantos y toques, comidas y bebidas en un
festejo al que se suman amigos y vecinos. (Nota de la autora).
[30]  Se trata de la canción *Ojos brujos*, del compositor y director cubano Gonzalo Roig. Al parecer, ni Celia Cruz ni Olga Gillot llevaron a disco este título. En
un trabajo a tres voces armónicas la soprano cubana Esther Borja incluyó este
tema  en su LP *Esther Borja canta a 2, 3 y 4 voces* (Kubaney MT-101, años 50).
(Nota de la autora).

etapa Celia iba todos los días y se pasaba la tarde en casa. Es ahí donde tengo una relación más cercana con ella".[31]

### ◆ DE NUEVO EN EL BAMBÚ ◆

En diciembre, llamada por el coreógrafo y director artístico Héctor del Villar, Celia reaparece en el *cabaret* Bambú para una temporada de varios meses. Su debut se produce en momentos en que el centro nocturno asume el formato de doble *show* diario, en este caso *Macumba* y *España canta*, que se estrenan el día 6 con la pareja de bailes Chalía y Renny, los cantantes Gil Mar, Fina de Villa y las espectaculares Mulatas de Fuego, que están de regreso de una gira por Argentina, en su formación actual. Junto a las ya veteranas hermanas Álvarez –Lilia y Amelia *Fello*–, están Julita Borrell y Lina Ramírez[32]. Sin dudas, la presencia de Celia jerarquiza el *cabaret* Bambú, que se debatía entre satisfacer la todavía importante demanda de géneros ibéricos y aumentar la presencia de ritmos y temas afrocubanos, para hacer justicia al lema con el que su gerencia prefería se le identificara: "el paraíso de los ritmos exóticos". En la revista Macumba, mucho más afín con al estilo afrocaribeño con influencias brasileras, intervienen junto a Celia además el excéntrico bongosero Manteca, Las Mulatas de Fuego, Las Goldens, los bailarines Sonia y Rudy. "Celia Cruz es la máxima atracción del elenco –remarca la revista Show acerca de su desempeño–, se destaca como la folklorista de la década, interpretando los números que la han rodeado de tanta popularidad en todo el continente".[33]

### ◆ LAS GRABACIONES DE 1954 ◆ Y EL SEGUNDO LP

Los músicos de La Sonora Matancera regresan a los estudios CMQ junto con Celia para realizar tres sesiones de grabación para Seeco. En la primera, el 1 de abril registran los afros *El barracón* (Senén Suárez) y *Oyá diosa y fe* (Julio Blanco Leonard), *Silencio* (Elsa Angulo), y la guaracha *Pa'la paloma* (Aurelio Machín). El 12 de octubre, poco antes de Celia salir hacia Colombia, graba otros cuatro temas: la ya mencionada guaracha

[31]  Santiago Alfonso Fernández. Entrevista con la autora. 15 de mayo de 2021.
[32]  Lina Ramírez es la madre del cantante sonero Issac Delgado y del guitarrista Nelson Díaz.
[33]  Anónimo: "Brasil y España en dos revistas", en revista Show.  Enero de 1955, p. 53.

CELIA, ALFREDITO LEÓN, NENITA Y FAMILIARES. CA. 1954.

*Juancito Trucupey* (Luis Kalaff) y *Saoco*, otra guaracha (Rosendo Ruiz Quevedo), la samba-mambo *Y mi negro está cansao* (Grecia Domech) y el lamento africano *Plegaria a Laroye* (Eligio Valera). Transcurre poco más de un mes y el 16 de noviembre graba junto a *Laíto* Sureda la guajira *En el bajío* (José Claro Fumero-A.Castro). Nuevos autores aparecen en el repertorio de Celia y continuarán después con otras composiciones: el cubano José Claro Fumero, el dominicano Luis Kalaff y el también cubano Eligio Valera, uno de los miembros fundadores del grupo Loquibambia Swing, comandado por el pianista Frank Emilio Flynn y parte de aquellos muchachos que en las descargas informales en sus propias casas iniciaron lo que hoy se conoce como movimiento del *feeling*.

Pero lo más importante este año 1954 en cuanto a grabaciones es el lanzamiento del LP *Celia Cruz* (SLP-054), un disco de 10 pulgadas bajo el sello Seeco, que se publica en Estados Unidos con un atractivo diseño de Stephen P. Haas, centrado en la curvilínea figura de *La Guarachera de Cuba*, pensado y diseñado para el mercado norteamericano. Cuenta con el respaldo de La

Sonora Matancera en ocho temas que fueron previamente editados en formato de 78 revoluciones por minuto. El gran éxito del disco y de Celia en esos momentos es *Burundanga*, en el que La Sonora emplea un compás de seis por ocho, que semeja al ritmo de los bembés o toques de santo.

Radio Progreso termina el año en el segundo lugar de todos los *surveys*, y de ello en mayor medida es responsable su programación musical, que mantiene en los lugares de mayor preferencia los programas diarios que protagonizan Benny Moré, Olga Chorens y Tony Alvarez, y el espacio *Alegrías de Hatuey*, de La Sonora Matancera con Celia, *Laíto*, y Orlando Vallejo y Rodolfo Hoyos, patrocinado por Bacardí.

# ·1955·

CELIA CON LA SONORA MATANCERA EN GIRA INTERNACIONAL.
A LA DERECHA, PEDRO KNIGHT.  AÑOS 50

Como continuidad de la estrategia de promoción de la televisión y los artistas de los respectivos canales, la primera semana del año se elige a *Miss y Mr. Televisión 1955.* Las parejas candidatas: Olga Guillot y Benny Moré, y Olga Chorens y Tony Alvarez. El escrutinio de los votos enviados por la fanaticada es el 6 de enero, Día de Reyes. Olga Guillot antecede al Benny al presentarse temprano al conteo, lo mismo que la otra popular pareja. Son sin dudas cuatro de los más populares artistas que durante el año anterior fueron voces y cuerpos casi diarios en la radio y la televisión, además de copar los espacios de la noche habanera, Olga y Tony desde su gran *show* en el Teatro América, y Benny Moré, abarrotando sin piedad el *cabaret* La Campana. Al final, quedan seleccionados Olga y Tony.[1]

Durante enero continúa en el Bambú en la nueva revista *Maracas en la noche*, donde canta y baila. No escapa a la prensa la novedad en su vestuario: Celia lleva pantalones, al parecer por primera vez en su carrera estelar.[2] Mientras, todos los productores y coreógrafos de los principales *cabarets* saben que la presencia afrocubana en música, bailes y elementos escénicos es casi obligada a estas alturas, lo que beneficia las posibilidades de trabajo más o menos estable para muchos músicos y cantantes de formación empírica: en Sans Souci reponen una versión de *Serenata Mulata*, con el Conjunto de Facundo Rivero y Paulina Álvarez, mientras *Rodney* estrena en Tropicana su producción *Karabalí*, con otra gran voz del canto litúrgico afro-cubano, Merceditas Valdés, escoltada por el Cuarteto D'Aida y el pianista Orlando de la Rosa, entre otros.

[1]   Día de Reyes. *Tele-Radiolandia*, en Bohemia. 9 de enero de 1955.
[2]   Anónimo: "Los sueños llevados a una revista", en revista Show. Febrero de 1955, p. 54.

## ◆ *UNA GALLEGA EN LA HABANA*, EL FILME ◆

En febrero llega a La Habana la actriz argentina Niní Marshall para trabajar a las órdenes del director René Cardona, cubano afincado en México, y el productor Carmelo Santiago —que suscribe créditos de argumento y adaptación con la Marshall—, en el filme mexicano *Una gallega en La Habana* —una historia en tono humorístico y resultados fallidos—, en el que comparte roles protagónicos con Antonio Aguilar, en un elenco que incluye a Ana Bertha Lepe, los cubanos Juan José Martínez Casado, Federico Piñeiro, Zulema Casals y otros. Con este filme y su trama el director pretendía homenajear a la entonces muy nutrida comunidad gallega en Cuba, influyente en el ámbito industrial, y al poderoso Centro Gallego, al tiempo que retoma el tema de la industria del tabaco, que ya había abordado años atrás en su filme *Tierra Brava* (1938).[3] Todo el rodaje se realiza en locaciones habaneras. La música está a cargo de Manuel Esperón, quien incluye a Celia Cruz, Nelson Pinedo y La Sonora Matancera con Las Mulatas de Fuego, el Trío Tariácuri, la orquesta América y Las Bellezas de Montmartre, dirigidas por Carlos Sandor, en las consabidas e infaltables escenas de *cabaret* que debía tener todo filme mexicano que se preciara de estar a tono con la época.[4]

La Sonora Matancera, con *Laíto* y *Caíto* en los coros, interpreta *Me voy pa' La Habana*, un porro del colombiano José María Peñaranda, cantada por Nelson Pinedo, y *Sandunguéate* (Senén Suárez), por *La Guarachera de Cuba* y Las Mulatas de Fuego, quienes en dos minutos y diez segundos consiguen la escena musical mejor lograda de la película. La Orquesta América se deja ver y escuchar en *Rico Vacilón* (Rosendo Ruiz Quevedo) y *Montmartre cha cha chá* (A. Guzmán y M. Aguirre).

En febrero ocurren muchas cosas: las cantantes puertorriqueñas Lucy Fabery y Carmen Delia Dipiní cumplen temporada de trabajo en Cuba. La primera se presenta en Radio Cadena Habana y en el *night-club* campestre Mulgoba, al tiempo que la Dipiní comienza a hacerlo en el Alí Bar y también en Radio Progreso, a través del programa *Fiesta Ironbeer*, y en el Canal 4 de TV en el programa *Vodevil del Domingo*.[5] Rogelio

---

3    Guía Cinematográfica 1955.

4    García Riera, Emilio: *Historia documental del cine mexicano. Volumen III.* Universidad de Guadalajara. 1997, p.158. Véase también: https://www.imdb.com/title/tt0270959/fullcredits/?ref_=tt_ov_st_sm

5    Giro, Alberto. *Carmen Delia Dipiní, un gran éxito popular de Radio Progreso y Vodevil del Domingo en Canal 4*, en sección *Radio*. Diario de la Marina, 6 de febrero de 1955, p. C2.

Martínez no deja escapar la oportunidad, decisión de la que saldrán algunas actuaciones de la Dipiní con La Sonora Matancera y la grabación de seis temas para engrosar la profusa lista de cantantes en los registros fonográficos del gran conjunto cubano.[6]

## ◆ PRIMERA GIRA CON LA SONORA MATANCERA. ◆ VENEZUELA, COLOMBIA Y CURAZAO

El 12 de febrero, el Diario de la Marina inserta un anuncio sobre lo que ocurriría ese día en el Teatro Blanquita, el homenaje a dos gloriosas figuras del teatro cubano: Alicia Rico y Candita Quintana. El espectáculo incluye, además de a los artistas icónicos del teatro vernáculo cubano, a la gran Rita Montaner, Rosendo Rosell, Fernando Albuerne, Luis Carbonell, Esther Borja, Rosita Fornés, Armando Bianchi y muchos otros, entre ellos Celia Cruz y La Sonora Matancera. Pero el prestigioso rotativo pifió en uno u otro caso, pues el día anterior, sábado 11, en breve nota anuncia que los integrantes de La Sonora Matancera habían tomado un vuelo de Cubana de Aviación rumbo a Camagüey, donde abordarían otro avión de Pan American con destino a Maracaibo.[7] Tras Haití y Santo Domingo, era ésta la primera gira continental de Celia con La Sonora, cuya inicial parada fue Colombia. Hace también el viaje el cantante dominicano Alberto Beltrán. Debutan el 10 de febrero en Barranquilla durante la temporada carnavalesca, en el estadio Tomás Suri Salcedo –hoy Elías Chewin– en un evento organizado por la Cadena Radial del Caribe y, luego, en el *night-club* Chop Suey. Al día siguiente llegan a Medellín y actúan en el Teatro Junín. Ese mismo día, en frenética agenda, se presentan en un baile de gala en el Club Unión, que homenajeaba al industrial antioqueño Gonzalo Mejía. En el cartel del debut de los cubanos en Medellín aparecían la cantante Imperio Argentina, la orquesta de Luis Rovira, el tenor mexicano Mario Alberto Rodríguez, el guitarrista Esteban de San Juan, el poeta y declamador Angel Pericel y el humorista Montecristo.

[6] Carmen Delia Dipiní (Naguabo, Puerto Rico. 18 de noviembre de 1927 – 4 de agosto de 1998).
   Las canciones grabadas para Seeco por Carmen Delia Dipiní con La Sonora Matancera en Cuba en 1955 son: *Si no vuelves, Delirio, Vuelve alma mía, Regálame un minuto, Para que lo digas* y *No te demores.*
[7] Cicero, Oscar: *Sección Aeropuerto.* En Diario de la Marina. 11 de febrero de 1955, p. A6.

Celia interpretó sus éxitos *Burundanga*, *Ritmo tambó y flores*, *Cao cao maní picao* y *Tatalibabá*, entre otros.[8]

En Venezuela, actuaron del 18 al 23 de febrero y en Curazao, del 28 de febrero al 7 de marzo. La gestión empresarial de las festividades del carnaval de Caracas no escatima esfuerzos ni presupuesto para tener allí a orquestas locales como la de Luis Alfonzo Larrain y a otras foráneas como Machito y sus Afro-cubans con Graciela, que van contratados al club Las Fuentes.[9] Según el diario caraqueño La Esfera, La Sonora y Celia han sido firmados por la empresa del Parque de Atracciones de Los Palos Grandes para presentarse en el Club Las Fuentes el día 18, alternando con Willy Gamboa, su orquesta y Las Hermanas Montoya. Del 19 al 23 como parte también del carnaval, el programa en Coney Island tiene como grandes atracciones al conjunto cubano, Celia Cruz, la diva afroamericana Josephine Baker, el colombiano Nelson Pinedo y otros artistas, en un programa que se extiende hasta finales de febrero.[10] A partir de 1955 las actuaciones de Celia y La Sonora Matancera en los carnavales caraqueños será cita obligada cada año, como un clásico de las grandes festividades capitalinas en Venezuela.

La tercera parada de la gira será Curazao. Tiene larga data la preferencia del público de las antiguas Antillas Neerlandesas por la música cubana, poco conocida quizás, pero lógica si se tiene en cuenta el vínculo histórico entre Cuba y esas islas, desde que se hizo natural el ir y venir de jornaleros de Curazao y Aruba hacia Cuba, a partir de la primera mitad del siglo XX. Empujados por la precariedad de las economías isleñas, ven posibilidades de trabajo seguro en la zafra azucarera en Cuba, sobre todo en las décadas de los treinta y los cuarenta. En su vida trashumante se harán acompañar del recuerdo de la música que descubren en la isla grande. Así, a partir de entonces, se abrió una brecha empresarial de promotores y dueños de tiendas de discos, que asegura la afluencia de cantantes, orquestas y conjuntos cubanos a esas islas, sobre todo a Curazao: desde Arsenio Rodríguez a Benny Moré; desde Miguelito Cuní, el conjunto Chappottín y sus Estrellas, la orquesta Aragón, hasta el Decano de los Conjuntos Cubanos y la estelar

8    Santana, Sergio y Gómez, Octavio. *Medellín tiene su salsa*. Editorial Escuela de Ingeniería de Antioquia. Medellín, Colombia. 2014.
9    Mayo, Marina: "Noches de Caracas", en revista Show. Marzo de 1955, p. 38.
10   "Coney Island presenta en los días de carnaval a La Sonora Matancera con su cantante Celia Cruz", en La Esfera. No. 10.005. Caracas, Venezuela. También: "Josephine Baker y La Sonora Matancera con Celia Cruz en Coney Island", en La Esfera. 19 de febrero de 1955. Caracas, Venezuela.

Celia Cruz, se presentan allí y son cada vez más populares, sobre todo entre los curazoleños, haciendo de las antiguas Antillas Holandesas uno de sus principales mercados.

Para estas fechas de 1955 ya La Sonora y sus cantantes son muy conocidos por el público de Aruba, Curazao y Bonaire: desde 1953, la firma comercial N.V. Handelmij Tjon Pian G.I. tiene disponibles los discos del catálogo de Seeco, y hace anunciar su *stock* de ventas en los principales periódicos que circulan en las Antillas Holandesas, entre ellos De Surinamer, un *magazine* de noticias y anuncios donde aparecen reiterados reclamos con los nombres de Celia, Bienvenido Granda y La Sonora Matancera, junto a los de Vicentico Valdés, el boricua Johnny Rodríguez y otros.[11] A Celia, en particular, el público de Curazao ya había tenido la oportunidad de verla en el filme *Rincón Criollo*, que en marzo de 1952 y diciembre de 1953 fue exhibido en el capitalino cine-teatro West-End, donde mismo ella se presentaría ahora, en 1955, acompañada por la Matancera. Entonces, los anuncios en neerlandés que avisaban del estreno del filme cubano mencionan el nombre de Celia junto al de la protagonista, Blanquita Amaro.[12] Cuando el 28 de febrero Celia y los músicos de Rogelio llegan al aeropuerto "Dr. Albert Plesman" (hoy Hato International Airport) hay en las islas gran expectativa por sus presentaciones, previstas para el siguiente día 1 de marzo en Willemstad, la capital, a las 7.00 pm, y después en el *cabaret* Chobolobo.[13] El periódico De Amigoe comentaba: "Debido a la llegada y actuación de la orquesta cubana 'Sonora Matancera', la policía tuvo que intervenir ayer varias veces. Alrededor de las 13:30 horas en el Hotel Park, donde se hospeda la orquesta, en el estudio de Radio Hoyer, donde una ventana fue casi destrozada por la multitud y en el teatro West End, donde el tráfico se atascó irremediablemente".[14]

Al día siguiente de su debut, el periódico Amigoe di Curacao publica la siguiente reseña, bajo el título "La Sonora Matancera conquistó un éxito abrumador":

[11] Anuncios en diario De Surinamer. 22 de diciembre de 1959, 17 de mayo de 1954, 9 y 16 de febrero de 1955. Éstas y todas las fuentes de Antillas Holandesas han sido consultadas en el repositorio holandés www.delpher.nl
[12] Anuncios en periódico Amigoe di Curacao. 5 de marzo de 1952 y 9 de julio de 1953.
[13] "Sonora Matancera aangekomen" ("Llega La Sonora Matancera"), en periódico Amigoe di Curacao. 1 de marzo de 1955.
[14] Citado por Tim de Wolf en su libro en preparación: *Discography of Gramophone records from (or related to) the Netherlands Antilles, 1925-1971.* Haarlem (The Netherlands): Uitgeverij Indeknipscheer, 2022.

"La conocida orquesta cubana Sonora Matancera concitó ayer un abrumador interés por parte del público de Curazao. Cuando anoche la banda se presentaba en el 'West End Theatre', un público frenético, divertido y ávido de escuchar a la orquesta, abarrotó el cine-teatro. Todas las entradas se agotaron, hubo personas amantes de esta música que sin querer perderse este suceso se consideraron afortunados cuando se vieron obligados a pagar las entradas más por encima del precio establecido. Los del 'comercio negro' obtuvieron ganancias de hasta dos florines. Pero valió la pena, la banda no fue menos, tocó muy bien, y por eso la audiencia reaccionó con un gran entusiasmo".[15]

Lo que ocurrió en el Chobolobo se encargó de contarlo también la redacción de Amigoe di Curacao en el mismo artículo:

"Lo del Club Chobolobo, a donde los cubanos llegaron con retraso a las diez, debido a un puente que había permanecido abierto, también fue tormentoso. A pesar de que debieron pagar 6 florines por entrada, hasta allí habían llegado casi 5.000 personas. Cientos de ellas, interesadas en ver de cerca a los artistas, estaban esperándolos en las afueras del club. Cuando llegó Celia Cruz le tributaron un fuerte aplauso. Lo más destacado de la noche llegó cuando las primeras notas de los instrumentos de la 'Sonora Matancera' sonaron sobre la glorieta del Chobolobo. El señor Marchena, gerente del Park Hotel, decidió colaborar y trajo la mitad de su cocina ayer al Chobolobo, que no tiene un chef, y su administración quiso organizar especialmente una suerte de restaurante para el mayor disfrute y conveniencia del público".

Los días 3 y 4 el programa continúa en el *Chobolobo* con Celia como cabeza de cartel, con tandas 9:30 pm y 2:30 am. El 4 y 5 se presentan también en el cine-teatro Cinelandia y a las 9:00 pm del día 5 en el Club Van Engelen. Celia y La Sonora tienen tiempo para ofrecer un bailable a los trabajadores petroleros de la empresa CPIM-CSM. La cita fue en el Barge's Bad Club y a ritmo de guarachas, merengues y boleros. La pista se llenó de cuerpos danzantes, más de 1.400, multitud nunca vista allí, según declara a la prensa un alto empresario de la industria del ocio de la región. El domingo 6 van a Suffisant Dorp, también en Curazao, donde se presentan en el cine-teatro Suffisant, con un éxito similar, logrando reunir en la sala a cerca de 3.000 personas.[16]

15   "'Sonora Matancera' boekt overweldigend succes", en periódico Amigoe di Curacao. 2 de marzo de 1955.
16   Véanse: periódico Amigoe di Curacao. 3, 4, 5, 6 y 7 de marzo de 1955.

Según el discógrafo holandés Tim de Wolf, Celia y La Sonora actuaron también esta vez en Aruba, el día 5, en el Club Caribe.

La presencia de Celia y La Sonora en Curazao coincide con las presentaciones en La Casa Dominicana, del declamador colombiano Julio Rubio, hecho que evoca una anécdota contada por la prensa curazoleña: el impacto de los cubanos es tal que provoca la crítica pública del cónsul general colombiano Andrés Julio Espinal dirigida a los medios de prensa, con la sola excepción de Amigoe di Curacao, ya que, según él, se habían volcado únicamente en exaltar a la cantante cubana, sin ocuparse de destacar la importancia de su coterráneo artista.[17] El lunes 7 en Cinelandia será la última actuación de Celia y La Sonora Matancera durante su primera gira por Curazao. El diario curazoleño anuncia su regreso a Cuba al día siguiente a través de la aerolínea KLM. Los cubanos van rebosantes de triunfos y con propuestas para un pronto regreso.

Unos meses después, en noviembre, Rogelio Martínez viaja a Caracas para concretar con el empresario Guillermo Pérez la negociación de cara a la presentación, como cada año, de La Sonora Matancera en los Carnavales de Caracas del siguiente año, y en viaje de regreso a Cuba hace una breve escala en Willemstad. El hecho no pasa inadvertido para el corresponsal de Amigoe di Curacao, quien da la noticia: "La Sonora Matancera con la famosa cantante Celia Cruz, regresará a Curazao el 20 de febrero para tocar en diferentes clubes, contratados por Rino Marchena, el activo empresario curalozeño, quien se entrevistó con el líder del conjunto cubano quedando refrendado el contrato. Llegarán a Curazao después que se presenten en los Carnavales de Caracas del 9 al 19 de febrero del próximo 1956".[18]

A partir de su primer encuentro con el público de esa parte del universo antillano, y de los que vendrían después, Celia tomaría contacto también con la música popular de esas islas, y pronto dejaría constancia de ello en su repertorio.

De regreso de la gira internacional, La Sonora Matancera, Celia y sus cantantes —ahora también con Orlando Vallejo— recuperan los aplausos del público en su exitoso programa *Alegrías de Hatuey*. De ese periplo, la revista Radiomanía y Televisión destaca el contacto del conjunto con la música más

---

[17]   "Julio Rubio voor stampvol 'La Casa Dominicana'", en Amigoe di Curacao. 7 de marzo de 1955.
[18]   "Sonora Matancera weer naar Curacao" ("Sonora Matancera de vuelta a Curazao"), en Amigoe di Curacao. 23 de noviembre de 1955.

popular de los países visitados, asimilado en excelentes arreglos de temas que ya están cantando casi a diario, y que, en algunos casos, provocan hasta las clásicas "contestaciones" como la que hicieron Celia y Nelson Pinedo al popular merengue *El marinero*, de Teté Cabrera y Ricardo Rico.[19]

La misma semana en que regresan Celia y La Sonora se produce la reaparición de Daniel Santos ante los micrófonos de Radio Progreso, pero esta vez lo respalda el otro conjunto estrella, el Casino, en programa de lunes a sábado comenzando a las 5:55 de la tarde y asegurando llenos totales en el estudio de La Onda de la Alegría.[20]

## ◆ CARIDAD CUERVO, UNA CELIA ◆ EN MINIATURA

Apenas tenía ocho años, pero tanto ella, como su madre, sabían que lo que más le gustaba era cantar. Ya había ganado en el programa de participación infantil que organizaba Radio Mambí, una especie de Corte Suprema del Arte, pero para niños, hasta que Celia y La Sonora Matancera la escucharon y lo decidieron: la invitaron a cantar en el programa *Alegrías de Hatuey* en Radio Progreso, como una revelación entre sus cantantes Orlando Vallejo y *Laíto*, y causa sensación entre los músicos y el público asistente al estudio. Tanto es así, que al terminar el año, en la selección de los Valores Destacados de la Radio y TV en 1954, la Asociación de Críticos de Radio y Televisión (ACRYT) la elige como mejor Artista Infantil, en lauro compartido con la pequeña Nancy Simpson.[21] Sería una noticia más si no fuera porque Caridad Cuervo[22] era por muchas razones una Celia Cruz en miniatura: desde muy pequeña su ídolo paradigmático es *La Guarachera de Cuba*, entona sus mismos temas, con una voz muy similar e imitando su estilo, y para colmo, la niña no sólo se le parecía físicamente, sino que las iniciales de sus nombres y apellidos eran las mismas.

Con sus nueve años Caridad Cuervo es tema de actualidad, muchos le vaticinan un futuro promisorio. Celia decide apo-

[19]   Radiomanía y Televisión. Año 19. No. 4. Abril de 1955, p. 7.
[20]   "Vuelve a triunfar Daniel Santos al reaparecer en Radio Progreso". Sección *Radiovisión*. En Diario de la Marina. 13 de marzo de 1955, p. 2C.
[21]   "La ACRYT premió a los valores radiales y de televisión más destacados de 1954", en revista Radiomanía y Televisión. Enero de 1955. La Habana, Cuba, p. 11.
[22]   Caridad Cuervo ([Esmeralda Caridad Cuervo Pedroso]. La Habana, 1 de abril de 1946 – 22 de diciembre de 1998).

yarla, convertirse en una suerte de madrina musical, y pronto tendrá que romper lanzas en favor de la pequeña. Al igual que otras figuras relevantes que se alzan en contra de un decreto gubernamental que prohíbe la intervención de menores de 14 años en la televisión, Celia se pronuncia con especial énfasis en favor de la pequeña Caridad y su futuro desarrollo musical.

El programa *Show de medianoche*, entre otros muchos medios, reclamó la derogación o modificación de esta medida en

CELIA CON CARIDAD CUERVO. AÑOS 50.

una emisión en la que diferentes actores y cantantes intervinieron en favor de los niños-artistas y Celia Cruz fue una de ellos.[23] Algunos medios de prensa cifraban sus esperanzas en que el decreto fuera derogado, para lo cual pedían un debate con abogados, pedagogos, productores y miembros de la Comisión de Ética para Radio y Televisión. El abogado Dr. Carlos Manuel Palma denuncia el decreto como inconstitucional al considerar a los artistas como trabajadores, cuando clasifican legalmente como profesionales del arte, al tiempo que señala que "... los programas de menores eran la única cantera o laboratorio, donde se estaba desarrollando la vocación artística cubana. Había algunos artistas infantiles que eran verdaderas luminarias: Nancy Simpson, Rolandito Ochoa, Sol Aparicio Pinelli, Néstor Molina, *Tin-Tancito* y Caridad Cuervo, la Celia Cruz en miniatura". Insiste en que Caridad Cuervo es una de las víctimas de esta medida, "... una notabilidad, que ya estaba ganando lo suficiente, para haber salido de una ciudadela [solar] y darle a su familia pobrísima, la alegría de vivir en un apartamento confortable".[24]

Caridad Cuervo debió esperar tres años hasta 1958, cuando el decreto dejó de surtir efecto, para retomar su vida artística infantil. La influencia de Celia, explícita o no, fue importante para que, tiempo después, la niña realizara sus primeras grabaciones. Los hermanos Ramón y Galo Sabat acogen la idea, Caridad Cuervo entra en el estudio de la calle San Miguel y graba sus primeros discos bajo el sello Panart, con la guía musical y el respaldo de Severino Ramos.[25] La acompañaron los conjuntos de Yoyo Casteleiro, Silvio Contreras y Severino Ramos en el LP *Caridad Cuervo* (LP-2053). Más adelante, Celia y Caridad vuelven a coincidir en espacios televisivos y se verá cómo la influencia de Celia Cruz será la pauta en la carrera musical de Caridad Cuervo. Su presencia casi permanente en el elenco el *cabaret* Tropicana a partir de los años 70, y también su aparición en televisión, recordarán siempre el estilo y la huella de Celia, de la que nunca renegó y que llevó también a los escenarios internacionales. Solo la temprana muerte de Caridad, a los 52 años, pudo detener su carrera musical.

[23] "'Show de medianoche' defiende a los menores desplazados", en revista Show. Octubre 1955, p. 44.
[24] *Chismolandia*, en revista Show. Julio de 1955, p. 32.
[25] El título *Caridad Cuervo* (Panart LP-2053) es el primer LP en la discografía de Caridad Cuervo. Incluye afros y guarachas que la niña canta acompañada en todos los cortes por el conjunto de Severino Ramos, excepto en uno –*Tambó africano*– donde la respalda el conjunto de Yoyo Casteleiro. Algunos de estos números fueron publicados en formato de single (45 rpm).

## ◆ A PANAMÁ POR PRIMERA VEZ ◆

Desde hace mucho hay expectación en Panamá por ver en vivo y en directo a Celia Cruz y a La Sonora Matancera. Finalmente en mayo se confirma que han sido contratados por la empresa de Luis Donadío Demare y que debutarán el 25 de junio, con un caché pactado de 1.000 dólares diarios, para actuar durante diez días en el prestigioso y céntrico *cabaret* Happyland, el Teatro Presidente, el hotel El Panamá, en bailes populares y a través de las ondas radiales de la Red Panamericana. Con su patrocinio y el de los cigarrillos Istmeños, la promoción es pujante y llega a los bailadores que sienten preferencia por los conjuntos y orquestas cubanos.[26]

Como se esperaba, las presentaciones en Panamá terminaron con un gran éxito. Una fiesta de despedida en honor a Celia y a La Sonora Matancera reunió a figuras panameñas, como el propio Donadío Demare, Humberto Lewis, gestor musical, y Charles Chandler, *manager* del Happyland, y numerosos artistas cubanos que, en esos momentos, se encontraban trabajando en el país istmeño: el cantante Miguelito García –gran voz de la trova tradicional cubana, radicado entonces en Panamá–; Olga de Montenegro, los hermanos Mario y Pedro Rigual, entre otros. No faltaron elogios a la labor de Celia y La Sonora, pues más de 30 personas pasaron por el micrófono a dejar su testimonio de aprecio y gratitud.[27]

La bella *vedette* Elsie Brizuela, conocida como *Piel Canela*, es víctima de una agresión en Lima, Perú, donde trabajaba, y con trágicas e irreversibles consecuencias, que concitan la acción del Dr. Carlos Manuel Palma y de la ACAT (Asociación Cubana de Artistas Teatrales), a través de su presidente Luis López Puente, al anunciar una función en beneficio de la joven *vedette*, que abarrota el cine-teatro América, en las calles Galiano y Concordia. La lista de artistas que accedieron a actuar en el *mega-show* es enorme en calidad y cantidad, y en ella aparecen Celia, Nelson Pinedo y La Sonora Matancera, Olga Guillot, Bola de Nieve, Fernando Albuerne, Felo Bergaza, Juan Bruno Tarraza junto a nombres del teatro vernáculo y artistas extranjeros que se presentan en ese momento en Cuba como Avelina Landín, Los Chavales de España, Dick y

[26] Manzzo, Johnny: "Panamá entre bambalinas", en revista Show. Junio 1955, p. 51; Julio 1955, p. 53.
[27] Manzzo, Johnny: "Panamá entre bambalinas", en revista Show. Agosto 1955, p. 36.

Biondi, Alfredo Sadel, Paco Michel y el italiano Pino Baratti, con el respaldo de las orquestas dirigidas por Julio Gutiérrez y Wilfredo García Curbelo.[28]

Para el 3 de octubre están convocadas las elecciones en la ACAT y, como resultado de su notoriedad y reconocimiento en el gremio, Celia resulta propuesta para uno de los cargos directivos. Su nombre se incluye en la candidatura No. 1 como segunda vicepresidenta (el cantante y actor José Fernández Valencia aparece como candidato a presidente; el actor Juan José Martínez Casado como primer vicepresidente y Juan E. González Gaspar como secretario de Actas), aunque finalmente esta candidatura no sería la ganadora.[29]

✦ DEBUT EN LIMA ✦

Como resultado directo de la creciente popularidad que van alcanzando las grabaciones de Celia Cruz y La Sonora Matancera en Perú, se comienza a hablar de la inminente llegada a Lima de la cantante y los músicos. Para el diario peruano El Comercio, el bolero *Tu voz*, cantado por Celia, era el más escuchado en la radio en ese momento.[30] Otras opiniones, como la del corresponsal de la revista cubana Show en la capital peruana, ubican la guaracha *Goza negra* −cantada por Celia− y las interpretaciones del dominicano Alberto Beltrán con La Sonora, entre las más demandadas en las estaciones de radio.

La revista norteamericana Billboard se basaba entonces en tres indicadores para medir el curso y el pulso de la industria de la música. Uno de ellos era el uso de las *juke-boxs* o victrolas, además de los índices de las ventas de discos en tiendas y los más sonados por los *disc-jockeys* en salas de baile. Por ello resulta revelador el artículo "Las juke-box, buen juego en Perú", que publicó esta revista especializada en su edición del 30 de julio de 1955: "Las canciones más populares están siendo los boleros, guarachas, afros, valses criollos y merengues. Según las mediciones de usos en las *jukes*, las tres canciones más populares en este momento son 'Me contó un amigo' por Luc [Luis] Abanto Morales[31], de la marca Sono Radio; 'Bésame

[28] Anónimo: "Sin precedentes el beneficio a Piel Canela", en revista Show. No. 19. Septiembre 1955, pps. 20-21.
[29] "Las elecciones de los artistas", en revista Show. No. 20. Octubre de 1955, p. 47.
[30] https://elcomercio.pe/blog/huellasdigitales/2013/07/celia-cruz-la-reina-de-la-guar/
[31] Luis Abanto Morales (Trujillo, Perú, 25 de agosto de 1923- 14 de junio de 2017). Destacado cantante y compositor peruano, autor e intérprete de numerosas

morenita', de los sellos Seeco y Sono Radio, y 'Aunque me cueste la vida', por Celia Cruz, del sello Seeco".[32] En realidad, este bolero lo había grabado con éxito rotundo y el respaldo de La Sonora Matancera no Celia, sino el dominicano Alberto Beltrán, quien ya triunfaba con el conjunto en Cuba a través de las ondas de Radio Progreso. Lo que Celia graba y populariza es la *Contestación a "Aunque me cueste la vida",* escrita por el también dominicano Luis Kalaff, siguiendo una tradición muy vieja en la canción trovadoresca, y luego del bolero, de responder con otra canción a un tema de éxito.

Billboard destaca a Celia Cruz el mismo año en que otro cubano –Dámaso Pérez Prado, con su orquesta– se mantiene por tres meses encabezando las listas de los discos más vendidos con su *Cherry Pink (and Apple Blossom White),* que conocimos como *Cerezo Rosa.* Este éxito figura también como *top hit* entre las canciones más reproducidas por los *disc-jockey* durante la semana del 21 al 28 de mayo y todo el mes de junio como preferido en las victrolas o *juke-boxes.* El tema del *Rey del Mambo* solo pudo ser vencido por Bill Halley and His Comets con *Rock Around the Clock.*[33] Desde 1940 en que se comienza a compilar estas listas de Billboard es la primera vez que un músico cubano –y latinoamericano– aparece en ellas. Lograría Pérez Prado el más alto reconocimiento de la Asociación de Críticos de Estados Unidos y el Disco de Oro de la RCA Victor. *Cerezo Rosa* había vendido hasta finales de 1955 la asombrosa cantidad de 1.800.000 discos.[34]

Dos emisoras radiales peruanas contendieron para llevarse el contrato de Celia, pero salió victoriosa una tercera, ninguna de las dos que lucharon por vencer y presentarla en Perú a finales de 1955: Radio San Cristóbal se anota un triunfo al contratar a *La Guarachera de Cuba* para sus primeras presentaciones ante los peruanos, según comenta la revista Show.[35] Finalmente, el

---

canciones que enriquecen el acervo musical peruano, al punto de haber llegado a considerarse por la Organización de Estados Americanos como Patrimonio Inmaterial de las Américas. *Me cuenta un amigo* fue compuesta por Adalberto Oré Lara

[32]   Billboard. "Jukes, game good in Peru", en revista Billboard. Julio 30 de 1955. Nueva York. Estados Unidos, p. 102.

[33]   Véanse Listas Billboard en:       https://en.wikipedia.org/wiki/List_of_Billboard_number-one_singles_of_1955.

[34]   "Un triunfador". Sección *Tele-Radiolandia,* en revista Bohemia. 5 de febrero de 1956, p. 36.

[35]   Concha, Carlos A.: "Perú", en revista Show. No. 20. Octubre de 1955, p. 46. Véase también: Emilio Bustamante. *La radio en Perú.* Fondo Editorial Universidad de Lima. Lima, Perú 2017.

CELIA CON XIOMARA ALFARO (IZQUIERDA) Y MERCEDITAS VALDÉS (DERECHA) EN SANS SOUCI. CA. 1953. COLECCIÓN FRANK HINRICHS.

24 de noviembre, Celia parte hacia Lima.[36] Conquista de inmediato el favor de la prensa limeña, de Manuel Olivari, el periodista "relámpago" que entrevista con rapidez y sagacidad a las luminarias de la música, el espectáculo y el cine, no más bajan por la escalerilla del avión que los ha llevado a Perú; de Guido Monteverde, a quien Celia compara con una versión suramericana del afamado Walter Winchell.[37] Fuentes peruanas han

[36]  Anónimo: "'Trópico'nueva revista en el Bambú", en revista Show.  No. 22. Diciembre 1955, p. 60.
[37]  Concha, Carlos A.: "Perú". Sección Noti-Show, en revista Show. No. 25. Marzo 1956, p. 47.

señalado que Celia fue acompañada en su debut en Lima por la orquesta del percusionista peruano Ñiko Estrada.

Por esos días, otra cubana está arrasando allí, cautivando a los peruanos con su voz aguda y peculiar: la soprano de coloratura Xiomara Alfaro. A esas alturas, la Alfaro tenía ya una carrera internacional mucho más consolidada que la de Celia. Desde 1953, trabaja en Europa, en una de las más importantes compañías norteamericanas: el ballet de Katherine Dunham; y con ella tiene una corta, pero destacada aparición en el filme italiano *Mambo*, protagonizado por Silvana Mangano y trabajando a las órdenes de Robert Rossen. Sus exitosas actuaciones en Italia y Portugal le valen no solo reconocimiento, sino también la posibilidad de un contrato importante para presentarse en Suramérica. En Chile revoluciona literalmente la escena teatral con la revista *Bim bam bum*, en el Teatro de la Ópera y vuelve allí al cine en la película *El Gran Circo Chamorro*. Con ese aval internacional y sin contrato, Xiomara Alfaro llega a Perú y pasa de ser una desconocida a la adoración más ostensible, cuando en un homenaje a los periodistas peruanos canta *Luna Rosa* y arrebata. Es en Perú donde graba su primer disco.

Y aunque no hay similitud en estilos, tesituras y colores de sus respectivas voces, la prensa peruana encuentra un punto donde explotar una posible rivalidad entre las dos afrocubanas. Así lo refleja la revista Show desde la mirada de su corresponsal en Lima: "El extraordinario caso de la soprano ligera Xiomara Alfaro, es lo más sobresaliente y llamativo ocurrido en Lima en los últimos tiempos. Nunca se había visto en los diarios tanta publicidad gratuita y elogiosa a la gran voz que posee esta cantante. [...] 'Sube espuma' es la grabación hecha por Xiomara Alfaro, que ha conquistado la predilección del oyente y la que la ha catalogado como la mejor embajadora de los ritmos cubanos de todos los tiempos. Muchos la comparan con Celia Cruz, la maravillosa reina del afro, pero esa afinidad no procede, por cuanto sus registros de voces son muy diferentes. Hay que reconocer que la calidad de Alfaro es un hecho indiscutible y muy bien podría competir con Celia Cruz de su privilegio como cantante, cuando llegue a La Habana completamente transformada. Mientras tanto, actúa en estos momentos en Quito y Guayaquil, después de permanecer en nuestra capital por espacio de un mes".[38] A partir de declaraciones de Celia, la revista Show se encargaría de confirmar la inexistencia de tal rivalidad en la vida

---

[38]   Carlos A. Concha: "Perú", en revista Show. Noviembre de 1955, p. 52.

real y la admiración recíproca que públicamente ambas se profesan. Y para que no queden dudas, en febrero del siguiente año, la revista dirigida por Palmita afirma a través de uno de sus redactores, Ñico Gelpi: "Celia Cruz tiene una gran discoteca. Sus favoritos son los de Xiomara Alfaro".[39]

Durante el año 1955 Celia actúa en varios programas de la televisión cubana, como el *Casino de la Alegría,* en el Circuito CMQ (Canal 6), en el que incluso llega a bailar un cha cha chá con el mexicano Pedro Vargas, intentado enseñarle con su destreza y admirable gracia.[40] Pero un contrato mejor y otras posibilidades artísticas la llevan al canal 4 (Televisión Nacional) de Amadeo Barletta y gestionado por un viejo conocido suyo, con gran aval en el medio y que ha ido consolidando algunos programas con *rating* creciente: Gaspar Pumarejo. Entre los programas en que trabaja Celia en este canal destaca el estelar *Noche cubana,* que comenzaba siempre con la intervención del ballet de Luis Trápaga. *Lluvia de Estrellas* es otro espacio importante en ese canal, que a inicios de diciembre está cumpliendo 100 exitosas emisiones, por lo que ofrece un espectáculo de hora y media de duración que congrega en el estudio a gran parte de las primeras figuras de este canal: Rosita Fornés, Armando Bianchi, Raquel Revuelta, Manolo Coego, Olga Guillot, Fernando Albuerne, Salvador Levy, Velia Martínez, Rosario Carmona, Enrique Almirante, Fela Jar, César Carbó, Pilar Mata, Enrique Montaña, Reinaldo Miravalles, Zoila Pérez, Alicia Rico, Luis Carbonell, los cuartetos D'Aida, y de Carlos Faxas, Violeta Vergara, Severino Puente, Rosa Felipe, y por supuesto, Celia Cruz.[41]

### ◆ LAS GRABACIONES DE 1955 ◆

Tres fueron las sesiones de grabación este año: el 18 de enero, el 22 de marzo y el 14 de octubre. En la primera, Celia solo grabaría junto a Alberto Beltrán el ya citado bolero *Contestación a "Aunque te cueste la vida";* en la segunda, la guaracha-mambo *Sandunguéate* (Senén Suárez) y *Goza negra* (Bienvenido Fabián), publicados en el sencillo S-7529; el pregón cha cha chá

[39]   Sección *De aquí y de allá,* en revista Show. Enero de 1956, p. 51 y Sección *Gelpi dice,* en revista Show. Febrero de 1956, p. 41.
[40]   Revista Radiomanía y Televisión. Diciembre de 1955, p. 5.
[41]   Giró, Alberto: "'Cita con René Cabel' y 'Lluvia de Estrellas', dos hits musicales". Sección *Radiovisión,* en Diario de la Marina, 1 de diciembre de 1955, p. 18. También: Fajardo Estrada, Ramón: *Rita Montaner. Testimonio de una época.* Tomo. II. Editorial Oriente, Santiago de Cuba, p. 283.

*Yerbero moderno* (Néstor Milí), que inserta el tradicional pre-gón —como género musical— en la evolución rítmica y sonora del cha cha chá, en pleno auge, y que se convertiría en uno de sus grandes y perdurables éxitos junto a La Sonora Matancera. Graba también la guaracha *Óyela, gózala* (Lino Frías), que, con *El yerbero moderno*, es publicado en el sencillo S-7530. Serían igualmente cuatro los registros de la tercera sesión: la popu-lar *Muñecas del cha cha chá* (otra obra de Oscar Muñoz Bouffar-tique) y, *El merengue* (Alcibiades Agüero) (S-7585); *Contestación a "El marinero"* (merengue), grabado junto a Nelson Pinedo, y el son montuno *Mi soncito* (Isabel Valdés), ambos editados en el sencillo S-7586.

Ya no hay año en que Celia no reciba una distinción: en la selección que anualmente hace la revista Show de los Valores Destacados, Celia es elegida como la Mejor Cantante de Afro y Guarachas, al tiempo que La Sonora Matancera se lleva el cetro en la categoría de Conjunto. Para homenajear a los premiados en una multitud de categorías, la revista consigue patrocinios suficientes para organizar una fabulosa jornada de festejos, que se iniciarían el miércoles 11 de enero de 1956 a las 8.00 pm con una gran cena y espectáculo en Tropicana y terminarían con otra cena de gala, pero en el *cabaret* Montmartre.[42]

---

[42]   "Show selecciona los más altos valores artísticos de 1955", en revista Show. No. 23. Enero de 1956, pps. 16-20.

# ·1956·

CELIA EN FOTO DE ESTUDIO POR ARMAND, 2ª MITAD DE LOS 50.

Es uno de los años más extraordinarios de los escenarios cubanos: dos divas internacionales, afronorteamericanas por más señas, suben el listón de los grandes *cabarets*. En el Casino Parisién se presenta la sofisticada Eartha Kitt, traída especialmente por los magnates que regentan el recién reinaugurado casino para actuar en su *show* de apertura. Y en Sans Souci, Dorothy Dandridge valida sus méritos más allá de su gran éxito cinematográfico en el rol de Carmen Jones.[1] Para la mayoría de los cubanos son poco conocidas.

La permisividad y tolerancia de los estamentos gubernamentales frente al auge del juego, el gran negocio que ha relocalizado a la mafia ítalo-americana en Cuba, no pasan inadvertidas para la prensa norteamericana: un artículo de Jess Stearn, del New York Daily News, reproducido por la revista Bohemia, hace una disección de la situación en ese momento, que, en su opinión, permite visualizar a La Habana como el relevo caribeño de Las Vegas, al preguntarse: "¿Está Las Vegas pasando el dado a nuevos centros tropicales?".

El desfile de cantantes norteamericanos continúa, esta vez, con su momento más alto: en el vuelo *Tropicana Special* de Cubana de Aviación, llega a La Habana el astro Nat King Cole, acompañado de su esposa María. Un grupo de periodistas cubanos y la pareja de bailarines Ana Gloria y Rolando, junto a un trío rítmico, viajan a Miami con el único propósito de acompañar al cantante cubriendo su travesía hacia La Habana. Debuta en el *cabaret* bajo las estrellas el viernes 2 de marzo. La visita y la temporada del King en el escenario de Tropicana se

---

[1]   "Baraúnda". Sección *La farándula pasa*, en revista Bohemia. 26 de febrero de 1956, p. 121.

repetirán sucesivamente en 1957 y 1958. Los triunfos, a lleno total, también.

Pero al parecer son más lo que se apuntan al ocio de moda y hacen el viaje hasta La Habana como simples turistas, sobre todo para ir a Tropicana: los actores de Hollywood Joan Crawford, Brenda Marshall, William Holden, Martine Carole; el ya muy famoso cantante Frankie Lane, a quien se le vió "echando un pie" con Celia Cruz, elegantísima en la foto publicada por la revista Bohemia.[2] En plan diversión, en aventurero viaje, improvisadísimo, pero no menos excitante, llega Marlon Brando a La Habana con el propósito de aprender a bailar rumba y comprar unas tumbadoras, y resulta increíble todo lo que hizo durante los tres días en que La Habana lo estremeció a él.

El dominicano Alberto Beltrán y el colombiano Nelson Pinedo, haciendo carrera en Cuba cantando con La Sonora Matancera, son contratados sin el conjunto para presentarse en los carnavales de Panamá en febrero.

El 16 de marzo se realiza la animada Fiesta de los Artistas en el Salón Arcos de Cristal de Tropicana. En medio del espectacular sarao, la entidad Críticos Asociados de Radio y Televisión (CARTV) entrega sus trofeos, medallas de oro y diplomas a los más destacados en ambos medios de difusión durante el año anterior. Los invitados se confunden con los premiados y con los grandes artistas que subirán al escenario en un espectáculo soberbio: Gina Cabrera, Germán Pinelli, Enrique Santisteban, Rosita Fornés, Armando Bianchi, Antonio Palacios, José Antonio Rivero, Luis Echegoyen, Jesús Alvariño, Coqui García, Normita Suárez, Salvador Levy, Reinaldo Miravalles, Eduardo Egea, Rosario Carmona, Violeta Vergara, Manolo Coego, Enrique González Mántici, Joaquín M. Condal, Antonio Vázquez Gallo, Roberto Garriga, Rita Montaner −quien durante las semanas anteriores había asombrado con su magistral interpretación de *La Medium*, de Menotti− y, por supuesto, quien ya desde hace mucho forma parte de ese estrato superior de la llamada "clase artística": Celia Cruz. Se suma al festejo en una presentación especial, Billy Daniels, estrella del cine y la televisión norteamericana, de las muchas que siguen llegando a Tropicana y Sans Souci.

2    "Estrellas sobre La Habana", en *La farándula pasa*. Revista Bohemia. 1 de abril de 1956, p. 100.

## ◆ *DE ESPALDAS (BACK TURNED)...* ◆
## UNA RARA PELÍCULA CUBANA

Con dos títulos en inglés –*Back turned* y *Cuban Confidential*– y uno en español –*De espaldas*–, el director y productor de radio y televisión Mario Barral decide hacer su aporte a lo que considera "la pobre cinematografía criolla". Para ello creó la compañía Productores Independientes Americanos, S.A. (PIASA) junto con uno de sus principales gestores, el actor y productor radial Oscar Luis López y el conocido fotógrafo Manuel Samaniego Conde, popular por su seudónimo y nombre de su estudio fotográfico: *Conde of New York*. Los protagonistas son Emilio G. Navarro y María Brenes. Actores como José de San Antón, Manuel Estanillo y Armando Martínez, entre otros, completan el elenco en el desarrollo de un interesante argumento que se concreta en una factura cinematográfica poco común para la época dentro del cine cubano: en buena medida, prescinde de la filmación en estudio y opta por la cámara en mano en exteriores, aproximándose en estilo a las producciones del neorrealismo italiano.

*De espaldas* es el cuarto título en la filmografía de Celia Cruz, y en las breves escenas donde aparece lo hace de un modo espontáneo en plena calle y en medio del desfile del carnaval en el Malecón habanero, cantando y bailando congas tradicionales carnavalescas, acompañada por el grupo de tambores de Alberto Zayas. Su imagen aparece brevemente en tres ocasiones. Estas escenas vienen precedidas por el sonido ambiental del carnaval, donde se aprecia su voz al tiempo que se escuchan varias congas de comparsas como El alacrán, Los Marqueses de Atarés, Los Dandys de Belén, etc.:

> *Tumba la caña, anda ligero, mira que ahí viene el mayoral....*
> *Oh, La Habana. Quién no goza en La Habana, quién no baila,*
> *quién no ríe, quién no goza en La Habana...*
> *Ya Los Marqueses están en La Habana, óiganlo bien....*
> *Mírala qué linda viene, mírala qué linda va, la comparsa de Los*
> *Dandys que se va y no vuelve más...*

Ocho o nueve años atrás, en su primera grabación fonográfica, Celia había trabajado antes con Alberto Zayas, *El Melodioso*, alguien con un profundo conocimiento y extendida práctica en la religión yoruba y en la música afrocubana y eso, sumado al conocimiento y soltura con que la guarachera interpretaba lo afro, fue una excelente elección para el filme, además de algo orgánico en su propia carrera. *De espaldas* es, además, la única película realizada en Cuba por Celia fuera de un estudio cinematográfico, en exteriores. En la cinta, el suyo es una de los escasos rostros en *close-up* que muestran una auténtica alegría, además de su espontánea gestualidad, a tono con el ambiente del carnaval: los demás rostros a los que se acerca la cámara se esconden detrás de máscaras y caretas que resultan todo lo inquietante que deseó el guionista para estas secuencias.

Con apenas 57 minutos de duración, *De espaldas* fue concebida especialmente para apartarse de la tradición temática y de producción del cine cubano hasta entonces, que se enfocaba esencialmente en ser una extensión del teatro vernáculo, y en contar historias manidas y de final previsible, sin escasa o ninguna hondura. La historia que cuenta *De espaldas* es algo raro en las motivaciones que por esos años animaban a directores y productores en el cine nacional. Su propósito argumental era mostrar la breve aventura que viviría el protagonista, un individuo común, que se pregunta por qué los hombres suelen vivir de espaldas a las desgracias ajenas. Otra rareza del filme es que, al pensarse para su distribución en circuitos cinematográficos norteamericanos, todos los diálogos son hablados en inglés y posteriormente traducidos con subtítulos. Todo lo que parecía innovador terminó siendo negativo para los distribuidores: el filme, ni se estrenó nunca, ni pudo ser exhibido en Estados Unidos. Se realizó únicamente un pase privado por invitación en el habanero cine La Rampa el 12 de agosto de 1956 –y en el que no consta la presencia de Celia–, que motivó comentarios de diverso calado por parte de los principales críticos cinematográficos y que iban desde considerarlo un empeño fallido hasta un filme raro, erróneo, pero notable.[3] Si atendemos a su significado innovador dentro de la historia del cine cubano, *De espaldas* es, probablemente, la película cubana más importante de todas en las que Celia intervino. El crítico Walfredo Piñera, desde su columna en el Diario de la Marina, explica por qué, en su opinión, es importante: "Sin negritos ridículos ni gallegos simplistas, ni mulatas dicharacheras y promiscuas, ni guajiros torpes y densos, 'De espaldas' es una película íntegramente cubana por el perfil de cada personaje, por la manera de ver y expresar cada situación, por la realidad exterior y la actitud de cuantos pasan, aunque sea un instante, por la pantalla.[...] Quizás los realizadores

---

3   Véanse: Agramonte, Arturo y Castillo, Luciano: *Cronología del Cine Cubano. Tomo IV (1953-1959).* Ediciones ICAIC. La Habana, Cuba. 2016.

de 'De espaldas' no tengan idea de que han escrito una página que puede ser definitiva en la historia del cine cubano".[4]

## ◆ DE NUEVO A CARACAS Y CURAZAO ◆

Será un año de mucho movimiento internacional para Celia Cruz: Caracas, Curazao, Colombia, Santo Domingo, Costa Rica, Nicaragua... contactos y experiencias que contribuyen a su fogueo y a la adquisición de nuevos públicos. Para 1956 está consolidada la preferencia de bailadores y melómanos venezolanos por muchas de las orquestas, conjuntos y solistas cubanos, que han ido conociendo a través de las ondas radiales, los discos, y también en sus presentaciones en directo. Desde hace muchos años Venezuela –principalmente las ciudades de Caracas y Maracaibo– forma parte del circuito natural de difusión y contratación de los músicos cubanos y del espectáculo concebido en la Isla, y diligentes empresarios venezolanos, como Guillermo Arenas, han convertido en práctica habitual y muy rentable estas contrataciones, favoreciendo la popularidad de los cubanos. Como va siendo habitual, Celia y La Sonora se incluyen en la numerosa lista de artistas a presentarse del 9 al 19 de febrero durante las fiestas carnavalescas de la capital venezolana. Benny Moré y su Banda Gigante revoluciona el centro nocturno Claro de Luna en cartel con la orquesta criolla de Ernesto Magliano, mientras la orquesta América se escucha a través de Radio Continental; Armando Oréfiche y sus Havana Cuban Boys, llegados directamente desde Francia al Tamanaco. Celia con La Sonora, igual que otros años, en el *cabaret* Las Fuentes, alternando con la Billo's Caracas Boys, en Radio Caracas y Ondas Populares, y también en los canales 2 y 7 en el espacio del mediodía *El Gran Show de las Doce*, donde compartieron espacio con el Sexteto Vocal de Lydia de Rivera, la española Maribel Llorens y los humoristas venezolanos Víctor Saume y Charles Barry. Todos ellos alternan también en numerosos bailes populares con los cubanos Nelo Sosa y su Conjunto y la orquesta Hermanos Avilés, y las venezolanas de Juan Arteta, Luis Alfonso Larraín, la Billo's Caracas Boys, La Sonora Caracas y muchas más.[5] El mambo ya ha validado su pertinencia

4   Agramonte, Arturo y Castillo, Luciano: Op.cit., pps. 270–271.
5   "Ecos de la Farándula", sección *Radiomanía y Televisión*, en periódico La Esfera. Caracas, Venezuela, febrero de 1956 (*paper clip* sin fecha exacta) y "Hoy en los Canales 2 y 7 TV", en periódico La Esfera. Caracas, Venezuela, febrero de 1956 (*paper clip* sin fecha exacta). Véase también: Rivero, Arquímedes: "Caracas

a escala internacional, sobre todo con su expansión a Europa, y el cha cha chá recorre un camino similar, apoyados ambos por la irrupción desde finales de los cuarenta e inicios de la década de los cincuenta de nuevos formatos para vender la música: el disco de 45 RPM y sus portadores legítimos, las *juke-box*s o victrolas, y los *long-plays* de 33 rpm, conviviendo todos con el formato antiguo y tradicional del disco de 78 rpm y los efímeros vinilos de 10 pulgadas.

Cuando ya han regresado de la gira, la revista Bohemia, en su sección *Tele-Radiolandia*, donde el ejercicio de la crítica podía ir sin paliativos, en ambos sentidos –positivo o negativo– califica de "triunfo apoteósico" las jornadas de la Sonora y Celia en Venezuela, y señalan como único punto negativo el accidente que al llegar enfrentó Lino Frías, el pianista del conjunto, causándole una fractura de pie que le impidió actuar todo el tiempo. El anónimo periodista aseguró que el único que llegó con mal pie fue el autor del conocido afro *Mata Siguaraya*. Bohemia jerarquizó la noticia e incluyó una foto de toda la orquesta con La *Guarachera de Cuba*, subrayando su regreso a los predios de su reino: Radio Progreso.[6]

Después Celia y La Sonora viajan a las Antillas Holandesas, donde hay una gran movida de artistas cubanos y caribeños. Llegan a Willemstad el 20 de febrero para cumplir un programa patrocinado esta vez por las empresas Industrias Antillanas, Pampero y Viceroy, que los lleva a escenarios donde ya se presentaron el año anterior: esa misma noche lo hacen en la Gran Feria Fiestas Pampero, que organiza la Tropical Society en el club Chobolobo, escenario de grandes éxitos en su visita anterior y donde compartirán escenario con el Conjunto Curazoleño Lírico Antillano, también conocido como Doy's Band.[7] Repetirán también en Cinelandia, pondrán a bailar de nuevo en Barge Bad a los trabajadores petroleros, los que gozaron con sus guarachas y afros el año anterior y a los que ahora se suman para no perdérselo de nuevo; y regresarán el lunes 27 al Chobolobo con un esperado mano a mano de despedida con la orquesta local Estrellas del Caribe –los llamados Campeones

habla!", en revista Show. La Habana, Cuba. Marzo 1956, p. 35, y Gilda Magdalena: *Noches de Caracas*. Idem.

6   Anónimo: "Triunfante". Sección *Tele-Radiolandia*, en revista Bohemia. 11 de marzo de 1956, p.48. También en Bohemia de esa fecha, la Sección *Baraúnda*, p. 82.

7   Véase Amigoe di Curacao. 17, 18, 20 febrero 1956.

del Ritmo de Curazao–, donde nadie sabe si el horario previsto –de 9:00 pm a 2:30 am– bastaría para colmar las expectativas creadas entre los fanáticos del conjunto y de la orquesta.[8]

Las orquestas y conjuntos bailables cubanos eran sumamente influyentes en un movimiento que en Antillas Holandesas reivindicaba los nexos entre los ritmos de la mayor isla del Caribe con los suyos propios, y del que formaban parte de manera destacada Jóvenes del Caribe, Melodía 57, La Perfecta y muchas otras formaciones, junto a la más popular: Las Estrellas del Caribe, formada en 1947 por Edgar *Gachi* Supriano, director, arreglista, trompetista y guitarrista que propició la interacción de su banda con muchos cantantes muy populares como Daniel Santos, Kiko Mendive, Nelson Pinedo y por supuesto, Celia Cruz, entre otros, al ser una agrupación infaltable en los Carnavales de Caracas, Venezuela.[9]

El surgimiento del sello local Grabaciones Angel Job, liderado por Angel Job, *El Gordito de Oro*, fue un hecho determinante en la conformación de una discografía propia curazoleña, que incluyó licenciamientos a otras disqueras, y que ha quedado como legado sonoro del arraigo de los ritmos y géneros cubanos y su reinterpretación en Antillas Holandesas durante las décadas de los cincuenta y sesenta.

Celia volverá a Curazao, esta vez  sin La Sonora Matancera, especialmente contratada para cantar en la Feria de la K.S.C. los días 6 y 8 de junio, que animarán las bandas locales Estrellas del Caribe y Jóvenes del Caribe, quienes, ante la ausencia de La Sonora Matancera, probablemente acompañarían a *La Guarachera de Cuba*. Ella será la gran atracción del evento.[10]

### ◆ EL LP *CELIA CRUZ SINGS* Y EL IMPACTO ◆ EN ESTADOS UNIDOS

Robert Sylvester era un agudo y conocido cronista del mundo del espectáculo y su columna *Dream Street* en el periódico newyorkino The Daily News,  una de las más reconocidas. Había llegado a La Habana el 27 de enero para una visita de 13 días, en los que tomaría el pulso a su vida nocturna, al espectáculo, a la música. El 15 de febrero, con ojos admirados y como

---

[8]  Anuncio en Amigoe di Curacao. 25 de febrero de 1956.
[9]  Raetz, Evelyn: "Tim de Wolf y el rescate de un patrimonio cultural. La música bailable de Curazao y Aruba". Consultado en http://www.herencialatina.com/curacao/curacao_aruba.htm
[10]  Amigoe di Curacao. 7 de mayo y 6 de junio de 1956.

él mismo reconoce, "como un obstinado aprendiz de cubano amateur", Sylvester escribe en su columna una crónica donde resume lo que más le impresionó de este viaje: desde la modernidad alcanzada por la ciudad, los elevados y modernos edificios hasta los nuevos autobuses de fabricación norteamericana que hicieron desaparecer los viejos tranvías. Le llama mucho la atención la incidencia en la vida de la ciudad de un peculiar personaje llamado Amleto Batistti[11], "...que tiene su propio banco, es representante a la Cámara y hace poco logró hacerse con la tradicional regata de yates Miami-Nassau". Dedica también su mirada asombrada al panorama del juego en los casinos, cuando anuncia con adjetivos que no se sabe si son ingenuamente reales o malvadamente irónicos, que "...los operadores de Las Vegas han abierto dos grandes casinos, uno en el Hotel Nacional y otro en el Sans Souci y están trayendo métodos muy honestos y prometedores para el juego. Los cubanos se niegan a mostrarse demasiado entusiastas con esto, probablemente porque piensen que ningún operador de Las Vegas tiene que venir aquí a enseñarles a ellos nada sobre el negocio del juego...", en alusión a la charada y a la bolita, de la que tanto, según Sylvester, sabían los cubanos.[12]

Del espectáculo musical, Robert Sylvester solo se refirió a quien lo impactó:

"La estrella de este año es una chica fascinante llamada Celia Cruz, que canta acompañada de un conjunto de 10 instrumentos. Sus músicos incluyen unas chirriantes trompetas y la percusión cubana usual. Ella es electrizante y podría simplemente acabar con todos en el Birdland[13]. En la parte clásica, la soprano Estela Santaló podría cantar perfectamente en el N.Y. City Opera, y otra chica, de coloratura, América Crespo, me sonó como una nueva Lily Pons".[14] La crónica de Robert Sylvester, "Old Home Town...", con su mención a Celia, fue replicada por varios medios norteamericanos, entre ellos The Morning

11  Amleto Battisti y Lora (Salto, Uruguay. 9 de septiembre de 1893- Miami, 1980), empresario de nacionalidad uruguaya y orígenes italianos que algunas fuentes vinculan con el entramado de la mafia ítalo-norteamericana en Cuba en la década de los cincuenta. Dueño del hotel Sevilla y del Banco de Crédito e Inversiones, S.A., entre otros negocios.
12  Sylvester, Robert: "Dream Street", en The Daily News. Nueva York. 17 de febrero de 1956, p. 66.
13  Se refiere a Birland, uno de los legendarios clubes de *jazz* de Nueva York, abierto desde 1949 en el número 315 Oeste de la calle 44.
14  Sylvester, Robert: "Dream Street", en The Daily News. Nueva York. 17 de febrero de 1956, p.66.

Herald (Uniontown, Pennsylvania) y Asheville Citizen-Times (North Carolina).

Nueve días después, en su misma columna para The Daily News, Sylvester vuelve a escribir bajo el título "Words and Music" y comenta el más reciente LP de *La Guarachera de Cuba*: "Una noche con el fonógrafo: Celia Cruz, quien me impactó durante una reciente presentación en La Habana, ha lanzado ahora un LP (Seeco): 'Celia Cruz Sings'. La Cruz canta aquí 12 de sus canciones nativas y vitales entre las que son mis favoritas la aflamencada [sic] 'Plegaria a Loroye', la muy movida 'Muñecas cha cha cha'[15], las melódicas 'El merengue' y 'Yerbero Moderno'". El ritmo detrás de estas 10 canciones las impulsa y eleva, la Cruz tiene uno de los estilos más provocativos y emocionantes que haya escuchado yo jamás".[16]

La reseña de Sylvester en The Daily News fue replicada por otros medios locales norteamericanos, como el Citizen News (Hollywood, California), The Morning Herald (Uniontown, Pennsylvania), Asheville Citizen-Times (Asheville, North Carolina), The Shreveport Journal (Shreveport, Louisiana), entre otros, y representa un importante espaldarazo a la difusión de Celia en el mercado discográfico norteamericano ya en 1956. La prensa cubana no fue ajena a este hecho: la actriz Rita Conde, en su rol de reportera para la revista Show, ponderó el hecho y escribió que Sylvester "...ensalza a Celia, en el sentido de que hace gala de un estilo excitante y original, con elogios para la orquesta acompañante [el conjunto Sonora Matancera]".[17]

El LP *Celia Cruz Sings*, al igual que su predecesor, recoge temas que fueron publicados anteriormente en discos sencillos de 78 rpm.

### ◆ DE GIRA CON LA SONORA MATANCERA ◆

Entre los meses de abril, mayo y agosto Celia y La Sonora Matancera con Nelson Pinedo se van de gira a Colombia, Venezuela, Costa Rica y Nicaragua. La primera escala será en Colombia.[18] Para Celia es volver por tercera vez a Medellín, ciudad a la que le une no solo la pasión de sus habitantes por

[15] Se trata del afro *Plegaria a Laroye* y el cha cha chá *"Muñecas del cha cha chá"*.
[16] Sylvester, Robert: "Words and Music". Columna: *Dream Street*, en The Daily News. Nueva York. 25 de febrero de 1956, p. 251.
[17] Conde, Rita: "Hollywood de día y de noche", en revista Show. Abril de 1956, p. 38.
[18] Anonimo: "De aquí y de allá", en Show No. 28. Junio de 1956. También: Ramírez Bedoya, Héctor: *Celia Cruz, Alberto Beltrán y Celio González. Estrellas de la Sonora Matancera*, publicación propia. Medellín, Colombia. 2007, p. 55.

la música, sino también la amistad fraterna y creciente con la cantante colombiana Matilde Díaz. Ahora una nueva razón, pues Medellín se ha convertido con el paso del tiempo en el centro de la industria fonográfica colombiana. Ella con La Sonora Matancera son aplaudidos el 20 de abril en el Teatro Junín, el mayor entonces en la ciudad. En mayo continúan la gira colombiana presentándose en Bogotá y Cali.

La revista Bohemia destaca en su edición del 6 de mayo: "Nuestra Sonora Matancera está acabando en su gira por Colombia. Tanto sus músicos, como su cantante, la sin igual Celia Cruz, constituyen la sensación artística de la hermana república. Con la Sonora y Celia también triunfa el cantante Nelson Vázquez [se equivoca el cronista, pues se trata de Nelson Pinedo] que se siente orgulloso de los éxitos que los cubanos alcanzan en su tierra".[19]

El año promete ser de constante movimiento y sucesivos viajes al extranjero, que Celia alterna con su protagónica posición ante los micrófonos de Radio Progreso, en La Habana, ya posicionada como la pujante cadena nacional que es. Tres estrellas han logrado asentarse en el favor del público a través de su programación: Luis Carbonell, Carlos Argentino y Celia Cruz, quien a estas alturas de 1956 logra mantener el alto sitio alcanzado en popularidad. Ahora centran los tres el espacio de 7:00 a 7:24 pm de lunes a sábado con la animación de Oscar Jiménez y la locución de Pimentel Molina.

Regresan a La Habana por breve tiempo, pues deben volver a viajar, esta vez a la vecina República Dominicana.[20] En la Feria de la Paz en Santo Domingo se va haciendo habitual la presencia de Celia Cruz, La Sonora Matancera y sus cantantes. Para la edición de este año, son contratados como figuras descollantes en un elenco donde aparecen el chileno Lucho Gatica y los cubanos Olga Guillot, Benny Moré y su orquesta, Margarita Sierra, Aquilino, Carlitos Pous y su revista compuesta de 22 personas, y otros, todos negociados por el empresario Mauricio Tajman. Celia viaja el 27 de mayo a Santo Domingo en vuelo de Pan-American.[21]

En agosto Celia y La Sonora llevan al delirio a los públicos de Costa Rica y Nicaragua. Al primer país van contratados por

---

[19]  Sección *Baraúnda*. *Tele-Radiolandia*, en Bohemia, 6 de mayo de 1956, p. 69.
[20]  Anónimo: "At Ciudad Trujillo: Millonth Fair visitor showered with gifts", en The Miami Herald, 24 de junio de 1956, p. 108.
[21]  Datos y fecha en Lista de Pasajeros del vuelo 433/27 consultado en www.ancestry.com.

el empresario y agente teatral Delio González y a Nicaragua, de la mano de Moncho Bonilla, dueño y gestor del Casino Olímpico de Managua. En esa capital Celia canta ante los micrófonos de Radio Mundial, durante las tradicionales Fiestas de Santo Domingo.[22] Radio Mundial había sido fundada en Managua, Nicaragua, por Manuel Arana Valle, autorizándole el gobierno de Nicaragua la licencia para operar el 03 de Diciembre de 1947 con el nombre inicial Radio Mejor, y llega a ser de las más populares y escuchadas en el país. La foto de Celia saliendo de Radio Mundial, casi escoltada por un joven Pedro Knight, habla por sí sola de la conmoción que originó la presencia de *La Guarachera de Cuba* junto a La Sonora Matancera en la capital nicaragüense.

Ese mismo mes, debuta en La Voz Dominicana, en tierras de Quisqueya, el cantante Bienvenido Granda, quien ya había abandonado La Sonora Matancera.[23]

### ◆ EN EL CINE DE HOLLYWOOD. *AFFAIR IN HAVANA* O *EL ÁRBOL DE LA FIEBRE* ◆

Era el primer filme de su productora, la Dudley Pictures International Corporation of Cuba, pero no el primero para su director, el húngaro László Benedek, quien llega a Cuba con el palmarés de haber dirigido a Frederic March en *The Death of a Salesman* (*La muerte de un viajante*) y a Marlon Brando en *The Wild One* (*El salvaje*). A Benedek le queda claro, pero quiere que no queden dudas: *Affaire in Havana* no será una película cubana, sino un filme de tendencia internacional y ubicación geográfica imprecisa, que puede transcurrir en cualquier sitio, aunque aclara: "...pero preferentemente en un medio con cierto prestigio exótico. No me considero autorizado para hacer una obra cubana. Ello demanda una larga estancia de observación y estudio. Llegar, admirar el paisaje, la rica variedad de tonos del verde, la limpidez del cielo en el día o en la noche [...] es apenas nada para intentar una película cubana en el sentido exacto de la palabra". Esto lo dijo el director en el encuentro que sostuvo con los críticos afiliados a la Asociación de Redactores Teatrales y Cinematográficos (ARTYC) para

[22] Gutiérrez Barreto, Francisco: *Libro de la farándula cubana 1900-1962. Volumen I.* (versión PDF), p. 59. Véase también: Manzzo, Yoni: "Panamá entre bambalinas", en revista Show. Septiembre de 1956, p. 48.
[23] Ebri, Pepe: "Show peregrino", en revista Show. No. 31. Septiembre de 1956, p. 46.

informar de sus intenciones y proyecto, al tiempo que enfatizó que la historia humana que contaría el filme, desarrollada en escenarios rurales cubanos, tendría como elemento nacional, en su sentido más raigal, a la música afrocubana "empleada no como mero acompañamiento externo, sino como un elemento dramático raigalmente vinculado al asunto y las personas", como reseñara el crítico cubano José Manuel Valdés-Rodríguez, quien resumió: "La integración de los motivos afrocubanos entre los factores dramáticos constituye el motivo de máximo interés para nosotros. Será la primera vez que nuestra música juegue ese rol y ello entraña ocasión de estudio y casi seguramente, un ejemplo eminente".[24]

Tales muestras de sensatez y respeto por parte de la dirección, encontraron eco en la producción del filme, que encargó la selección y preparación de dos piezas afrocubanas a un auténtico cultivador de esa música y un incuestionable entendido en los temas de las religiones afrocubanas: Alberto Zayas Govín *El Melodioso*, con experiencias anteriores en el medio cinematográfico. El vienés Ernest Gold se encargó de engarzar estos temas en el diseño general de la música de la película, componiendo también el resto de la banda sonora original. Sería lógico suponer que de Zayas surgió la propuesta de integrar a Celia Cruz al elenco musical del filme.

Celia había trabajado anteriormente con *El Melodioso*, cuando éste dirigió su Coro Yoruba en los primeros discos de este tipo de cantos y toques para el sello Panart, que inauguraron la discografía mundial de la música ritual yoruba. Ese mismo año 1956, Zayas la acompaña con su grupo folklórico en la cinta *De espaldas (Back turned)*. Se conocían perfectamente.

Filmado enteramente en locaciones cubanas, el rodaje de *Affaire in Havana* comenzó el 16 de agosto.[25] Conocido inicialmente en Cuba como *Árbol de la fiebre,* se basa en la novela *The Passionate Prisoner*, de Janet Green y cuenta en los roles protagónicos con los actores John Cassavetes, Raymond Burr y Sarah Shane. En posiciones secundarias aparecen los cubanos Lilia Lazo, José Antonio Rivero y Miguel Angel Blanco. Celia tiene una participación destacada e

[24]  Valdés-Rodríguez, José Manuel: "Breve charla con Lazlo Benedek (sic) que prepara interesante film", en El Mundo (sin fecha), 1956. Consultado en: Agramonte, Arturo y Castillo, Luciano: Op. Cit. Tomo IV, p. 286.

[25]  Dato tomado de: Agramonte, Arturo y Castillo, Luciano: Op. Cit., p 286. Sin embargo, el web site International Movie Data Base (www.imdb.com) indica el 20 de agosto como inicio de la filmación.

importante si se tiene en cuenta su excelente interpretación vocal y danzaria. Asoma en plenitud y control de su escena, que discurre totalmente en exteriores, acompañada de un coro yoruba que canta y baila junto a ella, que irrumpe junto a Giraldo Rodríguez y sus tambores batá, abriendo el camino en un cabildo o procesión hacia el altar. En su canto, que mezcla vocablos en lengua lucumí (yoruba) y en español, Celia y el coro van pidiendo permiso a las deidades para comenzar el tambor o la fiesta.

Según el percusionista e investigador Angel Terry Domech[26] "...lo que Celia canta en esa primera parte tiene conexión con el drama que narra el filme y parece haber sido creado especialmente para esta ocasión a partir de cantos de la ritualidad ancestral. Ya en el altar comienzan a cantarle a Obbatalá, el orisha de la paz y la tranquilidad, que es lo que se desea alcanzar en medio de la situación dramática que viven los personajes. Mientras transcurre el tambor o festividad, continúa el filme y los actores van hacia la costa, hacia el mar y en el trayecto se toca y canta un 'alaro' para Yemayá, que es el momento en que las aguas se revuelven, el mar se vuelve tormentoso, pues hay un grave problema, y con ese toque de tambor se está representando la situación dramática de clímax que alcanza el filme. A tono con esta situación y al salir de ahí se hace una invocación a Aggayú, un orisha de fuerza, de pelea, que tiene mucha conexión con Obbatalá:

'Mai mai soroso aé,
Aggayú soroso'.

Todo lo que ocurre en la fiesta religiosa es una especie de panorámica de lo que está ocurriendo dramáticamente en el filme".[27]

A pesar de las intenciones del director y su equipo, el resultado final de la película fue calificado por la crítica de desastroso: el descontento de los principales actores del elenco cubano con el corte final trascendió a la prensa y probablemente influyó en la predisposición con que el filme fue recibido. Guillermo

[26] Angel Terry Domech (La Habana, Solar El África. 30 de diciembre de 1956) Percusionista Omo añá, dueño de un tambor de fundamento. Ahijado y discípulo del tamborero guanabacoense Alberto Villarreal Peñalver, que aprendió el arte de los tambores batá con Trinidad Torregrosa, Giraldo Rodríguez, Virgilio Ramírez y otros.
[27] Entrevista de la autora a Angel Terry Domech. 18 de agosto de 2020.

Cabrera Infante, aún periodista y crítico de cine firmando sus textos como Caín, le dedicó una ácida reseña en su columna en la revista Carteles bajo el título "Arbol del descaro o fiebre de vergüenza" y la revista Bohemia hizo lo mismo, aunque a diferencia de Caín —que no abordó el aspecto musical, ni el desempeño de Celia— el columnista anónimo de Bohemia —en realidad, René Jordán— se detuvo en este comentario que, a pesar de intentar reivindicar el rol de los actores y figurantes nacionales, hoy resulta cuando menos incomprensible, por cierto mal velado desprecio y el simplismo racista que denota: "La música se reduce a algunos repiques de tambores tan violentos que constantemente parece que están tocando a la puerta. El folklore está integrado por un bochornoso areíto y los cubanos son todos criados, bailadores de conga, o policías".[28] El filme se estrenó en salas de Estados Unidos el 1 de octubre de 1957, aunque en Los Ángeles se vio el 27 de noviembre de ese año. La presencia de Celia entre las primeras figuras del elenco fue mencionada en medios norteamericanos, como el The Terre Haute Tribune Star, de Indiana y otros.[29] En Cuba, tuvo su estreno en el cine-teatro Acapulco el 15 de agosto de 1958; se pudo ver también en salas de segunda y tercera categoría, con bajas recaudaciones en taquilla.

A mediados de noviembre vuelve Celia a Tropicana, haciendo incursiones en el tercer *show*, junto con el italiano Pino Baratti y Los Armónicos de Felipe Dulzaides, en una propuesta donde los *shows* previos son *Prohibido en España* y *Noche Cubana*, ambos también de *Rodney*. Y comienza también los ensayos para dos nuevas producciones que se estrenarán comenzando el nuevo año.[30]

## ◆ LAS GRABACIONES DE 1956. ◆ LOS DISCOS VIAJAN

A estas alturas de 1956 hay evidencias de que la voz de Celia Cruz ha llegado más allá de los países del Caribe, Latinoamérica

[28]  Anónimo (René Jordán): "Las nuevas películas", en revista Bohemia. Año 50. No. 35. 31 de agosto de 1958, p. 42.
[29]  Anónimo: "East Side Screens Suspense Drama as Top Feature", en The Terre Haute Tribune Star. Terre Haute, Indiana, USA. 9 de agosto de 1959, p. 30.
[30]  Anónimo: "Los llenos confirman el éxito", en revista Show. No. 35. Enero de 1957, p. 68. Según Ofelia Fox y Rosa Lowinger en su citado libro *Tropicana Nights*, el tercer *show* se denominaba *En tragos* y subió a escena a partir del 15 de noviembre de 1956, pero en el elenco que relacionan, no incluyen a Celia Cruz, p. 389.

y Estados Unidos donde ya tiene mercados en Venezuela, Panamá, Perú, Colombia, Haití, República Dominicana, Antillas Holandesas y otros. En el Viejo Continente, la gran difusión multimediática del mambo y el cha cha chá beneficia su conocimiento y disfrute en Italia y España a través de las grabaciones que con mucho tino distribuye su disquera, el sello Seeco, pero sin que esto constituya un fenómeno de masas, sino la aceptación en zonas cada vez más amplias del público en esos países. Un año antes, la revista cubana Radiomanía y Televisión comentaba en su edición de abril de 1955: "Los discos de la popular cancionista cubana Celia Cruz han obtenido el favor del público en Roma y otras ciudades de Europa, puesto que son muy solicitados por las casas expendedoras de discos".[31] En España, la radio transmitía sus grabaciones con La Sonora Matancera y de eso dejan constancia las carteleras que insertaban los principales diarios, como La Vanguardia Española en su 'Guía del Radioescucha', y breves programas con grabaciones de Celia y de La Sonora Matancera a través de Radio Nacional de España.[32]

Durante 1956, Celia y los músicos de La Sonora entran cuatro veces en el estudio de grabación: en la primera sesión el 30 de enero, casi a punto de salir para actuar en las fiestas carnavalescas venezolanas, graban cuatro temas que saldrán en los sencillos S-7606 y S-7607: la guaracha *La merenguita* (Eridania Mancebo) y el cha cha chá *No encuentro palabras* (Antonio Castro); el cha cha chá *Gozando* (Juan Bruno Tarraza) y la guaracha *Contentosa* (Sergio González Siaba). Con *La merenguita* comienza la presencia de la compositora Eridania Claribel Mancebo Valdés[33] en el repertorio de Celia. La muchacha de clase media alta, educada en el exclusivo colegio de Las Ursulinas, que aprendió el piano inicialmente con su abuela y luego en conservatorios, sucumbió a la pasión por la música popular, la guaracha, el bolero. Ni su matrimonio con Francisco Sabas Alomá, un exitoso comerciante, la hizo desistir. Era la más independiente, rebelde y creativa de las tres hermanas y pudo llevar adelante su gusto por escribir canciones, con su

---

[31]   Radiomanía y Televisión. Abril 1955, p. 8.
[32]   "Guía del Radioescucha", en La Vanguardia Española. 15.11.1956, p. 20; 12.9.1956, p. 26; 23.1.1957, p. 20. Se acredita también un programa de 15 minutos con La Sonora Matancera a través de Radio Barcelona. La Vanguardia Española. 13.10.1957, p. 30.
[33]   Eridania Claribel Mancebo Valdés (Matanzas, 18 de enero de 1911-La Habana, 27 de noviembre de 1993). Datos biográficos aportados a la investigación por su sobrina y albacea Maggie Eirea.

DE IZQUIERDA A DERECHA *RODNEY* Y SU PERRITA, CELIA, RAYMOND,
MIGUEL CHEKIS, PERSONA NO IDENTIFICADA, MARTHA JEAN-CLAUDE
EN CASA DE *RODNEY*. AÑOS 50

condición de pequeña empresaria fotográfica. Eridania y Celia
se hicieron amigas a través de las canciones que *La Guarachera
de Cuba* convertiría en éxitos perdurables y sería la compositora con mayor presencia en el repertorio de la cantante.

Poco más de tres meses después, el 3 de mayo, registran
otros cuatro temas: el bembé *Palo mayimbe* (Javier Vázquez)
y la guaracha *Vallán Vallende* (Senén Suárez), publicados en el
sencillo S-7625; *Cha cha güere*, montuno cha de Severino Reyes
y Luis A. Ramos, y *Vamos a guarachar*, guaracha-rumba de Salvador Veneito (S-7626). El 3 de octubre Celia graba dos temas
en otro aire:  el *Luna sobre Matanzas*, uno de los más logrados
y apreciados en su voz, donde muestra otra vez su versatilidad
y la capacidad de asumir de modo singular el bolero con todos
sus códigos, posibilidad esta que probablemente no fue explo-
tada todo lo suficiente en sus grabaciones de la etapa en Cuba.

El bolero-afro de Frank Domínguez quedó fijado junto al bolero-cha *Tuya y más que tuya* (Bienvenido Fabián) en el sencillo S-7661. El 30 de noviembre graban otros cuatro temas que se prensarían en los sencillos S-7672 y S-7673: el son montuno *Me voy a Pinar del Río* (Néstor P. Cruz), la guaracha *El lleva y trae* (Isaac Fernández), con Carlos Argentino, el bolero-cha *Mi amor buenas noches* (Roberto Puentes) y la guaracha-rock *Rock and Roll* (Frank Domínguez), la otra creación del afamado compositor en el repertorio de Celia.

*Me voy a Pinar del Río* le valdrá un año después su segundo Disco de Oro y su interpretación quedará para siempre fijada también en el celuloide. La guaracha-rock *Rock and roll*, de Frank Domínguez, inserta a Celia dentro de la polémica nacional e internacional en torno al *rock and roll*, que comenzó a expandirse por Estados Unidos y el resto del continente cuando la industria decidió lanzar a Elvis Presley y Bill Halley con sus Cometas, ídolos blancos que mimetizaban la música surgida en los barrios negros de New Orleans y otras ciudades del sur. Celia y La Sonora Matancera fueron de los primeros en subirse al carro de la moda con esta guaracha, singular en el repertorio de Frank Domínguez, quien sin dejar sus boleros, se suma a la fiebre "rockanrollera" guiado por sus propias preferencias y percepciones, que durarían lo suficiente para que pocos años después creara un grupo con el que sumarse a otra derivación rockera de moda: el *twist*. Al año siguiente Celia incluye el tema *Rock and Roll* en el repertorio que lleva a los carnavales de Caracas, que transcurrirán en medio del *boom* rockanrolero y la polémica en Cuba, que llega a cotas altísimas, hasta provocar el decreto de una prohibición legal.

Asaltada en el camerino, a punto de salir a cantar, el anónimo periodista venezolano inquiere su opinión sobre el nuevo ritmo de moda: "Traigo una guaracha que se llama así mismo, 'Rock and Roll'. Es muy buena". También es bueno [el *rock and roll*], lo baila casi todo el mundo, pero nunca podrá con la música cubana y desaparecerá pronto. ¿Quién va a poder con una guaracha, mi socio?". El periodista glosó su conversación con Celia en un artículo que tituló: "Opina Celia Cruz: El rock and roll es un ritmo loco que muy pronto será olvidado".[34]

En La Habana el género ha calado con fuerza en la juventud. Los discos de Bill Halley y sus Cometas y Elvis Presley, se venden como pan caliente en las tiendas especializadas, y su

---

[34] Anónimo. En diario Últimas noticias. Caracas, Venezuela. Febrero de 1957. Paper clip sin fecha exacta.

sonido se abre paso en la radio y la televisión. No es solo la música: el *rock and roll* acuña un estereotipo de imagen, moda y comportamiento entre adolescentes y jóvenes que encuentra eco en algunos músicos del patio: surgen nuevas figuras como Jorge Bauer, un pepillo rompecorazones al estilo de Elvis, que ya a finales de 1956 movía el ambiente juvenil citadino, pero las orquestas y conjuntos de música bailable, y algunos solistas guaracheros –como la orquesta Aragón, la Cosmopolita con Francisco Cruz *El Indio*, Julio Gutiérrez, Bebo Valdés con Sabor de Cuba y hasta Chico O'Farrill lo llevan a una suerte de fusión con el cha cha chá, la guaracha y otros géneros. En Cuba el *rock and roll* provoca las más encendidas polémicas, no solo por su forma musical, sino también por su expresión bailable y la estética que ha impuesto. Las fuerzas más conservadoras ganaron una parte de la pelea, al conseguir su prohibición en la televisión, luego matizada con unas increíbles normas dictadas por el ministro de Comunicaciones y publicadas en la prensa. Acerca de esto, el periodista venezolano pregunta a Celia, y ella responde: "Fue que por televisión armaron un escándalo los bailarines y fue prohibido. Ahora, más recatado, ha vuelto de nuevo".[35]

## ◆ CON CARLOS ARGENTINO. ◆ CONMOCIÓN EN LIMA

Sin La Sonora Matancera, Celia y Carlos Argentino viajan los últimos días de 1956 para presentarse en Perú con contratos de 2.500 y 1.800 dólares cada uno.[36] El cantante va también como corresponsal viajero de la revista Show para contar los pormenores del periplo. En una suerte de diario condensado, titulado *Mis 10 días en el Perú* narrará en las páginas de la revista lo más significativo de lo ocurrido en tierras limeñas, entre ellos dos acontecimientos que demostraron una vez más las cualidades de Celia como profesional:

> "Sábado, 29/12/1956. El día anterior y luego de un viaje de trece horas de vuelo, llegamos a [el aeropuerto] Limatambo a las 8.30 pm, donde nos esperaban junto con los periodistas y fotógrafos locales, los empresarios de Radiocentro para los que íbamos

[35]  Anónimo, en diario Últimas noticias. Caracas, Venezuela. Febrero de 1957. Paper clip sin fecha exacta.
[36]  "Flash, noticias menudas al cierre", en revista Show. No. 35. Enero de 1957, p. 51.

contratados y el corresponsal de Show Jorge López Zapata. Hoy debutamos Celia y yo en distintos horarios de radio, nos recibieron con enorme cariño. Todos los discos de La Sonora Matancera con Celia Cruz, Nelson Pinedo y el que les cuenta tienen gran demanda. Ademas se inauguró en Radiocentro con un programa gigante de radio al que asistieron altas personalidades de la sociedad limeña. Domingo, 30/12/1956. Al levantarme, me encuentro que los periódicos matutinos destacan el debut nuestro con grandes elogios. Agustín Irusta actúa en Radio Victoria con buen éxito, esta emisora trae a Pedro Infante –para debutar el 9 de enero, gran expectativa. De la música peruana, el 'hit' es 'Con locura', un vals muy original. Lunes 31/12/1956. Celia debuta en el Grill Bolívar,la aplauden a rabiar. [...]Gran baile de fin de año en Radiocentro, show, Celia y yo. 1/1/1957. Comenzamos a actuar en los teatros, se registran llenos, eso me llena de alegría, porque me demuestra que nuestro público es el de la clase trabajadora, los humildes que no pueden concurrir a vernos al grill por los precios altos. El día que venga la 'Sonora Matancera' esto va a temblar... hay delirio por verlos. [...] Jueves, 3/1/1957. Pasa por Lima Lucho Gatica, queda medio comprometido para regresar dentro de veinte días a Radio El Sol. El standard de vida en Lima es bastante alto. A Celia se le descompone el micrófono en plena actuación en el [Grill] Bolívar. Lo hace a un lado y sigue su actuación sin él, la ovacionan y los periódicos comentan el asunto. Viernes, 4/1/1957. Charles Rodríguez y su orquesta actúan con buen éxito en el Bolívar. Llegan 'Las Mulatas del Caribe' de Julia Rivas, con su pianista José Urfé, contratadas por el 'Copacabana'" [...]. Sábado, 5/1/1957. Ya hemos recibido la visita de casi todos los artistas peruanos más destacados, nos felicitan y nos hacen múltiples invitaciones. [El periodista] Guido Monteverde entrega a Celia el trofeo que la considera la cantante extranjera más destacada de 1956. Veo muy difícil que el rock and roll desplace a la música cubana. Muy verde todavía las posibilidades de TV.[...] Domingo 6/1/1957. Almuerzo en casa de López Zapata, quien a pesar de sus múltiples ocupaciones se estuvo ocupando continuamente de que nos sintiéramos como en nuestra propia casa, también concurrió Agustín Irusta, (hermanos y amigos[37]) de Zapata, su mamá nos preparó un almuerzo que nos hizo chupar los dedos. Lunes 7/1/1957. Hoy nos despedimos del público peruano en

---

[37]  Añadido de la autora.

una audición que duró una hora, concurrieron a Radiocentro para despedirnos, más de 2.000 personas. No podré olvidarme jamás del cariño con que nos trató la concurrencia. Mañana tomaremos el avión que nos llevará a La Habana, pues Celia debuta en 'Tropicana' y yo en el 'Palermo', además debemos reintegrarnos enseguida a nuestra audición de la radio y a los variados programas de TV. Ojalé les guste mi primera crónica como Corresponsal Viajero...[...]". [38]

Una foto donde aparece *La Guarachera de Cuba*, con Agustín Irusta y Carlos Argentino, a quien ya llaman en Cuba *El Che del cha cha chá*, es publicada junto a esta crónica-diario, remarcando que "la temporada de la cubana y el argentino ha sido brillante en grado superlativo. Lima los ha premiado como merecen". [39]

En algunas presentaciones se hace acompañar por el peruano Ñico Estrada y su sonora. La había creado a imagen de la Matancera y hasta incluyó a la cantante Vicky Zamora en un ingenuo intento de emular a Celia. Estrada y *La Guarachera de Cuba* se convertirían en buenos amigos, y hasta compadres, y coincidirían años después en bailes y escenarios.

La prensa peruana se hace eco también de los éxitos de la cubana y el argentino a golpe de guaracha, son montuno y cha cha chá. En el diario El Comercio reciben a Celia en sus instalaciones limeñas.[40] Dejarían abierto el camino y a las multitudes, expectantes para la llegada de La Sonora Matancera en pleno a tierras peruanas. No se sabe si de estas triunfales presentaciones en Suramérica surgieron los rumores sobre una posible relación sentimental entre Celia y Carlos. La vida demostraría que eran infundados, con cierto inequívoco color sensacionalista, engendrado a espaldas de los dos cantantes.

El ambiente político en Cuba vivió días de tensión a inicios de diciembre. El alzamiento de un grupo de hombres y la toma de varios puntos en la ciudad de Santiago de Cuba, sirven de acciones de apoyo para que Fidel Castro cumpla su promesa: en una expedición marítima con 82 hombres, regresa de modo subrepticio a Cuba, en un yate cuya endeblez ante la sobrecarga

[38]  Argentino, Carlos: "Mis 10 días en el Perú", en revista Show. No. 36. Febrero de 1957, pps. 8 y 9.
[39]  Argentino, Carlos: "Mis 10 días en el Perú", en revista Show. No. 36. Febrero de 1957, p. 9.
[40]  "Celia Cruz, la Reina de la Guaracha en Perú", en El Comercio, 15 de julio de 2013. Consultado en: https://elcomercio.pe/blog/huellasdigitales/2013/07/celia-cruz-la-reina-de-la-guar/

humana estuvo a punto de sumergir para siempre todas sus intenciones. Después de varios días de accidentada travesía desde el puerto de Tuxpan en México, el yate Granma llega a la playa Las Coloradas, al sur de la provincia de Oriente, y los futuros guerrilleros se adentran en el macizo montañoso de la Sierra Maestra. Detectados por la aviación, diezmados ante las bombas y el ametrallamiento, Fidel Castro y los sobrevivientes forman el núcleo originario del Ejército Rebelde, que sumando varios miles de hombres más, en poco más de 24 meses entrará triunfante en La Habana, pero en ese momento ni ellos ni nadie podía siquiera imaginarlo. Fulgencio Batista, tampoco. Ni siquiera Meyer Lansky y los nombres claves del entramado mafioso ítalo-norteamericano que controla el juego, y del que dependen buena parte de los empleos de los músicos y personas que sostienen la hoy llamada industria del entretenimiento. Subvalorar lo que comenzaba a gestarse, les hará pagar, dos años después, un alto coste, ante el cual, lamentar la imprevisión no será del todo suficiente.

# •1957•

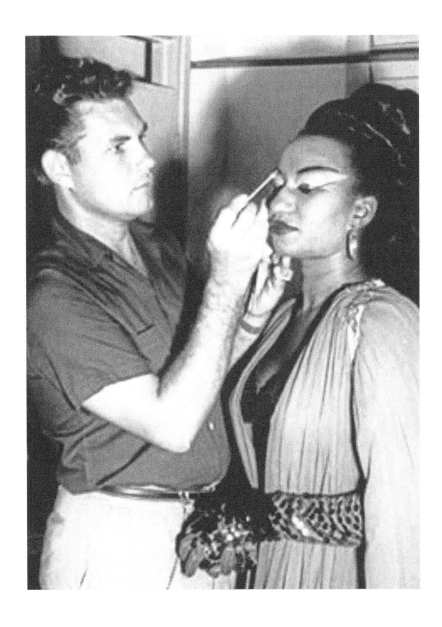

CARLOS GOMERY, MAQUILLISTA PRINCIPAL DE TROPICANA, DA LOS ÚLTIMOS
RETOQUES A CELIA ANTES DE SALIR A ESCENA. AÑO 1957.

Mucho trabajo y reconocimientos le esperan a Celia a su regreso de Perú, en las primeras semanas de enero de 1957. Como cada año, la entidad Críticos Asociados de Radio y Televisión (CARTV) otorga sus diplomas y menciones a su selección de los mejores artistas en los publicitados y ya notorios Premios CARTV, correspondientes a 1956. Celia Cruz se alza con la distinción a la Mejor Cantante Folklórica y tendrá una noche de mucho lucimiento en la tradicional Fiesta de los Artistas, donde serán entregados los galardones, el 15 de marzo en el *cabaret* Sans Souci.[1] Y en la misma edición en que el Diario de la Marina reproducía la lista de premiados, otra noticia sobre Celia acapara la atención del lector.

### ◆ *BABINEY.* DEBUTANDO COMO ACTRIZ ◆

Radio Progreso ha sido y sigue siendo un medio esencial para el trabajo de Celia y su dirección sabe que tiene en ella a una carta de triunfo que garantiza elevados *ratings* de audiencia. En 1957 continúa el programa donde se une al declamador Luis Carbonell y el cantante Carlos Argentino, que acapara popularidad entre el público femenino– en un programa que se transmite de lunes a sábado durante casi media hora con la animación de Oscar Jiménez y la locución de Pimentel Molina.[2] Pero esto no era todo, o por lo menos, no era lo más importante.

Manolo Fernández, el director de Radio Progreso, apuesta por el talento de Celia y la lleva a una dimensión profesional hasta ahora desconocida para ella: la actuación dramática. La propuesta entrañaba el riesgo de lo desconocido, tanto

[1]   Diario de la Marina, 6 de enero y 3 de febrero de 1957, p. C2.
[2]   Radio Progreso monopoliza los artistas de moda. En revista Show. No. 40. Junio de 1957, p. 38.

para el empresario, como para la cantante, que hizo valer la
determinación y el rigor que ya le caracterizan, y una valentía y seguridad inéditas para enfrentar nuevos retos en su
carrera artística. Se anuncia para el 16 de enero a las 11:25 de
la mañana la salida al aire del primer capítulo de la radionovela *Babiney*, de la escritora Rosa América Coalla. "Radio
Progreso presentó al público cubano el ritmo y la voz sensual incomparable de Celia Cruz y durante años ha sido la
preferida de todos los públicos latinoamericanos. Ahora Radio Progreso presentará a Celia Cruz como actriz dramática protagonizando una gran novela radial, con la seguridad
de que muy pronto, Celia Cruz se robará el corazón de todos
con sus interpretaciones dramáticas" –asegura el columnista del Diario de la Marina, por lo general, no muy proclive a elogios de esta naturaleza.[3]

La historia que narra la radionovela transcurre a inicios
del siglo XIX, en la Cuba colonial y esclavista, en una hacienda lejana y perdida llamada *Babiney*[4] –un vocablo indígena,
cuyo significado, según la autora es "charco sucio"–, en la
intrincada Sierra Maestra en la zona oriental cubana, cercana a Santiago de Cuba. Don Leandro de Altuzarra (encar-
nado por el actor Ernesto Galindo) es el amo y señor de esos
dominios, con una dotación de más de 50 esclavos. El corte
de caña, los cafetales y el ganado son la fuente de riqueza de
esa gran hacienda, que sirve de escenario mudo –e idílico–
a los conflictos y pasiones de sus habitantes, principalmente los negros esclavos de la dotación. La trama se acompaña
de los elementos musicales litúrgicos afrocubanos, con preeminencia de la percusión afrocubana, cuya selección e inserción está a cargo de Obdulio Morales, que ejerce de nuevo
una influencia decisiva en un momento notable de la carrera de Celia Cruz.[5]

De estos momentos, Delia Fiallo, la afamada escritora cubana de novelas radiales y televisivas, recuerda: "Conocí bien a
Radio Progreso, escribí para esa planta mis primeras novelas,
iba todos los días, era como mi segunda casa. Fue donde conocí

[3]   "Radio Progreso presentará a Celia Cruz como actriz dramática", en Diario de
      la Marina. 13 de enero de 1957, p. 2C.
[4]   En la vida real, Babiney existe. Es un poblado ubicado en el municipio de Cauto
      Cristo, en la actual provincia Granma, en la zona oriental de Cuba y que cuenta
      con poco más de 3.700 habitantes, según www.ecured.cu. (Nota de la autora).
[5]   "Celia Cruz – 'Babiney'", en Revista-Cancionero La Onda de la Alegría. Año 1.
      No. 1. Septiembre 1957, pp. 29-34. También https://www.ecured.cu/Babiney
      _(Cauto_Cristo)

al que es mi esposo desde hace 63 años, Bernardo Pascual, que dirigía seis programas de novelas y variedades". Y según ella, fue Bernardo Pascual quien promovió ante la dirección de La Onda de la Alegría, la posibilidad de probar a Celia como actriz. "¿Por qué no probar? –dijo Bernardo. De ahí surgió el proyecto de una radionovela llamada 'Babiney' donde Celia trabajó como actriz por primera vez. 'Babiney' se grababa de noche. Celia llegaba antes para que Bernardo 'le montara los bocadillos'. Y Celia demostró que no solo tenía talento para el canto, sino también para la actuación. Cuando terminaban de grabar ya era tarde en la noche, y mi marido la llevaba a su casa, porque entonces ella no tenía carro. Celia le pedía: 'Bernardo, vamos a ver un ratico a Benny Moré'. Él estaba loco por llegar a la casa para descansar, pero la complacía. A veces yo le reclamaba: '¿Dónde has estado? ¡Mira qué hora es!'. Él me explicaba y yo le entendía. Al cabo los dos también adorábamos al Benny y nuestro tema de amor cantado por él es 'Cómo fue'".[6]

Manolo Fernández y Radio Progreso asumieron un riesgo importante, pero la decisión fue acertadísima: Celia consigue no solo mantener, sino aumentar los *ratings* de Radio Progreso. La firma Sterling Products Inc., conocida por destinar sus patrocinios a espectáculos que considera de calidad, se interesa en auspiciar la novela, mientras que la crítica especializada califica la actuación de *La Guarachera* como "una verdadera sensación [...] que se reveló como una actriz de gran temperamento"[7]. En julio conquista el segundo lugar en el último *Survey* Nacional de la Asociación de Anunciantes de Cuba, y el primero en la sintonía dominical. Con una trama sentimental, muy cubana y con recursos considerados novedosos en ese momento, *Babiney* consigue rápidamente atrapar a los radioescuchas y de ello, la prensa responsabiliza en gran medida a Celia, de quien dice que "continúa cosechando aplausos en su primera obra dramática..." y la describen como la revelación de una excelente actriz.[8] Celia, en su papel de la mulata María del Rosario, comparte honores estelares con Ernesto Galindo, secundados por Raúl Selis, Miguel Navarro, Guillermo de Cun, además de Elvira Cervera y Bertina Acevedo, dos

6  Fiallo, Delia. Post en su perfil de Facebook, con fecha 25 de octubre de 2015. https://www.facebook.com/938037979596999/posts/954588137941983/
7  "Obtiene 'Babiney' con Celia Cruz rotundo éxito en Radio Progreso", en *Diario de la Marina*. 14 de julio de 1957, p. 8C.
8  Giró, Alberto: "Celia Cruz triunfa como actriz dramática por Radio Progreso". Sección *Radiovisión*, en Diario de la Marina, 19 de mayo de 1957, p. C6.

excelentes actrices afrodescendientes y otras figuras del cuadro dramático de La Onda de la Alegría.[9]

A pesar de los reportes y reseñas aparecidas en prensa cubana sobre la radionovela *Babiney*, y que marcan su debut en enero de 1957, las noticias aparecidas en mayo, junio y julio de ese año apuntan a que, probablemente su estreno haya sido diferido a estos meses, sobre todo si se tiene en cuenta la agenda de trabajo de Celia Cruz en los primeros meses del año.

### ◆ *TAMBÓ* Y *COPACABANA* EN TROPICANA ◆

El panorama musical en los *cabarets* es especialmente impresionante en la primera mitad del año. Continúa el desfile de figuras extranjeras Santo Trafficante ha creado y dirige la International Amussement Corporation con el propósito de gestionar la contratación de artistas norteamericanos para los *cabarets* y *night-clubes* vinculados a la red de casinos y salas de juego en La Habana, que controla la mafia italo-norteamericna, y está trayendo lo mejor: el año anterior Eartha Kitt actúa en la reinauguración del remozado Casino Parisién del Hotel Nacional; Dorothy Dandridge ya ha pasado con discreto éxito por Sans Souci y ahora lo hace el *crooner* Tony Bennett, y se deja ver y escuchar también en el Casino de la Alegría de CMQ-TV. El *cabaret* Parisién anuncia para el 25 de enero el debut de la diva francesa Edith Piaff y Tropicana sube la parada y confirma la reaparición en su pista bajo las estrellas de Nat King Cole desde el 1 de febrero. Con esta pieza del entramado empresarial que controla el juego, manejando artistas, agendas de *booking*, hoteles y aviones, ni siquiera la parte artística internacional queda fuera del control de los capos que sin mucha exposición pública, pero con total implicación, dirige el norteamericano de origen judío Meyer Lansky.

El mismo día en que Dwight D. Eisenhower toma posesión como presidente número 34 de los Estados Unidos, el 20 de enero, se estrenan *Tambó* y *Copacabana*, las nuevas producciones de *Rodney* en Tropicana, para las cuales los ensayos habían comenzado desde finales del pasado año. En las promociones que se publican en los prinicipales periódicos

9   El Diario de la Marina en sus ediciones del 16 de enero y 31 de marzo anuncian indistintamente el debut de Celia en *Babiney*. La primera fecha la da como noticia ocurrida, mientras que la otra la anuncia para la primera semana de abril. Una hipótesis podría ser que, debido a los compromisos internacionales de la cantante, la participación de Celia fue ajustada a esa situación.

CELIA EN LA ESCENA DEL SALÓN BAJO LAS ESTRELLAS DE TROPICANA. *SHOW COPACABANA*. 20 DE FEBRERO DE 1957. FOTO: MUÑIZ.

cubanos, Celia encabeza el elenco seguida del norteamericano Richard Robertson, los bailarines Leonela González y Adriano Vitale; Paulina Álvarez, Merceditas Valdés, el Conjunto Vocal de Paquito Godino, José Parés, Johnny Puleo y su Pandilla Filarmónica, y la actuación de Ana Gloria y Rolando y el Conjunto de Tambores Batá, imprescindible para que un espectáculo afro-cubano tenga autenticidad, con Trinidad Torregrosa, y otros renombrados bataleros. Los arreglos musicales, a cargo de dos colosos: Armando Romeu Jr y Chico O'Farrill, y la luminotecnia a cargo de Ernesto Capote.

La prensa atribuye, con justicia, a *Rodney* el éxito logrado por Tropicana. *Show* califica de "apoteósico" el triunfo del coreógrafo y describe las dos producciones como "las más suntuosas que nuestros ojos han visto, donde se aprovecha con genialidad un marco de privilegio y de ensueño". Y continúa narrando los detalles: "80 personas en escena y $22,000 el coste del vestuario". "Si hubiera un Oscar hollywoodense para este tipo de esfuerzo coreográfico, él lo merecía sin discusión. Porque ambas revistas son suntuosas y audaces, propias de un sitio de gran lujo y extensión escénica. La primera –'Tambó'– representa pasajes litúrgicos africanos, y la segunda, por contraste, es una versión llena de alegría artística, arrancada del más puro ambiente brasilero, terminando con serpentinas, globos polícromos y el aterrizaje de un auténtico zepelín. Todos contribuyen con esplendidez".[10]

Las revistas *Tambó* y *Copacabana* mantienen los horarios habituales de 11:30 pm y 1:30 am y durante los meses que permanecen en cartelera reportan llenos totales para ver lo que, a juzgar por la prensa, constituyen las dos mejores revistas de *Rodney* de todos los tiempos.[11] Desde la Florida, The Miami Herald, implicado por obra y gracia de la promoción comercial diseñada, inserta este comentario en su edición del 10 de abril: "Tropicana ha traído de vuelta a Celia Cruz en dos excitantes producciones nativas de *Rodney*: 'Tambó' y 'Copacabana', cuyas cifras Alberto Ardura, su anfitrión, recibirá mucho mejor que los titulares que hablen de las estrellas, sin duda menos importante en ese momento".[12]

A estas alturas quien se proponga hallar en la prensa cubana alguna crítica adversa sobre el desempeño de Celia Cruz, tendrá ante sí una tarea complicada. Celia ha ido cincelando su personalidad artística desde su portentosa voz y su expresión escénica, plena de autenticidad y ello ha transcurrido en dos ámbitos paralelos: sus actuaciones y grabaciones con La Sonora Matancera y su trabajo como solista sin el Decano de los Conjuntos Cubanos. En una serie de juicios críticos que viene emitiendo acerca de cantantes y músicos cubanos, y que, aunque anónimos, se presume eran escritos por su director, Palmita, la revista Show así la caracterizaba en los comienzos de 1957: "Celia Cruz es la mejor voz femenina de nuestro folklore. Mantiene todo su registro vocal sin color, no tiene impostación y ese defecto la ha hecho distinta a las demás que cultivan el género afro, circunstancia que le ha creado notoriedad.

[10]  Anónimo: "Apoteósico triunfo de *Rodney*", en revista Show. No. 36. Febrero de 1957, p. 68.
[11]  Anuncio en Suplemento. Diario de la Marina. 19 de enero de 1957, p. 8.
[12]  Bourke, George: "Night Life", en The Miami Herald. Florida, USA. 10 de abril de 1957, p. 4B.

Cuadratura perfecta. Interpretación magnífica. Está enamo-
rada de su trabajo. Podemos decir de Celia, lo que hemos ex-
teriorizado en el caso de Benny Moré, esto es, que en todos los
tiempos no se ha descubierto quien compita con ella dentro
de su estilo".[13]

La encarnizada competencia entre *cabarets*, canales de televisión y estaciones de radio trae a La Habana a Lucho Gatica.
Montmartre lo anuncia como inminente debut, mientras advierte de la última semana de actuaciones de la francesa Edith
Piaff en su escenario.

### ◆ FILME ¡OLÉ... CUBA! ◆

El 11 de febrero el director y productor Manuel de la Pedrosa dio la voz de "¡Luces, cámara, acción!" para comenzar el rodaje de ¡Olé... Cuba!, un filme enteramente cubano y con la ya
trillada estructura argumental, cuyo guión humorístico estuvo escrito deliberadamente en función de sus actores, que son,
ni más ni menos, que los nombres dorados del teatro y espectáculo vernáculo: Leopoldo Fernández, Aníbal de Mar y Mimí
Cal. Eran la tríada del humorismo criollo representada en los
personajes legendarios del programa *La tremenda corte*: los in-
efables Trespatines, Señor Juez y Nananina; Julito Díaz, Alicia
Rico, Emilio Ruiz, conocido como *El Chino Wong*, respaldada con
una propuesta musical variada que va, desde clásicos como *Siboney* –cantado por Xiomara Alfaro– hasta el muy polémico y
tan de moda *rock and roll*, interpretado por Los Llópis y baila-
do por Anisia y Rolando, pasando por otros temas cubanos y de
aires españoles a cargo de Chucho Vidal, Moralitos, las orquestas Riverside y Sensación, y por Celia con La Sonora Matancera.
Su única aparición en el filme, completamente incidental y des-
conectada de la narrativa de éste, constituye –en cuanto a estética– una de las mejores escenas cinematográficas de Celia,
quien, muy vistosa y excelentemente vestida, interpreta la gua-
racha-son *Me voy a Pinar del Río* (Néstor P. Cruz), acompañada
por Celio González y La Sonora Matancera.

¡Olé... Cuba! fue rodada en los Estudios Nacionales del Bilt-
more, en La Habana, estrenada en esa ciudad, en el Teatro
Fausto, el 23 de diciembre de 1957, permaneciendo hasta final de mes en el circuito que integraban además los cines Cuatro Caminos, Reina, Florencia, Olimpic y Santos Suárez. A nivel

[13]    "Confidencias en la noche. Juicio técnico", en revista Show. Marzo 1957p. 32.

nacional tuvo muy buena aceptación sobre todo por la interpretación que hacen Pototo y Filomeno de la guaracha *Ahorita va a llové* (Leopoldo Fernández), que se hizo sumamente popular entre los cubanos, y del tema *Boniatillo* (también de Fernández), que trascendió al ámbito latinoamericano gracias a la buena distribución que tuvo el filme en países de esa zona.[14]

## ◆ LA GRAN REUNIÓN DE MÚSICOS CUBANOS. ◆ ENCUENTRO CON TITO PUENTE

Por esos días, Gaspar Pumarejo y su programa-empresa *Hogar Club y Escuela de Televisión* organizan la más grande reunión de músicos cubanos que trabajan fuera del país. Invita a los más representativos, con todos los gastos pagados, a visitar su tierra de origen. El festejo celebra, según se anuncia, 50 años de música cubana por el mundo y llegarán músicos cubanos que trabajan con éxito desigual en Estados Unidos, Francia, España, México, Italia y otros países.

Con dos macro-conciertos los días 23 y 24 de febrero, en los terrenos del Stadium del Cerro, con capacidad entonces para 40.000 personas, y transmitidos por control remoto a través del Canal 2, los músicos agasajados presencian un fabuloso espectáculo diseñado y dirigido por *Rodney*. Al escenario especialmente montado para la ocasión, el mago Roderico traslada cuatro fastuosas producciones de Tropicana: *Estampas del pasado*, para presentar los ritmos y géneros tradicionales cubano como el son, danzón, danzonete, sucu-sucu y campesino; *Evocación*, con selecciones de las figuras femeninas de las grandes zarzuelas cubanas: *Cecilia Valdés, Amalia Batista, Lola Cruz, María Belén Chacón, Soledad, Rosa La China*, y *María la O; Pregones*, con los más notables temas inspirados por los vendedores callejeros, y *Música negra*, con los mejores temas afrocubanos. Además del elenco de Tropicana, suben a escena las cantantes líricas Estela Santaló y Blanca Varela, y en la cuerda de lo popular, Paulina Álvarez y Celia Cruz. Además, René Cabel, Fernando Albuerne, el Trío Matamoros, Wilfredo Fernández, la pareja de bailes Ana Gloria y Rolando.[15] El único artista extranjero que toma parte en

---

[14]   Agramonte, Arturo y Castillo, Luciano: *Cronología del Cine Cubano IV (1953-1959)*. Ediciones ICAIC. La Habana, Cuba. 2016, pp. 325-327. Véase también: Figueroa Hernández, Rafael: Celio González. Edit. Con clave. Veracruz, México. 2001, p. 41. Y https://www.imdb.com/title/tt0135718/companycredits?ref_=ttloc_sa_4

[15]   "Televisará hoy 'Hogar Club' el magno festival de música cubana", en Diario de la Marina, 24 de febrero de 1957, p. 2C.

el espectáculo es Lucho Gatica, quien por esos días se presentaba en Cuba y estremecía la radio, la televisión, los *cabarets* y teatros habaneros, y era considerado por la prensa como "el mejor cancionero de habla hispana". Con él Gaspar Pumarejo volvió a pulsar los hilos de la emoción en el público, algo que tan bien se le daba siempre: había hecho traer desde Chile a la madre y a la hermana del cantante, quien recibió la sorpresa directamente sobre el escenario y ante las cámaras. En el espectáculo, los actores María Brenes y Otto Sirgo fueron coronados como *Reyes de la Televisión 1957*, como ya venía siendo tradicional desde que apareció la televisión en Cuba.

Cuando son agasajados por el alcalde de La Habana, la estatua del almirante Cristóbal Colón que presidía entonces el patio central del Palacio de los Capitanes Generales, sede del gobierno de la ciudad, verá reunirse a sus pies a una irrepetible constelación de nombres: Mario Bauzá, Gilberto Valdés, Arsenio Rodríguez, Machito, Vicentico Valdés, René Touzet, José Bandera, Maño López, Raúl del Castillo, Zenaida Manfugás, Marino Barreto, Hilda de Carlo, Raúl Zequeira, Graciela, y muchos otros. Con los que viajaron desde Estados Unidos, viene un percusionista que nació en Nueva York, pero desciende de puertorriqueños, y que, al parecer por su insistencia, fue invitado por Pumarejo por su permanente vinculación con la música y los músicos cubanos: Tito Puente. Sería éste uno de los varios viajes realizados por Tito a la isla para, reconoció siempre, beber de su música y sus percusionistas, en particular de uno de los grandes músicos empíricos: Silvano Shueg *El Chori*. Josephine Powell, biógrafa de Puente, afirma que: "Tito y Celia se encontraron inicialmente en 1951 durante uno de los viajes de él a La Habana. Escoltados por Marcelino Guerra, ambos visitaron La Tropical...".[16]

Se vuelven a encontrar en este viaje de Tito en febrero de 1957 para la gran reunión de músicos cubanos en La Habana, una amistad forjada en la música. Ninguno de los dos podía imaginar en ese momento, que la vida le depararía futuras colaboraciones que serían trascendentales en sus respectivas carreras.

### ◆ CARNAVALES DE VENEZUELA ◆

Celia debe cumplir compromisos con La Sonora Matancera, como es habitual cada año en  los carnavales de Venezuela,

---

[16]  Powell, Josephine: *Tito Puente. When the Drums are Dreaming.* Author House. USA y Reino Unido. 2010, p. 250.

que se celebran esta vez del 26 de febrero al 9 de marzo, por lo que sus actuaciones en el *show Tambó* se verán interrumpidas y no coincidirá cuando Nat King Cole, aparezca como figura cimera en los *shows* de Tropicana de esas semanas. Carlos Argentino hace también el viaje a Caracas, y en su columna en la revista Show anticipa que van contratados "por una suma muy alta".[17] Se unen a las numerosas orquestas –ocho de ellas, cubanas– y solistas que han sido contratados para los festejos populares, entre ellas, la Aragón, Roberto Faz, Benny Moré, Lecuona Cuban Boys, América, Fajardo y sus Estrellas y Sensación y cantantes como Luis Donald, Candita Vázquez y otros. Contratados por Televisa Canal 4, los hombres de Rogelio, con Celia, llegan a Caracas el mismo día 26, y el 27 a las 11 de la noche debutan en el baile de carnaval del exclusivo Caracas Country Club, alternando con Chucho Sanoja y su orquesta y arrasan después en el *Show del Mediodía* de ese canal. Con la orquesta Aragón, con Benny Moré y su Banda Gigante, y Los Indios Tabajaras, se presentan el 1 de marzo en el Coney Island, y repiten con el mismo elenco el día 8, sumando esta vez a las chicas de la orquesta Anacaona, y un anunciadísimo mano a mano boricua-cubano entre los cantantes Daniel Santos y Panchito Riset. ¡Como para no perdérselo!

Celia, Carlos Argentino y La Sonora aparecen también en el programa *Fiesta Polar* en Radio Bolívar, cuyo director, José Antonio Fernández, los recibe al pie de las escalerilla del avión de la Línea Aeropostal Venezolana, que los llevó a Ciudad Bolívar en La Guayana.

Los periódicos La Esfera y Últimas Noticias cubren con varios reportes, breves artículos y anuncios el programa de Celia, Carlos Argentino y La Sonora Matancera. Los epítetos elogiosos para *La Guarachera de Cuba* abundan y se sienten sinceros y emocionados.j[18] Últimas Noticias publica breves entrevistas a ambos cantantes, y su periodista debió esperar por Celia más de lo que quizás deseara, pues se encontraba maquillándose para su próxima salida a escena. Al final, el periodista anónimo terminó abordándola directamente en camerinos, y la invitó a hacer un recuento de las visitas realizadas a Venezuela: "en 1948 con Las Mulatas de Fuego; en 1950 con la Anacaona; 1953 para actuar sola, y 1955, 1956 y ahora, con La Sonora

---

[17]  Argentino, Carlos: "Me enamoré en serio", en revista Show. Marzo de 1957, p. 41.

[18]  Informaciones tomadas de estos periódicos venezolanos, en paper-clips sin fechas exactas, todos de los meses de febrero y marzo de 1957.

Matancera". Y Celia concluye con gesto de asombro: "¡A este paso, chico, voy a adquirir la ciudadanía venezolana!".[19]

Acaban de regresar a La Habana desde Caracas, Celia vuelve a Tropicana, pero el 14 de marzo el Diario de la Marina da la noticia de la salida de Celia, Carlos Argentino y La Sonora hacia Panamá, donde han sido contratados para presentarse durante una semana en el hotel El Panamá y en uno de los principales teatros del país.[20]

### ◆ ¡AL FIN... ESTADOS UNIDOS! ◆ EL DISCO DE ORO

*Jueves de Partagás* es uno de los programas estelares de la televisión cubana, y de los mejores dentro del circuito CMQ. Patrocinado por la marca cigarrera, ocupa la franja nocturna de *prime time* —nueve de la noche— y presenta lo mejor de lo mejor en música y géneros. Hace ya mucho que Celia es habitual en los programas de CMQ, convocada muchas veces por uno de sus productores estrella: Amaury Pérez.[21] Esta vez, casi a punto de emprender un importante viaje, actúa en el espacio del 11 de abril compartiendo cartel con la orquesta española Los Chavales de España, con sus cantantes Luis Tamayo y Pepe Lara; además, Rosita Fornés y Armando Bianchi, popularísimos y adorados por los televidentes; la soprano María Remolá, la pareja de bailes Juliette y Sandor, la bailarina Gladys González, el Coro de Paquito Godino y el Ballet Partagás, todos con el respaldo de la orquesta CMQ dirigida por González Mantici. En el segmento humorístico, los grandes clásicos del teatro musical, Rita Montaner, Leopoldo Fernández, Aníbal de Mar, Mimí Cal. Como conductor, el actor Enrique Santisteban; Marcos Behemaras a cargo de los libretos y la producción y dirección de Amaury Pérez. Hoy nos parece increíble que un programa pudiera reunir tal cantidad de excelentes músicos y actores, pero es solo una muestra de lo que entonces parecía habitual.[22] La

[19] Anónimo: "Opina Celia Cruz: 'El rock and roll es un ritmo loco que muy pronto será olvidado'", en Últimas Noticias. Caracas, Venezuela. Febrero de 1957 (paper-clip sin fecha exacta).

[20] Cicero, Oscar: *Sección Aeropuerto*, en Diario de la Marina, 14 de marzo de 1957, p. A6.

[21] Amaury Pérez García (Las Tunas, Cuba. 13 de enero de 1926 - La Habana. 19 de febrero de 1990) Uno de los más importantes productores y directores de la televisión, el *cabaret* y el espectáculo musical en Cuba.

[22] "Los Chavales de España serán gran atracción en el próximo 'Jueves de Partagás' por CMQ-TV", en Diario de la Marina. 7 de abril de 1957, p. C2.

actuación de Celia motiva una crítica muy positiva del columnista Alberto Giró: "Hay que decirlo una vez: para que surja otra voz como la suya dentro de su género, será muy difícil, porque hasta el momento Celia es única en sus interpretaciones".[23]

Nueve días después, el vuelo 998 de Cubana de Aviación despega hacia el norte, desde Rancho Boyeros, La Habana, con destino a Nueva York. Es sábado 20 de abril de 1957. En él viaja Celia Caridad Cruz y Alfonso, ciudadana cubana, artista estelar, quien, finalmente y tras varios inconvenientes, llegará a los Estados Unidos. Una serie de situaciones negativas se alinearon para impedir que desde varios años antes, Celia pudiera hacerlo, como era su propósito y el de los empresarios que deseaban presentarla ante el público de aquel país. Entre los primeros interesados en hacer realidad este empeño está su casa discográfica en la persona de su presidente, Sidney Siegel. En 1955 el Nueva York latino tuvo que aparcar el gran entusiasmo que provocó el anuncio del debut de Celia Cruz en el Teatro Puerto Rico, previsto para el 14 de abril, actuación que debió ser pospuesta indefinidamente.[24] Inconvenientes relacionados con la emisión del visado por parte de las autoridades norteamericanas de inmigración impiden que *La Guarachera de Cuba* cumpla con el compromiso. Pasan siete meses después de este anuncio y en la prensa del espectáculo se informa que el asunto había quedado solventado: en la sección ¡Aquí Puerto Rico! en la revista Show, que mantenía a la cantante Myrta Silva como su corresponsal en la isla borinqueña, se podía leer en el número de diciembre el subtitular "Celia Cruz conjura problema inmigratorio" y después, dentro de la noticia y sin más detalles: "Se arregló el problema de Celia Cruz con Inmigración, y por fin la colonia latina en Nueva York podrá aplaudir muy pronto a la *Reina del Afro*".[25] Pero no era cierto, a juzgar por lo que la propia *Gorda de Oro* escribe un mes después en su misma columna: "Es una gran pena que no puedan venir a Nueva York ni ir a Puerto Rico, Celia Cruz y Olguita Guillot. Si hay cosas que yo no entiendo, ésta es una. Las dos son dos grandes artistas, personas decentes, exponentes de la música de Cuba en Hispanoamérica y, sin embargo, no pueden venir ni a Estados Unidos ni ir a Puerto Rico. Yo creo que la Asociación Cubana

23  Giro, Alberto: "Menciones de honor de la semana en televisión", en *Diario de la Marina*. 14 de abril de 1957, p. 2C.M.
24  "New York insomne", en revista Show. Abril 1955, p. 37.
25  Silva, Myrta: ¡Aquí, Puerto Rico!, en revista *Show*. Diciembre 1955, p. 51.

CELIA CON SU PRIMER DISCO DE ORO, LOGRADO POR *BURUNDANGA*,
Y ENTREGADO EN NUEVA YORK EN 1957. DETRÁS, EL PRESENTADOR
PERUCHO IRIGOYEN.

de Artistas debería tomar velas en este entierro... Por qué, ca-
balleros... No hay derecho".[26]

Los motivos por los que en primera instancia le es denega-
do el visado norteamericano a Celia son los mismos que rigie-
ron para otros artistas y músicos cubanos –Olga Guillot entre
ellos– que estuvieron vinculados laboralmente a la radioemisora Mil Diez, en los años cuarenta, hecho que en 1955 adquiere un contravalor para las autoridades norteamericanas en
un momento caracterizado por la persecución de intelectua-
les y artistas, de cualquier procedencia, que simpatizaran con
las ideas de izquierda, o aparecieran con cualquier tipo de vínculo con organizaciones comunistas, de izquierdas o de corte progresista.

El instigador de esta política fue Joseph Raymond Mc-
Carthy[27], senador republicano por el estado de Wisconsin y
entonces presidente de la Comisión de Actividades Antinor-
teamericanas del Congreso de los Estados Unidos, cuyo ape-
llido dio nombre a este período en la política interna de la
Unión conocido por *macartismo*, y que tiene su inicio en febrero de 1950 cuando denunció –con inesperado apoyo– una
presunta conspiración comunista dentro del Departamento de Estado. Las acusaciones de deslealtad, subversión, vinculación de acción o pensamiento, de traición a la patria, no
eran sustentadas mediante un proceso legal justo en el que
se respetaran los derechos del supuesto acusado, sino que las
meras sospechas implicaban acciones punitivas inmediatas
por parte de las autoridades norteamericanas.

En la historia de vida de Celia Cruz, el incidente va a adquirir tintes fantasmagóricos que aparecerán de modo
recurrente en su carrera, cuando menos lo espera, y que re-
tardarán primero su entrada a Estados Unidos por primera vez; luego, la normalización de su condición de emigrada
en Estados Unidos, y después el otorgamiento de la ciudadanía norteamericana. Celia nunca abordó este asunto públicamente, ni nunca fue confrontada con él en entrevistas
posteriores. Es evidente que le provocó suma preocupación
en la medida en que era consciente de que poner en contexto
tales aspectos de su vida y carrera quedaba fuera de su control, cuando años después un acontecimiento capital impactó de manera dramática en su curso vital y profesional: el

[26]   Silva, Myrta: ¡Aquí, Puerto Rico!, en revista *Show*. No. 23. Enero 1956, p. 49.
[27]   Joseph Raymond McCarthy (Grand Chute, Wisconsin, 14 de noviembre de
         1908 – 2 de mayo de 1957).

triunfo de la revolución liderada por Fidel Castro el 1 de enero de 1959. También es cierto que, tras su muerte, se trató de revivir y hasta explotar este tema como línea editorial de algunos medios y escribidores, en detrimento de su imagen, descontextualizándolo completamente e ignorando el vínculo no ideológico de Celia con Mil Diez, el partido que manejaba la emisora y la verdadera naturaleza de sus espacios musicales, su apoyo a los músicos y artistas emergentes, negros y mulatos, o pertenecientes a sectores desfavorecidos de la sociedad cubana, que, por lo general, no eran admitidos o se frenaba su desarrollo en las principales radioemisoras cubanas de entonces. Ese acercamiento, además, desconoció el marco de legalidad en que desarrolló su accionar la emisora hasta que otras circunstancias políticas decidieron su clausura. Este contexto, que ha sido explicado en reiteradas ocasiones por los propios músicos que lo vivieron −es el caso de Bebo Valdés en su citada biografía− está en la lógica de los vínculos, tanto amistosos como profesionales, establecidos por Celia en la década de los cuarenta, y también por otros músicos y artistas que, al igual que ella, trabajaron en Mil Diez, sin compartir ideologías o preferencias políticas, pero sí reconociendo su carácter inclusivo, y que evolucionaron a lo largo de los años por caminos diferentes.[28]

Aquel sábado 20 de abril de 1957, Celia se hace acompañar en el viaje por su prima Luciana García Alfonso, *Nenita*, que hace las veces de asistente personal. A medida que el avión desciende hasta aterrizar en el aeropuerto internacional de Ildewild, un pensamiento concentra su atención: "¡Al fin, Nueva York!". Serían muchas las emociones que Celia viviría en la ciudad de los rascacielos, entre ellas una de entrañable significado: recibir −¡finalmente!− el Disco de Oro de Seeco Records, al alcanzar la guaracha *Burundanga* el millón de copias vendidas y que le sería entregado en su concierto principal, previsto para el afamado St. Nicholas Arena, en el Bronx. Sin ser periodistas profesionales −lo que explica la simplicidad del lenguaje con que lo describen− los integrantes del trío Los Romero, que hacen de corresponsales viajeros de la revista Show en Nueva York, escriben una reseña que demuestra

[28] En 2004 (edición de julio 25), un año después de la muerte de Celia Cruz, la periodista Carol Rosenberg, en el diario The Miami Herald, dijo iniciar pesquisas en documentos desclasificados por el FBI, que desembocaron en artículos de prensa con diverso grado de precisión en los datos que aporta, pero sin contribuir con evidencias documentales.

también que el incidente de las anteriores negativas del visado era de conocimiento público: "La actuación de nuestra Celia Cruz fue un exitazo. El público hacía mucho tiempo que la esperaba pero la Inmigración americana [sic] no le daba entrada porque creía que Celia había pertenecido al Partido Comunista. Comprobado que no era cierto esto, ha podido regalar a los newyorkinos su gran calidad de cantante. La presentación estaba marcada para el St. Nicholas Arena (donde se presenta regularmente boxeo), pero hubo una tángana de los mil diablos cuando los empresarios vendieron más de cinco mil entradas cuando el local solo  admite dos mil. La reyerta fue de tal naturaleza que hubo un montón de heridos y todo, y Celia tuvo que abandonar rápidamente el local sin actuar y sin recibir el disco de oro que le iban a entregar. Después actuó en el Teatro Puerto Rico, donde tuvo una gran acogida. Con Celia actuaron Los Casanova quienes arrebataron".[29]

Finalmente, la primera presentación de Celia Cruz en Estados Unidos tuvo lugar el jueves 25 de abril de 1957 en el Teatro Puerto Rico, en un espectáculo donde ella fue la cabeza de cartel, escoltada por sus coterráneos Vicentico Valdés y su orquesta, y Panchito Riset, junto a Los Casanovas, el Mariachi Femenino y Las Tres Guitarras. Aquí recibiría su primer Disco de Oro de manos de Sidney Siegel. La noche antes había sido también de premios y de gran conmoción sobre todo en la comunidad boricua, pues también Seeco Records había entregado similar reconocimiento a Cortijo y su Combo. Durante una semana, hasta el 1 de mayo, Celia canta en el Teatro Puerto Rico junto a Panchito Riset, acompañada por la orquesta de Vicentico Valdés. El investigador Richard Blondet aporta otro dato: "... ese fin de semana, no puedo precisar con exactitud si fue el viernes 26, el sábado 27 o incluso el domingo 28, Celia Cruz apareció en el *ballroom* del Manhattan Center".[30]

La revista Bohemia destaca el acontecimiento al publicar una foto de Celia sosteniendo el apreciado disco, y escoltada por Los Casanova y los tres integrantes de Los Romero en la escena del Teatro Puerto Rico.

El restaurante La Barraca, entonces muy popular entre la colonia cubana y latina de Nueva York y entre los coterráneos asiduos a esa ciudad, estaba situado en la calle 51 entre Broadway y la 8ª. Avenida. Por esos días abrió sus puertas al

[29]   Romero, Frankie y Diego: "New York insomne", en revista Show. Junio 1957, p. 61.
[30]   Richard Blondet: Intercambio de emails con la autora. 21 de agosto de 2020.

homenaje que el presidente de Seeco Records ofrece a Celia por su visita, por la entrega del Disco de Oro y el cumplimiento del contrato que la trajo a esa ciudad. Asisten importantes nombres de la vida artística y el *show-business* latino en Nueva York, como el músico y promotor Catalino Rolón –alguien que años después será un importante apoyo cuando Celia decida radicarse en Nueva York y continuar allí su carrera–, el periodista *Babby* Quintero, el cantante cubano Vicentico Valdés y otros.[31]

Cuando Celia está terminando con todo éxito su primera visita a Estados Unidos tras varios años de tropiezos y obstáculos para lograrla, curiosa paradoja, el senador Mc Carthy muere el 2 de mayo. Una cirrosis hepática por alcoholismo crónico puso fin a su vida a los 47 años tras perder fuerza y credibilidad al aprobarse la moción de censura que acabó con su política de cacería de brujas, que atentaba directamente contra la esencia de la democracia, tal y como se entiende en Norteamérica.

Aún resonaban entre la comunidad latina y cubana los ecos de las triunfales presentaciones de Celia en Nueva York, cuando el sagaz Sidney Siegel intenta poner en valor discográfico los ascendentes éxitos de Celia frente al público de Nueva York.

Un mes después, el nuevo LP de Celia con La Sonora Matancera alcanza un notable reflejo en la prensa cubana y norteamericana. Se trata del vinilo de 12" *Cuba's Queen of Rhythm*. En particular, la importante revista Billboard, en la sección *Review and Rating of New Album* (Seeco SCLP 9101), comenta: "Los vendedores que se mueven comercialmente en el ámbito latino y aquellos cuya clientela incluye a seguidores del género afro-cubano, encontrarán en este disco una oferta rentable. Contiene 12 selecciones, la mayoría de ellas excitantes, que expresan los diferentes estilos de la música cubana. La voz de Celia Cruz es sensual y cálida, y es maravillosamente exhibida a través de los ritmos auténticos de la Sonora Matancera".[32]

El Diario de la Marina, en su sección *Grabaciones Populares*, reproduce la portada del disco junto al LP Cándido: "...lo que ha constituído una sorpresa en los medios jazzísticos. Cándido, habanero nacido en 1921 y muy conocido como ejecutante del bongó, se hizo notar en sus actuaciones entre nosotros. Lo halló un 'scout'", se lo llevó a Estados Unidos y ha triunfado en toda la línea". Se trataba del gran percusionista Cándido Camero, y su disco y el de Celia son resaltados por Seeco Records

---

[31] "'Liborio' y 'La Barraca' favoritos de la farándula en Nueva York", en revista Show. No. 40. Junio 1957, p. 21.
[32] "Review and Ratings of New Albums", en Billboard. 10 de junio de 1957, p. 34.

como sus grandes y más recientes novedades: "Celia Cruz, una de las estrellas del canto popular cubano. Su fama en Estados Unidos y en América del Sur crece por días".[33]

Como artista del Circuito CMQ, Celia aparece con frecuencia en sus programas estelares de televisión, posibilidad ésta que le permite protagonizar un curioso récord, que habla mucho de su calidad interpretativa, más allá de su experiencia positiva y casi cotidiana con La Sonora Matancera: en tan solo un mes, Celia es acompañada y dirigida por tres de los mejores directores orquestales cubanos: Rafael Somavilla, Enrique González Mantici y Gonzalo Roig. No se trata de una primera vez en cada ocasión: los días 6 y 20 de mayo se pudo ver a Celia en el popularísimo *Show del Mediodía*, programa que se hizo legendario no solo por los artistas, orquestas y conjuntos que pasaron por él, sino, más que todo, por su recordado animador, el gran Germán Pinelli. Esta vez, completaron la propuesta televisiva la *vedette* Blanquita Amaro, la pareja de bailes Mitsouko y Roberto, todos con el respaldo de la orquesta CMQ dirigida por Rafael Somavilla. Seis días después, junto a Marta Pérez y a Pedro Vargas, Celia encabeza el cartel del programa homenaje de CMQ a las madres cubanas en su día. El tenor mexicano se está presentando con extraordinario éxito en los shows *Primavera in Roma* y *Música del Alma*, en Tropicana.[34] Con motivo de la fiesta patria del 20 de mayo, el anfiteatro de la Avenida del Puerto se engalana especialmente: Justo Luis del Pozo, alcalde de la capital, celebra un concierto extraordinario y gratuito en el que intervienen Celia, las sopranos Esther Borja y María Remolá, y Luis Carbonell, a quienes acompaña la Banda Municipal dirigida por Gonzalo Roig.[35]

Es sumamente lamentable que de estas experiencias casi no existan grabaciones, ni kinescopios de sus numerosas apariciones en programas de televisión, teatro y *cabaret* con acompañamiento orquestal, lo que sin dudas habría enriquecido la noción del *performance* de Celia cuando ya acumulaba una notable experiencia en el manejo de este tipo de escenarios, como vía de comunicación con el público.

A mediados de año vuelve Celia a Curazao. Los días 17 y 18 de junio se presenta en un escenario ya conocido: el *cabaret*

33  Fernández, Fernando: Sección *Grabaciones populares*, en Diario de la Marina, 21 de julio de 1957, p. C5.
34  Diario de la Marina. 5 y 12 de 1957, p. C2. 19 de mayo de 1957, p. C6.
35  Mañana un gran concierto en el Anfiteatro Municipal, en Diario de la Marina, 19 de mayo de 1957, p. A24.

Chobolobo, animando los grandiosos festejos bailables para los que había sido especialmente contratada.[36] El promotor y empresario Angel Job, conocido como *El Gordito de Oro*, es quien en Antillas Holandesas se encarga de contratarla, en relación directa con su *manager* cubano Eugenio *Tito* Garrote. Afincado en Oranjestad, Aruba, Angel Job promueve la música del caribe hispanoparlante, esencialmente; maneja, además el sello discográfico Grabaciones Angel Job, que hoy se sabe fue de los más relevantes entre los que recogieron el legado musical de esos territorios, incluída la influencia de la música cubana en sus orquestas y conjuntos.

Durante julio y agosto, Celia continúa apareciendo con regularidad en programas del canal 6, como el *Show del Mediodía* junto a Blanquita Amaro, y un desfile de figuras que pasan por el popular programa.[37]

James Dean asalta las pantallas de los cines Infanta, Metropolitan, Favorito y Florida con el filme *Rebelde sin causa*, que se estrena en La Habana el lunes 20 de julio, y agosto inaugura el calor más sofocante con un soplo de brisa en la voz del *crooner* norteamericano Johnny Mathis desde el escenario de Sans Souci. En Tropicana sigue lo nunca visto: *Rodney Circus*, un espectáculo circense con fieras enjauladas y actos de acrobacia que compiten en audacia y atractivo con música, cantantes, bailarines y coristas. En la televisión, la competencia no es menor: CMQ anuncia a toda voz la actuación de la argentina Libertad Lamarque; CMBF-TV ha traído desde Venezuela al tenor Alfredo Sadel, mientras que el Canal 2, con Pumarejo, está presentando al chileno Lucho Gatica y al torbellino gitano que es Carmen Amaya. En la capital y en las principales ciudades ya han comenzado a aparecer los pequeños *night-clubs*, menores en dimensiones y pretensiones, pero importantes no solo porque aumentan las opciones de entretenimiento nocturno, sino porque representan posibilidades de trabajo para muchos músicos, cantantes, y personal técnico.

### ◆ UN DISCO DE ORO PARA LA SONORA ◆ MATANCERA ANTES DE SALIR DE GIRA

Pasarían sólo unos meses para que otro Disco de Oro de Seeco Records estuviera relacionado con el nombre de Celia Cruz,

36  "De aquí y de allá", en revista Show. Julio de 1957, p. 51.
37  Véanse: "Carteleras de programas de televisión". Página *Radio y TV*, en Diario de la Marina, ediciones de julio y agosto de 1957.

lo que motiva una visita muy especial de Sidney Siegel a La Habana. La Sonora Matancera ha logrado vender un millón de copias de sus discos y es acreedora de la codiciada distinción, el reconocimiento más alto a que puede aspirar una agrupación musical en su historial de grabaciones durante un año.

Rogelio Martínez recibe el Disco de Oro de manos del señor Siegel en un programa especial de Radio Progreso, la sede de sus grandes éxitos. Después el presidente de Seeco Records ofreció una cena y fiesta en honor de La Sonora Matancera a la que asistieron sus músicos y cantantes. Sidney Siegel se sienta entre Celia y Rogelio, y en su mesa están también Irving Price, el inefable *Andresito*, distribuidor de Seeco Records en la isla, y Rogelio Martínez Jr, hijo del director de La Sonora y representante oficial de los intereses del sello norteamericano para Cuba.[38]

Con la energía que aportan logros como éste, La Sonora Matancera −con los cantantes Carlos Argentino y Celio González− se dispone a realizar una importante gira por Perú, Chile y Argentina, que se inicia con sus primeras presentaciones en Lima.

La empresa que gestiona la emisora peruana donde actuarán hace un esfuerzo económico sin precedentes para llevar al laureado conjunto cubano a sus micrófonos y así, satisfacer las expectativas del público que lleva largo tiempo esperando ese encuentro con los artistas isleños. Allí les favorece la tremenda estela de triunfos que dejó Celia en sus recientes actuaciones con Carlos Argentino. Se registraron llenos absolutos en cuanto sitio se presentaron y los resultados económicos se cuentan en una sola palabra: espectaculares. De Perú pasan a Chile, donde se presentan con gran impacto en Confitería Goyescas, con Carlos Argentino imponiendo el ritmo merecumbé al estilo de La Sonora. También actúan en Radio Corporación, Teatro de Variedades, Grill Ambassador, Tap Room, Sala Pigalle y Hotel Carreras, en cuyas instalaciones se hospedaron también.[39] "El presupuesto que se ha obtenido por 18 días de trabajo es astronómico", cuenta Carlos Argentino en su crónica en Show. [40] De Chile van a Guayaquil, Ecuador y de ahí a Brasil y también

[38]  "La Sonora Matancera obtiene el disco de oro de la Seeco", en revista *Show*. No. 42. Agosto de 1957, p. 35.
[39]  *Chatter*. Santiago, en Variety. Hollywood, California, USA. 25 de septiembre de 1957, p. 74.
[40]  Argentino, Carlos: "La Sonora en Chile", en revista Show. No. 43. Septiembre de 1957, p. 33.

a Uruguay. "El público deplora que no haya venido Celia Cruz", comenta Guillermo Zurita Borja, quien reporta desde Chile para la misma revista.

### ◆ CELIA Y ROLANDO LASERIE, ◆
### EL SUCESO DE RADIO PROGRESO

Mientras La Sonora Matancera va de éxito en éxito en su gira suramericana, desde agosto Celia está otra vez en el programa *Alegrías de Hatuey*, que ahora reformula su esquema para cubrir la ausencia del conjunto, y la presenta junto a quien se ha convertido en la revelación del momento, el timbalero devenido cantante Rolando Laserie. Los respalda la orquesta de Ernesto Duarte y alternan también con el Acuarelista de la Poesía Antillana, el declamador Luis Carbonell.[41] A estas alturas del año, la prensa no duda en llamar a Laserie *El Guapo de la Canción* y también el Cantante Revelación del Año. Sus "descubridores", el director musical Ernesto Duarte y el productor y actor Guillermo Álvarez Guedes, lo vieron de inmediato y con rapidez dispusieron todo lo necesario para grabarle su primer tema: *Mentiras tuyas*. Lo que siguió fue la locura. Era un bolero, cantado como nunca nadie había osado hacerlo, con la guapería y la sabrosura con que podía ser cantado en un bar junto a una victrola y una botella de ron. En la radio llueven las peticiones, Laserie es la gran atracción a la altura de Benny Moré o Lucho Gatica. Sans Souci lo contrata y el antiguo baterista de su orquesta es también allí una sensación ante el micrófono. Algún titular lo dijo con pocas palabras: Laserie encanta a *"los de arriba" con el estilo de "los de abajo"*.

Pronto la prensa se encargaría de unir a Laserie y a Celia en una candidatura sin precedentes: ambos son promovidos para aspirar a Mr. Y Mrs. Televisión 1957, los primeros artistas negros en ser nominados, aunque ya veremos que la suerte no les acompañaría en este empeño. Donde sí triunfan es en las selecciones anuales de la Unión de la Crónica Tele-Radial Diaria (UCTRD), que los elige en la categoría de Mejor Cantante del Género Popular. Laserie se alza también con el reconocimiento al mejor disco, por *Mentiras tuyas*, y al Mejor Cantante Folklórico en la selección de UCTRD. A inicios de 1958, la entidad Críticos Asociados de Radio y Televisión (CARTV) los elige vencedores

---

[41] Anónimo: "La revelación radial del año", en revista Show. Septiembre de 1957, p. 44.

en la categoría Mejor Cantante Folklórico. Celia, además, conquista el trofeo a la Mejor Actriz Novel, por su desempeño en la radionovela *Babiney*.[42]

## ◆ RITA MONTANER: DIFERENDOS ◆
## Y HOMENAJES

Durante 1957 Celia realiza destacadas presentaciones en el estelar televisivo *Jueves de Partagás*, donde a inicios de año llega a compartir escena con la gran Rita Montaner, quien entonces mantuvo por cinco meses una presencia semanal en este programa. Sin embargo, a medida que se acerca el final del año, la enfermedad que aqueja a la Montaner se torna más grave e irreversible. La opinión pública se estremece ante el paradójico ensañamiento de la naturaleza y los poderes divinos con una de las gargantas más privilegiadas que ha dado el canto lírico en Cuba. Soprano y cantante popular, pianista virtuosa, actriz brillante en la cuerda dramática y en la satírica, sentó cátedra en la radio, el teatro, el cine y la televisión. En la gran popularidad de *La Única* y en el respeto conquistado a lo largo de varias décadas se sustenta la iniciativa del compositor Osvaldo Farrés, *host* de su propio programa *Bar Melódico*, para homenajear a la diva, que va cobrando mayor fuerza y alcance, y desborda cualquier pronóstico previsible: sus colegas y los directivos de las empresas que regentan la radio y la televisión deciden ofrecerle, en acto nacional, el mayor tributo realizado hasta la fecha en Cuba a un artista.

Inicialmente se prevé disponer del horario estelar del programa *Jueves de Partagás*, de CMQ-TV, que ese día no saldría en pantalla. La propuesta es asumida también por los directivos del canal 6 CMQ TV y del Canal 4, así como de numerosas emisoras de radio que se unirán a la transmisión en directo el día 10 de octubre, fecha de conmemoración patriótica en Cuba, a partir de las nueve de la noche. El homenaje a *La Única* –que se ve imposibilitada de asistir al estudio– transparenta las diferencias latentes entre Goar Mestre (CMQ) y Gaspar Pumarejo (Canal 2), que dejan al descubierto la visión eminentemente comercial del primero, y el sentido de solidaridad y respeto hacia Rita de que dio muestras el segundo. Antes, Goar Mestre debió lidiar con un profundo y sonado diferendo con La Montaner en torno a su programa *Rita y Willy*, a lo que se sumó la

[42]   Diario de la Marina. 12 de octubre de 1957, p. 16ª y 12 de enero de 1958, p. C5.

CELIA EN PROGRAMA DE CMQ–TV. ENTRE LOS MÚSICOS, A LA IZQUIERDA, OSCAR VALDÉS CON LA TUMBADORA. AÑO 1957.

precaria posición en que ahora lo deja la respuesta y postura de Pumarejo, que, ante la negativa de los jerarcas de CMQ a mostrar empatía hacia él y sumarlo al homenaje, decidió suspender su programación esa noche y en su lugar colocar un letrero explicativo todo el tiempo en la pantalla de su canal, mientras durara la transmisión del homenaje.

En todo caso, quienes sí estuvieron cohesionados en torno a la figura de la Montaner como muestra de respeto e indulgencia ante su enfermedad fue la clase artística: la trascendental transmisión se convierte en el mayor acto realizado en homenaje a un artista cubano por la cantidad y calidad de los colegas,

EMISIÓN ESPECIAL DEL PROGRAMA *JUEVES DE PARTAGÁS*
DESDE EL EXTERIOR DE CMQ. CELIA Y BENNY MORÉ CANTAN ACOMPAÑADOS
POR LA BANDA GIGANTE. ARCHIVO MARVIN JUI-PÉREZ.

incluyendo a los artistas extranjeros que trabajan en Cuba en ese momento.

A partir de las nueve de la noche el homenaje a la Montaner es transmitido además por CMQ-Radio y CMBF-TV. A los estudios de CMQ, en el edificio Focsa, acude prácticamente todo el mundo artístico, unos para actuar en honor a la diva y otros para estampar su firma en el libro abierto a tales fines. La esperada transmisión es producida por Amaury Pérez, Roberto Miranda y Rafael Duany, y como presentadores actuan Osvaldo Farrés, Enrique Santisteban, Rolando Ochoa, Miguel Hernández y Humberto Estévez. Las orquestas acompañantes son la de *Jueves de Partagás*, dirigida por Roberto Valdés Arnau, la del *Bar Melódico de Osvaldo Farrés*, con Julio Gutiérrez al frente, y la de *Tropicana*, conducida por Armando Romeu Jr.[43]

No cabe duda de que Celia es, desde hace mucho, quien encarna la máxima excelencia en el llamado afro y en la guaracha, y que los productores no se permiten ya un programa o un espectáculo que se precie de ser bueno, sin su presencia. *Rodney* dirige y presenta una estampa suya: *Historia musical de Rita Montaner*, estructurada "...con notables creaciones de la homenajeada: 'Canto siboney', 'Aquellos ojos verdes', 'El manisero' y 'Ogguere', a cargo de Celia Cruz, Zoraida Marrero, Blanca Varela, el Coro de CMQ y los cuartetos de Facundo Rivero y Aida Diestro. Para cerrar la estampa se ejecutan a seis pianos una danza de Ignacio Cervantes y 'Malagueña', de Ernesto Lecuona, por los maestros Adolfo Guzmán, Julio Gutiérrez, Paquito Godino, Fernando Mulens, Bobby Collazo y Orlando de la Rosa, que fallecerá pocas semanas después".[44]

Celia había sido objeto, tiempo atrás, de los lances iracundos de Rita Montaner, que marcaron sus relaciones con algunas artistas. Eso no fue un obstáculo para que Celia mostrara indulgencia ante la tragedia que ahora vivía su colega y accediera a participar en su homenaje. Según refirió Celia a Omer Pardillo años más tarde, Rita, ya próxima a su final, quiso disculparse con ella mandándola a buscar para hablar, pero el encuentro no se produjo.

Desde su casa, Rita siguió la monumental transmisión y una cámara la captó emocionada, pero visiblemente sin salud. Los artistas y participantes en el homenaje dejaron también los centavos que ella había pedido como ofrenda a la Virgen de la Caridad del Cobre. Poco más de seis meses después, Rita Montaner moría en La Habana a los 57 años, el 17 de abril de 1958, dejando un legado glorioso e inolvidable en las artes y la cultura de su país.

[43] "Homenaje nacional a Rita Montaner desde 'Jueves de Partagás', CMQ TV", en Diario de la Marina, 6 de octubre de 1957, p. D5. Para una narración detallada del contexto y la realización del homenaje nacional a Rita Montaner, véase: Fajardo Estrada, Ramón: *Rita Montaner. Testimonio de una época*. Editorial Oriente. Santiago de Cuba, pp. 336-347.

[44] Fajardo Estrada, Ramón: *Rita Montaner. Testimonio de una época*. Editorial Oriente. Santiago de Cuba, p. 342. Véase también: Barral, Germinal: "Homenaje nacional a ¡Rita de Cuba!", en Bohemia, 20 de octubre de 1957.

## ◆ A MÉXICO ◆

En noviembre Celia viaja a México para  cumplir un importante contrato por cuatro semanas, que la retendrá en el Distrito Federal hasta diciembre. Es su segunda vez en el país azteca, pero es la primera en que se presenta como solista. Agustín Barrios Gómez era el dueño del *cabaret* Afro, uno de los más notables de la ciudad donde, de preferencia, se presentan músicos y cantantes cubanos. La recibe en un debut que ciertos medios de prensa califican de "tumultuoso": a él asisten relevantes nombres de la farándula en México como el cantante chileno Lucho Gatica, la actriz ítalo-mexicana Martha Roth, el cubano Yeyo Estrada, muy conocido por haber sido cantante de la orquesta de Pérez Prado y ahora se desempeña como director artístico del *cabaret* Afro. De inmediato ella convierte sus presentaciones en el gran suceso de las noches de la capital mexicana. Muy temprano, la gerencia del Afro se ve obligada a cerrar sus puertas ante la avalancha de público y el hecho de que desde los primeros días se han agotado las reservas de mesas para los días en que Celia estará cantando allí. El cantante Tony Smith, en su función de corresponsal de la revista Show en el Distrito Federal, cuenta que Celia también se presenta por televisión y que engañosa o erróneamente "...anunciaron la llegada con ella, de la Sonora Matancera, y en la propaganda anuncia a los solistas de la 'Sonora Matancera', no sé con qué objetivo, si ya todo el cupo [del *cabaret* Afro] está cubierto". También confirma que sus temas más populares y difundidos en México son *El Yerbero Moderno,* junto a *La Sitiera* (Rafael López) *y En la orilla del mar* (José Berroa) y Celia, entre las cantantes más populares, seguida de Olga Guillot y la puertorriqueña Virginia López.[45]

Celia se presenta también con igual éxito en el afamado Teatro Iris, acompañada por el conjunto de un coterráneo: Eduardo Periquet. El cubano había alineado como trompetista de la formación originaria del Conjunto Casino, con el que llega a México en la primera mitad de los años cuarenta, y allí se queda, como muchos otros cubanos, a continuar trabajando y viviendo. Durante años, la agrupación de Periquet había animado las noches del *cabaret* Río Rosa y otros de la capital mexicana, era uno de los conjuntos cubanos reconocidos y que desde principios de los cincuenta dio trabajo a cantantes como Vicentico Valdés,

---

[45]   Smith, Tony: "Un cantante cubano reporta la vida artística de sus compatriotas", en revista Show. No. 46. Diciembre de 1957, p. 60.

Kiko Mendive, Lalo Montané y hasta Benny Moré, quien –cuando vivió en Ciudad México– cantó alguna que otra noche con su acompañamiento.[46]

Se festeja el vigésimo sexto aniversario del estreno en México del cine sonoro, para lo cual el salón Alameda del hotel El Prado, en la Avenida Juárez, abre sus puertas a una fastuosa gala, presidida por tres actrices representativas de las tres grandes cinematografías: la norteamericana Jayne Mansfield, la francesa Christian Martell y la mexicana María Félix. La velada, un baile de gala, es organizada por los sindicatos cinematográficos mexicanos y cierra los festejos del acontecimiento. El boleto de entrada cuesta 100 pesos y la recaudación debe engrosar los fondos de la Cruz Roja mexicana. Humberto Heldam, el corresponsal de la revista Radiomanía y Televisión, no deja de resaltar en su crónica el calado que ya tiene en México nuestra Guarachera: "En el programa figuran numerosos artistas mexicanos e internacionales, encabezados por la popularísima Celia Cruz, cuyo 'Yerbero' anda recorriendo todas partes hasta el cansancio".[47]

Durante su estancia en México, Celia coincide con la cantante Vilma Valle, que debuta por esas fechas con éxito en el Río Rosa. Celia acude a la presentación de su amiga, que también se convierte en punto de reunión de cubanos, entre ellos el cantante Yeyo Estrada, el bongosero Virgilio Martí, el propio Periquet y otros. Tras cuatro semanas de éxitos en el Distrito Federal, Celia regresa a Cuba, dejando firmado un contrato para próximas presentaciones en Veracruz, donde también la consideran la más popular y admirada de las cantantes cubanas.[48]

La mirada de la crítica se centra ahora en esta nueva faceta de Celia, donde se revela con dotes histriónicas no desdeñables: el cronista y crítico Alberto Giró, desde su página en el Diario de la Marina, selecciona semanalmente a los que considera merecedores de la "mención de honor" según su desempeño en la televisión en los anteriores siete días. En su edición del 27 de octubre, Giró selecciona, del ámbito musical, a Rolando Laserie –quien ha impuesto su peculiar modo de cantar–, Miguelito Valdés –que se presentó en *Jueves de Partagás*–, a Olga Guillot –ahora en los programas del Canal 2 producidos por Pumarejo–, y a Celia, que

[46]    Silva, Luis Angel *Melón*: "Los que se fueron", en diario La Jornada. México, D.F. 23 de diciembre de 2002. Véase también: Antonio Ortiz Izquierdo: "México al minuto", en revista Show. Enero de 1958, pps. 46 y 47.
[47]    Heldman, Humberto: "Un cine internacional". Sección: *Radiomanía en México*, en *Radiomanía y Televisión*. Año 22. Enero 1958. No. 1, p. 7.
[48]    Plaza, Rafael *Chato*: "México", en revista Show. No. 47. Enero de 1958, p. 55.

"...realizó una brillante faena como cantante y actriz en la audición del lunes [21 de octubre] en el programa 'Garrido y Piñero'. Un nuevo triunfo para Celia".[49]

## ◆ EN RADIO CADENA HABANA ◆

Mientras Celia triunfa en México, a finales de noviembre se anuncia la contratación en exclusiva radial de La Sonora Matancera con los cantantes Carlos Argentino y Celio González por Radio Cadena Habana, emisora que comienza a transmitir en 1940 con la intención, no concretada después, de unirse a otras para crear una cadena de carácter local. El nombre permaneció y la emisora se dedicó a la música ibérica, orientada a la populosa comunidad española en Cuba, hasta que en los años 50 es adquirida por Modesto Vázquez y Orlando Álvarez, dos jóvenes emprendedores, que le imprimen un aire renovador a tono con los tiempos, al dedicarla exclusivamente a la música popular cubana. Con un alcance menor que las cadenas nacionales Radio Progreso y CMQ, a pesar de ser una emisora local, va aumentando en progresión su radioaudiencia, gracias a los cantantes y conjuntos que presenta en su estudio-teatro de la calle San José 104, en los bajos del antiguo Centro Gallego (hoy Teatro Alicia Alonso). Vázquez y Álvarez sabían que Celia con La Sonora y sus cantantes era un triunfo garantizado y consiguen satisfacer las exigencias económicas de Rogelio Martínez y La Sonora. Hacen su publicitado debut en la emisora de Belascoaín y San José durante la primera semana de noviembre con una frecuencia diaria en un programa estelar a las 6:45 pm. Tras muchos años, la tropa de Rogelio Martínez deja los predios de Radio Progreso para legitimar aún más con su popularidad y prestigio a una de las emisoras de más fuerte competencia. La expectativa se traduce en una enorme afluencia de público al estudio-teatro de la emisora, que llega al clímax cuando en las últimas semanas de diciembre, Celia, de regreso de México, se incorpora y asegura llenos totales en las audiciones del programa, que se prolongan hasta mediados del año siguiente. Con La Sonora Matancera permanece en este espacio desde finales de 1957 hasta mediados de 1960, en programas diarios de lunes a sábado. A su programa, le seguía el espacio que compartían la orquesta de Neno González y Arty Valdés y su trío. Al regresar, Celia reaparece triunfal también

[49]   Giro, Alberto: *Radiovisión*, en Diario de la Marina. 27 de octubre de 1957, p. 5D.

en la televisión, y se destaca su participación en  el programa estelar de CMQ-TV, *Jueves de Partagás*.[50]

## ◆ GRABACIONES Y DISCOS ◆

La labor de distribución de Seeco Records parece que no se detiene. Sidney Siegel, con un gran sentido comercial, potencia las ventas con la edición de LPs compilatorios a partir de ciertos temas y ocasiones, desde determinados acontecimientos periódicos, como las fiestas navideñas, hasta la alusión directa a ciertas ciudades donde son muy populares los artistas de su catálogo. En esa línea, produce el LP *One Night in Caracas*, una compilación de temas que asemejan el variado y gustado programa que presentara el venezolano *Club Las Fuentes*, con La Sonora Matancera y sus cantantes Carlos Argentino (*Tu rica boca* y *Apambichao*), Nelson Pinedo (*El Gavilán* y *Sabrosito así*) y Celia, de la que incluyen sus éxitos *Gozando* (Juan Bruno Tarraza), *La merenguita* (Eridania Mancebo), *No encuentro palabras* (Antonio Castro) y *Contentosa* (Sergio González Siaba). "Un auténtico LP de alta fidelidad que lleva la vida nocturna de Caracas directamente a tu salón": así lo calificaba el Tampa Bay Times en un artículo donde el columnista anónimo comenta varios discos que considera interesantes.[51]

En su edición del 30 de septiembre, Billboard anuncia que Seeco saca al mercado al album *El Disco de Oro (The Golden Record)* (SCLP-9108), presentando "los 12 nombres más grandes del catálogo de Seeco Records interpretando los mejores de sus grandes clásicos" y alerta de que se trata de un disco "más para escuchar que para bailar" e incluye a Leo Marini, Bobby Capó, César Concepción y su orquesta, Joe Valle, Lola Flores y por supuesto, Celia Cruz.[52]

Para la campaña de Navidad y Año Nuevo, Seeco publica otro recopilatorio que involucra a Celia: el LP *Parade of Stars* (Golden Series SCLP-9120). Cada uno de los doce surcos corresponde a un tema interpretado por cantantes que grabaron con La Sonora Matancera: Bobby Capó, Bienvenido Granda, Vicentico Valdés, Nelson Pinedo, Daniel Santos, Alberto Beltrán,

50  "Celia Cruz, La Sonora Matancera y Carlos Argentino en Radio Cad. Habana", en Diario de la Marina, 3 de noviembre de 1957, p. D6. Véase también: "Debutará en breve Celia Cruz por 'Radio Cadena Habana'", en Diario de la Marina, 22 y 29 de diciembre de 1957, pps. C6. y C8.
51  "R & R Mixed with Ballads", en Tampa Bay Times. St. Petersburg, Florida. 5 de mayo de 1957, p. 76.
52  "The Billboard's Music Popularity Chart", en Billboard. 30 de septiembre de 1957, p. 36.

Tony Álvarez, Gloria Díaz, Celio González, Olga Chorens, Rodolfo Hoyos y por supuesto, Celia Cruz, con *Ritmo, tambó y flores*, guaracha de José Vargas que había grabado en 1951. Meses
más tarde, el rotativo Tampa Bay Times[53] incluye una mención
sobre este disco.

Durante 1957 Celia realizó otras grabaciones con La Sonora Matancera, escasas en cuantía, pero importantes: el 22 de
mayo, con los coros de Rogelio, Caíto y Celio González, registra
*Ipso calypso*, de Carlos Argentino y la guaracha-guaguancó *La
sopa en botella*, de Senén Suárez. Corría de boca en boca por La
Habana el tema *El vive bien*[54], un guaguancó escrito por Alberto Zayas, un verdadero himno al *gigoló*, al chulo, al mantenido
por vocación, en su más pura expresión. La época era propicia
para que el tema *pegara*, y fue tanto, que su cantante, Roberto
Maza, empezó a ser conocido como *El vive bien*:

> "Nosotros nos casaremos,
> muy felices viviremos
> en nuestro cuarto bendito,
> de un solo pan comeremos
> y con lo que tú trabajes
> yo podré comprarme un traje
> y los domingos saldremos.
> Y cuando te pongas bella y vengas de la cocina
> y me traigas la cantina
> y la sopita en botella,
> te diré que eres mi estrella
> y que yo mucho te quiero,
> tú vendrás con el dinero de la primera mesada,
> tú conmigo estás casada, mi amor,
> lo tuyo me pertenece,
> ven aquí todos los meses,
> sin tocar del guano nada
> y al fin de esta gran jornada,
> dirás que yo soy muy bueno,
> muy felices viviremos,
> pero yo sin hacer nada".

A Senén Suárez le pareció si no necesaria, cuando menos opor-
tuna una réplica en voz femenina, en la línea de las "contestacio-

53   Tampa Bay Times. San Petersburg, Florida. 11 de mayo de 1958, p. 9.
54   El guaguancó *El vive bien* dio título al LP del Grupo Afro-Cubano de Alberto Za-
     yas, un fonograma imprescindible en la discografía de la rumba cubana.

nes", tan al uso desde la época en que trovadores como Manuel Corona las utilizaron como elemento expresivo. Así nació *La sopa en botella*, una guaracha donde su autor coloca la rebeldía en la voz de una Celia Cruz decidida a enfrentar esa forma de machismo. *La sopa en botella* se convierte en uno de los temas más populares y duraderos en su repertorio, pero también en uno de los textos feministas más elocuentes y avanzados de su tiempo, poco frecuentes en el género popular guarachero y en el que Celia deja bien claro que, de sopita en botella... ¡nada!

> "Oye mi socio,
> no esperes que yo te lleve
> esa sopita en botella
> y que te compre tres fardos [trajes],
> o que te d[é]e la mesada,
> acurrala de a butin [trabaja bien],
> si quieres tener la vida bella.
> Mira mi hermano
> Tienes los cables cambiados
> Y tu cerebro tostado.
> Tú lo que estás es turulato
> Y si quieres un consejo
> Acurrala de a butin [trabaja bastante]
> Si quieres poder llegar a viejo.
> No esperes mi socio
> Esa sopita en botella.
> Ay, yo no te doy la mesada
> Ya tú no sirves pa' nada [...]
> Esa sopita, ya tú no puedes con ella...
> No esperes, mi socio
> Esa sopita en botella".

*Ipso Calypso* es la rápida reacción de su autor, Carlos Argentino, al avance creciente del *calypso* en Cuba, puesto de moda por el norteamericano Harry Belafonte y la llegada de grabaciones suyas como *Day-O (The Banana Boat Song)*. No solo Celia y Carlos Argentino se sumaron al género: Julio Gutiérrez, siempre versátil y atento a la evolución de la música en el *show-business*, crea el grupo The Cuban Calypsos, con Dandy Crawford como cantante principal, y graban al menos dos sencillos con cuatros versiones de calipsos originales. Pero la grabación de Celia se anticipó a éstas y en ella hace una interpretación un tanto alejada de su habitual fraseo guarachero y entronca con el estilo de los temas más rítmicos del repertorio del *feeling*, a los que Carlos Argentino en su composición parece hacer un guiño.

Otras dos grabaciones de Celia Cruz podrían enmarcarse dentro de 1957, aunque no es posible precisar con exactitud su fecha, a juzgar por los datos del catálogo original del sello Seeco. Ambas fueron fijadas en el disco de 45 rpm Seeco 45-7740: la guaracha *Mi Chaparra* (Salvador Veneito), ambientada por su autor en el trabajo de los cortadores de caña y en el central Chaparra, una importante fábrica de azúcar de la antigua provincia de Oriente, en el actual territorio de Las Tunas[55]; y la tumba curazoleña *Mi so den boso*, una suerte de merengue rápido, del autor antillanoneerlandés Ludwig *Luti* Samson, que Celia canta en papiamento, engalanado por el aire rumbero del arreglo de Javier Vázquez. Según Tim de Wolf, *Mi son den boso* no era un tema antiguo, sino un éxito reciente de la música curazoleña, pues fue grabado originalmente en directo desde el estadio Rif, en la voz de Luti Samson, acompañado por la orquesta Estrellas del Caribe, el 18 de octubre de 1955, en un evento realizado en honor a la visita de la reina Juliana, entre el 18 y el 27 de octubre, y fue prensada en placa de laca que se obsequió al Dr. F. A. de Graff, secretario del príncipe holandés Bernhard.[56] La grabación de *Mi so den boso es* una hábil acción, común en la estrategia de Rogelio Martínez, que considera a Curazao y Aruba como dos importantes plazas donde Celia y La Sonora son venerados y se presentan con cierta regularidad. Años después, en su época con Fania Records, *La Guarachera de Cuba* retomaría este tema con un nuevo arreglo.

El año se aproxima a su fin y el 10 de diciembre se inaugura el nuevo hotel Havana Riviera, la joya de la corona cubana de Meyer Lanksy. El *show* de Steve Allen es transmitido directamente desde sus instalaciones y para ello, además del afamado presentador norteamericano, llega Ginger Rogers y durante varias noches es la atracción en su *cabaret* Copa Room. El desfile de estrellas internacionales de mayor o menor rango no se detiene: Yma Sumac al Parisién, donde se anuncia para muy pronto a la italiana Katyna Ranieri; las castizas Juanita Reina y Marujita Díaz ponen salero al segmento español en los

[55]   El central Chaparra fue fundado con la creación de la Chaparra Sugar Company en 1899 y por mucho tiempo representó una de las más importantes y productivas fábricas cubanas de azúcar. Después de 1959 pasó a llamarse "Jesús Menéndez", en honor al líder del movimiento obrero azucarero asesinado en 1948.

[56]   Wolf, Tim de: *Discography of music from the Netherlands Antilles and Aruba: Including a history of the local recording studios*. Walburg Pers; 1ª. Edición. 1999

principales espectáculos y Amleto Battisti, en su emporio del Casino de Sevilla, da oportunidad a Sindo Garay, olvidado y preterido, pero lúcido y vivaz en su música desde sus bien llevados 93 años. Todo el engranaje continúa funcionando en pos de convertir a La Habana en el centro continental del turismo y de los juegos de azar.

# ·1958·

CELIA EN PROGRAMA *JUEVES DE PARTAGÁS* DE CMQ TV.
SEGUNDA MITAD DE LA DÉCADA DEL 50

La renovación de plataformas para sus presentaciones y confrontación con el público se extiende este año también a la televisión. En febrero, Celia y La Sonora debutan en el canal 2, cesando su exclusividad con CMQ-TV.[1] Las actuaciones en los estudios de radio y en la televisión, junto a la participación en bailes y otras contrataciones con La Sonora Matancera, representan el contacto directo con su fanaticada –con el segmento más auténticamente popular y menos sofisticado de su público–, de la que se nutre y recibe las nociones de cómo perciben su trabajo, en momentos de una mayor democratización del acceso a las propuestas artísticas. De una manera coherente, transcurre en paralelo con la ya orgánica inserción de Celia en el segmento más alto del *show-business*, representado por los *cabarets* de mayor rango, que no renuncian, sino, por el contrario, refuerzan sus propuestas escénicas basadas en la temática afro y la liturgia yoruba y afrocubana, que conquistan cada vez mayor aceptación en el público desconocedor y en gran parte foráneo, habitual de los grandes *cabarets* de la capital cubana. Mientras Tropicana se aleja por el momento de esa temática y *Rodney* experimenta con un grupo de bailarinas y modelos asiáticas, traídas especialmente, para los *shows En un paraíso del Asia* y *Chinatown*, en Sans Souci el coreógrafo y productor Víctor Álvarez estrena el espectáculo *Yímbula*, con el estelar Rolando Laserie, María Magdalena, Miriam Barreras, Roberto Barceló, Ana Gloria y Rolando, la norteamericana Dolores Perry y una ya potentísima Elena Burke, que acaba de dejar las filas del cuarteto D'Aida.

En un espectro multirracial han surgido otras guaracheras y cultoras del estilo afro escénico, que, si no imitan, al menos

1    "Noticias de la TV", en revista Show. No 49. Marzo de 1958, p. 50.

intentan seguir el camino que ha llevado a Celia al más rotundo éxito: Gina Martin, Caridad Hierrezuelo, Celina González –llevando la guaracha y la liturgia afro al ámbito de la música campesina–, la pequeña Caridad Cuervo, y muchas otras. No obstante, Celia retiene el cetro en estos géneros, y, en todo caso, marca el referente a seguir.

Para Celia como cantante y para La Sonora Matancera, la demanda en el área caribeña y latinoamericana crece sin cesar. Muy temprano, al comienzo del año, se apersona en La Habana el empresario Gilberto Rivera Torres, director gerente de Publicidad Girito, de Santo Domingo, y llega a acuerdo con Eugenio *Tito* Garrote, para llevarlos al vecino país, donde siguen siendo venerados.

### ◆ COMO CADA AÑO, A VENEZUELA ◆ CON LA SONORA

De nuevo, Celia, y La Sonora y sus cantantes del momento son contratados para presentarse en las fiestas del Carnaval de Caracas. Desde el sábado 15 al martes 18 de febrero lo hacen, como en ocasiones anteriores, en el Club Las Fuentes, donde ya se han convertido en un clásico de esta temporada de festejos, y que los anuncia en esperado *mano a mano* con orquestas locales, animando los bailes de disfraces. La propuesta del sábado no podría ser mejor: los cubanos alternan con la Caracas Swing Boys, ni más ni menos que el nuevo nombre que ha adquirido la banda de Billo Frómeta tras hacerse famosa como la Billo's Caracas Boys. Los cubanos y Celia en particular, arrebatan: es el verbo utilizado por varios medios de prensa que también comentan de sus apariciones en el Canal 2 de la televisión caraqueña. [2] Otras orquestas y conjuntos venezolanos se mezclan actuando en las fiestas populares con colegas de Cuba y otros países: Aldemaro Romero con Vicentico Valdés; Manolo Monterrey y sus Guaracheros con Rafa Galindo; Lorenzo González y su banda con María Belem como solista; Ramón Márquez y su orquesta con Ivonne de Oro y Flavio el Guarachero; el conjunto Jóvenes del Cayo y varias agrupaciones de Curazao: Jóvenes del Caribe, Orquesta América Star y el conjunto Lluvia Musical; Chucho Sanoja con las tres grandes voces de Alberto Beltrán, Chico Salas y Alci Sánchez. En el Casa Blanca, dos

[2]    Anuncios en Últimas Noticias. Caracas, Venezuela. Martes 11 de febrero de 1958, p. 45 y sábado 15 de febrero de 1958, p. 59. También "Noches de Caracas. Noticias de la TV", en revista Show. Marzo 1958, p. 50.

excelentes bandas: la de Machito y sus Afrocubans y la de Luis Alfonso Larraín; en el Tiuna y Ciro's, la orquesta América y Las Cinco del Cha cha chá. En el Centro Gallego, Roberto Faz y su conjunto. También la orquesta de Carlos Torres con Bienvenido Granda y Gina Martin, y de Panamá, Emilio Muñoz y su Tamborera Panameña, entre muchos otros. La Sonora con Celia se presentan también en el popular programa *El Show de las 12:30* en Televisa Canal 4.[3]

Para Celia y La Sonora Matancera, Venezuela es ya una plaza bien establecida, que garantiza una demanda constante de su trabajo y sus novedades tanto a nivel presencial, como discográfico. Desde hace años los representa allí Guillermo Arenas, probablemente el empresario que gestiona las presentaciones de los más afamados músicos y artistas cubanos.

A su regreso de Venezuela, una noticia abre nuevas posibilidades al gremio artístico y a la industria de los medios de comunicación en Cuba, cuando Gaspar Pumarejo inaugura el 19 de marzo el canal 12 de televisión a color, aunque de discreto alcance, el primero de este tipo en Cuba y Latinoamérica, con sus estudios en el hotel Habana Hilton.

En mayo la política de "renovación" en los predios del circuito CMQ cobra tintes alarmantes. Sus gerentes deciden no renovar el contrato a conocidas figuras artísticas que han permanecido por años en sus nóminas e imponer sensibles rebajas en sus honorarios a los que se decide que permanezcan en ellas. La prensa ventila esta situación, de la que viene dando cuenta desde hace algún tiempo.[4]

Desde hace varios meses en la sección Tele-Radiolandia de la revista Bohemia, un anónimo poeta que se esconde bajo el nombre de Mirón, dedica décimas a personas destacados de la radio y la televisión. En la edición del 27 de julio tocó la suerte a Celia:

*Celia: tabaco y palmar*
*Dichos en una silueta,*
*Campana de azúcar prieta*
*Que Cuba pone a sonar.*
*Sangre que nació a cantar*
*Y que se da cuando canta*

[3] "Noches de Caracas. Carnaval de Orquestas", en Revista Show. Marzo 1958, p. 50. También "Noticias de TV. Noches de Caracas", en revista Show. No. 49. Marzo de 1958, p. 50.
[4] "Resumen de 1958". *Tele-Radiolandia*, en Bohemia, 28 de diciembre de 1958, p. 56.

*Color que cantando encanta*
*(campana de fuego y oro)*
*Con un manantial sonoro*
*Brotando en una garganta.*

Desde la foto que acompaña los versos, la sonrisa de Celia, entre confiada y pícara, parece presentir y decir: *"Eso no es nada. Llegaré aún más lejos. Lo mejor está por venir".*

### ◆ PUERTAS A LA RADIO Y TELEVISIÓN ◆ EN USA. EL *SHOW* DE JACK PAAR

El 27 de julio los técnicos y empresas teledifusoras cubanas se anotan otro punto a su favor con la transmisión desde el *cabaret* Tropicana y el hotel Havana Hilton del famoso programa de la televisión norteamericana *Tonight Starring Jack Paar.*[5] Con ella quedaba inaugurado el Canal 10 regentado por la empresa Televisión Habanera S.A., filial cubana del emporio televisivo norteamericano NBC. Para el espectáculo, traen a la cantante francesa Genevieve –que dicen que no cantó– y el actor y galán de origen latino César Romero, más un elenco local nutrido en mayoría por bailarines y coristas de Tropicana y figuras como Celia, el pianista Felo Bergaza, y otros. La revista Radiomanía y Televisión, al referirse al evento, publica una foto donde aparece *La Guarachera de Cuba* arrollando en una conga carnavalesca, sosteniendo una farola, al igual que Bergaza y la bailarina Gladys González, y junto al cantante Rolo Martínez.[6]

El presentador norteamericano Jack Paar[7] sucede a Steve Allen como *host* del espacio estelar de *prime time* en la NBC. Si Allen presentó su programa desde La Habana, en ocasión de inaugurarse el fastuoso hotel Havana Riviera en 1957, Jack Paar no sería menos al aceptar la idea de los flamantes gerentes del nuevo Canal 10 cubano e insertarse en el incesante ir y venir de celebridades norteamericanas que propiciaban muy diligentemente los nombres y empresas que controlaban el juego en los casinos habaneros.

Lo que parece ser la llegada de la imagen de Celia por primera vez a un programa televisivo en una cadena de costa a costa

[5] A partir de 1959 el programa comenzó a llamarse The Jack Paar Show.
[6] Revista *Radiomanía y Televisión*. La Habana, Cuba. Septiembre 1958, p. 14.
[7] Jack Harold Paar (1 de mayo de 1918 – 27 de enero de 2004) fue un comediante norteamericano de radio y televisión, famoso por su programa The Tonight Show, durante la primera mitad de los años 50.

de Estados Unidos, viene a reforzar su presencia creciente en la radio de ese país, sobre todo en Nueva York y la zona de la costa Oeste, propiciada por las sostenidas publicaciones de sus discos por la marca Seeco.

Durante 1958 Celia tiene destacadas apariciones en la televisión cubana. El jueves 8 de mayo se produce algo que todos habríamos querido presenciar: Celia y Benny actúan en una edición especial de *Jueves de Partagás*, el programa estelar dirigido por Amaury Pérez, ahora con la colaboración directriz de Joaquín M. Condall, que esta vez lo sacó del estudio y puso a los cantantes y a la orquesta en plena calle mientras que las coristas bailaban en la marquesina del edificio, con las lógicas deficiencias de audio imposibles de solventar entonces, pero con el éxito que suponía sacar las cámaras y todo el espectáculo a la calle, a la vista de todos.[8]

Otro hecho televisivo memorable, donde Celia deja clara su clase, ocurrió el miércoles 21 de mayo en el programa televisivo *Casino de la Alegría*. Por esos días, la española Sarita Montiel arrasaba con su película *El último cuplé* y abarrotaba los cines cubanos donde se proyectaba. La radio no cesaba de pasar su famosa interpretación vocal y en una cuerda muy cubana, el enorme suceso de fanaticada inspira al coreógrafo Alberto Alonso que recrea en clave humorística el tema castizo en *El último bembé*, una sátira criolla donde Sonia Calero brilla con su habitual seguridad y personal estilo interpretativo. En la parte vocal, Celia no es menos, según el cronista "... ratificó que en su género es lo mejor que tenemos actualmente".[9]

Con Bola de Nieve canta a dúo (y también en solitario), dando muestras de su alta jerarquía musical cuando aparece en otra emisión de *Jueves de Partagás*, el 30 de octubre, en otro dúo memorable que la tecnología no pudo salvar para la posteridad.[10]

### ◆ DE NUEVO A CURAZAO ◆

En junio, Celia vuelve a las Antillas Neerlandesas contratada especialmente para actuar los días 6, 7 y 8 en la feria

[8]   "'Jueves' presentó programa espectacular por la CMQ-TV". 11 de mayo de 1958, p. D3.
[9]   Giro, Alberto: "Pepe Lara se despidió en el Casino de la Alegría, Canal 6", en *Diario de la Marina*, 23 de mayo de 1958, p. 15-A
[10]  "Radiovisión. Menciones de honor de la semana en televisión", en *Diario de la Marina*, 2 de noviembre de 1958, p. C15.

organizada en Willemstad por la Sociedad Tropical en los terrenos de K.S.C., de la que es la principal atracción de su cartelera. Se anuncian también dos de los mejores conjuntos de
Curazao: Los Jóvenes del Caribe y Las Estrellas del Caribe. El
día 7 Celia se presenta en el West-End Cinema, centrando un
*show* de dos horas con música y bailarinas alternando con las
proyecciones del filme *Edge of the city* (*El hombre que venció el
miedo*), de John Cassavettes. Repite los días 8 y 9 en el mismo
sitio y el viernes 13 debuta en el Club Suriname animando una
gran maratón bailable.

Celia, que fue contratada sin La Sonora Matancera, es acompañada en sus presentaciones por la orquesta curazoleña Las
Estrellas del Caribe, de Edgar *Gachi* Supriano.[11]

Mientras tanto, en La Habana el Teatro Nacional revive sus
espectáculos musicales con la llegada de *Tongolele* y sus Tambores Tahitianos. Pero el no va más sucedió cuando apareció
en la capital el cantante español Pedrito Rico, que revolucionó
el ambiente dividiendo diametralmente las opiniones con su
imagen andrógina aderezada con profusión de oro de joyería.
El *cabaret* Parisién del Hotel Nacional prescinde de las estrellas
norteamericanas que venían copando su elenco y presenta el
*show Visite Cuba primero*, con un elenco completamente cubano, encabezado por quien ya es una arrolladora revelación: Celeste Mendoza, *La Reina del Guaguancó*, junto a la sensual Gina
Romand, Manolo Torrente, la *vedette* Mónica Castell y los bailarines Ana y Julio.

Dentro de la estrategia de expansión del juego como elemento crucial de la industria turística, se inauguran los nuevos hoteles–casinos: Comodoro, Deauville, Capri.

## ◆ *JINGLES*, PUBLICIDAD Y BACARDÍ ◆

*¡Dale más gusto a tu gusto con Partagás,
que es todo gusto!*

Celia no fue nunca en Cuba la imagen de portada en las revistas de mayor circulación. Tampoco fue elegida para modelar en
publicaciones de corte social, estilo de vida o de moda. A pesar
de poseer un cuerpo de armonía notable y de ser paradigmá-
tica la elegancia con que solía llevar sus *outfits*, el suyo no era

---

[11]   En Amigoe di Curacao. 7 de mayo de 1958.

CELIA CON LA SONORA MATANCERA EN EVENTO AUSPICIADO
POR BACARDÍ Y SU CERVEZA HATUEY.

el prototipo de belleza usual para la publicidad visual. A diferencia del mundo del *cabaret* y los centros nocturnos, que potenciaban la presencia de músicos, actores y cantantes negros, el mundo de la televisión y la publicidad tenía un canon racial, que les daba un tratamiento diferente, más restrictivo, prefiriendo limitar la presencia de actores y figuras negras en la publicidad de ciertos productos. Hasta mediados de la década de los cincuenta, la llamada *soap industry*, que incluía también los productos de limpieza, asociaba la imagen de la mujer negra a los productos de lavado –jabones, detergentes–, en clara alusión a la ubicación que suponían debía corresponderle en la escala social, algo que empieza a cambiar y que tiene un ejemplo evidente en el famoso anuncio del jabón de lavar Rina con Consuelito Vidal, enfatizando la polisémica y entonces arriesgada frase: "Hay que tener fe, que todo llega".

No pudo evitarse en productos específicos para la población afrodescendiente, como fue la introducción en Cuba de un moderno sistema de alisamiento del pelo afro que demandaba un reclamo veraz y convincente y quiénes mejor que los mejores cantantes y deportistas de Cuba. Así, de ese modo, Celia Cruz, Xiomara Alfaro, Benny Moré, el boxeador Kid Gavilán, la locutora y actriz Conchita García, *Jazmín* fueron también los primeros cubanos afrodescendientes en ser imagen de un producto específico de belleza: la crema desrizadora Allyn's, fabricada en Estados Unidos. La revista Bohemia insertó anuncios en diferentes ediciones donde aparecían las estelares figuras confiando sus cabellos a la afamada estilista cubana Delia Montalvo, una de la mujeres negras más exitosas en el mundo empresarial de los años cuarenta y cincuenta y muy ligada al universo de la música, al estar casada con Rolando Valdés, fundador y director de la orquesta Sensación. Pero en realidad, cuando se trataba de destacar una figura femenina en función del producto promocionado, se solía elegir casi sin excepción a una que cumpliera los parámetros de belleza que imponía la sociedad patriarcal, discriminatoriamente restrictiva y que siempre miraba al mundo anglosajón. No había negras ni mulatas anunciando jabones faciales, perfumes ni productos de belleza, ni siquiera algo tan popular como una cerveza: ahí Celia sería la excepción que confirma la regla.

*Mírala que linda viene, mira qué sabrosa está*
*Llegó Jupiña a La Habana en su piña de cristal.*
*Da gusto brindar Jupiña, en su piña de cristal*
*Da gusto tomar Jupiña con su criollo refrescar.*

Otra cosa un tanto diferente ocurría con los *jingles* de audio. En ellos Celia Cruz era la reina. A este trabajo, ella se referiría muchos años después, y su testimonio tiene el valor del recuento:

"Gracias a la Sonora me salieron oportunidades para hacer otras cosas. En esa época se usaba mucho que los cantantes grabaran su voz haciendo una cancioncita para productos como cigarrillos, jugos o cualquier otra cosa. Pero lo que acostumbraban era poner una modelo bonita, casi siempre era rubia o un hombre blanco con la voz de algún cantante. Yo grabé numeritos para el jabón

Candado, el ron Bacardí, la Coca-Cola, los tabacos H. Upmann, el queso Guarina, Colonia 1800, Café Pilón, Jupiña, los tabacos Partagás, la cerveza Hatuey y el tema del [programa] 'Casino de la Alegría'. Hace unos años un señor que se llama Omar Marchant[12] me regaló una cinta con la mayoría de esas cancioncitas que yo había grabado. Fue una sorpresa maravillosa.

Ahora todo el mundo les dice *jingles*. Muchos de ellos eran buenísimos, pero la verdad es que nos pagaban una porquería. Me acuerdo que los de la Colonia 1800 me pagaron veintiún pesos por hacer ese anuncio. Normalmente nos pagaban cincuenta. No sé bien ni por qué lo hice. En esa época, yo solía hacer lo que me dijeran. A mí me encantaba cantar, y cualquier oportunidad para hacerlo me parecía un regalo del cielo. Así fuera por tan sólo veintiún pesos".[13]

*Oye lo que te voy a decir*
*Ese buchito que llevan a la cama, que sea Café Pilón*
*Oye, ese buchito después de la comida, que sea Café Pilón*
*Ese buchito de las tres de la tarde, que sea Café Pilón*
*Café Pilón, sabroso hasta el último buchito.*

Celia opinaba que la publicidad a través de los *jingles*, hizo posible su aparición muy temprano en la televisión en Cuba, casi cuando daba sus primeros pasos en el camino comercial, pero también era consciente de que muchos evadían conjugar imagen y voz en la pantalla:

"Alguien me dijo que yo soy la 'jinglera pionera'. Me da mucha risa esa palabra. Pero a mí me pasaba una cosa muy curiosa: antes de darme un jingle, los productores, por lo general, ya habían pasado por cuatro o cinco cantantes. [...] Si los productores intentaban doblar mi voz con la imagen de otra persona, no les daba ningún resultado. El mismo público no se lo aceptaba y me tenían que poner a mí en el anuncio. Es que mi voz es una contralto con un poco de alto arriba y un poquito rara. La gente la conocía, y no se conformaba con que pareciera salir de la boca de otra persona. Los que insistían en poner a una modelo —porque yo no era el tipo que querían—, la tenían que poner bailando o haciendo cualquier cosa, pero cantando con mi voz, nunca. Así fue como salí en la televisión cubana, que

---

12   Probablemente Celia se haya referido a Omar Vaillant, quien fuera alto ejecutivo del Circuito CMQ en los años 50.
13   Cruz, Celia y Reymundo, Ana Cristina: Op. Cit, p. 64.

en Cuba ya existía en 1950, poco después que la hubiera inventando en los Estados Unidos. ¡Como son las cosas! En un par de años, había ido desde el rechazo de algunos cuando reemplacé a Myrta Silva en la Sonora, a hacer *jingles* en la televisión, el medio más nuevo y emocionante de la época".[14]

En efecto, las marcas Bacardí –el ron homónimo y la cerveza Hatuey– propiciaron la aparición de Celia en *spots* publicitarios de televisión y también con su imagen, en anuncios impresos. Sus ejecutivos hallaron así el modo de rentabilizar aún más el patrocinio de los programas que centraban Celia con La Sonora Matancera, conociendo su popularidad y aceptación por el gran público. En la misma línea, Bacardí les reconoce como portadores y propagadores de las bondades de sus productos y también patrocina muchas de sus giras por las provincias, ciudades y pueblos de Cuba. En especial, Bacardí mantiene durante muchos años la contratación como artistas exclusivos a Celia y La Sonora Matancera para actuar durante dos semanas en los festejos del carnaval santiaguero en el mes de julio.[15]

*Hatuey, la gran cerveza de Cuba*
*Pedacito de domingo que usted se merece*
*Con Hatuey bien fría, Hatuey jacarandosa.*
*Brindar con Hatuey, Hatuey para ti.*
*Gozar con Hatuey, Hatuey para mí*
*Hatuey, la gran cerveza de Cuba.*

La campaña para apoyar la industria nacional, iniciada a finales de los años 50 y reforzada en 1959 y 1960, también contó con la voz y el ímpetu de Celia, en un *jingle* televisivo promovido por los Laboratorios Gravi:

*Consuma productos cubanos*
*Que así también se hace patria.*

### ◆ UNA AMARGA NOTICIA ◆

El año 1958 trajo para Celia una noticia alarmante: *Ollita* tenía una grave e insalvable enfermedad, un cáncer de vejiga con

---

[14]   Cruz, Celia y Reymundo, Ana Cristina: Op. Cit., pps. 63–64.
[15]   Cruz, Celia y Reymundo, Ana Cristina: Op. Cit., p. 64. Véase también: Gjelten, Tom: *Bacardí y la larga lucha por Cuba.* Penguin Books. New York, USA. 2009. pps. 200-201

el peor pronóstico. A partir del momento en que el Dr. Doval Valiente confirmó el diagnóstico, *Ollita*, que ya era la principal preocupación de Celia, se convirtió en su angustiosa obsesión para prolongar lo más posible y con la mejor calidad de vida los días, meses o años que le quedaran. Celia goza en ese momento de una buena situación económica, y por decisión propia se ha convertido, desde que comenzaron sus éxitos artísticos y su progreso económico, en el sostén familiar casi absoluto, algo normal en una familia cubana de humildísimos orígenes, donde el primero (o único) que triunfa en la vida, es el motor para salir de la pobreza. Sin embargo, la enfermedad de *Ollita* tensará al máximo la situación familiar, pues será necesario asegurarle la mejor alimentación, los mejores medicamentos, revisiones periódicas con facultativos en clínicas privadas, exploraciones médicas y, llegado el caso, atención directa especializada de enfermería en casa. Celia habrá de trabajar, sobre todo y en primer lugar, para asegurarle a su madre el tratamiento que merecía y que ella deseaba que recibiera, por encima de todo. Ese era "el asunto más importante de mi vida", reconoció siempre.[16] En 1958, según declaró décadas después, ella era consciente de que la situación en Cuba se estaba volviendo incierta y aunque no le faltaban contratos ventajosos, los mejores pagos los obtenía en giras y presentaciones internacionales, pero por fuerte razones afectivas sufría la contradicción de tener que apartarse de su mamá para poder asegurarle una óptima calidad de vida y atención médica.

### ◆ PUERTO RICO POR PRIMERA VEZ. *MAELO* ◆

A finales de agosto de 1958 Celia viaja por primera vez a Puerto Rico —sin La Sonora Matancera— para cumplir un beneficioso contrato en el famoso *cabaret* Flamboyán, calificado por la prensa cubana como "el Tropicana de San Juan". Celia es la principal atracción en la producción musical *Cuba y Puerto Rico*, para la que fue especialmente requerida.[17] Canta acompañada por la orquesta del boricua César Concepción, considerada la mejor en ese momento, y alterna con Rafael Cortijo y su Combo, que tiene a Ismael Rivera, *Maelo* como solista. El son, la guaracha y la rumba se suman a las coincidencias estilísticas que hacen grandiosos los dúos que protagonizan Celia y

[16]   Cruz, Celia y Reymundo, Ana Cristina: Op. cit, p. 76.
[17]   "Baraúnda", sección *Tele-Radiolandia*, en revista Bohemia. 14 de septiembre de 1958, p. 89.

*Maelo* en las noches del Flamboyán. La empatía musical y personal evidenciada durante sus presentaciones en San Juan será el germen de una leyenda que los une en una fugaz y romántica relación, alimentada por periodistas y escritores puertorriqueños que han escrito sobre ella tras la muerte de Celia y que, paradójicamente y hasta donde se sabe, nunca se atrevieron a confrontar públicamente con los implicados. De cualquier manera, fuera cierta o no la posible atracción mutua, lo que sí prevaleció entre ambos fue una amistad y un respeto como artistas. Compartieron escenario más de una vez, aún se recuerda su dúo en *Cúcala*, bomba puertorriqueña de la que *Maelo* hizo una popularísima creación y que Celia grabaría después junto a Johnny Pacheco. Celia deja constancia de su aprecio por *Maelo* como sonero y cantante cuando años después, al cumplirse cinco años de la muerte del popular cantante puertorriqueño, graba su LP *Tributo a Ismael Rivera* (Vaya Records JMVS-110), un recorrido por temas icónicos del gran sonero boricua. El paso exitoso de Celia por Puerto Rico fue también reflejado por la revista Radiomanía y Televisión, y calificada por su corresponsal en San Juan como un "suceso extraordinario".[18]

Para el 29 de octubre en la prensa cubana se anuncia la actuación de Celia en el escenario del Prospect Theater en el Bronx, en espectáculo con artistas mexicanos como la *vedette* Kitty de Hoyos, los cómicos mexicanos Tin Tan y Marcelo, y otros.[19] Algún medio ventiló el incidente surgido en torno a esta presentación de la guarachera en Nueva York y protagonizado por David, el empresario del citado teatro, y el conocido promotor boricua Catalino Rolón, que mantenía la bien ganada fama de presentar en Nueva York a las mejores atracciones latinas. Según la revista Show, David se apresuró a firmar a Celia, viajando a México con este propósito, cuando ella se presentaba allí con éxito total, lo que según Rolón, había sido un acto de piratería. Algo ocurrió con el empresario del Prospect, porque Tito Garrote le ofreció al promotor boricua la misma fecha para un concierto de Celia en Nueva York, pero éste, trastocando el proyecto en molestia, le dijo que ya no le interesaba la propuesta de Celia.[20] No se ha podido encontrar evidencias

18   Boricuanon: "Notas de Arte. Desde Puerto Rico", en revista Radiomanía y TV. Noviembre 1958. Año 22. No. 11, p. 37.
19   Rivera, Armando: "New York insomne", en revista Show. No. 58. Diciembre de 1958, p. 101.
20   Rivera, Armando: "New York insomne", en revista Show No. 58. Diciembre de 1958, pp. 54-55.

que confirmen que esta actuación tuvo lugar, en realidad, pero en todo caso, la admiración y el respeto de Rolón hacia Celia superó este incidente y el boricua sería un apoyo determinante cuando *La Guarachera de Cuba* decidió fijar su residencia en Nueva York.

El 20 de noviembre Celia llega a New Orleans, al parecer en visita privada, y después vuelve a la capital mexicana para cumplir un nuevo contrato en el *cabaret* Afro desde el mes de diciembre.

La irrupción de *La Guarachera de Cuba* en la costa Oeste de los Estados Unidos se había iniciado con el sonido de su voz transmitido a través de las ondas radiales y el músico y promotor Lionel *Chico* Sesma fue, en gran medida, responsable de ello. Pudo haber comenzado antes, pero corresponde a 1958 la primera referencia que encontramos sobre Sesma y su vínculo con la carrera de Celia Cruz. Con una corta trayectoria como trombonista, Sesma se convierte en un sagaz e inteligente locutor, promotor, empresario y *disck-jockey* de origen chicano, hijo de padre méxico-americano y madre mexicana, sin una gota de sangre cubana en sus venas, pero cautivado después por la música de Cuba, Puerto Rico, Santo Domingo y todo lo que tiene que ver con ella. En 1949 comienza como *disc-jockey* en la emisora KOWL (denominada después KDAY) y se empeña en difundir música cubana y latina a través de su programa en diversas radioemisoras de la costa Oeste. De hecho, Sesma es el primero en hacerlo de manera sistemática y su labor hace que las grabaciones de Celia Cruz y La Sonora sean cada vez más conocidas y solicitadas. En 1955 había comenzado sus famosas Latin Holidays en el Hollywood Palladium de Los Ángeles, donde presentaba en la escena a populares figuras de la música cubana y latina. Durante 1958, los discos de Seeco Records expanden por los barrios latinos de California la voz de Celia con La Sonora Matancera, gracias a *Chico* Sesma y sus programas en varias emisoras californianas como la KDAY y la KRHM de Los Ángeles. Chico difunde y hace populares los Lps *Canta Celia Cruz, Sonora Matancera invites you to dance*, y muchos otros.[21] Sus Latin Holidays en el Hollywood Palladium muy pronto tendrán mucho que ver en la expansión de la carrera de Celia en la costa Oeste de los Estados Unidos.

[21] *Chico* Sesma (Boyle Heights, Los Ángeles. 29 de marzo de 1924 – Los Ángeles, 2 de noviembre de 2015). Véase Los Angeles Times. California, USA. 8 de junio de 1958, p. 14.

## ♦ LAS GRABACIONES DE 1958 ♦

Es el año en que realiza el mayor número de grabaciones: un total de 30 temas en cuatro sesiones, los días 6 de febrero, 15 de agosto, 1 de octubre y 1 de noviembre. En la primera, Celia con La Sonora graban los 12 títulos incluídos en el LP *La incomparable Celia* (SCLP-9136),[22] más la guaracha-conga *Camadde*, uno de los escasísimos títulos que se le acredita a su propia autoría, y el merengue *La negrita sandunguera* (Bienvenido Fabián), que se publican originariamente en el sencillo Seeco-45-7798. En la segunda y tercera sesiones, y en previsión de la campaña navideña, solamente graban el 15 de agosto el bolero *Feliz navidad* (Humberto Jauma) y *El cha cha chá de la navidad* (Julio Gutiérrez, Bobby Collazo y Osvaldo Estivil) y el 1 de octubre, *Aguinaldo antillano* (Claudio Ferrer) y la versión guarachera de *Jingle Bells* (*Cascabel*) con arreglos de Carlos Argentino. En la última sesión del año –que se realiza en el estudio de Radio Progreso–, Celia y La Sonora registran los 12 temas que se incluirán en el LP *Cuba's Foremost Rhythm Singer* (CELP432), publicado por Seeco en su *Celebrity Series*. La portada del disco fue encargada al estudio de diseño Graber Art Association, a partir de una fotografía del norteamericano Hugh Bell.

A lo largo de 1958 la reaparición de las divas Carmen Amaya y Sarita Montiel, el triunfo arrasador del andrógino cantante Pedrito Rico, el debut de Malena Montes y la presencia de Imperio de Triana devuelven el aire *cañí*[23] al panorama artístico teatral y televisivo, que complace en demasía a los amantes de lo español. Para los que disfrutan de lo cubano, las opciones dan envidia hoy, desde la distancia: en el circuito de los llamados "*cabarets* de segunda", dos estrellas verdaderas y ases de la popularidad: Benny Moré con su Banda Gigante en el Sierra y Rolando Laserie en el Alloys..[24]

En el resumen del año, Celia conquista varios premios y reconocimientos como va siendo ya habitual: en el balance anual de la revista Show, junto a Benny Moré, son seleccionados como los mejores cantantes de música popular, como era

---

[22]  Para la lista completa de temas, véase Anexo II.
[23]  Se conoce como estilo cañí todo lo vinculado a la etnia gitana, también en la música de la península ibérica
[24]  El *cabaret* Sierra estaba en la calle Concha No. 50, y el Alloy's, en Fábrica No. 7, ambos en el barrio de Luyanó.

de esperar y como ocurrió años anteriores.[25] El diario Avance y sus colaboradores Casa Faroy y cigarrillos Super Royal le otorgan el trofeo a la Mejor Canción Típica en radio y televisión, y CARTV la elige como la Cantante Folklórica del Año.

En el último mes de 1958, Bohemia deja constancia de la presencia en Cuba del cantante Vicentico Valdés, quien vive y trabaja desde hace años en Estados Unidos con gran éxito. Grabará un LP con La Sonora Matancera para el sello Seeco.[26]

Durante 1958 las noticias que llegan desde la zona oriental de la isla son cada vez más inquietantes, pero todos en el entramado empresarial y muchos en el político, subestiman las señales que hoy parecen inequívocas. La maquinaria de la industria del turismo y sus baluartes —el juego y el *show-business*— se activa como de costumbre para enfrentar los tradicionales festejos de Navidad y recibimiento del nuevo año. Como es tradicional desde noviembre se impulsa a través de los medios de prensa la campaña publicitaria para las compras de la temporada; las tiendas de todos los rangos intentan mantener la usual ornamentación para estas fechas y los *cabarets* de todas las categorías refuerzan sus propuestas. Músicos, cantantes, artistas viven la buena racha de la Navidad cumpliendo contratos en plazas cercanas, fuera de Cuba. Pero los atentados y la represión en la capital y otros puntos de la isla y la situación en la zona de guerra en las montañas de la Sierra Maestra y la Sierra del Escambray, impiden cualquier noción de normalidad, descienden algunos indicadores de la afluencia de turistas extranjeros, señal que el poder económico si no ignora, al menos subestima, en un error que se tornará histórico e irreversible.

Para la noche del 31 de diciembre, Tropicana brinda "...12 uvas bajo las estrellas, el embrujo de sus Arcos de Cristal... el hechizo de su lujo inigualable". En el Parisién del Hotel Nacional, el plato fuerte es la voz de la peruana Yma Sumac, mientras que en el *cabaret* Sierra, el año se despide al estilo del Guapo de la Canción, Rolando Laserie, y en los bailables, el Conjunto Casino. La gente común festeja como puede, en ambiente familiar la mayoría. A media noche la noticia se esparció como reguero de pólvora, pero no todos le dieron la misma importancia: "¡Batista se fue!".

[25]  "Más detalles sobre el balance anual", en revista Show. No. 58. Diciembre de 1958, p. 73.
[26]  "Tele-Radiolandia", en revista Bohemia. 28 de diciembre de 1958, p. 56.

# ·1959·

CELIA CON NINÓN SEVILLA, LA CANTANTE CUBANA HILDA LEE
Y EL CANTANTE MEXICANO MIGUEL ACEVES MEJÍAS. MÉXICO DF. 1959.

## ◆ NOTICIA INESPERADA EN EL AFRO ◆

El *cabaret* Afro, en el Distrito Federal de México, promete una noche extraordinaria a quienes decidan despedir 1958 y recibir el nuevo año en sus instalaciones. Celia, sin La Sonora Matancera, continúa centrando su cartelera con resonante éxito cada noche. "Me enteré de todo el revuelo por la prensa mexicana, y enseguida llamé por teléfono a casa, para que me contaran bien qué estaba pasando. Fue un cambio muy brusco para Cuba y se vivían en esos días momentos de mucha tensión. Así que apenas terminé mi temporada en el Afro, decidí regresar a Cuba el 28 de enero en un avión nuevo de la compañía Braniff".[1]

Cuando Celia llega ya habían ocurrido cambios trascendentales. El día 1º de enero el Ejército Rebelde había entrado en La Habana. Las primeras tropas en llegar habían avanzado desde Santa Clara, ya tomada militarmente por las columnas al mando de Camilo Cienfuegos y Ernesto Che Guevara, quienes alcanzan el control en medio de un júbilo popular de dimensiones idénticas a la del caos generalizado. No es un secreto que el gobierno de Fulgencio Batista experimentaba ya un desgaste que el influyente sector económico y empresarial no estaba dispuesto a soportar, y que hacía tiempo había perdido una buena parte de su base popular. El aumento de la inseguridad ciudadana y de la violencia, y el avance de las tropas rebeldes estaban muy lejos de permitir el marco idóneo para el mantenimiento y expansión de sus negocios. Desde esa perspectiva, la decisión de Batista de abandonar cargo y país y el triunfo del ejército insurgente fueron acogidos con alegría no sólo por amplios sectores populares, sino también por empresarios y propietarios. Así, durante

[1]  Cruz, Celia y Reymundo, Ana Cristina: Op. Cit., p. 76.

los primeros diez días de enero, el Diario de la Marina vendió espacios para anuncios de numerosas e importantes empresas, firmas, marcas, que fijaban su posición en la tónica del agradecimiento y apoyo total a Fidel Castro y al Ejército Rebelde: desde las tiendas por departamentos, agencias de seguros, pequeñas empresas productivas y de servicios, hasta bancos e industrias del mayor calibre e influencia en el panorama nacional.

El redactor de la sección *La farándula pasa*, de Bohemia, glosaba así, un mes después, aquel primer día que inauguraba 1959:

"Fue, en verdad, un primer día de año diferente. A medida que adelantaba el día, las calles se iban animando. Y las iniciativas populares se hacían cada minuto más destructoras. Primero los parquímetros. Después las máquinas tragamonedas de los casinos. Por último, las fabulosas residencias de los colaboradores de la tiranía. Los casinos de los hoteles Plaza, St. John, Deauville, Sevilla y Capri fueron destruídos. Los dineros de las maquinitas tragamonedas de estos casinos y de los cabarets Sans Souci, Nacional, Pennsylvania y Rumba Palace, fueron recogidos en sacos y entregados para obras de beneficencia. La noche del día primero no hubo cabarets, ni teatros, ni cine. Sin embargo, fue una noche de enorme alborozo. La alegría era general. Contagiaba a todos el bullicio y la algazara. El día 2 amaneció todo el comercio cerrado. Estaba en vigor la huelga general. [...] El día 4 terminó la huelga para los periódicos y revistas a las doce del día. [...] El día 5 amanecieron abiertos los establecimientos. Los ómnibus salieron a hacer sus recorridos acostumbrados. La vida de la ciudad se normaliza totalmente con la apertura de los cines el día 6. El día 9 abrieron los cabarets.

Los casinos, en los momentos en que escribimos estos comentarios, no han abierto aún. Permanecen cerrados, desmantelados, como si hubiera pasado por ellos un tifón, los del Plaza, Deauville y St. John. Los hermanos Balsera, del Nacional, bajos del teatro, están queriendo abrir a reservas de que les sea autorizado el juego más adelante. El del Sevilla ya está abierto. Sin juego. Pero con su acostumbrado desfile de variedades. [Los casinos de los hoteles] 'Riviera' y 'Capri' han pagado a su personal las semanas que llevan cerrados".

Y en otra parte de esta sección, el columnista resume y subraya: "la normalidad de las actividades artísticas se va a acentuando. [...] falta algo para que esa normalidad sea total: que funcionen los grandes casinos. Especialmente los que funcionaron siempre: los de Tropicana, Sans Souci y Montmartre".[2] El cronista tiene claro que los *cabarets* no podrían, de momento, funcionar ni sostenerse sin su vía principal de financiamiento: el juego en los casinos. La ira de amplios sectores populares se cebó contra las instalaciones de los casinos en acción de franco rechazo al juego –considerado por buena parte de los ciudadanos como una lacra moral– y a la presencia de los mafiosos en su control y auge. Todavía el periodista y muchos tienen esperanzas de que se establezca un marco de comprensión entre el nuevo gobierno y las empresas para reanudar la actividad de los casinos. Todavía él y muchos piensan que el nuevo gobierno será uno más en la larga lista de los que terminaron haciendo lo mismo, y no perderá, en este caso, la jugosa tajada económica que le correspondería. Los manejadores del juego, por su parte, también se resisten a creer que todo está perdido para ellos. Nat Khan, director de Relaciones Públicas del hotel Havana Riviera, declaró por esos días al reportero de Bohemia: "Con el juego legalizado de atracción principal, La Habana tuvo su mejor temporada turística en 1957-58, con unos 300 mil visitantes, los cuales dejaron en Cuba unos 75 millones. Otros 100 mil turistas adicionales no vinieron debido al temor de verse envueltos en la revolución que inició el doctor Fidel Castro en la Sierra Maestra. Los 75 millones significan un aumento considerable sobre los cerca de seis millones que anualmente dejaban los turistas en Cuba cuando el juego no era legal, sino meramente tolerado por el gobierno". Y continuando con su argumentario, Khan afirma: "Tres nuevos hoteles de lujo en La Habana que se inauguraron el año pasado [Riviera, Capri y Deauville] fueron factores decisivos para arrebatarle la clientela a la Florida. Muchos viajeros que normalmente se detenían unos días en Miami, o en alguna otra ciudad floridana hicieron el viaje directo a La Habana, dejando atrás los centros turísticos de la Florida".[3]

Al momento en que estos testimonios y declaraciones salen publicados en Bohemia el primer día de febrero, ya el nuevo gobierno se había pronunciado, mediante instrumentos legales, en contra del juego organizado, entre los primeros decretos y leyes en ser promulgados por el nuevo poder judicial en funciones.

---

[2]  *La farándula pasa*, en Bohemia. 1 de febrero de 1959, pps. 156-158.
[3]  *La farándula pasa*, en Bohemia. 1 de febrero de 1959, p. 161. Estas cifras no han podido ser confirmadas y se cita únicamente en el contexto de esta noticia y tal cual fueron mencionadas.

CELIA EN PROGRAMA DE LA TELEVISIÓN CUBANA.
DESDE LA IZQUIERDA, EL BAILARÍN JORGE MARTÍNEZ, CELIA,
BENNY MORÉ, ROLANDO LASERIE, CELESTE MENDOZA. CA. 1959.

Cuando Celia llega a La Habana el 28 de enero, el cambio experimentado en el mundo donde desarrolla su carrera, donde trabaja y del que dependen sus ingresos económicos −el mundo del *show-business*, la industria de la música y el espectáculo− es descomunal, pero ella no tiene mucho tiempo para razonar y profundizar en lo ocurrido: el primer día de febrero debe estar en Venezuela, cumpliendo un importante contrato.

## ◆ LAS PRIMERAS MEDIDAS DEL CAMBIO. ◆ AGONÍA DEL *SHOW-BUSINESS*

Es preciso poner en contexto histórico-político el accionar de los músicos y artistas a partir de enero de 1959 y las subsiguientes decisiones de carácter individual que cada uno decidió adoptar. Para ello, es necesario partir de una definición: Cuba tenía una industria del entretenimiento con elementos integradores intervinculados que aseguraban trabajo a miles de músicos, cantantes, técnicos, actores y actrices, bailarines y modelos. Garantizaban ese engranaje cadenas de comunicación con un desarrollo creciente en radio y televisión con producción propia de contenidos y también con capacidad para recepcionar otros producidos por emisoras norteamericanas; se vinculaban también a las empresas distribuidoras de los aparatos receptores –radios, televisores, antenas, etc.– que ofrecían diferentes grados de facilidades de pago para asegurar la adquisición y la recepción de programas donde la publicidad comercial de marcas de cervezas, tabacos, cigarros, jabones, detergentes, alimentos, y un largo etcétera, definía el contenido y alcance, y financiaba la propuesta artística. Una red de casinos y *cabarets*, pequeños *night-clubs* de diversas categorías, en la capital y principales ciudades, que vinculaban al juego y sus ganancias el sostenimiento de los espacios donde trabajaban músicos y artistas; sellos discográficos y representaciones de marcas norteamericanas de discos que controlaban y aseguraban la fijación sonora de la música y su comercialización; varias decenas de revistas y publicaciones periódicas, con columnas y secciones en los principales medios generalistas dedicadas a la música, el espectáculo y el mundo artístico. Decenas de agentes y promotores cubanos y extranjeros que aseguraban contratos para presentaciones más allá de las fronteras insulares en circuitos articulados y mantenidos principalmente en Centro y Suramérica, España, Francia, Italia, el Caribe y Estados Unidos.

El *show-business* en Cuba, al llegar 1959 transcurría en íntima relación con el turismo y el juego al más alto nivel, con la inevitable expansión de los elementos negativos que a nivel de la sociedad traen aparejados, en un entramado que contó con la benevolente colaboración gubernamental y la mirada preocupada de ciertos segmentos del empresariado cubano.

No era un secreto para quienes trabajaban en los principales *cabarets* que, en su mayoría, éstos eran financiados por los casinos y salas de juego. De manera que el cierre de los casinos y los ataques sufridos a algunas de sus instalaciones fue el primer elemento de sorpresa que, ante la nueva situación nacional, debieron enfrentar sus miles de trabajadores: músicos, cantantes, bailarines, productores, modelos, diseñadores, vestuaristas, peluqueros, y una larga lista de trabajadores y empleados que hacían posible la materialización de las ideas y diseños artísticos. Ellos eran, dentro del gremio, un segmento a los que el esquema que partía del casino les favorecía, y por tanto, de los primeros afectados, pues la condena al juego y su suspensión o adecuación serán una de las primeras medidas que adopte el nuevo gobierno revolucionario.

En su edición del 30 de enero, el periódico Revolución publica como primer titular "El dinero del juego para combatir el juego", anunciando que se permite ya el juego en los casinos, que reabrirán para dar trabajo a miles de personas, pero que sus ganancias "no caerán en manos de tahúres y hampones internacionales".[4] Una semana después, trabajadores gastronómicos, músicos y artistas afectados por el cierre de los casinos se manifiestan públicamente visitando la redacción del periódico Revolución para pedir al nuevo gobierno y a su Consejo de Ministros "la urgente necesidad de resolver el problema relacionado con la reapertura de dichos centros de trabajo. Los visitantes entienden que dicha actividad no afecta la economía popular, ya que a dichos centros solo concurren turistas y personas adineradas capaces de sobrellevar los gastos que la misma ocasiona".[5]

Doce días después, el 11 de febrero, el Gobierno Provisional Revolucionario en una de sus primeras decisiones legales, promulga la Ley No. 73 "Supresión de autorizaciones para juegos prohibidos", cuya finalidad era regular de manera transitoria la situación que se había creado con los empleados y trabajadores "...mientras se resuelve la forma en que el Estado administrará las salas de juego de los grandes casinos, de los hoteles y *cabarets* de lujo...". Pero esta ley tiene otro significado aún mayor: exactamente a 34 días de la entrada de Fidel Castro en La Habana, el nuevo gobierno deja clara su postura respecto al juego como negocio en los dos primeros "porcuantos" de ese instrumento legal:

"Es propósito firme del Gobierno Revolucionario claramente expresado, erradicar de Cuba la práctica viciosa de los juegos de azar, por considerarla profundamente perturbadora de la vida económica de la nación, lesiva a la moral pública y a la res-

4    "Permiten el juego en los casinos", en diario Revolución. 30 de enero de 1959, p. 1. Columna 1.
5    "Demandan la reapertura de los casinos de lujo", periódico Revolución. 6 de febrero de 1959, p. 6.

ponsabilidad del trabajo, y perjudicial a las clases populares del país.

Es evidente que el régimen derrocado con manifiesto afán de lucro y con el fin de desviar la atención pública acerca de sus actividades ilícitas, fomentó hasta límites insospechados el juego de azar en todas sus manifestaciones, convirtiendo a la República en un verdadero garito, centro del hampa internacional, lo cual provocó las justas protestas de toda la ciudadanía".[6]

Solo seis días después es promulgada otra ley, la No. 85 que crea el Instituto Nacional de Ahorro y Viviendas y si bien reafirma la posición sobre el juego, también modifica la suspensión refrendada en la ley anterior, al facultar a la Directora del Instituto Nacional de Ahorro y Viviendas (INAV) a autorizar −o no− "el juego en los casinos de lujo como atracción turística", regulando el aporte que deben destinar al INAV. Tal sucesión de leyes es, cuando menos, un indicio visible de la rapidez con que se sucedían los acontecimientos y el efecto acción-reacción, que también denota la falta de coordinación interna, hasta cierto punto lógica, dentro del recién nacido poder ejecutivo. Los *cabarets* y *night-clubs* reanudan su actividad, en medio de un panorama que comenzaba a ser incierto para ellos. Los músicos no son políticos y la música era su medio de vida, su trabajo, lo que les daba el sustento familiar. Todavía piensan que las cosas no irán a más, y continúan cumpliendo sus contratos y sumándose a las nuevas oportunidades que surgen.

El 7 de mayo la empresa del *cabaret* Sans Souci cierra sus puertas aduciendo incosteabilidad y bancarrota.[7]

## ◆ CARNAVALES EN VENEZUELA ◆
## Y DE NUEVO A CURAZAO

Como cada año en febrero, la prensa venezolana se anticipa entusiasta al hecho y lo anuncia: el diario caraqueño El Mundo anuncia que "Miguelito Valdés, Celia Cruz, Rolando Laserie y Nelson Pinedo serán las atracciones principales del carnaval", subrayando que los cuatro cantantes han sido

---

6   Leyes del Gobierno Provisional de la Revolución. Folletos de Divulgación Legislativa. 1 al 27 de febrero de 1959. (Segunda edición). Editorial Lex. La Habana. 1959, pps. 76-78.
7   "Por 'lockou' en Sans Souci", en Combate. 9 de abril de 1959, p. 1.

contratados para presentarse con orquestas locales. Se trata de una medida a la protección del talento artístico venezolano, según lo entendían la Asociación Venezolana de Artistas de la Escena y la Asociación Musical, que pidieron y fue aceptado por el gobierno, no permitir la contratación de orquestas extranjeras en las fiestas carnavalescas de ese año, para asegurar trabajo a las agrupaciones locales que ahora tendrían que acompañar a los cantantes que se presenten como atracciones de los festejos.[8] Ya Celia está en Venezuela, y se prevé para el día 2 su presentación en el Canal 4 de televisión. Para el día 4 tendrá un mano a mano con la cantante venezolana Canelita Medina, encabezando el excelente cartel que presenta el Club Tiuna de Maiquetía, que completan el dominicano Alberto Beltrán, Gaspar Navarro, Johnny Pérez con Los Guayaberos y la afamada Sonora Caracas, en uno de los grandes bailables del carnaval.[9] El día 7 lo hace en los centros sociales junto con los cantantes Víctor Piñero y Germán Vergara, con la orquesta Los Melódicos amenizando el evento. Se anuncia también su reaparición con la Sonora Siboney en un sitio ya habitual para ella: el club Las Fuentes, en Caracas. Los calificativos de la prensa no escatiman elogios: *La primera guarachera del mundo, La alegre guarachera cubana, La formidable guarachera del momento...* Celia actúa también esta vez en el Patio Andaluz, donde comparte la pista con sus coterráneos Laserie, Rolo Martínez, y el propio Miguelito Valdés.[10]

Como también es habitual, de Caracas viaja a Curazao, donde permanece del 26 de febrero al 4 de marzo, como ocurre en los últimos tiempos, contratada por el promotor Angel Job. Los días 1 y 2 de marzo se presenta en el ya conocido Cinelandia, con el respaldo de la orquesta local Estrellas del Caribe. Regresa a La Habana el 5 de marzo, pero con planes de viaje para muy pronto. Pocos días después de las presentaciones de Celia en Curazao, se estrena allí, con una publicitada *première*, el filme *Olé Cuba*, con un mayor destaque en las promociones de quienes eran adorados por los curazoleños: Celia Cruz y La Sonora Matancera.[11]

Al regresar de Curazao Celia recibe la noticia de que, otro años más, ha sido elegida por la asociación CARTV en la cate-

8    El Mundo. Caracas, Venezuela. 30 de enero de 1959. (Clip sin indicar página).
9    El Mundo. Caracas, Venezuela. 4 de febrero de 1959, p. 6.
10   Últimas Noticias, Caracas, Venezuela. 31 de enero de 1959, p. 45. También: Montes Leonor: "Noches de Caracas", en revista Show. No. 62. Abril 1959, p. 59.
11   Amigoe de Curacao. 28 febrero; 1 y 2 marzo de 1959.

goría de Mejor Cantante Folklórica de 1958. Otra distinción recibida por su desempeño en ese año fue el trofeo entregado por el diario Avance y sus patrocinadores (Casa Faroy y Cigarrillos Super Royal) como Mejor Cancionera Típica de Radio y TV.

## ◆ DE NUEVO A USA CON ALBUERNE ◆
## Y POR SAGUA DE TÁNAMO

En medio de la conmoción generalizada en que vive Cuba desde el inicio del año, el cantante Fernando Albuerne, oriundo de Sagua de Tánamo, inicia una campaña destinada a recaudar fondos para la reconstrucción de su ciudad natal, que había sido destruída durante los bombardeos de la aviación del gobierno de Fulgencio Batista contra el Ejército Rebelde en diciembre de 1958. Para ello convoca a sus amigos músicos y cantantes, y forman una suerte de embajada cultural que viaja por tres días a Estados Unidos para realizar dos grandes espectáculos bailables en Miami y Nueva York. *Tito* Garrote hace tándem con Albuerne para la parte empresarial y organizativa. Celia, con su proverbial disposición a apoyar las iniciativas de sus colegas, es de las primeras en apuntarse y alinear junto a Albuerne, además de Rolando Laserie, Alba Marina, Esther Borja, Jorge Guerrero, los actores Leopoldo Fernández y Mimí Cal, la pareja de bailes Mitsuko y Roberto, el trío Hermanas Lago, entre otros afamados músicos y actores, y como cierre dorado de este haz de estrellas, Benny Moré con su Banda Gigante al completo.

Llegan al aeropuerto de Miami el jueves 16 de abril, con apenas tiempo para hospedarse en el hotel Surfcomber y alistarse para salir a escena. Ese mismo día, el diario The Miami Herald inserta en sus páginas uno de los escasos anuncios y comentarios que promovieron el baile donde actuarían los cubanos: "Un show de tres horas de duración es lo que promete el Dinner Key [en Coconut Groove]. Entre las estrellas que prometen están Olga Guillot, estrella de grabaciones; Celia Cruz y Fernando Albuerne, de los night-clubs; Benny Moré con su orquesta de 16 músicos. Roberto y Mitsuko, y los tríos Matamoros y Hermanas Lago".[12]

De Miami viajan a Nueva York, donde se presentan en un multitudinario evento en el St. Nicholas Arena, muy arropados por la comunidad cubana y latina en esa ciudad, y

[12]    Bourke, George: "Nightlife with George Bourke", en The Miami Herald. Miami, Florida, USA. 16 de abril de 1959, p. 34.

con la participación de Bolo Sánchez y su Orquesta Oriental Cubana.[13]  Éste es el viaje al que se hace referencia en el
informe desclasificado de los archivos del F.B.I.,y citado por
The Miami Herald, que deja en un limbo la posibilidad de que
el desplazamiento se haya efectuado o no: "Es una popular
cantante cubana, y estuvo buscando ingresar a los Estados
Unidos durante cerca de dos días como miembro de un grupo
patrocinado por la Comisión de Turismo de Cuba, para hacer
apariciones en Miami y Nueva York para recaudar fondos para
la restauración de una ciudad cubana devastada durante las
recientes hostilidades allí".[14]

Pero el viaje ocurrió ciertamente y regresaron a La Habana
el domingo 19. Esa misma semana, Celia se presenta en el estelar televisivo Jueves de Partagás, centrando la propuesta, junto
a la mezzosoprano Alba Marina. El programa, con importante
componente afrocubano, incluye a Trinidad Torregrosa y sus
tambores batá, la comparsa Las Bolleras y Luis Carbonell, y en
otro ámbito al Cuarteto D'Aida, Angelita Castany y otros artistas, con una orquesta dirigida por Enrique González Mantici. [15]

## ◆ LAS GRABACIONES DE 1959 ◆

En julio Celia y los músicos de La Sonora Matancera entran en
el estudio de Radio Progreso para grabar los 12 temas del LP *Su
favorita Celia Cruz* (SCLP-9171), publicado por Seeco Records en
su *Golden Series* y también en discos sencillos: *Crocante habanero* (Juan José Trujillo), *Mulense* (Florentino Cedeño), *Sueños
de luna* (Eridania Mancebo), *Dime la verdad* (Vinicio Camilo), *Así
quiero morir,* (Oneida Andrade), *No te rompas el cráneo* (Humberto Jauma), *Saludo a Elegguá* (July Mendoza), *En Venezuela* (Justi Barreto), *Que critiquen* (José Claro Fumero-Josefina Grande),
*Llegó la zafra* (Enrique Bonne), *De noche* (Piloto y Vera) y *Rumba
quiero gozar* (Calixto Leicea). Son las únicas grabaciones en un

13   Sección *Tele-Radiolandia*. Bohemia. 3 de mayo de 1959, p. 60. Véase tam-
     bién: Marquetti, Rosa: *Mapa inconcluso de Benny Moré en USA*, en: http://
     www.desmemoriados.com/mapa-inconcluso-de-benny-more-en-u-s-a/
14   Rosenberg, Carol: "Files show how Celia overcame 1960s blacklist", en The
     Miami Herald. 23.9.2004. Consultado en http://www.latinamericanstudies.
     org/music/blacklist.htm?fbclid=IwAR3cPbZp1oitjRrA4eqT2o4pnclUjgfyKf-
     CPzAO_E20tBBOO6yM7mFwCQWc y reproducido también en https://www.
     cubainformacion.tv/cuba/20200902/87656/87656-que-no-se-ha-dicho-
     sobre-celia-cruz. (Traducción de la Autora).
15   Del Cañal, Hugo: ¡Ojos y oídos! En *Combate*. Año III. No. 24. 24 de abril de 1959,
     p. 4.

año de intenso movimiento en presentaciones en Cuba y viajes internacionales de nuestra guarachera.

## ◆ *BONGÓ CONGO* Y *CANTO A ORIENTE*. ◆ ÚLTIMOS *SHOWS* EN TROPICANA.

A estas alturas, la presencia de Celia sobre el escenario del Salón Bajo las Estrellas era ya un clásico de Tropicana. Fuera de los estudios de grabación y el acompañamiento del Decano de los Conjuntos Cubanos, el *performance* de Celia en el *cabaret* devenía uno de los momentos culminantes de su entrega artística. A la perfección de su voz, unía su coherente proyección escénica, con un espontáneo manejo del cuerpo, en un modo de bailar que enseñaba claves dominadas a la perfección y que, según las exigencias coreográficas y dramatúrgicas del *show*, ella sabía atemperar sin que perdieran autoctonía y sabrosura. La historia del legendario *cabaret* cubano no puede escribirse sin su nombre. "Por supuesto que la ví alguna vez, aunque no puedo precisar qué cantó –rememora Santiago Alfonso–. En mi mente están números como 'Prende La Vela', 'Burundanga', 'Changó ta ´Vení' y otros muchos, pero no sé cuándo, ni dónde se los vi cantar, lo que sí puedo afirmar es que su presencia en Tropicana era un obligado en las espectáculos de invierno, por su calidad y carisma y porque Roderico la admiraba y quería mucho".[16]

La temporada centrada por los *shows Bongó Congo* y *Canto a Oriente* será la última que Celia trabajará en Tropicana. El sábado 6 de junio de 1959 *Rodney* estrena en Tropicana estos dos nuevos *shows* en los que Celia es la figura central. La secundan el cuarteto Los Rivero, María Teresa Tolón, los bailarines Marta Castillo y Miguel Chekis, Willy y Miriam Barreras. La figura de Celia de cuerpo entero ataviada con una bata cubana reinterpretada por el diseñador, preside el anuncio de estos *shows* en el Diario de la Marina. En los *headlines*, la gerencia de Tropicana privilegia dos mensajes importantes y dictados por el momento que vivía el país: en el caso de *Bongó Congo*, ratifica los elementos de atracción turística con que habían jugado y vencido desde los inicios mismos de la expansión del turismo de juego, sexo y ocio nocturno: "Hermosas mujeres con música cubana en la cintura, apasionante ritmo afrocubano". Y en cuanto al *show Canto a Oriente*, con él se pretende dejar clara la adhesión y buena voluntad de los mandantes en el paraíso bajo

16   Santiago Alfonso Fernández. Entrevista con la autora. 15 de mayo de 2021.

las estrellas al nuevo gobierno, al Gobierno Revolucionario que está a punto de cumplir cinco meses en el poder: "Homenaje de Tropicana a la Reforma Agraria y a la soberana Oriente".[17] Probablemente, *Rodney* quiso también homenajear a la tierra donde nació, "...cuna de heroicos mambises y rebeldes".[18]

Pero no fue solo Tropicana quien a lo largo de 1959 trató de ponerse a tono con las circunstancias: muchos músicos, cuyos caminos se dividieron poco después entre Cuba y el exilio, se sumaron también esos primeros años al apoyo a la Revolución y a las loas musicales a Fidel y al Ejército Rebelde. No solo cantaron, sino también fueron grabados por las marcas discográficas: tan temprano como a treinta días del 1 de enero, la revista Bohemia anunciaba: "La revolución tiene su hit parade en el mercado del disco con 'Sierra Maestra', por [el boricua] Daniel Santos, y 'Fidel ya llegó', por Rolando Laserie. Y pronto se sumarán 'Como lo soñó Martí', por Orlando Vallejo y 'Alas de libertad', por [el español] Pablo del Río...",[19] a quien la huída de Batista y la entrada de Fidel en La Habana lo había sorprendido cumpliendo contrato en Cuba. En justicia, Daniel Santos se había inspirado dos años antes, en un bar de Caracas, según dice la leyenda, escribiendo su letra en una servilleta. Pero tuvo problemas para llevarla al acetato, pues no consiguió hacerlo en esa ciudad y finalmente consiguió grabarla en Nueva York y que después fuera publicada ya en 1959 por el sello Gema de los hermanos Álvarez Guedes junto a *Victoria de la juventud*, dedicada a los guerrilleros de la organización Directorio Revolucionario 13 de marzo.

Les siguieron otros: el humorista musical Carioca cantó y grabó con la orquesta Mayía *Vinieron a salvar a Cuba* y repitió, a dúo con Ibrahim Ferrer en *Muchas gracias, Fidel*. En la clave satírica y de choteo que fue su estilo, Pototo y Filomeno llevan a la televisión y también al disco su *Ensalada Rebelde*; el sonero René Álvarez registra en el acetato *Sigue adelante Fidel*; Celina y Reutilio convierten su clásico *Que viva Changó* en *Que viva Fidel*, y Arty Valdés con su grupo graba *Guaguancó del 26*, y la guajira-son *En tu nombre*, con Ladys Soto y las hermanas Junco; el conjunto de Osvaldo Estivil cantando Gloria Arredondo grabó *El sol de la libertad* y Chepín con su orquesta Oriental, la guajira-mambo *Ya soy feliz*, cantando Ibrahim Ferrer. José Antonio Fajardo con su flauta y orquesta no se quedó atrás y grabó

17  Véase Diario de la Marina. 6 de junio de 1959. Suplemento p. 5.
18  Lowinger, Rosa y Fox, Ofelia: Op. Cit., p. 391.
19  *La farándula pasa*, en Bohemia, 1 de febrero de 1959, p. 158.

y cantó mucho *Los Barbudos*, cha cha chá de su propia autoría, que tuvo un homónimo en el danzón de Gilberto Valdés que grabara Obdulio Morales con la orquesta Antobal's Cuban All Stars. Esta lista podría extenderse, pues se acerca al centenar los elogiosos temas cantados y grabados. Luego entonces, no era de extrañar que La Sonora Matancera con Celia como cantante y sus manejadores artísticos hicieran también lo mismo.

## ◆ GUAJIRO LLEGÓ TU DÍA ◆

Celia mantenía en paralelo sus presentaciones diarias en Radio Cadena Habana junto con La Sonora Matancera, que había comenzado desde finales de 1957, y se extenderían hasta los primeros meses de 1960, con anuncios y comentarios casi permanentes en medios de prensa como el Diario de la Marina. A los cantantes Celio González y Carlos Argentino se ha sumado ahora el santiaguero Rey Caney, que no es otro que el sonero y guarachero Reinaldo Hierrezuelo. Al programa donde se presentan diariamente, le sigue el espacio *Patria guajira* con similar tiempo histórico en transmisiones. Cuando se proclama el 15 de mayo la Ley de Reforma Agraria, los dueños y gestores de Radio Cadena Habana se suman al apoyo popular y no eran ellos los únicos en la radio y la televisión nacional: se suceden programas con canciones y espacios dramáticos e informativos dando la bienvenida a la ley que beneficiaba al campesinado en general, frente a los grandes propietarios. También los músicos y hasta las casas disqueras hacen visible su apoyo específico a esta legislación, dejando diversos registros fonográficos que prueban que Celia Cruz y La Sonora Matancera no fueron los únicos que se sumaron a estos apoyos como parte de lo que fluía en el ambiente: la afamada cantante Olga Rivero ofrece un concierto pro-Reforma Agraria en el popular Palacio de los Yesistas; aún no había sido intervenida la industria del disco, sus propietarios originales estaban en ejercicio y el sello Puchito, uno de los principales, graba a los rumberos de Fuico y su Ritmo en el guaguancó *Al pan y al vino*, de Ricardo Díaz; en las memorables sesiones que dirigió con una banda armada para la ocasión a instancias de Justico Antobal –la Antobal's Cuban All Star–, Obdulio Morales incluye una guajira melódica de Pedro Jústiz, *Peruchín*, y con su propio arreglo: *La reforma agraria va*, donde Roberto Cordero asume los segmentos cantados de un instrumental que es una joya en su factura. Destacan verdaderos genios –que luego también vivirían en la emigración– como Alfredo *Chocolate* Armenteros y Alejandro *El Negro* Vivar en las trompetas, o Generoso *Tojo* Jiménez en el trombón. El oscuro sello Dandy registra al Trío Los Titanes en *Mambo de la Reforma Agraria* con la participación del actor Jorge Socías en una segmento dramatizado; y músicos, que mantuvieron su afinidad con la Revolución Cubana como Carlos Puebla y Harry Lewis componen y cantan *Todo por la reforma agraria* y *Reforma Agraria y guagüí*.

En realidad la línea de apoyo de músicos y disqueras a la bisoña Revolución comenzó casi desde el mismo 1 de enero de 1959, y es cuando menos superficial adjudicar filiaciones políticas de relevancia a esos músicos en un momento tan temprano de los cambios en Cuba. La vida ha demostrado que cualquier mirada desde el presente debe tomar en cuenta el contexto de aquellos días.

Modesto Vázquez y Orlando Álvarez, máximos directivos de Radio Cadena Habana deciden sumar el programa *Patria guajira* a una ingente campaña a favor de la Reforma Agraria, recabando el aporte de los miles de oyentes para adquirir tractores, arados e implementos agrícolas, y el mismo 17 de mayo anuncian que entregarán "...un magnífico tractor, un arado, dos grandes carretas y gran cantidad de implementos agrícolas". [20]

Debió ser, probablemente, en ese contexto en el que Celia canta, en transmisión radial con público en el estudio, el son montuno *Guajiro, llegó tu día*, del compositor Roberto Puentes Martínez, de la que se ha conservado la grabación de audio. No es posible afirmar si ocurrió en los estudios de Radio Progreso o en el de Radio Cadena Habana, pero atendiendo al contexto se presume que pudo ser en este último. La obra autoral fue debidamente registrada por Puentes Martínez en la entidad cubana de derecho de autor musical y forma parte del catálogo de la Editora Musical de Cuba. *Guajiro, llegó tu día* nunca fue llevada a disco por *La Guarachera de Cuba*, como tampoco *Cuba qué linda es Cuba*, la famosa canción de Eduardo Saborit, que, según la revista Bohemia, Celia habría estrenado ante las cámaras de la televisión cubana, ya bien avanzado el año 1959.[21] La notable *vedette* Rosita Fornés, quien después sería una de las intérpretes de este tema, confirma este dato en su libro biográfico:

[20] "Radio Cadena Habana entregará a C. Cienfuegos tractores y arados", en Diario de la Marina, 17 de mayo de 1959, p. B9.
[21] *Baraúnda*, sección *Tele-Radiolandia*, en revista Bohemia. 15 de noviembre de 1959, p. 52.

"...el propio Saborit me la montó y le hizo algunos arreglos para adecuarla a mi voz. Pero no fui su primera intérprete, ni fui yo tampoco quien la estrenó. Ese honor le corresponde a Celia Cruz". [22]

Sería cuando menos superficial identificar la interpretación de estas canciones con una filiación política sustantiva por parte de Celia en ese momento justo: en todo caso, estaba reaccionando como la inmensa mayoría de la población cubana que a poco más de seis meses del cambio, dotaba al nuevo gobierno de un capital político de altísima cuantía. Pero aún no se cumplía un año de la huida de Batista y las medidas más trascendentales (o dramáticas, según se mire) estaban por llegar.

A propósito de los nuevos *shows* en Tropicana, el desempeño de Celia es elogiado por el empresario y cazatalentos uruguayo Buddy Day, calificado por algunos medios como "el hombre fuerte del *show-business* en Suramérica". De visita en La Habana, Day dejó constancia de sus impresiones sobre ella: "Por primera vez escuché a Celia Cruz en persona. Vine en busca de una cantante y lo que encontré fue una *vedette*, pues en Francia se les llama 'vedette' a los remolcadores, 'los que con una soga arrastran un barco', ¡y vaya qué *vedette* esta Celia Cruz!, que cambia la soga por sus canciones, su dinamismo, alegría y ansias de agradar al respetable, con un sentido de responsabilidad maravilloso, arrastrando tras de sí a todo el espectáculo, y si me descuido, es capaz de arrastrar con sus guarachas a todo Tropicana".[23]

En junio La Sonora Matancera recibe el Premio Wurlitzer, al ser seleccionado como el conjunto más destacado de Hispanoamérica. La Asociación de Cronistas Latinoamericanos, de conjunto con la empresa fabricante de las famosas victrolas, había creado esta distinción para honrar a los artistas y compositores cuyas obras alcanzan mayor popularidad y difusión a través de esos medios. Rogelio Martínez recibió el trofeo acreditativo de manos del enviado especial y su representante en México, Roberto González, en uno de los programas que diariamente transmite Radio Cadena Habana a las 6.45 pm. Esta transmisión tuvo un sentido especial, al haberse producido en

---

[22] Mora, Evelio: *Rosita Fornés*. Editorial Letras Cubanas. La Habana. Cuba. 2001, p. 192.
[23] "La Habana, maravilloso oasis donde la naturaleza tendió un manto de colores, de dulzura y amistad". Entrevista a Buddy Day, en revista Show. No. 65. Julio de 1959, p. 37.

cadena a través del circuito radial de Tampa y México. Celia está presente en este feliz momento junto a Carlos Argentino, Celio González, Reinaldo Hierrezuelo *Rey Caney*, y sus compañeros de La Sonora. También festejaron Orlando Álvarez, dueño de la radioemisora y el compositor Rosendo Ruiz Quevedo, quien recibiera el trofeo Wurlitzer el año anterior por su éxito con el cha cha chá *Los marcianos*.[24] La entrega de este premio es motivo poderoso para que La Sonora y sus cantantes sean contratados para actuar durante una semana en el Teatro Nacional a partir del día 8, alternando con la proyección del exitoso filme mexicano *El diario de mi madre*, en un *show* especial que reproducirá los grandes éxitos del programa en el que diariamente se presentan La Sonora Matancera y sus cantantes.

### ◆ LA SONORA MATANCERA A USA ◆ POR PRIMERA VEZ

Por fin se produce la primera presentación de La Sonora Matancera en Estados Unidos. Hacen el viaje los músicos que la integraban en ese momento: Rogelio Martínez, Carlos Manuel Díaz, *Caíto*, Ezequiel Lino Frías, Elpidio Vázquez, Simón Esquijarrosa López, Angel Alfonso Furias, Calixto Leicea y Pedro Knight y los cantantes Celia Cruz, Carlos Argentino y Celio González. El público hispano debió esperar hasta este año 1959 para que sucediera el deseado encuentro con el conjunto cubano. El previsible éxito se concreta ante el público hispano y los amantes de la música cubana y latina en Nueva York, que el miércoles 2 de septiembre abarrotan el Teatro San Juan, en Broadway y la calle 165, que se hacía realidad, según el diario newyorkino La Prensa, gracias al empresario David Ehrenreich.[25] En el *show* figura también el cantante

[24] Foto en Diario de la Marina. 6 de junio de 1959. Suplemento, p. 5. Véase también: "Celia Cruz, Celio González y 'La Sonora' en Radio Cadena Habana", en Diario de la Marina, 16 de marzo de 1958, p. C6.
[25] David Ehrenreich fue el primer promotor que consiguió presentar en USA a La Sonora Matancera. Fue un empresario argentino de origen judío que desde 1950 venía presentando de manera esporádica espectáculos latinos en New York. Nació en Buenos Aires y se crió en un ambiente teatral itinerante que lo llevó junto a su familia a vivir también en Perú, Australia, Estados Unidos y México, donde comenzó a los 17 años a trabajar como mensajero en los estudios cinematográficos, para más tarde ocupar puestos en la producción. Aparece como productor asociado en el filme mexicano *Una estrella y dos estrellados*, (1960) protagonizado por Germán Valdés, *Tin Tan*, donde intervino también Olga Guillot. (Véase: Laverde, Manuel: *Realiza su anhelo de productor de cine, David Ehrenreich*, en *La Prensa*, New York. USA. 18 de agosto de

ANUNCIO DE PRESENTACIÓN DE CELIA Y LA SONORA MATANCERA
EN EL TEATRO SAN JUAN DE NUEVA YORK EL 2 DE SEPTIEMBRE DE 1959. COLECCIÓN
JAIME JARAMILLO.

puertorriqueño Gabriel Eladio Peguero Vega, conocido como
*Yayo El Indio,* con su agrupación Los Caciques, quizás sin imaginar que años después entraría en la dilatada nómina histórica de cantantes de la Matancera, para permanecer en ella
durante 23 años, y las dominicanas Hermanas Malagón.[26] El
domingo 6, presentados también por Ehrenreich, La Sonora con Celia y sus cantantes se presentan en el Manhattan

___

1960. Véase también: https://m.imdb.com/title/tt0052788/fullcredits/pro
ducer?ref_=m_ttfc_4).

[26] Conocidas también como The Malagon Sisters, las hermanas dominicanas Carmen Amelia, Haydeé y Gladys Elisa, con la incorporación posterior de la otra hermana –Virginia–, contribuyeron a exponer y difundir en el ámbito neoyorkino y
latinoamericano el merengue, el chachachá y otros ritmos caribeños.

Center, en la 8 Avenida y Calle 31, junto a la orquesta de Arsenio Rodríguez y Kako y su Combo, anunciado como "el baile del siglo. La orquesta más conocida del mundo hispano en su primero (sic) y único baile en Estados Unidos".[27]

Entre ellos no se habla de otra cosa que no sea de los llenos totales ocasionados en todos los sitios donde se han presentado. Con un caché de 22.000 pesos a la semana, según contrato, La Sonora con sus cantantes, es la sensación del momento.[28] Para Celia, era la tercera vez en la Gran Manzana, ya había tenido contacto directo con su público y ahora, en cierto modo, introducía a La Sonora en su debut neoyorkino. "Esperada por muchos años, y con una gran popularidad basada en la gran demanda de sus discos dentro de la colonia latina, Rogelio Martínez y sus muchachos presentándose en el primero de los dos bailes en el cual actuaban también como empresa, metieron cerca de seis mil personas en el inmenso salón del Manhattan Center, dejando en taquilla para alegría de ellos y del empresario, cerca de 17 mil pesos. Las puertas se abrieron a las seis de la tarde y a la diez hubo que cerrarlas, pues la autoridad de los bomberos, encargada de velar por la seguridad de los asistentes, así lo dispuso" – comentó el corresponsal de la revista Show en Nueva York sobre el impacto arrasador de Celia, La Sonora y sus cantantes en la Gran Manzana. No deja de resaltar uno de los rasgos más notables del director del conjunto, al relatar estos hechos: "...con categoría de auténtico business-man consiguió para su banda uno de los más jugosos contratos de cuantos hemos visto firmar aquí. Su hospedaje ha sido en uno de los más exclusivos hoteles de la ciudad". Destacó también el desempeño de Celio González, quien, en su opinión, con "...su creación en el bolero 'Total' (el que por cierto tenía que cantar todas las noches) lo dejó como un favorito ya dentro de la inmensa y variada colonia latinoamericana de esta ciudad".

Durante este viaje, Sidney Siegel, presidente de Seeco Record hace entrega pública en Nueva York de los Discos de Oro conquistados por músicos cubanos: Vicentico Valdés, Celio González (por el merengue *Cosita linda*), La Sonora Matancera y Celia Cruz. Para ella se trata de su segundo Disco de Oro y lo obtiene por el *record* de ventas que estableció con el son

[27]  La Prensa, New York. USA. 4 de septiembre de 1959. Nótese que la formación de Arsenio Rodríguez se anuncia como orquesta, no como conjunto.
[28]  Rivera, Armando: "New York insomne", en revista Show. No. 68. Octubre 1959, p. 61.

montuno *Me voy a Pinar del Río* (de Néstor Pinelo Cruz). La revista Bohemia destaca el suceso insertando una foto en la que aparecen todos los mencionados, además del cantante Joe Valle[29], acreedor también de un Disco de Oro.[30] Estos Discos de Oro están respaldados por las crecientes ventas del catálogo Seeco en otros países y en Cuba, donde la representación de RCA-Victor se encarga de su distribución para que lleguen a todas las tiendas y compradores mayoristas del país.

La última noche que actuaron en el Teatro San Juan cierran el *show* con una conga que los llevó a todos hasta los camerinos, incluídos muchos de los cubanos que acudieron al espectáculo, como Vicentico Valdés. Y el sábado 12 cierran el ciclo newyorkino en el Manhattan Center alternando con las orquestas de Vicentico Valdés y de Noro Morales[31]. Al día siguiente tomarían el avión de regreso, plenos de éxitos y vivencias.

Transcurre poco más de un mes y el 17 de octubre Celia vuelve a Estados Unidos, a Miami para una única actuación en el Bay Front Park Auditorium, pero esta vez no sería con La Sonora Matancera sino con el Conjunto Casino. No era la primera vez: en algunos bailes y presentaciones Celia había cantado con la formación liderada por Roberto Espí, pero ésta era la primera —y única— vez que lo hacían fuera de Cuba. Celia apareció sobre la pista con una preciosa bata cubana verde —según recordó Espí— y con su jocosidad habitual, a punto de salir ante el público, Celia le espetó con su risa sonora: "¿Qué tú crees Robertón? Cómo me queda? Es verdad que parezco un bisteck con perejil?" El recuerdo de aquella actuación quedó en Espí y en Orlando Morales —entonces uno de los cantantes del Casino, como uno de los momentos memorables en la historia del conjunto.[32] Regresan de inmediato, al día siguiente: a Celia le espera ese mismo día un importante compromiso artístico.

[29]   Joe Valle (Manhattan, Nueva York, USA. 18 de mayo de 1921 – Santurce, Puerto Rico. 13 de noviembre de 1980). Durante una larga etapa fue cantante principal en de la orquesta de César Concepción, entre otras formaciones musicales.
[30]   Sección *La farándula pasa*, en revista Bohemia. 8 de noviembre de 1959, p. 122.
[31]   Rivero, Armando: "New York insomne", en revista Show. No. 68. Octubre de 1959, p. 61. Véase también: La Prensa (Nueva York. 19 de agosto y 4 de septiembre de 1959. Clips consultados sin número de página).
[32]   Notice of Approval of Visa Petition. United States Depatament of Justice. Inmigration and Naturalization Service. 8 de octubre de 1959. También: Pasaportes de Celia Cruz y Roberto Espí y entrevista de la autora con René Espí Valero. Madrid-La Habana, 19 de julio de 2021.

UNITED STATES DEPARTMENT OF JUSTICE
IMMIGRATION AND NATURALIZATION SERVICE
P.O. Box 52-622, Miami, Fla.

## NOTICE OF APPROVAL OF VISA PETITION

DATE: Oct. 8, 1959
FILE: MIA-N-90

Mr. Hugo Jimenez
605 S. W. 6th Street    (Apt. 6)
Miami, Florida

Dear Sir:

This refers to the visa petition filed by you in behalf of aliens listed below .
Please note the items checked below.

[X] The petition has been approved and forwarded to the United States Consulate at which the
beneficiary or beneficiaries will apply for a visa. Any inquiry concerning the issuance of
a visa should be directed to that Consulate., Havana, Cuba

[ ] It is indicated that the beneficiary does not require a visa to enter the United States. Notice
of approval of the petition has been forwarded to the intended United States port of entry.
Please notify this office immediately of any change in the intended port of entry.

[ ] The petition is approved. No notice to a United States Consulate or port of entry is required.

[X] Approval of petitions to import nonimmigrant aliens covers only the employment or training
specified in your petition. Acceptance of employment or training not specified in the petition
is a violation of the beneficiary's nonimmigrant status. The beneficiary(ies) named in your
petition is (are) authorized to remain in the United States for a period of __Oct.16 to Oct 18 Inc.
months.

REMARKS: Classification H-2
P.S. You are advised that if the beneficiary of this petition is
employed outside of the State of Florida, a new petition must be filed
with the Immigration office having jurisdiction over that area. As new
subcontracts are perfected, you are required to advise this office in
writing of the name and address of the place where the beneficiaries
will be performing.

CELIA CRUZ ALONSO
ROBERTO ESPI GONZALEZ
ORLANDO MORALES RODRIGUEZ
ORLANDO ANDRES GARUCHO Y FRESQUET
MIGUEL ROMAN Y CAIRO
FAFAEL MARTINEZ RAMS
BASILIO MIGUEL SANCHEZ DEL APIO
JULIO LUGO VALDEZ

MARIO DEL MONTE OOSSIO
HORACIO JOSE LLERA Y ESCOBAR
ROGELIO JOSE IGLESIAS MARTINEZ
MANUEL LOPEZ LOPEZ

Very truly yours,

Edward P. Ahrens
DISTRICT DIRECTOR

Form I-171
(Rev. 7-1-59)

GPO 878686

APROBACIÓN DE VISADO A CELIA CRUZ CON EL CONJUNTO CASINO
PARA ACTUAR EN MIAMI. 8 DE OCTUBRE DE 1959. COLECCIÓN RENÉ ESPÍ.

## ◆ LA CONVENCIÓN DE A.S.T.A. ◆

El mes de octubre anuncia la celebración en La Habana de la
29ª Convención Mundial de Agentes de Viajes, organizada por
la Sociedad Americana de Agentes de Viaje (American Society
of Travel Agents, A.S.T.A.). A pesar de las medidas inmediatas
adoptadas por el nuevo gobierno cubano, relacionadas con el
mundo del juego y que afectaban de manera directa al turismo, tal y como había sido concebido por los artífices del cuestionable paraíso lúdico cubano, a sus principales figuras no se
les escapa  revalidar la importancia de Cuba como un destino
seguro, que puede cubrir las expectativas de quienes preten-
den visitarlo. Para enfrentar esto y dar marco legal a la intervención gubernamental en el ámbito de la industria turística,
el 2 de junio se crea la Junta de Fomento Turístico de Cuba que
remarca la prioridad que se concede a este sector, hecho que
debía ser muy evidente de cara al importante evento que aco-
gería La Habana.

Para demostrarlo a través de la música y el arte, se prepara
una gala que, sin dudas, reúne a los más notables y reconocidos músicos y cantantes cubanos en los diferentes géneros. El
equipo de realización está a la altura y asegura un espectáculo
de excelencia: *Rodney* está a cargo de la dirección artística; los
arreglos orquestales han sido encomendados nada menos que
a los maestros Ernesto Lecuona, Gonzalo Roig, Félix Guerrero y Roberto Sánchez Ferrer, quienes también dirigirán la gran
orquesta en diferentes momentos. Como pianistas ensayado-
res, Felo Bergaza y Laurence Davies; coreógrafos asistentes:
Armando Suez y Gustavo Roig. Velia Martínez y Miguel Angel
Blanco son los presentadores.

El 19 de octubre a las nueve de la mañana se abren las puertas del Teatro Blanquita para dar paso a la inauguración de la
convención que reúne en La Habana a más de 2.000 profesionales del turismo. Están presentes Osvaldo Dorticós Torra-
do, presidente de la República, el primer ministro, Fidel Castro
Ruz, y el embajador de los Estados Unidos, Philip W. Bonsal.[33]
Tras los discursos y presentaciones, la gala artística se constituye en hecho memorable. El exquisito y abarcador programa
es un recorrido por los temas más emblemáticos del repertorio cubano, precedido de un *opening* singular –*Te Deum* (Anton

---

[33]    Véase: "Abren hoy los actos por la reunión mundial de la A.S.T.A.", en Diario de
       la Marina. 17 de octubre de 1959, p. A1.

Bruckner)– en las voces de los cantantes líricos Zoraida Marrero, Carlos Barrena, Rosaura Biada y José Le Matt, una coral de 50 voces y la orquesta dirigida por Paul Csonka. El cuadro *Fiesta Guajira* está a cargo de Radeúnda Lima, Celina y Reutilio y los tríos Servando Díaz y Matamoros, seguido de María Teresa Carrillo interpretando *Quiéreme mucho* (Gonzalo Roig). Los maestros Gonzalo Roig y Ernesto Lecuona centrarían los minutos siguientes: la soprano Blanca Varela canta la *Salida de Cecilia Valdés* (Gonzalo Roig), respaldada por el coro, mientras que Esther Borja y el Cuarteto Los Rivero ofrecen *Siboney* (Ernesto Lecuona). Impresiona la interpretación al piano de su autor, en dos piezas también de su autoría: *La comparsa* y *Danza Lucumí*. Después, el propio Lecuona, acompañado de 12 pianos y una orquesta dirigida por Roig, interpretan *Andalucía* y *Malagueña* (E. Lecuona). Los pianistas: Zenaida Manfugás, Ofelia Jiménez, Zenaida Romeu, Sara Jústiz, Erundina Roche, Isolina Carrillo, Bola de Nieve, Felo Bergaza, Adolfo Guzmán, Rafael Somavilla y Mario Romeu. Le seguirán: *Aquellos ojos verdes* (Nilo Menéndez), por Ana Margarita Martínez Casado y los bailarines Gladys Robau y Roberto Rodríguez; *Siempre en mi corazón* (Ernesto Lecuona), por Berta Dupuy y el Cuarteto Los Rivero; *Acércate más* (Osvaldo Farrés), por René Cabel, el dúo Nelia y René y los bailarines Carlisse y Raymond; *Mamá Inés* (Eliseo Grenet), por el dúo vocal Hermanas Romay y los bailarines Gladys Robau, Marta Castillo, Miguel Chekis y Arnaldo Silva. La gran mezzo-soprano Marta Pérez canta *Marta* (Moisés Simons); el Cuarteto Los Rivero se encarga de *Tabú* (Margarita Lecuona); *Quizás, quizás* (Osvaldo Farrés), por Rosita Fornés; y como no podía faltar, Celia Cruz, en el clásico *Babalú* (Margarita Lecuona), seguida de la canción cubana más universal, el pregón *El Manisero*, en las voces del Cuarteto de Aida. Todos los cantantes se reúnen en el *grand finale*, donde interpretan *Panamá* y *Para Vigo me voy* (Ernesto Lecuona).[34]

La reputada revista norteamericana Variety se encargaba de colocar en contexto el congreso de A.S.T.A. desde el mismo titular de su amplio reporte: "Agentes de viajes intentan impulsar a Cuba, pero la cosa está políticamente demasiado caliente" ("Travel Agents Try to Boost Cuba, But Spot Is Too Hot-Politically"). En cuanto a la gala, la calificó como "...uno de los mejores espectáculos realizados jamás en Cuba. Recorrió toda la

[34]  Todos los datos han sido tomados de: "Entertainment program opening session ASTA 9th World Travel Congress. Blanquita Theater. Marianao. Octobre 19, 1959. 9.00 am" (programa de mano de la gala). Archivo de Miguel Chekis.

gama de lo que puede ofrecer un show: desde la música campesina y popular hasta la de concierto". Al comentar acerca del elenco, su anónimo cronista menciona a los principales en este orden, que muestra el lugar ya alcanzado por nuestra diva: "Entre los participantes estuvieron los compositores Ernesto Lecuona y Gonzalo Roig, y los cantantes Celia Cruz, Ester Borja y René Cabel".[35] El columnista comenta después que "...Castro se quedó todo el tiempo a presenciar el *show*. De buena gana firmó autógrafos a los delegados", lo que pudo ser la primera vez que el comandante rebelde, después de su llegada al poder, presenciara una actuación pública de Celia Cruz.

## AL MILLION DOLLAR THEATRE
## ◆ DE LOS ÁNGELES Y EL SENATE THEATER ◆
## DE CHICAGO

A inicios de noviembre Celia viaja por segunda vez a Puerto Rico, a donde llega el 6 de noviembre. Se hospeda en el Olimpo Courts, de San Juan y se presenta en algunos escenarios en compañía de Bobby Capó, en momentos en que circulan favorablemente sus discos con las recientes grabaciones de *Ven Bernabé* y *Changó ta vení*.[36] Sin embargo, no se han encontrado otras informaciones precisas sobre este viaje. Lo que sí se sabe es que el 20 de noviembre viajó de San Juan a Los Ángeles para cumplir un ventajoso contrato en su primera visita a esa ciudad. Celia amplía la cosecha en que se revierte la popularidad de sus discos convenientemente distribuidos y promocionados por Seeco: ya no es solo Nueva York, sino que se abre para ella un promisorio mercado en la costa Oeste.

La prensa californiana da la medida del impacto de un hecho que será trascendente en la carrera de Celia, su primera presentación en el mítico Million Dollar Theater a finales de noviembre de 1959, con un elenco donde la única cubana es ella.[37] En su edición del miércoles 25, el Mirror News, de Los Angeles, ofrece en sus páginas una sugerente crítica firmada por Pepe Arciga bajo el título "Celia canta alto y claro": "Celia Cruz, una bomba que canta proveniente de la turbulenta Cuba, y Luis Pérez Meza, la mejor apuesta de Sinaloa para

[35]   "Travel Agents Try to Boost Cuba, But Spot Is Too Hot-Politically", en revista Variety. Hollywood, CA. USA. 28 de octubre de 1959, pps. 2 y 59.
[36]   "Baraúnda", en revista Bohemia. 22 y 29 de noviembre de 1959, pps. 125 y 98, respectivamente.
[37]   "Baraúnda", en revista Bohemia, 6 de diciembre de 959, pps. 56 y 113.

establecer la canción ranchera a lo largo de Broadway (nuestro Broadway),[38] se unen esta semana para terminar el movido año del Million Dollar de 1959. Recién llegada al edificio de la Gran Fauce, la señorita Cruz no deja duda alguna de por qué su lugar como cantante con La Sonora Matancera en Castroland es tan sólido. Su voz, no totalmente sumergida en la sensualidad tropical, tiene ese cierre de autenticidad que solo se encuentra en los grupos que cantan rodeados de caña de azúcar en la Cuba provincial. 'Dime la verdad', 'Sueño de amor' y particularmente 'Quiero morir' sacan lo mejor de la estrella que es Celia, cuyas grabaciones de Seeco nunca deben confundirse con las de bombas americanas que salen de las victrolas y juke-boxes".[39]

Los tres títulos que distingue el columnista del Mirror News figuran entre los grabados por Celia en la sesión con La Sonora Matancera de julio del propio año 1959: *Dime la verdad* es un bolero-mambo de la autoría de Vinicio Camilo. El título correcto de la segunda canción citada es *Sueños de luna*, un lamento de Eridania Mancebo, la prolífica compositora cubana y amiga de Celia, que recoge la tradición de las nanas o canciones de cuna afro que tiene en Facundo Rivero uno de sus más luminosos exponentes. La dramaturgia de *Sueños de luna*, trazada por la historia que cuenta, es perfecta para que Celia muestre sus dotes dramáticas, algo que se observa –y se escucha– claramente en la grabación que realizara para el sello Seeco. *Así quiero morir* es el verdadero título de ese cha cha chá-mambo de otra compositora cubana, Oneida Andrade, en el que Celia puede explayarse y mostrar su gran dominio escénico y, en particular, su manera auténtica y espontánea de bailar. Son tres temas en los que su voz es dueña y señora absoluta del micrófono en la grabación para disco, sin la participación de los coros de *Caíto* y Rogelio.

El diario Los Angeles Times bajo el título "Celia Cruz Shines in New Latin Revue", también se implica en destacar lo que está ocurriendo en el afamado teatro angelino: "La cantante más destacada, Celia Cruz, encabeza la revista escénica actual en el Million Dollar Theatre. Los ritmos y melodías cubanos adquieren un brillo cálido al ser presentados por esta fina artista habanera. La entrega de la Señorita Cruz es bastante sencilla, pero es, efectivamente, la esencia de la vitalidad".

---

[38]  Se refiere a Broadway de Los Angeles, no al más conocido: el de Nueva York. Nota de la autora.

[39]  Arciga, Pepe: "Celia Sings Loud and Clear", en Mirror News. Los Ángeles, California. 25 de noviembre de 1959, p. 21.

La revista latina en que actúa Celia incluye además de a Luis Pérez Meza, a la cantante Doria María, la pareja de humoristas Mimí y Rolando, y al Mariachi Los Camperos, en una sesión donde, como era usual en este tipo de teatros, se proyecta el filme *La marca del cuervo*, con Antonio Aguilar. [40] No se ha podido conocer cuál fue la orquesta que acompañó a Celia.

Cuando su primer dueño, Sid Graumann, lo inaugura en febrero de 1918, el Graumann Theater —así se llamó inicialmente— era el mayor cine-teatro de California con sus más de 2300 butacas. A su función inaugural asistieron Charles Chaplin, Mary Pickford, Douglas Fairbanks y otras luminarias de la época. La opulencia de sus espacios interiores, la majestuosidad de su fachada, que mezcla a las musas del arte con símbolos de la cultura del Oeste americano, como cabezas de águila, bisontes, y otros, y las tarifas y precios que su dueño y gestor imponía motivaron que la *vox populi* cambiara su nombre a Million Dollar Theater.

Desde 1950 y por muchos años, el legendario teatro de la calle Broadway en el *downtown* de Los Angeles mantuvo la política de presentar únicamente espectáculos hablados en español, lo que benefició en mucho a los artistas y músicos latinos, principalmente mexicanos. En su escenario recibieron la ovación de multitudes los más queridos y populares: Agustín Lara, María Félix, Dolores del Río, José Alfredo Jiménez, Mario Moreno, *Cantinflas*, y después José Feliciano, Juan Gabriel, Vicente Fernández...

La labor difusora de *Chico* Sesma es sistemática y coherente con su estrategia comercial para estos espectáculos, y pronto tendrá positivas consecuencias para Celia y sus primeros pasos hacia la expansión de su carrera en Estados Unidos. Tras su presentación en el Million Dollar Theater en 1959, la próxima parada de la gran cantante en la costa Oeste será en el Hollywood Palladium, donde debutará en 1960, de la mano de *Chico* Sesma.

A poco más de 15 días, Celia regresa a Estados Unidos en solitario, sin La Sonora Matancera. De los documentos migratorios consultados durante la investigación, al entrar al territorio norteamericano el 23 diciembre por New Orleans, la cantante declara por escrito que su destino final en este viaje es el Senate Theater en Chicago, y que su lugar de alojamiento será el

---

[40]  Anónimo: "Celia Cruz Shines in New Latin Revue", en The Los Angeles Times. Los Angeles, California. 27 de noviembre de 1959, p. 90.

Southerland Hotel, en esa ciudad. Situado en W. Madison Street entre las avenidas Albany y Kedzie, muy cerca del Garfield Park, el Senate era un teatro antiguo, fundado en 1921, pero ya algo venido a menos en 1959. En entrevista posterior realizada en Cuba, Celia confirma que en su presentación en el Senate de Chicago, "fue acompañada por una magnífica orquesta cubana denominada 'Nuevo Ritmo'".[41] El calificativo que utiliza Celia no es gratuito, pues la Nuevo Ritmo, dirigida por el percusionista cubano Armando Sánchez no era una orquesta cualquiera: en 1959 gozaba de popularidad entre la comunidad cubana y latina de Chicago, donde se había afincado su director, y tenía en su haber el mérito de ser, según el reputado cronista musical Max Salazar, la segunda orquesta charanga creada en Estados Unidos (la primera fue la de Gilberto Valdés, que data de 1952). Salazar aporta la nómina original de la orquesta en fecha cercana a la actuación de Celia en Chicago, aunque no podríamos afirmar que fue exactamente la que la acompañó: en el piano, el cubano René *El Látigo* Hernández[42], *Cuco* Martínez en las pailas; Julián Cabrera en el güiro; Elizardo Aroche y *Pupi* Legarreta en los violines; Víctor Venegas en el contrabajo; Rolando Lozano en la flauta y como vocalistas, el puertorriqueño *Pellín* Rodríguez y los cubanos Rudy Calzado y Leonel Bravet.

Tras el periplo que la llevó a Puerto Rico, Los Ángeles y Chicago, Celia quiere recibir 1960 en casa, pero la revista Show reveló en esa entrevista algunos detalles sobre cómo fue su final de año: "Al regresar a Boyeros, el 29 de diciembre, el aeropuerto estaba muy neblinoso y no pudieron hacer el aterrizaje, teniendo que pasar la noche en Montego Bay, Jamaica. Terminó el año participando del show-comida, que el Comandante Dr. Fidel Castro ofreció al excampeón Joe Luis en el Salón Pavillion del Hilton [hoy Salón Primavera del hotel Habana Libre]".[43] En realidad, el evento no fue dedicado especialmente a Joe Louis, aunque el excampeón por su visibilidad mediática fue la figura central entre los invitados. El acontecimiento fue destacado en primera plana por el Diario de la Marina, en su edición del 2 de enero de 1960, como una de las acciones cruciales del nuevo gobierno cubano hacia el empresariado norteamericano, pues

---

41    Anónimo. "La fabulosa Celia Cruz ha batido record de vuelos", en revista Show. No. 72. Febrero de 1960, p. 30.
42    No confundir con René Hernández, el gran pianista y arreglista cienfueguero que tocó con Tito Puente, Machito y sus Afrocubans y otros.
43    Anónimo: "La fabulosa Celia Cruz ha batido record de vuelos", en revista Show. No. 72. Febrero 1960, p. 30.

invitó a figuras notables de Estados Unidos, entre ellos al ex-campeón mundial de los pesos pesados, a redactores y editores de importantes medios de prensa y a empresarios de diversas ramas. Celia se encuentra ya trabajando en el *show* del *cabaret* Caribe, un fragmento del cual –en el que actúan el Cuarteto de Facundo Rivero, Sonia Calero y Celia, entre otros– es mostrado a los asistentes a ese evento.[44]

El año 1959 termina para Celia Cruz con un *record* personal: ha logrado viajar en plan profesional tres veces a Estados Unidos. Sus discos, siempre con La Sonora Matancera y convenientemente distribuidos por Seeco Records, han calado con fuerza en la comunidad cubana y latina en algunas ciudades norteamericanas y eso es un incentivo para empresarios y promotores del espectáculo en directo. Ya no es solo Nueva York donde se presenta, sino que este año lo hace también en Los Ángeles, Chicago, New Orleans. En sus presentaciones en directo allí, Celia demostró su ductilidad y dominio de la escena y los géneros que asume, cuando fue acompañada por otras orquestas y conjuntos, diferentes a La Sonora Matancera. Hace mucho que Celia es una perfecta conocida para la comunidad cubana y latina en esas y otras ciudades norteamericanas, y éste es un dato a tomar muy en cuenta para evaluar correctamente y ubicar en fecha las decisiones cruciales que tendrá que tomar en el futuro inmediato.

[44] "Festejado el año nuevo con orden y alegría. Ofreció una cena en el Hotel Hilton el Premier, Dr. Castro", en Diario de la Marina. 2 de enero de 1960, p. 1. Véase también "Noti-Cuba Bohemia" (Noticiario dirigido por Eduardo Hernández, *Guayo*) Sección *Operación Turismo*. La Habana, Cuba. Fecha probable: primera semana de enero de 1960.

# ·1960·

CELIA EN ESTUDIO DE CMQ EN OTRA VERSIÓN DE UNA CONSTANTE EN SU VESTUARIO ARTÍSTICO: LA CLÁSICA BATA CUBANA. CA. 1958.

Recibiendo 1960, la Plaza de la Catedral de La Habana acoge el primer día del año el Concierto de Música Folklórica, concebido y dirigido por el gran director y compositor Gilberto Valdés y ofrecido al pueblo de La Habana como parte de los festejos organizados por el Instituto de Turismo. El programa y el elenco es toda una apoteosis: interpretando obras de Ignacio Cervantes, Moisés Simons, Ernesto Lecuona, Jorge Anckerman, Gonzalo Roig, Miguel Matamoros y el propio Valdés, suben a escena los cantantes Sarita Escarpenter, Wilfredo Fernández, Paulina Álvarez, Merceditas Valdés y Celia, que canta dos canciones; el Grupo Folklórico de Alberto Zayas, la bailarina Sonia Calero y otras parejas de baile, y una orquesta dirigida por Gilberto Valdés asumiendo temas de su autoría.[1]

Como es tradicional, La Habana se prepara para sus fiestas carnavalescas, que habían sido casi siempre en el mes de febrero. La revista Bohemia se pone a tono y en plan festivo invita a sus lectores a disfrazarse de los artistas más populares y notorios del momento. A Don Galaor y el fotógrafo Charlie Seiglie se les ocurre inventar las caretas de esos artistas y junto a Benny Moré, Ernesto Lecuona, Gina Cabrera, Pepe Biondi, Rosita Fornés, Rolando Laserie, Josephine Baker y Guillermo Álvarez Guedes, está la de Celia, con este texto que no solo muestra hasta qué punto había volado alto en su carrera, sus cualidades personales y profesionales, sino que gozaba del favor de los exigentes cronistas: "Si usted quiere disfrazarse de Celia Cruz, pruebe primero su voz. Celia es la voz. Una voz criolla que resuena como una campana en los ámbitos líricos del Continente, llevando a los corazones libres la gloria de

[1]   "Concierto de música folklórica en la Plaza de la Catedral", en Noticias de Hoy. 3 de enero de 1960, p. 4.

la patria que la vio nacer. La llaman la mejor afro de Cuba. Pero aceptar eso sería limitar los contornos universales de su canto. Ni cuando canta canciones de esclavos la voz de Celia deja de ser libérrima en su amplitud sonora. Estamos para decirles que el disfraz más difícil de todos los que hemos glosado es el de esta inmensa artista. Por cuanto representa ella para el cancionero cubano. En Celia se reúnen todos los atributos que hacen eminente a una artista. Jamás se le ha subido a la cabeza la fama que disfruta como ídolo indiscutible. Sigue siendo la persona más modesta e inteligente que fue mientras luchaba para situarse entre las grandes luminarias de la canción. Nunca abandonó su trabajo por enfermedad. Porque para ella cantar equivale a salud, a felicidad. Y como compañera no la hay más sociable ni más cordial. Es por esto que le decimos que si usted no reúne tan magníficas cualidades, no intente disfrazarse de Celia Cruz. Por una vez y por todas. Es que, de verdad: Celia Cruz ¡no hay más que una!".[2]

Desde hace mucho tiempo, y como puede verse, el tratamiento que la prensa cubana da a Celia es el de una individualidad, una cantante sumamente destacada, independiente de La Sonora Matancera, con la que su vínculo no deja de ser fuerte, pues su popularidad emana en gran medida de los programa radiales en Radio Cadena Habana (antes, en Radio Progreso) y en bailables, festejos y otros eventos públicos en los que participa con el gran conjunto. En la música bailable, La Sonora Matancera, ha mantenido por décadas una calidad a la que no hacía concesiones y una distintiva sonoridad que la identifica, junto a un adecuado manejo de su política de contar con varios cantantes que pasan y graban durante temporadas, y pocos fijos. De ese modo mantenía su popularidad habitual, y pareciera que Rogelio Martínez, su director, se aferraba a esas verdades para introducir pocos cambios —o ninguno— en cuanto a formato, tipos de canciones y estilo de los arreglos. No olvidar la sostenida labor de sus dos únicos arreglistas "de plantilla": los destacados Severino Ramos y Javier Vázquez. Pero La Sonora no estaba sola en el panorama musical, ni estaba desde hace mucho libre de miradas competitivas ni comparaciones: la popularidad alcanzada por orquestas como la Aragón, Fajardo y la de Benny Moré, conjuntos como el Casino, y Chappottín y sus Estrellas con Miguelito Cuní, el de Roberto Faz, mostraban

---

[2]   Don Galaor y Seiglie, Charlie: "Escoja su careta", en Bohemia. 28 de febrero de 1960, pps. 42, 43 y 75.

una evolución innegable en sus arreglos, a los que incorporan influencias disímiles y complejidades novedosas, a la par de tener en sus respectivas nóminas a tremendos cantantes y verdaderos virtuosos en sus respectivos instrumentos.

## ◆ *CUBA EN RITMO.* SU ÚLTIMO *CABARET* ◆ EN CUBA

A pesar de los acontecimientos que revolucionan el país, la vida artística fue recuperándose a lo largo de 1959. Los *cabarets* vuelven a funcionar e intentan mantener su ritmo a pesar de la ilegalización del juego en los grandes casinos, aunque algunos como Sans Souci —que se declaró en quiebra— cerraron para siempre sus puertas.

Concluía 1959 y el Caribe del Hotel Habana Hilton estrena la revista *Cuba en ritmo*. Será el último *show* de *cabaret* en el que Celia Cruz actúa en Cuba. Para Santiago Alfonso "*Cuba en ritmo*, junto al *show* que ví en Montmartre con Benny, Rita y Las Aidas son de las puestas en escena de cubanía más impresionantes que he visto en un escenario".[3]

Con gran despliegue de fastuosidad en vestuario y escenografía, la revista pone en escena una evocación de los géneros y ritmos cubanos de mayor arraigo popular, traídos a aquel presente con un moderno sentido del espectáculo y de comunicación con el público. La prensa enfocó los aspectos más llamativos del acontecimiento a nivel artístico y empresarial, con un subtitular que rezaba: "Celia Cruz y Rolando Laserie, las estrellas más cotizadas y populares, al frente de una constelación de ases..." y seguía: "Parece sueño, pero es realidad, porque es un golpe de audacia rayana en locura presentar en un mismo elenco a Celia Cruz y Rolando Laserie, esos favoritos del público que se hacen pagar sumas astronómicas y que individualmente, ya de por sí aumentarían la nómina en forma alarmante. Pues bien, el empresario Raúl González Jerez hizo posible el milagro y los llenos cada noche responden al singular esfuerzo en la nueva producción de Víctor Álvarez...".[4] En el elenco figuran el Cuarteto D'Aida, Los Armónicos de Felipe Dulzaides, Raquel Bardisa, Ana Gloria Varona, Ada Zanetti, El Martin y el cantante Felo Brito, entre otros. Celia interviene en escenas que recrean la vida en un solar. Entre otras estampas,

---

[3]   Santiago Alfonso Fernández. Entrevista con la autora. 15 de mayo de 2021.
[4]   "Astros del género afro en la revista del Habana Hilton", en revista Show. No. 73. Marzo 1960, pps. 52 y 53.

en la denominada *Tumba*, canta el pregón *Ecó* (Gilberto Valdés) con Moraima, Haydeé, Omara y Leonora –las chicas del Cuarteto D'Aida– y en el cuadro final, el clásico de Rogelio Martínez *Sun Sun Babaé*. Laserie, por su parte, hace una creación singular del bolero *No juegues conmigo* (Piloto y Vera) y Ana Gloria Varona baila *Cactus Mambo*, de Bebo Valdés, quien, junto a Rafael Somavilla, se han encargado de todos los arreglos.[5] La orquesta acompañante está dirigida por el propio Somavilla y logra reunir un verdadero *all-stars* de instrumentistas: él mismo se ocupa del piano; en la batería, Daniel Pérez; Papito Hernández, bajo; en la sección de saxofones, Jesús Caunedo (saxo alto), Pedro Chao (saxo tenor), Orlando Fernández *Macanta* (saxo barítono), Pedro Pardo (saxo alto), Braulio Hernández *Babín* (saxo tenor); en la sección de metales, Leonardo Timor, Nilo Argudín y Eddy Martínez en las trompetas y Pucho Escalante en el trombón.[6]

El periodista Gleen Hoffer comentaba el 31 de enero en el diario Fort Lauderdale News la resonacia de la revista musical *Cuba en Ritmo*: "Entre los mejores espectáculos de los hoteles está la nueva producción 'Cuba en ritmo' en el Caribe Super Club del Hotel Habana Hilton. El espectáculo, que tiene apenas una semana de estrenado, está protagonizado por la famosa cantante cubana Celia Cruz y la bailarina Ana Gloria [Varona]. Es una revista cubana típica, cargada de muchas muchachas bonitas, vestuario impresionante y candentes pasos y escenas de baile".[7]

El domingo 17 de enero Celia aparece en *prime time* en el programa televisivo *La revista*, del circuito CMQ y su interpretación de *Los aretes de la luna* motiva un destacado comentario crítico del columnista Alberto Giró: "...es una magnífica cancionera. Y es que Celia Cruz domina todos los géneros".[8] Celia había trascendido el segmento en que habían querido encasillarla –el de los afros y guarachas– y tanto el público como la crítica coincidían en reconocer la versatilidad que venía demostrando desde hace ya mucho y, en particular, la emotividad e interiorización con que asume los boleros, y de los que hablan

5   "Arranca ovaciones 'Cuba en Ritmo' en el Salón Caribe del H. Hilton", en revista Show. No. 72. Febrero 1960, pps. 46–47.
6   La formación de la orquesta del *cabaret* Caribe sufrió cambios mientras estuvo en cartelera el show *Cuba en ritmo*.
7   Hoffer, Gleen: "Crisis Doesn't Cast Pall on Cuban Night Clubs", en Fort Lauderdale News, USA. 31 de enero de 1960, p. 71.
8   Menciones de honor de la semana en televisión, en sección *Radiovisión*. Diario de la Marina, 24 de enero de 1960, p. 5B.

sus grabaciones, realizadas en Cuba, de piezas como *Tu voz, Contestación a "Aunque me cueste la vida", Luna sobre Matanzas, Tuya y más que tuya, Mi amor buenas noches* y otros.

A propósito de su éxito en el *cabaret* Caribe, la revista Show publica bajo el título "La fabulosa Celia Cruz ha batido record de vuelos", un breve, pero abarcador resumen de su carrera, que comienza con un justo elogio: "Hablar de Celia Cruz es referirse sin duda alguna a la primera voz afro de Cuba, galardón indiscutible que nadie ha podido arrebatarle en 17 años de triunfos consecutivos. La presentan al público como cantante, pero en puridad de verdad es una *vedette* de envidiables facultades cuya sola intervención es capaz de llenar por sí solo un espectáculo". Subraya como méritos de esta "mujer sensacional" una voz fresca, que interpreta como nadie guarachas, guaguancós, pregones y toda la música ritual afrocubana, sus bailes y desplazamientos escénicos y sobre todo, "...una explosiva intuición escénica que arrebata y contagia...". El redactor de la revista más importante sobre música y *show-business* en Cuba se refiere a las cifras de los contratos de Celia y lo dice, con la propiedad que le da la jerarquía del medio para el que trabaja, aunque fuentes fiables difieren en el dato: "Ninguna artista cubana ha ganado tanto dinero como Celia Cruz, ni ninguno ha realizado tantas horas de vuelo. Una prueba de lo que percibe por su trabajo la tenemos en su próximo contrato en Caracas, a través del empresario Guillermo Arenas, donde recibirá la suma de diez mil pesos por dos semanas". Hace un recuento de la proyección de su carrera, que resulta premonitorio en momentos en que se inicia el año que, nadie podía saberlo, será el último de los que vivirá en su amada Cuba: "55 viajes en avión que representan sobre 1.500 horas de vuelos, dice el periodista. Ha actuado en estos países y ciudades, consignándose las veces en que ha viajado a cada uno de ellos: México 3, Venezuela 9, Puerto Rico 2, Miami 6, Nueva York 5, Tampa 2, Nicaragua 1, Costa Rica 1, Perú 2, Panamá 3, Colombia 3, Curazao 5, Haití 3, Chicago 2, Los Ángeles 1 y New Orleans 2".[9]

La valoración de la prensa es confirmada por voces autorizadas que vivieron esos años y que proyectan los logros de Celia Cruz en Cuba más allá de lo esencialmente artístico, al considerarlos verdaderas conquistas en el ámbito social como mujer negra y de clase social originaria económicamente empobrecida

[9] Anónimo. "La fabulosa Celia Cruz ha batido record de vuelos", en revista Show. No. 72. Febrero de 1960, p. 30.

que, con su trabajo, espíritu de superación, disciplina y comprensión de la realidad y los códigos de su tiempo, supo y pudo vencer las barreras del menosprecio clasista y racial. Es el caso de Santiago Alfonso, quien reconoce el impacto en su carrera como bailarín y coreógrafo de los logros de Celia Cruz y de su conocimiento y cercanía a los valores humanos que constituyeron el capital que la cantante invirtió en su carrera: "Sinceramente, si lo pensamos como algo directo, podrían no tener que ver sus logros con mi carrera, pero si lo analizo desde el punto de vista de la imagen que yo había podido construir a partir de la admiración que sentía por ella, es posible, porque no puedo olvidar que mi gran sueño de convertirme en un buen bailarín negro estaba basado en Katherine Dunham y su obra, teniendo como centro las culturas afrodescendientes, y Celia, sus logros artísticos, su categoría profesional y personal, el respeto que todos le dispensaban y el hecho de que su trabajo estuviera basado en las mismas líneas estéticas de la Dunham, aunque no fuera el baile, representaban algo muy especial, mi ideal artístico".[10]

Estableciendo una comparativa con lo que sucedió después con su figura artística, suele discutirse sobre la magnitud de la popularidad que tenía Celia Cruz en su país al momento de partir, en 1960. Algunos afirman que, en ese momento, Benny Moré reinaba en la cima de la popularidad, seguido muy de cerca por Rolando Laserie y Celeste Mendoza, y Olga Guillot como cancionera, del mismo modo que ya La Sonora Matancera no era el top en los conjuntos, sino que el Casino hacía rato había rebasado el excelente y ya clásico sonido de la tropa musical de Rogelio Martínez. En opinión de Santiago Alfonso,

"Hay que diferenciar a cada uno de estos artistas: Benny Moré era la figura cimera de la música popular cubana, su reinado era indiscutible, junto a él, Olga Guillot era la más importante del bolero, la mejor voz cancionera de Cuba. Ellos dos dominaban el mundo del espectáculo en Cuba. Celia Cruz era *La Guarachera de Cuba*, sin discusión ni dudas, pero entre ellos no se estorbaban, cada cual era el mejor en lo suyo, aunque en lo económico los primeros la superaban.

En cuanto a Celeste Mendoza, Rolo Martínez, Tata Ramos y Rolando Laserie, es indiscutible que emergieron en el favor del público a finales de los 50 de la mano de un gran

[10]   Santiago Alfonso Fernández. Entrevista con la autora. 15 de mayo de 2021.

director musical, Ernesto Duarte, que junto al actor y
productor Guillermo Álvarez Guedes, crearon una disquera
que nombraron Gema y los lanzaron con enorme éxito. Su
música estaba en todas partes, en pocas palabras: estaban
en su momento, pero no se puede calificar a un artista solo
por pegar un número, ni aun por el éxito de un disco. No creas
que mi opinión está basada en el afecto y la admiración por
Celia: *La Guarachera de Cuba* ya era la mejor en su género y una
atracción internacional  con un recorrido artístico que no se
podía borrar, era ya un clásico de la música popular cubana.
Además siempre he opinado que nadie sustituye a nadie, lo
que Celia había logrado estaba ahí, y lo seguía haciendo".[11]

## ◆ A VENEZUELA, NUEVA YORK Y COLOMBIA ◆

Para Celia estaba muy bien, y al empresario Guillermo Arenas
le venía de maravilla la promoción que probablemente contrató éste a la revista Show, porque tenía muy claro que de los
muchos artistas cubanos que en los últimos años llevaba regularmente a Venezuela, el de Celia Cruz era el contrato de mayor
connotación. Con foto incluída, el acto de la firma es publicitado como nunca antes: "La fabulosa *vedette* cubana que ya estaba programada en la revista del Habana Hilton, obtuvo que
se le permitiera en febrero ausentarse por sólo dos semanas,
que le representan la friolera de 10.000 dólares, recibiendo en el
acto de formalizarse la negociación un fuerte anticipo".[12]

Uno de los sitios donde actúa es el Centro Asturiano El Paraíso, cuya administración –junto a Empresas Arenas– presenta desde las diez de la noche el *Carnaval de las 11 Estrellas*,
reuniendo en su espacio nada más y nada menos que a Celia,
Bienvenido Granda, Carlos Argentino, y a los locales Victor Piñero, Nila Valdés, David Montes, Los Peniques, Felipe Pirela,
Gaspar Navarro, David Montes y la Sonora Caracas. A la propuesta del Centro Asturiano se incorpora a partir del 20 febrero *El Bárbaro del Ritmo*, Benny Moré.[13] Entre los múltiples actos
sociales en los que Celia se ve inmersa en éste, su viaje número diez a Venezuela, resalta la boda de su amigo y colega Carlos

[11] Santiago Alfonso Fernández. Entrevista con la autora. La Habana-San
Lorenzo de El Escorial. 15 de mayo de 2021.
[12] Firma Guillermo Arenas a Celia Cruz, en $10.000 por dos semanas, en
revista Show. No. 72.Febrero 1960, p.50.
[13] El Mundo, Caracas, Venezuela.  18 de febrero de 1960. (Clip sin número de
página).

Argentino (con quien alguna vez la prensa la había asociado en inexistente e inventada relación romántica), quien se casa ahora con la bailarina argentina Graciela Danieli. Celia y Bienvenido Granda asisten a la ceremonia que apadrina el empresario Arenas.

En la edición de mayo de la revista Show, el Dr. Carlos Manuel Palma en su editorial refiere que Celia había rechazado una extensión de contrato en Venezuela por 5.000 dólares para una breve gira por el interior de ese país. El motivo del rechazo, según el escrito, fueron los compromisos inmediatos que, tras concluir en el Habana Hilton, Celia debía cumplir en Estados Unidos y Colombia y su deseo de tomarse unas vacaciones para reponer energías, aun cuando su salud fuese perfecta, lo que el editorialista señala como una sensata decisión profesional, rara en el medio artístico. En La Habana, aprovecha para cumplir algunos compromisos sociales: apenas regresa de Caracas se entera de que está en La Habana su amigo, el cantante panameño Tony Moro, y de que en La Bodeguita del Medio se prepara una celebración por los éxitos alcanzados por el artista istmeño en La Habana. De modo espontáneo, Celia se aparece allí y se une a la fiesta donde ya están Bertha Dupuy y Ricardo García Perdomo, Isolina Carrillo, los miembros de los cuartetos Los Llópis y D'Aida, Nilda Collado, Sonia Perla Gil, Jorge Bauer.

Es invitada a cantar en el homenaje al eminente director y compositor Rodrigo Prats por sus 35 años de labor artística. El Teatro Martí una vez más reúne a lo más notable del canto y el teatro musical cubano: con escenas de la zarzuela *Amalia Batista* (del homenajeado), los cantantes líricos Marta Pérez, Manolo Álvarez Mera, Zoraida Marrero, Miguel de Grandy, junto a Alicia Rico, Candita Quintana, Carlos Pous, Pedrito Fernández, Rolando Ochoa, Xenia Marabal, Blanca Varela, Estelita Santaló, Paúl Díaz, Adolfo Guzmán, el coro de David Rendón (hijo), Bola de Nieve, Rolando Laserie, Armando Oréfiche, los argentinos Pepe Biondi y Luis Aguilé, la orquesta Fajardo y sus Estrellas, y otros[14].

Terminando en el Habana Hilton tras el éxito abrumador de la revista *Cuba en ritmo*, Celia y Laserie viajan el 14 de abril a Nueva York, contratados por Catalino Rolón, en mancuerna comercial con el manager de ambos, Tito Garrote.[15] Se presentan en el Manhattan Center, respaldados por la orquesta del boricua

---

[14]   Anuncio en el Diario de la Marina, 26 de marzo de 1960, p. A.10.
[15]   "De aquí y de allá", en revista Show. No. 75. Mayo 1960, p. 29.

César Concepción, con la que ya Celia ha trabajado antes; en el Palladium, por Cortijo y su Combo y en el Club Caborrojeño, por la orquesta de Joe Valle, todas muy bien reputadas en cuanto a su conocimiento e interpretación de la música cubana. En nombre de un grupo de músicos de Puerto Rico y Nueva York, Catalino Rolón entrega a Celia un trofeo de reconocimiento por sus logros artísticos. [16]

Regresan a La Habana y Celia es abordada por la revista Show, en lo que parece ser su última gran entrevista en Cuba, publicada en el número del mes de junio del popular magazine.

### ◆ LAS ÚLTIMAS GRABACIONES EN CUBA ◆

En frenética agenda, Celia debe partir casi de inmediato hacia Colombia a cumplir contratos, pero antes, entrará en estudio para registrar sus últimas grabaciones en Cuba. Como siempre, serán con el respaldo de La Sonora Matancera. Antes, en fecha indeterminada de enero, graba en el estudio de Radio Progreso los 12 temas que se incluyen en el LP *La dinámica!* (SCLP-9192), un vasto recorrido genérico con son montuno, guaracha, guaguancó, merengue, guajira, rumba y cha cha chá. Es el último LP de Celia publicado en Cuba.[17] Al columnista anónimo de la revista Show le anticipa los títulos de ocho de los 12 temas grabados en la sesión que recién ha realizado, y que se recogerán en el LP *Reflexiones* (SCLP-9200)[18]. De nuevo, ha sido en el estudio de Radio Progreso, el 10 de mayo de ese año 1960, a casi dos meses de su partida. El disco sale al mercado en noviembre de 1960, cuando ya Celia y La Sonora están en México[19].

---

[16]   Anónimo: "Celia Cruz, la artista cubana que durante 17 años se ha mantenido en plano de gran estrella", en revista Show. Junio 1960, p. 70.

[17]   Los temas incluídos en el LP *La dinámica* son: *Tamborilero* (Evelio Landa), *Juntitos tú y yo* (Felo Bergaza), *Cuídate bien* (Isaac Fernández), *Baila baila Vicente* (Roberto Nodarse), *Lalle lalle* (José Claro Fumero), *Nadie me lo quita* (Mario de Jesús), *Al vaivén de palmeras* (Salvador Veneito), *Tumba la caña jibarito* (Rudy Calzado), *Sigo esperando* (Roberto Puentes), *Para tu altar* (July Mendoza), *Resurge el omelenkó* (Javier Vázquez) y *No hay nada mejor* (Oneida Andrade).

[18]   Los temas incluídos en el LP *Reflexiones* son: *Mi cocodrilo verde* (José Dolores Quiñones); *Caramelos* (Roberto Puente), que ya ocupaba el 6º lugar en el *hit parade* nacional; *El heladero* (Mercy Cóndon), *No me mires más* (Aurelio Machín), *Ya te lo dije* (Ramón Cabrera), *Suena el cuero* (Juanito Blez), y la versión guarachera de *Mágica luna* (Patrick Welch y Michael Merlo) y de la chilena *Marcianita* (Galvarino Villota y José Imperatori).

[19]   Díaz Ayala, Cristóbal: *Cuba canta y baila. Enciclopedia Discográfica de la Música Cubana. La Sonora Matancera.* https://latinpop.fiu.edu/SECCION04Mpt1.pdf, pp. 202 y 210.

Las últimas grabaciones de Celia en Cuba demuestran la extraordinaria calidad vocal y el depurado estilo que exhibe en esos momentos, marcados por una capacidad improvisatoria en las inspiraciones que *La Guarachera de Cuba* ha ido perfilando y entrenando a lo largo de su carrera hasta ahora, tomando distancia de algunos patrones interpretativos que habían establecidos los grandes soneros y aportándoles un definido rasgo femenino y personal, sin prejuicio de la imaginación extraordinaria que, a esas alturas, caracterizan sus improvisaciones.

Haciendo un balance de la discografía de Celia con La Sonora Matancera hasta 1960 en Cuba, la excelencia y alta calidad en todas las grabaciones está respaldada por dos elementos fundamentales: la modernísima dotación tecnológica de los estudios donde se realizaron —CMQ y Radio Progreso— y el excelente trabajo de los grabadores o ingenieros de sonido Medardo Montero, José *Pepe* Gutiérrez y José *El Chivo* Ciérvide, cuyo hijo, José *Pepito* Ciérvide afirma: "Los equipos con que contaba el Estudio 1 de Radio Progreso en aquel tiempo eran grabadoras Ampex. Había incluso dos grabadoras estereofónicas que no se utilizaron, o se utilizaron muy raramente; una consola RCA Victor de ocho canales, amplificadores Macintosh, bocinas RCA Victor Aptex; una cámara de eco y un panel de conexiones para el parcheo de entradas y salidas de los micrófonos. Éstos eran 44 y 77 en su mayoría. Ese era el equipamiento que, siendo yo niño, vi allí y pude identificar después, siendo ya yo también un técnico de sonido".[20] El experimentado ingeniero Gerónimo Labrada Jr., un apasionado por la historia de los estudios de grabación en Cuba, confirma los datos aportados por Ciérvide, y enfatiza: "Era muy común que los estudios RCA estuvieran equipados con la tecnología de la marca propietaria (como mismo los estudios EMI), la consola era una BC 8 RCA". Y remata para dejarnos boquiabiertos: "Es la misma tecnología con la que en Memphis, Tennessee, se grababan los discos de Elvis Presley".[21]

Acerca de los estudios de CMQ, Labrada comenta: "En comparación con Radio Progreso, el estudio CMQ era más limitado técnicamente, pero había sido diseñado como los estudios radiales americanos de la década del cuarenta, donde la acústica solucionaba la poca tecnología. Tenían solamente dos mi-

---

[20]  José Pepito Ciérvide: Entrevista con la autora. Miami – San Lorenzo de El Escorial. 7 de mayo de 2021.

[21]  Gerónimo Labrada Jr. Entrevista con la autora. San Lorenzo de El Escorial – Santiago de Chile. 16 de mayo de 2021.

crófonos, uno en la voz principal y orquesta, y el otro ambiental. Me comenta mi padre –el ingeniero Gerónimo Labrada Sr.– que ese estudio se quemó después en un incendio y su restauración fue algo desastrosa. Nunca volvió a ser el de antes".[22]

En su edición de junio, la revista Show reseña la celebración que organiza Rogelio Martínez para festejar las nuevas incorporaciones a La Sonora Matancera: se trata de los cantantes Juan Virginio Rodríguez Acosta (Willy Rodríguez, *El Baby*) y Alberto Pérez Sierra. Todos se reúnen a disfrutar de la excelencia culinaria que asegura Ángel Martínez, el dueño y anfitrión de la otrora mítica Bodeguita del Medio. Celebran también los 36 años de vida del Decano de los Conjuntos Cubanos y el paso por sus filas, con permanencia o de manera puntual, de cantantes tan populares en ese momento como el boricua Daniel Santos, los argentinos Carlos Argentino y Leo Marini, el colombiano Nelson Pinedo, el boricua Johnny López, y los cubanos Bienvenido Granda, Celio González y *Rey Caney* (Reinaldo Hierrezuelo), Gloria Díaz, Olga Chorens, Tony Álvarez, y por supuesto, la que más lejos llegaría: Celia Cruz. La misma revista informa la alineación fija de La Sonora Matancera en ese momento cercano a su partida hacia México: Willy y Alberto Pérez Sierra (cantantes); Celia (cantante invitada permanente); Lino Frías (pianista); Pedro Knight (segunda trompeta); Calixto Leicea (primera trompeta); Simón Esquijarrosa (pailas), Angel Alfonso Furia (tumbadoras), Raimundo Elpidio Vázquez (bajo); Carlos Manuel Díaz *Caíto* (maraca y coros); Rogelio Martínez (guitarra, coros y dirección).[23]

El 20 de mayo Celia llega a Barranquilla para presentarse como solista en varias ciudades de Colombia.[24] La prensa cubana da información sobre esta gira y destaca que su éxito tanto en Radio Caracol como en la televisión es "de locura en todas sus actuaciones". Contó ella al corresponsal de la revista Show en Bogotá, que ésta era su cuarta ocasión en Colombia y elogió el acompañamiento de Tomás Disanto con su orquesta en todas sus presentaciones en la capital colombiana, entre otros, en el Grill Colombia, que "se vio repleto de un público como hacía muchísimo tiempo no se registraba expectación

[22] Gerónimo Labrada Jr: Entrevista con la autora. San Lorenzo de El Escorial – Santiago de Chile. 16 de mayo de 2021.
[23] "Dos nuevos cantantes se incorporan al conjunto de La Sonora Matancera", en revista Show. No. 76. Junio 1960, pps. 66 y 67.
[24] Fechas tomadas del pasaporte No. 11391 (República de Cuba) expedido a nombre de Celia Cruz.

semejante". En la capital colombiana se presenta también en el Club La Pampa y en la emisora Nuevo Mundo.[25] En Medellín pone a bailar al Club Campestre, donde centra un espectáculo en el que también actúa el conjunto argentino Los 5 del Sur y la también porteña Rosita Romero. Según el periodista, Celia continuaría su periplo a Guayaquil, Perú y otros países, pero no se han encontrado evidencias de posibles actuaciones en esos sitios.[26]

A su regreso a La Habana ocurrirán sus últimas acciones antes de volar a México sin regreso: un rápido viaje a Miami para cantar en el Bayfront Park Auditorium el 2 de julio, junto a otras estrellas cubanas y latinas, de lo que da cuenta The Miami Herald en una breve reseña;[27] visita el estudio donde están grabando su próximo LP sus amigos de la orquesta Estrellas de Chocolate, contratados por el sello Puchito; y participa en un evento relacionado con Argentina. Celia es una de las grandes figuras convocadas por el productor y director radial Humberto Bravo para rendir tributo a la emisora bonaerense Radio Belgrano en su aniversario 36, el 9 de julio, con un mega-programa que sería transmitido por Radio Progreso y escuchado no solo en Argentina, sino también en Brasil y otros países cercanos. Por los micrófonos del estudios de Infanta y 25, donde se realiza la transmisión, pasan además de Celia, Olga Guillot, Elizabeth del Río y Esther Borja; la orquesta Aragón, Fernando Albuerne, Carlos Puebla, Luis Carbonell, el Coro de Paquito Godino, el humorista argentino Pepe Biondi y se sumaron la española Sarita Montiel y el chileno Lucho Gatica. Eddy Martin, Adalberto Fernández y Enrique del Río actuaron como presentadores del programa.[28]

De cara a los meses que restan de 1960, Celia ya tiene firmados contratos para presentarse, además de en México, "...en Santiago de Chile para octubre, y en el teatro San Juan de Nueva York para noviembre, quedando pendiente su tourneé con [el empresario venezolano] Guillermo Arenas para el interior de Venezuela".[29] Su expansión internacional está en franco ascenso.

25   Anónimo: "Celia Cruz, la artista cubana que durante 17 años se ha mantenido en plano de gran estrella", en revista Show. Junio 1960, p. 70.
26   "Colombia", en revista Show. Julio 1960, pps. 66 y 68.
27   "New Faces in Show Places", en The Miami Herald. Miami, USA. 2 de julio de 1960, p. 14.
28   Sánchez, Miguel: "Cuba ofreció programa monstruo en el aniversario de Radio Belgrano", en revista Show. No. 78. Agosto 1960, p. 68.
29   Anónimo: "Celia Cruz, la artista cubana que durante 17 años se ha mantenido en plano de gran estrella", en revista Show. Junio 1960, p. 70.

## ✦ MÉXICO, DESTINO TEMPORAL ✦

Los acontecimientos que desencadenan el triunfo de la Revolución Cubana y la huída de Fulgencio Batista continuarán impactando de manera fuerte y dramática en el gremio artístico, que aún entonces no era tomado muy en cuenta en el balance de beneficios y daños a nivel social y económico. No era, en sí mismo, un rubro decisivo de la economía –lo contrario que las industrias azucarera y del níquel–, pero como el anterior, el actual gobierno daba importancia al turismo, aunque probablemente no tuviera muy claro cuáles serían los derroteros por los que encaminaría esta industria que resulta natural para Cuba, ni valorara el fuerte atractivo de nuestra música y su impacto sobre esa industria. Lo que sí estaba decidido era que no sería en asociación con el juego. Los casinos nunca más volverían a abrir y con ello, el idílico paraíso del ocio que el juego y la permisividad gubernamental habían delineado en La Habana carecerá de uno de sus componentes más rentables y decisivos, dentro de aquel esquema. A partir de ahora, el mundo del espectáculo, el *show-business*, pierde su principal sustento económico y se instaura un modelo centralizado, financiado no por las utilidades de los casinos y los esquemas de patrocinio y de reinversión parcial de utilidades, sino por el presupuesto central de la nación, dentro del cual su importancia era incuestionablemente insignificante al lado de renglones decisivos no solo para la economía, sino para la propia permanencia del novel gobierno. Músicos, bailarines, productores, vestuaristas, peluqueros, coristas, maquillistas, empleados pasarían a ser trabajadores estatales con un salario fijo. Ellos dieron su batalla con las herramientas civiles disponibles, pero de un lado los preceptos enraizados en la moral católica, según los cuales el juego es visto como una lacra desterrable, que mella la voluntad de acción y transformación del individuo, y del otro la inadmisibilidad del control ejercido por la mafia ítalo-norteamericana, hicieron que tras breve fase de agonía, se anunciara la muerte por decreto de los juegos de azar y los casinos. A gran escala, los juegos de azar no pudieron resucitar en los fastuosos espacios de los hoteles Nacional, Capri, Deauville, Riviera, ni en Tropicana, Sans Souci o Montmartre –ya para entonces cerrado también como *cabaret*–, pero se autodeclararía inmortal e inextinguible en las zonas más populares, en los barrios cubanos a través del legendario juego de la bolita, con sus apuntaciones, listas y puntos fijos, y otros como el siló, los dados y las peleas de gallos, sorteando con éxito no

374<br>
CELIA EN CUBA...

VISADO ESTAMPADO EN SU PASAPORTE CUBANO NO. 41391 Y EXPEDIDO
POR EL CONSULADO DE MÉXICO EN LA HABANA, CON EL QUE CELIA SALE
DE CUBA RUMBO A MÉXICO 4 DÍAS DESPUÉS, EL 11 DE JULIO DE 1960,
PARA NO REGRESAR NUNCA MÁS.

sólo el paso del tiempo, sino también todos los obstáculos geográficos y políticos y adaptándose a los avances tecnológicos. El juego de azar, para bien o para mal, era una costumbre demasiado enraizada en la vida diaria del cubano simple, de ese que nunca accedió a los grandes casinos.

El 20 de noviembre de 1959 y mediante la Ley No. 563 se crea el Instituto Nacional de la Industria Turística (INIT), entidad que, entre sus funciones, tendrá la dirección y gestión de los grandes y pequeños, *cabarets*, *night-clubs* y espacios de baile y ocio en el país. Cinco meses antes, el nuevo gobierno había dado marco legal a las intervenciones y expropiaciones en el ámbito del turismo, creando el 2 de junio de ese año la Junta de Fomento Turístico de Cuba. En el mundo del *show-business* y en una parte de los festejos bailables populares, la relación de propiedad comienza a cambiar, pero aún no se remplaza del todo y las incongruencias que surgen en la gestión pueden dar indicios de que la situación podría ser transitoria. Para las orquestas y conjuntos es un período de particular esplendor, pues las nuevas autoridades locales organizan numerosas actividades festivas y bailables que redundan en abundantes contrataciones de orquestas, solistas y conjuntos, con la premisa de dar acceso al pueblo a opciones musicales y de diversión con un mayor sentido de igualdad.

Un mes después de la creación del INIT, Rogelio Martínez está de visita en México para cerrar un contrato que llevaría en julio del siguiente año a La Sonora Matancera con Celia Cruz al Teatro Lírico de Hernández Zabala y al Terrazza Casino. En los siete meses que siguieron al regreso de Rogelio desde el Distrito Federal, los sucesos políticos en Cuba se habían precipitado y en el medio artístico y el *show-business* su impacto era recibido por unos con muestras de apoyo; por otros, con el escepticismo con que se percibe algo que se supone no puede durar mucho; y por otros, con incertidumbre y preocupación.

Las relaciones entre Cuba y los Estados Unidos se habían ido agravando a lo largo de 1959 en una escalada que probablemente tuvo su inicio en la visita que el líder cubano realizara al país norteño entre los meses de abril y mayo. Los desencuentros con funcionarios norteamericanos de alto rango y la negativa del presidente Dwight D. Eisenhower a reunirse con él definen de modo dramático el destino de Cuba y el cambio trascendental del papel que a partir de ese momento asumirían los Estados Unidos, lo que parece resumirse en este diálogo lapidario, con el que concluyó no solo el almuerzo donde se produjo, sino también cualquier posibilidad de equívoco o de señal de continuidad política para el interlocutor norteamericano:

"– Doctor Castro, yo soy la persona que maneja las cosas de Cuba –le dijo, presentándose, un funcionario norteamericano.

– Perdóneme, pero quien maneja las cosas de Cuba soy yo. Fue la respuesta de Fidel Castro."[30]

[30]   Boletín Revolución No.36. Oficina de Asuntos Históricos del Consejo de Estado. República de Cuba.

Para muchísimos cubanos, que veían a Cuba como un país totalmente dependiente, no era posible concebir un futuro en la isla sin la presencia tutelar norteamericana y por ello en conversaciones privadas y públicas, en tertulias y hasta en los bares se dirimían las discusiones entre los partidarios de Fidel Castro y los que no apostaban ni cinco centavos a su permanencia al frente de Cuba en los próximos meses. La posición estratégica del país en medio del período de Guerra Fría entre las dos mayores potencias mundiales parece asegurar el éxito de las figuras mayores del Partido Socialista Popular (PSP) en su cabildeo con los comunistas soviéticos. El PSP había luchado toda su vida por tomar el poder político en pos de transformaciones revolucionarias estructurales, y lo que ocurrió el 1 de enero de 1959 no los convirtió en protagonistas de lo que había sido su razón de ser, no lo eran en rigor, sino seguían siendo una de las varias fuerzas contendientes en el panorama político cubano, y debían buscar entonces su lugar en el complejo tablero político que se planteaba en el país. Los crecientes diferendos entre Fidel Castro y Dwight D. Eisenhower de alguna manera lanzan al primero a la que se perfila como la mejor variante, la que se había materializado como inmediata y hasta segura. El primer ministro de la entonces Unión Soviética Anastas Mikoyan desembarca en La Habana dispuesto a ofrecer todo lo que Fidel Castro necesita y que no parece probable que podrá obtener de los norteamericanos. El 13 de febrero de 1960 ambos gobernantes rubrican el primer convenio de intercambio comercial y de pagos entre los dos países, comenzando así públicamente la era de la influencia y presencia soviética en Cuba.

Celia había tenidos vínculos artísticos con la emisora Mil Diez, si bien nunca perteneció al Partido Socialista Popular –al menos esta investigación no ha encontrado pruebas ni testimonios que lo confirmen–, pero Rogelio Martínez, ni siquiera eso. Rogelio y La Sonora Matancera no fueron artistas de Mil Diez, ni él, de personalidad cauta y poco propenso al riesgo, se insertó nunca de manera explícita y militante en medios políticos. Su prolongada relación de negocios con Sidney Siegel y el sello Seeco le hacían proclive a considerar natural y lógica su adhesión al segmento empresarial norteamericano, en particular en el ámbito latino.

Ante el acercamiento a la Unión Soviética y los profundos cambios que ya se producen en la estructura del sistema gubernamental y de poder, el gradual posicionamiento de medios de prensa y periodistas connotados va exacerbando el clima de polémica con el gobierno y antes de que termine el mes de marzo se inicia la intervención de los principales medios de prensa, en particular, del Circuito CMQ de los hermanos Mestre. A través de un editoral titulado "Un día con el pueblo", el Diario de la Marina –ya intervenido– anuncia el 12 de mayo de 1960 que, "tras 128 años de servicio a la reacción"[31], finaliza su publicación en territorio cubano. Mientras todo esto ocurre, el gremio artístico no ha detenido su actividad. Tanto empresarios como artistas no sólo han continuado cumplimentando los contratos previstos, sino también generan nuevos negocios que llevan a muchos músicos al exterior, principalmente a Venezuela, México, Nueva York y Miami. Algunos no podían ni concebir ni imaginar que sus vidas profesionales, tal como la conocían, podrían haber terminado: para ellos esos contratos eran temporales y los veían como un paliativo compás de espera, previendo que pronto llegarían tiempos en que se restauraría la normalidad. Aún la movilidad a través de los aeropuertos y puertos cubanos es totalmente libre, y podían salir y siempre regresar.

René Espí Valero es un reputado musicógrafo, productor y músico cubano, hijo de Roberto Espí, el director del legendario Conjunto Casino. Entre las muchas informaciones y anécdotas con que contribuyó a esta investigación narró lo siguiente:

"Pudo haber sido cualquier día a comienzos del año 1960. Si cierro los ojos casi puedo contemplar la escena que tantísimas veces recordó mi padre.

Puedo ver al Viejo, elegante, bien trajeado, fumándose un tabaco en la entrada de la CMQ por la calle M. De pronto unos golpecitos afectuosos y al volverse encontrarse con Rogelio Martínez, el director del conjunto Sonora Matancera, otro tabaco a punto de encender. A pesar de la supuesta rivalidad entre los músicos del Conjunto Casino y la Sonora Matancera – *marketing* sustentado por la febril imaginación de la fanaticada de ambos grupos–, Rogelio Martínez y mi padre habían prolongado, con trato afable y cercano, una amistad iniciada durante los años 30. Por entonces mi padre era trovador, ni soñaba formar parte del conjunto al que entregaría después sus mejores años, y en las transmisiones de la famosa Casa de las

---

[31]   Esta frase aparece en el periódico como subtitular, al parecer, añadido por los interventores revolucionarios.

Medias de Reina y Águila coincidía con Rogelio, quien cantaba danzonetes junto a la orquesta del flautista y abogado Belisario López. Rogelio tampoco imaginaba que años después asumiría la dirección de la legendaria agrupación matancera. Teniendo en cuenta estos antecedentes, el diálogo entre los dos músicos fluyó, una vez más, de manera natural. Rogelio, inquieto, sin mediar mucha introducción preguntó directamente:

– ¿Roberto, y tú qué vas a hacer?

– ¿Qué voy a hacer con qué? –le respondió con otra interrogante mi padre.

– ¿Con esta situación?, insistió Rogelio dando por sentado que ahora sí se haría entender.

– Mi hermano, le contestó mi padre al darse cuenta de que el director de la Sonora se refería a la recién estrenada Revolución, después de toda la crisis que hemos pasado, yo creo que estamos bien. Hay fiestas y bailables de nuevo, estamos ganando mucho dinero, poco a poco todo se irá estabilizando. ¿Por qué me preguntas?

Y entonces ahí Rogelio fue preciso en su calibración del fenómeno recién instaurado, y su claridad la tradujo con una imagen que acompañaría a mi padre hasta el final de sus días:

– Chico... Todo eso que tú dices está bien. Verdad que estamos ganando dinero de nuevo, que hay bailes, fiestas, y todo eso... pero, a este arbolito verde olivo le estoy viendo unas fruticas rojas que, honestamente, no me gustan ni un poquito.

Y remató: 'Yo me voy'.

Tiempo después, a punto de viajar a México, ubicados todos los músicos del grupo en el avión, cuentan que Rogelio anunció solemne: 'Este es un viaje sin retorno'".[32]

Era un hecho: al parecer, ya tenía en mente lo que iba a hacer, solo él lo sabía y a ningún otro músico dijo nada. Para todos,

---

[32]  Entrevista telefónica de la autora con René Espí Valero. 12 de octubre de 2020 y post de René Espí Valero en su perfil de Facebook.

Celia incluída, era otro viaje más para cumplir un contrato. Las despedidas de cada uno de ellos fueron las de siempre, las que anteceden a un viaje del que pronto habrían de regresar. Décadas después, la anécdota de lo que Rogelio Martínez anunció a todos sus músicos una vez que el avión levantó vuelo pudo parecer una invención acerca de un premonitorio e improbable vaticinio, hasta que ha podido ser verificado con el testimonio de Espí Valero, quien lo escuchó directamente de boca de su padre en las interminables conversaciones que, en recuento histórico de su vida y la del Conjunto Casino, Roberto Espí sostuvo con su hijo, depositario de su memoria y su legado.

El clima político polariza de inmediato el ambiente a través de determinadas acciones, denuncias y opiniones. Junto al reconocimiento mayoritario de las medidas populares y las reivindicaciones de carácter social, se desata muy pronto la reacción de quienes se oponen a las regulaciones que va implementando el nuevo gobierno. Afectados en sus intereses personales y económicos, se enfrentaron al proceso revolucionario.

Por otra parte, el ecosistema artístico afronta de inmediato una convulsión de grandes proporciones en todos los sentidos donde la iniciativa individual que incluía también ajustes de cuentas pendientes, pretendía validarse dentro de la defensa de la naciente sistema. Para dar una idea, a menos de una semana de la entrada del Ejército Rebelde a la capital cubana, un llamado Comité Nacional de la Música acusa públicamente al músico austriaco Paul Csonka de colaboracionista con el anterior régimen. El Maestro Csonka, huyendo de las hordas hitlerianas, había llegado a Cuba en los años 40, donde encontró refugio, reconocimiento y cariño, todo lo cual le motivó a solicitar la ciudadanía cubana demostrando amor y agradecimiento por la nación que le acogió. Una organización, llamada Frente Unido de Músicos Demócratas, publicó de inmediato una declaración pública para desmentir las acusaciones contra Csonka y mostrarle su apoyo.[33] Pero el austríaco, asustado y temeroso de persecuciones ya conocidas, poco después abandonó la isla para no volver.

De igual manera se recrudecen los conflictos en las organizaciones gremiales de músicos y artistas. El año anterior había concluído con hechos conmocionantes que dan la idea de la

[33]  "Refuta P. Csonka acusaciones de los comunistas. Aclara su labor como director de orquesta", en Diario de la Marina. 9 de enero de 1959, p. 3ª.

volatilidad e inestabilidad del ambiente. La Asociación Cubana de Artistas Teatrales (ACAT), que tantas veces premió el trabajo de Celia, está abocada a un cambio demoledor: con una larga ejecutoria de esencia gremial o sindical –fue creada en las primeras décadas del siglo XX– en su misión de acoger y proteger a los artistas profesionales, la ACAT tenía en su haber acciones muy loables que llevaban su gestión incluso más allá de los años laborales de sus afiliados, pues construyó y mantuvo hasta donde pudo el Retiro de los Artistas, para acoger en la última etapa de sus vidas a aquéllos en situación precaria o de desamparo social o familiar. Sin embargo, como otras organizaciones similares, la ACAT, en su lado menos luminoso, sirvió para que se empoderaran en su directiva algunas figuras que atentaron directamente contra algunos de sus afiliados, acciones que motivaron más de un editorial de prensa y la repulsa generalizada del gremio.[34] La ACAT es desactivada en noviembre de 1959, en candente asamblea celebrada en el Teatro Martí. Es destituido Manolo Fernández, hasta entonces su presidente, y el X Congreso de la Confederación de Trabajadores de Cuba (CTC), decide absorber en su organización a todas las asociaciones, y entidades gremiales y sindicales del país.

Si bien tenían una participación activa o de incidencia en ellas, los músicos y artistas, como norma, no solían destacarse por un accionar dentro de la política nacional y sus vaivenes, ni tampoco se caracterizaban por posicionamientos ni convicciones ideológicas que definieran una filiación política. Entre las excepciones, algunos compositores vinculados al grupo originario del *feeling*, a la editorial Musicabana y al Partido Socialista Popular, y otros con filiación de izquierda o anti-batistiana, protagonizan  incidentes con los que, como en todo el país, llegan los cambios a la Sociedad Nacional de Autores de Cuba (SNAC), que tenía a José Sánchez Arcilla y Ernesto Lecuona en los cargos de presidente y vicepresidente, respectivamente. No era una situación nueva: aún permanecían insolubles los grandes problemas y conflictos en torno al pago de los derechos de autor, que habían provocado más de una protesta por parte de la mayoría de autores afectados. No han transcurrido tres meses después de la instauración del llamado Gobierno Revolucionario Provisional y el 26 de febrero de 1959 los compositores César Portillo de la Luz, Rosendo Ruiz

---

[34]  Véase: Vizcaíno, María Argelia: *July del Río, por siempre.* Edición propia. Miami, 2019, pps. 66-70.

Quevedo, Juan Arrondo, Orestes Santos, Humberto Suárez y Julio Gutiérrez[35] estamparon su firma en un documento donde reiteraban sus acusaciones contra Francisco Carballido, secretario general y asesor legal de la entidad autoral, y expresaban graves incriminaciones contra Gonzalo Roig, Ernesto Lecuona, Miguel Matamoros y Rodrigo Prats, caracterizando la actitud de estos grandes maestros de connivencia con las irregularidades que achacaban al accionar de Carballido, en quien Lecuona y Roig habían depositado su confianza en múltiples trámites legales y decisiones importantes. Aunque nunca pudo probarse que tales acusaciones fueran ciertas,[36] Lecuona, sintiendo lastimado su honorabilidad, decidió renunciar a su cargo en la SNAC en mayo de 1959. El enfrentamiento entre los grandes compositores y los autores firmantes de la carta, algunos ya con una obra notoria, resultó un cisma irreversible con varios de los primeros. Los compositores del grupo de *feeling* y de la editorial Musicabana sintieron que había llegado la hora de cambiar radicalmente la situación y hacerse con el control de la entidad, con la compositora Tania Castellanos como lideresa emergente en un proceso de promoción de candidatura que terminó siendo fallido, lo que sin dudas marcó las decisiones inmediatas de Lecuona, quien opta por poner distancia –que consideró entonces transitoria– y marchar a España. Tras agravarse sus dolencias, la muerte sorprendió al insigne compositor en Santa Cruz de Tenerife el 29 de noviembre de 1963. La transcripción mecanuscrita de su testamento, que ha circulado recoge, al enunciar sus deseos finales, su amor irrenunciable a Cuba y su actitud de indudable desacuerdo con el nuevo gobierno cubano.

Comenzaba el mes de julio y con él, una serie de acontecimientos en sucesión que lo cambiarán todo, sellando con instrumentos legales el enfrentamiento creciente de acción y reacción entre Dwight Eisenhower y Fidel Castro. Uno por mantener los intereses norteamericanos en Cuba y evitar en la isla un gobierno que se escapara de su control, y otro por defender los cambios revolucionarios que había iniciado y su

[35] Estos autores habían asumido en 1959 la asesoría de la SNAC, luego de que las autoridades gubernamentales intervinieran la SNAC y la adscribieran al Ministerio de Educación, dirigido por el Dr. Armando Hart Dávalos.

[36] Para ampliar, véase: Fajardo Estrada, Ramón: *Ernesto Lecuona. Cartas*. Tomo II. Ediciones Boloña. La Habana, Cuba. 2012. pps. 81-96. También: M. Elevé: "La situación autoral", en diario Revolución. La Habana, 8 de marzo de 1960, p.15. M. Elevé era el seudónimo que utilizaba la compositora Marta Valdés al escribir esta columna periodística.

continuidad, con la soberanía y la independencia como premisa enunciada. La Cámara de Representantes y el Senado de Estados Unidos se concertan y el domingo 3 de julio de 1960 aprueban la enmienda a la Ley de Azúcar que permitía al presidente de Estados Unidos determinar la cuota azucarera de Cuba. Eisenhower la firma tres días después, rebajando la cuota azucarera cubana –primer renglón en sus exportaciones– en 700.000 toneladas menos para ese año.

En rápida respuesta a la medida norteamericana, 72 horas después, el 6 de julio, el primer ministro cubano firma la Ley No. 851 "Autorización al gobierno para nacionalizar empresas y bienes de ciudadanos norteamericanos por vía de expropiación forzosa".[37] Aún hoy investigadores y politólogos especulan acerca de qué tanto pudo prever el gobierno norteamericano lo que ocurrió inmediatamente a continuación, y que, en todo caso, fue el punto culminante del cabildeo secreto de los viejos comunistas cubanos con Moscú: tres días después de la inimaginable respuesta cubana a los norteamericanos, el 9 de julio, el primer ministro soviético, Nikita S. Jrushchov, hacía pública su intención de asumir las 700.000 toneladas de azúcar cubanas rechazadas por los norteamericanos.

Veintitrés días después, el 1 de agosto, se publica la lista de las 26 grandes empresas y servicios que el gobierno cubano confiscaba a los norteamericanos. A los 73 días es promulgada la Ley No. 890 que afecta directamente a los grandes y medianos propietarios, ya no extranjeros, sino locales: "Nacionalización mediante expropiación forzosa de ingenios, fábricas y otras empresas de carácter comercial e industrial", mediante la cual pasaban a control estatal varios centenares de entes industriales de propiedad nacional.[38]

Pero para esa fecha, ya Celia y La Sonora Matancera estarán en México.

Aquel 15 de julio de 1960, en que se dirigía al aeropuerto habanero para poner rumbo al Distrito Federal, difícilmente Celia hizo recuento alguno, pero de haberlo hecho, a pesar de su proverbial modestia, habría tenido que convenir en que, en 1960, era la cantante más prominente de la música popular cubana, la mujer negra que en Cuba había llegado a ocupar el sitial de más sostenida popularidad y mayor reconocimiento mediático

---

[37]   Leyes del Gobierno Provisional de la Revolución XXII. 1 al 31 de julio de 1960. Editorial Lex. La Habana. Agosto 1960.

[38]   Véase: Leyes del Gobierno Provisional. No. XXV. 1-31 de octubre de 1960. Artículos 5 y 6, p. 35. Editorial Lex. La Habana 1960.

POSTER DEL PRIMER *SHOW* DE CELIA CON LA SONORA MATANCERA
TRAS SU LLEGADA A MÉXICO. TERRAZZA CASINO. 1960.
COLECCIÓN MITSUKO Y ROBERTO.

como heredera de una estirpe musical femenina afrocubana
que se inició con el siglo XX.

El día antes, –contaría ella– "...justo cuando estábamos terminando de almorzar, Rogelio me llamó a casa para informarme
que todo estaba listo, que salíamos para México al día siguiente en un vuelo de Cubana de Aviación. No me dijo más nada, ni

tampoco noté nada raro en su voz. [...] El día 15 por la mañana nos tomamos un café y me despedí a solas de *Ollita*, diciéndole que regresaba para que pasáramos la nochebuena juntas. Me dio su bendición, y después todos nos montamos en el carro y arrancamos para el aeropuerto. Como era mi costumbre, llegamos mucho antes que los demás, es decir, dos horas antes del vuelo. Así que en el mismo aeropuerto de La Habana nos sentamos a conversar y a reír. Toda la familia fue a despedirnos, con la excepción de mi papá Simón, que estaba muy enfermo. *Ollita* se veía de lo más bien. Hasta estaba feliz. [...] Tía Ana me dio su bendición y me dijo que no me preocupara por *Ollita*, porque ella se encargaría de que se siguieran cumpliendo las mismas indicaciones sobre su cuidado".[39]

El hotel Saxon, en Insurgentes Sur No. 96, será el nuevo lugar donde vivirá Celia en sus inicios en México, aunque se mudará después al número 1162 donde vivirá durante 6 meses.

La presentación de La Sonora Matancera por primera vez en México ha despertado enorme interés entre sus seguidores, espoleados por la publicidad de sus promotores y por los éxitos precedentes de *La Guarachera de Cuba* en sus anteriores actuaciones en el Distrito Federal. Celia, sin dudas, es la locomotora de ese tren. El Terrazza Cassino expande el brillo de su lumínico sobre la Avenida Insurgentes para anunciar el debut de Celia el 22 de julio, justo a la semana de llegar al Distrito Federal. El otro *venue*, no menos importante, es el Teatro Lírico, en un espectáculo con las Mulatas de Fuego y otros artistas.

"Nosotros acabábamos de llegar de Cuba y debutamos el 10 de agosto en el Terrazza Cassino" –cuenta Roberto Gutiérrez, la otra mitad de la pareja de bailes Mitsuko y Roberto[40], una de las más famosas en Cuba en la década de los cincuenta. "Todos vivíamos en los departamentos Pennsylvania 280. Ahí se hospedaban todos los artistas cubanos importantes que venían a México. Nos encontramos con Celia en el ensayo, pues ella y La Sonora trabajaban dos funciones diarias. Celia nunca había venido a México con La Sonora Matancera. Era la primera vez. Ellos estaban en el teatro y por estar allí hacían los *shows* a las 10 y a las 2, y nosotros a las 12 de la noche. En Cuba casi nunca

---

[39]  Cruz, Celia y Reymundo, Ana Cristina: Op. cit, pps. 82 y 83.
[40]  Mitsuko Miguel Naranjo (La Habana, Cuba. 28 de septiembre de 1940), y Roberto Gutiérrez Santana (Cárdenas, Matanzas, Cuba. 26 de febrero de 1938) integraron la afamada pareja de bailes Mitsuko y Roberto, con una significativa carrera en la televisión y el *cabaret* cubano, que continuaron en México desde 1960, en paralelo a la labor docente en su Escuela de Danza.

coincidimos con Celia, pues hicimos pocos centros nocturnos. Debutamos en el Alloys, con Xiomara Alfaro que acababa de llegar de una exitosa gira por Suramérica. Después pasamos a Tropicana y después no coincidimos en *cabaret*. Nosotros teníamos que estar en Nueva York el 4 de enero de 1959, pero tras la huída de Batista, las nuevas autoridades decidieron cancelar la vigencia de todos los pasaportes. Queríamos a toda costa llegar a Estados Unidos, lo cual era nuestro sueño dorado, era nuestra primera vez allí y nos inspiraban bailarines famosos como Fred Astaire, Gene Kelly. Y tuvimos suerte: una de las militares que estaban en el control nos reconoció de la televisión y enseguida se brindó a ayudar, nos entregó nuestros pasaportes y así pudimos viajar. Nosotros no vimos la entrada de Fidel a La Habana".[41]

La salida de Celia no se interpretó entonces como una ruptura con su país y no parece que ella misma le haya dado ese sentido, como ocurría con numerosos artistas que salían a cumplir contratos fuera del país. En ese momento, las autoridades cubanas tampoco consideraban el viaje de Celia como definitivo y de ruptura, y de ello su presencia en los medios de prensa, como era habitual, es una prueba: dos semanas después de su salida, la revista Bohemia publica en su edición del 31 de julio, este breve reporte: "Celia Cruz y la Sonora Matancera estarán en Nueva York por el mes de septiembre. Ahora cosechan aplausos en el Teatro Lírico, de Ciudad México".[42] El 3 de agosto, el columnista Luis Orticón,[43] que redacta la sección *Audiovideo* en el diario oficialista Revolución, publica un mensaje que Celia le ha enviado: "Un saludo desde México, este hermano país que tanto nos quiere. Fdo. Celia Cruz".[44]

En lo que resta del año, medios de prensa radicados en La Habana continuarán destacando el enorme éxito de Celia en México y la gran incidencia que su presencia ha tenido en los logros de La Sonora Matancera durante los casi cuatro meses de presentaciones en ese país. Así lo veía el cronista Antonio Ortiz Izquierdo desde el Distrito Federal: "Bajó ya el poder taquillero de la Sonora Matancera, que por espacio de varias semanas constituyó el impacto popular en la capital de la República [México]. Con La Sonora ocurrió precisamente al revés de lo que con Gloria

---

[41]  Entrevista de la autora con Mitsuko Miguel y Roberto Gutiérrez. San Lorenzo de El Escorial – México D.F. 10 de enero de 2021.
[42]  Sección *Baraúnda*, en revista Bohemia, 31 de julio de 1960, p. 77.
[43]  Luis Orticón era el seudónimo utilizado por el periodista y escritor cubano Luis Agüero en su columna del diario Revolución.
[44]  Orticón, Luis: Sección *Audiovideo*, en diario Revolución. 3 de agosto de 1960, p. 14.

Lasso y [los norteamericanos] The Four Aces, o sea, que siendo un espectáculo inferior al de estos artistas, los "matanceros" tuvieron gran jalón taquillero debido a que desde hace más de doce años han estado promoviendo sus discos en México. Y no solo eso, sino que la inclusión en sus filas de la fenomenal Celia Cruz, es lo que mantiene a la Sonora en un sitio privilegiado".[45] El mismo columnista va a insistir dos meses más tarde en esta tesis, donde comete un desliz al equiparar los 12 años de presencia de los discos de La Sonora en México, con la presencia de sus músicos en los espectáculos en directo, que sólo comienzan a ocurrir a partir de julio de 1960. El periodista avanza un juicio arriesgado sobre el conjunto de Rogelio Martínez: "El éxito de La Sonora [Matancera] no se basa tanto en los doce años que llevan presentádose en México, como en la extraordinaria calidad de Celia Cruz, que realmente es el puntal en el que descansa el veterano conjunto y sin temor a equivocarnos diríamos que si faltase la citada cancionista, el grupo no tendría mayor éxito".[46]

Las propias colegas del mundo del espectáculo dejan, asombradas, su opinión sobre el modo en que Celia ha arrasado en México: "Tuve ocasión de admirar a Celia Cruz, que se ha metido al público en un bolsillo. En su teatro se agotan los boletos, porque es una maravilla" –comentó la *vedette* Alicia González.[47]

Así, Celia actuando como solista en el Terrazza Casino y La Sonora en el Teatro Lírico, aseguraron el control de esas plazas y Rogelio, sabiendo importante no prescindir de Celia, consigue acoplar los horarios para que ella, tras terminar sus presentaciones, pudiera correr a unirse con sus hermanos de La Sonora en el célebre teatro capitalino.

Otra plaza en la que se presentan durante una larga temporada es el centro nocturno Los Globos, donde coinciden en varias presentaciones con el ballet del coreógrafo cubano Luis Trápaga.[48]

## ◆ POR PRIMERA VEZ ◆
## EN EL HOLLYWOOD PALLADIUM

*Chico* Sesma ha de repetir las jornadas triunfales de *La Guarachera de Cuba* en Los Ángeles, esta vez en su primera presenta-

[45] Ortiz Izquierdo, Antonio: Sección *México al minuto!*, en revista *Show*. Noviembre de 1960, p. 45.
[46] Ortiz Izquierdo, Antonio: "Los Llopis, atracción extranjera más taquillera del año en México", en revista Show. Enero de 1961, p. 39.
[47] González, Alicia: "Mi actuación como *vedette* en el nuevo teatro 'Blanquita' de Méjico", en revista Show. No. 80. Octubre 1960, p. 30.
[48] Cruz, Celia y Reymundo, Ana Cristina: Op. Cit., p. 88.

ción en uno de los más importantes espacios de la música latina en la costa Oeste: las Latin Holidays, que organiza y produce en el Hollywood Palladium. Sunset Boulevard, en Los Ángeles, parecía ser el sitio ideal para que existiera la versión californiana del ya mítico Palladium, de Nueva York, porque muy pronto, el sucedáneo angelino se hizo tan popular e importante en esa zona como el original. La colonia hispana y los norteamericanos que ya se aficionaban a la música cubana y latina valorizaban la iniciativa de *Chico* Sesma, que crecía en calidad y aceptación. Sería difícil deslindar al músico y empresario de tal realidad: sus programas radiales y las contrataciones de músicos mexicanos, pero sobre todo cubanos, para sus Latin Holidays y sus *shows* en diferentes *night-clubs* y *ballroom* californianos, como el Zenda, una popularísima sala de bailes frecuentada por numeroso público norteamericano que incluye a algunas luminarias de Hollywood, han ido creando desde los últimos años de la década de los cincuenta un gusto y una atracción por nuestros músicos. El influyente periódico californiano Los Angeles Times incluye el inicio de las Latin Holidays en 1955 como los eventos legendarios a destacar en la historia y evolución de Sunset Boulevard, teniendo en cuenta la cantidad y calidad de los artistas y músicos que *Chico* Sesma logró convocar.[49]

El debut de Celia en el afamado escenario se viene negociando desde hace meses. La carta que Eliseo Valdés, vicepresidente de Discuba —el sello concesionario de RCA Victor para Cuba— y, al parecer, representante o al menos colaborador de los intereses de *Chico* Sesma en La Habana, le dirige a Celia está fechada el 7 de agosto de 1960 y con ella le adjunta el contrato para una única presentación.[50] Pero según la prensa angelina, la actuación de Celia debió ocurrir el domingo 1 de agosto de 1960, teniendo en el escenario como acompañante a la orquesta Nuevo Ritmo de Cuba, por cuyas filas pasaron por ese tiempo Rudy Calzado, Pupi Legarreta, Rolando Lozano, Cuco Martínez y otros músicos cubanos. El espectáculo se completaba con las orquestas de Johnny Martínez Cheda y la de Bobby Montes.[51] El propio Rudy Calzado, conocido músico, cantante y compositor cubano, radicado en Estados Unidos, se encargó de reportar a

49  Roberts, Randall: "Time Beatson", en The Los Angeles Times. Los Angeles, California. 27 de agosto de 2017, p. F8.
50  Carta de Eliseo Valdés a Celia Cruz. 7 de agosto de 1960. Fondos de Celia Cruz Legacy Project.
51  Loza, Steven J.: Barrio Rhythm: Mexican American Music in Los Angeles. *"Bands booked at Palladium"*, en Mirror News. Los Angeles, California. 29 de julio de 1960, p. 18.

**CONCESIONARIA GENERAL DE DISCOS CUBANOS, S. A.**
NEPTUNO 261-263  APARTADO 6508  HABANA-CUBA  TEL. 6-6554  5-3558  CABLE: DISCUBA

*JESUS HUMARA Y LASTRA*
*presidente - director*

*ELISEO C. VALDES*
*vice - presidente*

La Habana, Julio 19 de 1960

Srta. Celia Cruz
Hotel Saxon
Ave. Insurgentes Sur #96
Mexico, D.F.

Estimada Celia:

Adjunto le envío el contrato de su actuación el día 7 de Agosto de 1960 en los Angeles, Ca.

Chico Sesma me pide con premura le faci-
lite datos, mencionándole los nombres de cada una de
las personas que le acompañarán en su viaje, además de
otros datos pertinentes, tales como fecha de nacimiento
y lugar, etc. Mencionar también si han estado anteriormente en los Estados Unidos, su última fecha, para los
efectos del departamento de inmigración.

Debido al poco tiempo disponible, creo
que lo más acertado sería que lo llamara por teléfono
( a su cargo) al D1-4-0809, facilitándole los datos
antes mencionados.

Una vez firmado el contrato podrá quedarse
con una copia y enviarle lo más rápido posible las otras
tres, ya que queda muy poco tiempo para su actuación.

Deseándole el mayor éxito, quedo,

Atto. y S.S.

Eliseo Valdés

EV:br
Adjs: (4)      P.S. Los contratos los puede enviar a:
                    'Chico' Sesma
                    5807 Aldea Ave.
                    Encino, California
                    U.S.A.

RIBUIDORES  DE  DISCOS **RCA VICTOR**

CARTA DE ELISEO VALDÉS SOBRE ACTUACIÓN EN EL HOLLYWOOD PALLADIUM

medios de prensa cubanos acerca del éxito de *La Guarachera* en el afamado Hollywood Palladium.[52]

De vuelta a México, en frenético ritmo de trabajo, Celia y La Sonora Matancera con Las Mulatas de Fuego son contratados de urgencia para presentarse también en el segundo *show* de Los Globitos, el bar anexo al *cabaret* Los Globos (el primer *show* es de absoluto protagonismo del laureado compositor mexicano Vicente Garrido y su piano), en operación de rescate ante el descalabro de la producción fallida que allí montó el coreógrafo y productor Sandor.[53]

En los últimos meses del año 1960 se hace público el interés del promotor y *disc-jockey*, Alberto Maraví, para llevar a Celia a Uruguay –algo que no llegó a concretarse esta vez– al tiempo que aumenta el interés en ella en Estados Unidos; en Nueva York se publicita con gran destaque su próxima actuación con La Sonora Matancera en el Teatro San Juan.[54]

Los acontecimientos en Cuba, la prórroga de contratos y el surgimiento de algunos en otros países hicieron que Celia y La Sonora Matancera permanecieran en México más tiempo del que se suponía. Vive en el complejo de apartamentos Pennsylvania, al igual que todos los músicos de La Sonora y muchos artistas cubanos y extranjeros, como Lola Flores, Josephine Baker, las chilenas Sonia y Miriam. Allí se fortalecieron viejas amistades y se forjaron otras nuevas. Con La Sonora Matancera se presenta también en el Teatro Blanquita y hace giras por muchas ciudades y pueblos de México, principalmente como parte de las Caravanas Corona, auspiciadas por la famosa marca mexicana de cerveza y que permitía llevar el espectáculo en directo a muchos lugares donde aún no había llegado la televisión y que, sin dudas, aumentó el conocimiento y la popularidad del trabajo de Celia y de La Sonora Matancera. Las giras, las caravanas, las presentaciones en los teatros Lírico y Blanquita, y en los centros nocturnos Terrazza Casino, Los Globos y otros, le sirvieron para afianzar su amistad con artistas mexicanos que ya conocía, como Yolanda Montes *Tongolele*, María Victoria o las *vedettes* del cine de rumberas María Antonieta Pons y Rosa Carmina, y conocer y entablar amistad con otros como María

---

[52] Revista Show. Octubre 1960, p. 62.
[53] Ortiz Izquierdo, Antonio: Sección *México al minuto!*, en revista Show. Noviembre de 1960, p. 45.
[54] "De aquí y de allá", en revista Show. Septiembre 1960, p. 30 y Rivera, Armando: Sección *New York*, en Revista Show. Diciembre de 1960, p. 79.

Félix, Germán Valdés *Tin Tan*, Mario Moreno *Cantinflas* y en particular con Toña La Negra, quedando como saldo un gran cariño y respeto entre ambas. Los contratos continúan: en el Terrazza Casino trabaja hasta el 20 de noviembre de 1961.[55]

## ◆ *AMORCITO CORAZÓN.* ◆ FILMANDO EN MÉXICO

La popularidad de Celia y La Sonora, derivada de tanto trabajo y entrega, los lleva a su próximo filme. A partir del 2 de septiembre comienza a rodarse en los Estudios Churubusco *Amorcito corazón*, bajo la dirección de Rogelio A. González y con argumento de José María Fernández Unsain. Adaptada por Alfredo Varela Jr., la película reúne en los roles protagónicos a Rosita Quintana, Fernando Casanova y Mauricio Garcés, y en la parte musical a Celia, La Sonora y Las Mulatas de Fuego. La producción, a cargo de Sergio Kogan, y la música, al cuidado de Gustavo César Carrión, hacen posible uno de los grandes momentos de la filmografía de Celia Cruz, cuando canta el bolero *Tu voz* (Ramón Cabrera). La cinta comienza con un plano de Lino Frías al piano, seguido de los músicos de La Sonora Matancera para fijar la imagen de Celia iniciando el bolero, que canta de manera íntegra mientras corren los créditos principales. Es asombrosa la interpretación que hace Celia de *Tu voz*, tanto en la grabación original, como en el filme, decisiva para que la obra de Ramón Cabrera se sitúe entre los grandes clásicos del bolero cubano. Con los actores protagonistas, Celia interpreta un segmento de la canción *Amorcito Corazón* (Manuel Esperón y Pedro de Urdimalas). En ambos momentos su intervención transmite naturalidad y dominio de la escena. A La Sonora Matancera, con sus cantantes Willy Rodríguez, Rogelio y Alberto Pérez Sierra, y *Caíto* tocando la tambora, se les puede ver también en su versión de *La Pachanga* (Eduardo Davidson), en plena popularidad del tema, junto a Las Mulatas de Fuego, que ahora eran solo tres chicas. El filme *Amorcito corazón* tiene su estreno en 30 de marzo de 1961 en el cine Mariscala, del Distrito Federal, donde permanece en cartelera por espacio de tres semanas.[56]

En octubre de 1960 ya *Rodney* se encontraba fuera de Cuba con un nutrido grupo de artistas, integrando un gran espectáculo

[55] Cruz, Celia y Reymundo Ana Cristina. Op. Cit., p. 89.
[56] García Riera, Emilio: *Historia Documental del Cine Mexicano. Tomo IV.* Universidad de Gualadajara, México. 1992, p. 261.

SEECO RECORDS, INC.
39 WEST SIXTIETH STREET
NEW YORK 23, N. Y.

SIDNEY SIEGEL
PRESIDENT

Octubre 6 de 1960

Srta. Celia Cruz
Hotel Saxon
Mexico, D. F.

Muy apreciada Celia:

Adjunto me es de sumo placer enviarle una copia de
la hoja frontal de la cubierta de su ultimo album.

Nosotros creemos que es una cubierta bien atractiva
y estoy segurisimo que usted tambien estara de acuerdo.

Estamos lanzando a la venta ESPECIAL para Mexico dicho
album en la completa seguridad de que resultara con la
acogida acostumbrada.

En la tarde de hoy espero salir para Europa donde
permanecere unos cuantos dias.  Tendre grato placer
en saludarles personalmente a todos durante la estadia
de ustedes por aqui.

En el entretanto le deseo toda clase de exito y con
mis saludos muy cordiales,

Sinceramente,

Sidney Siegel,
Presidente

R

contratado para presentarse en Puerto Rico y México. Aquí, tras algunos tropiezos, el mago de Tropicana logra estabilizar una muy bien aceptada propuesta que presenta en el afamado *cabaret* Señorial y en el Teatro Lírico, teniendo como principales figuras a la primera bailarina Elena del Cueto, la pareja de Marta y Chekis, el cuarteto Los Cafro, la cantante Encarnita Durán y la soprano Ana Margarita Martínez Casado.[57]

Se suman así al ya amplio grupo de músicos y artistas cubanos que se encuentran trabajando en escenarios, canales de televisión y *night clubs* en el país azteca, como los *cabarets* Los Globos, Las Fuentes, Terrazza Casino y teatros, como el Lírico. La bailarina Marta Castillo recuerda esos momentos: "Ya toda la plana mayor de Tropicana se había ido: Martín Fox, Alberto Ardura, pero *Rodney* estaba estable en Tropicana y a él, te soy sincera, los nuevos administradores y dueños lo respetaron, lo respetaron muchísimo, no sé por qué. *Rodney* tenía un contrato para México, Miami y Puerto Rico. Eligió su gente, y me escogió a mí, y por supuesto, a Miguel Chekis, entre las cerca de 100 personas que salimos. Y nos mantuvimos trabajando en Tropicana hasta el día en que nos fuimos de Cuba con un permiso para regresar a los tres meses después de cumplido el contrato, pero resulta que se fue extendiendo... Y así fue que nos quedamos. Estuvimos primero en Miami; después trabajamos en Puerto Rico en un hotel donde alternábamos con Olga Guillot, y luego a México. Volvimos a Miami y de nuevo a México, donde ya contrataron a *Rodney* con su *show* en el Señorial, que era un restaurante con espectáculo, y él lo convirtió en un *cabaret*. Roderico lo cambió por completo y lo acomodó de acuerdo a su espectáculo y fue un éxito rotundo. No pensaba que las cosas cambiarían de manera tan drástica en Cuba, [...] el caso fue que cuando finalmente entramos en el grupo que *Rodney* se llevaría a México, Miami y Puerto Rico, y teniendo en cuenta cómo estaban de cambiantes las cosas, decidimos hacernos ropa de actuación como pareja Marta y Chekis, por si acaso algo ocurría y teníamos que independizarnos del grupo".[58]

El espectáculo, que centra Celia con La Sonora y Las Mulatas de Fuego, va a Tampa, Florida, para actuar el sábado 19 de noviembre haciendo tres *shows*: amenizando un bailable en el Cuban Club Patio y otros dos a las 4 y 8 pm, respectivamente,

[57]  Entrevista citada con Marta Castillo.
[58]  Entrevistas de la autora con Marta Castillo Torrens. Móstoles, Madrid. España. Julio–Agosto 2019.

en el Casino Theatre, donde también al siguiente día harán tres tandas que alternarán con la proyección de la película mexicana *Me gustan valentones*, con Luis Aguilar y Rosita Quintana.[59]

Ese mes de noviembre Celia hace un viaje privado a Nueva York, donde renta el primer departamento en que viviría en esa ciudad, en un aparthotel situado en 230 West 55 Street, hoy llamado Ameritania Hotel. Allí, en aquel pequeño espacio, viviría sola, moviéndose entre México, Venezuela y otras ciudades donde cumpliría compromisos artísticos, teniendo el apoyo de algunos amigos, pero sobre todo de la familia puertorriqueña de Vina Fontanez Lozada y Nancy Lozada. Celia tendría rentado ese departamento desde noviembre de 1960 hasta febrero de 1962.

Mientras esto ocurría, el 16 de noviembre en Cuba se había producido, mediante resolución gubernamental, la fusión de todos los canales de televisión. El nuevo gobierno designa a un interventor que anula la acción rectora y la condición de propietarios a sus antiguos gerentes y dueños. El año 1960 terminaría de manera contundente con consecuencias dramáticas y durante mucho tiempo irreversibles para los cubanos, cuando el día antes de finalizar el año, el 30 de diciembre, se anuncia la ruptura de relaciones diplomáticas y consulares entre Cuba y Estados Unidos. El gobierno cubano, en declaración pública, responsabiliza al presidente Eisenhower por primero "deteriorar las relaciones con una política agresiva e inamistosa". Los primeros días del año siguiente verán partir a los diplomáticos norteamericanos y a muchos cubanos que consideran inconcebible la sobrevivencia del país sin la tutela de Estados Unidos.

Algunas fuentes cifran entre 150.000 y 250.000 el número de los nacionales que emigraron entre 1959 y 1960, pertenecientes –en su mayoría– a los estratos más altos y medios de la sociedad cubana, en gran parte, gente urbana, de mediana edad, que habían recibido buena educación, de piel blanca, propietarios, empleados, personas afines al defenestrado gobierno, artistas. Razones políticas, sociales y religiosas que los distanciaban o enfrentaban al actual gobierno están entre las primeras motivaciones de tal éxodo.[60]

[59]  Anuncio en The Tampa Times. Tampa, Florifa. 18 de noviembre de 1960, p. 2.
[60]  Duany, Jorge: "Cuban communities in the United States: migration waves, settlement pattens and socioeconomic diversity", en Pouvoirs dans la Caraïbe. 11/1999. Consultado en: http://journals.openedition.org/plc/464

# ·1961·

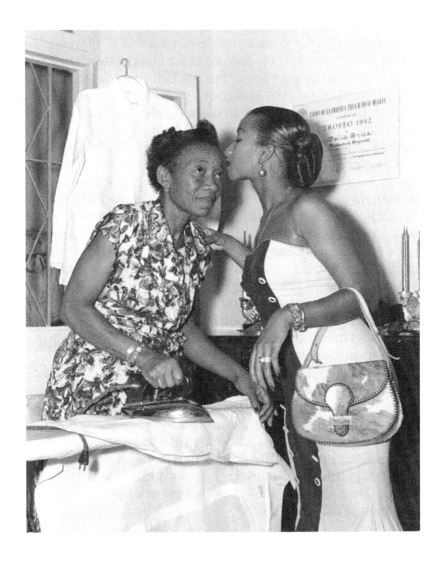

CELIA Y *OLLITA*. AÑOS 50.

## ◆ CELIA SIGUE EN LA PRENSA EN CUBA ◆

Al comenzar el año 1961, Celia Cruz y La Sonora Matancera son superados únicamente por el cuarteto Los Llopis en la selección que hace la prensa mexicana de los artistas extranjeros más taquilleros del año 1960, relegando los cubanos al gran Nat King Cole a un tercer lugar, según el corresponsal en México de la revista cubana Show, que amplía la noticia, ubicando, según su criterio personal, la responsabilidad directa de Celia en este triunfo. Han pasado más de cinco meses desde que Celia cumple contratos en México, pero la prensa en Cuba sigue atenta a su carrera. Llega la esperada selección anual de la revista Show de los Valores Destacados del año que acaba de terminar. A pesar de que ya en la calidad descendente de sus contenidos y de su factura, refleja el impacto del desmantelamiento progresivo del modelo del *show-business* que le daba sustento y razón de ser, Show sigue siendo la revista más importante del mundo del espectáculo. En la categoría de Mejor Cantante de Afro y Guaracha de 1960, Celia Cruz se alza con el trofeo que acredita el premio, diseñado y elaborado por Emilio Faroy. La Sonora Matancera también es distinguida como Mejor Conjunto Musical, pero ni Rogelio ni sus músicos, ni Celia estarán presentes en el festejo y acto de entrega de las distinciones, de manos del Dr. Carlos Manuel Palma, en el Salón L'Aiglón del Hotel Havana Riviera[1]. Son estos los últimos trofeos y distinciones que reciben en su país, al menos por ahora.

Comentando las presentaciones de Celia y La Sonora en Estados Unidos a finales de 1960, en su edición de enero, Show

---

[1]   "'Show' selecciona los valores más destacados en el año 1960", en revista Show. No. 83. Enero 1961, p. 26.

también inserta un titular a toda página: "La Sonora con Celia Cruz reafirmó su crédito en el New York Hispano", al reseñar las presentaciones de los cubanos, que "...confirmaron su inmensa popularidad al opacar la personalidad del cantante mexicano Miguel Aceves Mejías, a quien equivocadamente pusieron a 'cerrar' el show, después de mantenerse la Sonora por espacio de casi una hora en el escenario. Las Mulatas de Fuego, que forman parte del espectáculo de la Sonora, también fueron ovacionadas".[2]

No se han hallado evidencias que confirmen la presencia de Celia Cruz en los Carnavales de Caracas en 1961, como ha sido ya tradición cada año. La ausencia pudo estar motivada, probablemente, por causas de documentación migratoria.

## ◆ ÉXITO EN MÉXICO ◆

Celia continúa presentándose en México, con contratos en diversos sitios relevantes, como el Teatro Blanquita, la radioemisora XEW, el Terrazza Cassino. En Cuba, el 1 de abril su versión en miniatura, Caridad Cuervo, a la que ayudó a crecer musical y artísticamente, está cumpliendo 15 años y su familia organiza un tremendo fiestón, como es costumbre cuando se llega a esa edad, pero los 15 de Caridad superan cualquier expectativa, pues lo animan, nada menos que la Orquesta Aragón y el Conjunto Modelo, pero Celia, su mentora, no estará presente.[3] En Cuba, la salud de *Ollita*, empeora y lo irreversible de su dolencia hace presentir que se acerca el final. "Me dijeron que mi mamá estaba ya muy débil, y tan enferma que nunca más saldría de la cama −contó Celia en su libro autobiográfico−. Al oír eso, decidí que cuando llegara el mes de abril, yo iría a Cuba. Tristemente, ese viaje nunca se dio. Programé mi salida para el 17 de abril de 1961. Pero cuando estaba a punto de salir para el aeropuerto, me informaron que no podía ir porque ese mismo día se estaba llevando a cabo la invasión de Bahía de Cochinos. A partir de eso, la realidad política de Cuba se radicalizó de tal manera que ya no podía regresar. Aun así, y gracias a Dios, todavía nos permitían a los cubanos exiliados llamar a Cuba sin muchas complicaciones. Por lo tanto, yo llamaba a mi mamá al hospital una vez por semana, casi siempre los domingos".[4]

2   Rivera, Armando: "La Sonora con Celia Cruz reafirmó su crédito en el New York Hispano", en revista Show. No. 83. Enero 1961, p. 78.
3   *Noti-Show*. En revista Show. No. 86-87. Abril-Mayo 1961. p.19.
4   Cruz, Celia y Reymundo, Ana Cristina: Op. Cit., p. 90.

Continúa su trabajo ahora también en el Astoria Club, donde se presenta un espectáculo de variedades de tema afrocubano, que incluye a La Sonora Matancera con sus cantantes
Albertico, Willy y *Caíto*, Las Mulatas de Fuego y también a la
mexicana Toña La Negra. A propósito del Astoria, el periódico
norteamericano Arizona Daily Star comentaba: "Encabezando
el espectáculo hay un curvilíneo amasijo de energía y canción:
Celia Cruz, una intérprete contagiosa y de gran talento. Su voz
resonante y sus bailes hicieron vibrar al grupo de Tucson que
visitaba esa noche el Astoria". Y refiriéndose al elenco agregó:
"Estos nombres no son familiares para los que frecuentan los
clubes nocturnos al norte de la frontera, pero muchos de ellos
serían bienvenidos en las marquesinas de muchos sitios nocturnos en ciudades estadounidenses".[5]
Compartir espectáculo y escenario con Toña La Negra fue
una experiencia personal, más allá de lo artístico: Celia siempre reconoció en la llamada *Sensación Jarocha*, a una de las
amigas que su etapa mexicana le brindó para siempre. En lo artístico, para Toña, –que comenzó cantando sones cubanos en
su Veracruz natal y con mucho contacto con los músicos de la
isla (Juan Bruno Tarraza fue su pianista acompañante por décadas)–, la interacción con Celia y La Sonora Matancera debió
ser algo natural y enriquecedor.[6]

### ◆ LOS DISCOS DE MÉXICO (1960-1961) ◆

La actividad en México es frenética y el ámbito discográfico no
quedaría fuera, más bien todo lo contrario si se tiene en cuenta
que para Sidney Siegel, los discos de Celia y La Sonora Matancera estaban entre los productos más demandados y rentables
de su catálogo. Desde el primer momento, la casa discográfica
cuidó con mimo el acabado de sus placas –ya de por sí bien cu-
radas en cuanto a su calidad sonora–, lo prueba la valía del diseño y las fotografías. A la altura de 1960, Siegel desde la sede
de Seeco Records en West Sixtieth Street en Nueva York, con-
sultaba con Celia, le enviaba las propuestas de diseño y le in-
formaba de los detalles sobre la edición de sus discos.[7] Durante

5   D.A.: "Mexican Clubs See New Faces. Visiting Tucsonan Like Native Talent", en
    Arizona Daily Star. Tucson, Arizona, 30 de julio de 1961, p. 34.
6   Figueroa Hernández, Rafael: *Toña La Negra. A 100 años de su nacimiento*. Insti-
    tuto Veracruzano de Cultura. Veracruz. México. 2012, p. 86.
7   Carta de Sidney Siegel a Celia Cruz. 6 de octubre de 1960. Fondos del Celia
    Cruz Legacy Project.

su estancia de poco más de año y medio en México, son cuatro los álbumes publicados por Seeco Records con Celia como artista principal, acompañada por La Sonora Matancera, y un quinto donde participa con La Sonora Matancera: los LP *Reflexiones* (SCLP-9200), con temas grabados en Cuba, publicado en noviembre de 1960, con un diseño de carátula poco colorista, pero muy moderno, en un estilo muy diferente a los anteriores en cuanto al uso de los colores y de las imágenes. El diseño estuvo a cargo de Harry Farmlett con fotografía acreditada a Audiomúsica México. En mayo de 1961, Seeco publica *Canciones premiadas de Celia Cruz* (SCLP-9215), un LP recopilatorio con las títulos más reconocidos de Celia con La Sonora Matancera hasta ese momento. No hay claridad en las informaciones: no se sabe si el LP *México, qué grande eres* (SCLP-9227), se grabó en México o en Nueva York, ni tampoco la fecha en que transcurrieron aquellas sesiones. Lo que sí se conoce es que fue lanzado al mercado en octubre de 1961,[8] y ese mismo mes, Seeco se enfoca, como es ya tradicional, en las fiestas navideñas, y graba el álbum *Celebremos Nochebuena con la Sonora Matancera* (SCLP-9206), en el que la Sonora es la protagonista, participando sus cantantes en diferentes cortes del disco. Ya se ha incorporado el mexicano Emilio Domínguez *El Jarocho*, en sustitución de Alberto Pérez Sierra que había decidido su salida del conjunto. Según datos de Seeco Records, las sesiones de grabación se realizan en Beltone Studio de Nueva York el 10 de octubre de ese año. Celia canta los temas *Fiesta de navidad, Eterna navidad, Capricho navideño, A comer lechón, Bachata en navidad* y *Rey de los cielos*. Javier Vázquez se encargó de todos los arreglos de estos discos y como siempre, Rogelio Martínez estuvo al mando del conjunto y también de la dirección musical.

### ◆ A LOS DOS PALLADIUM ◆

En 1961 cantantes e instrumentistas cubanos, en una suerte de transhumancia, buscan un lugar donde trabajar mientras que, ingenuamente, creen dar tiempo a que las cosas en su país retornaran al cauce añorado y vuelvan a ser como ellos

---

[8]   Las canciones del LP *México, qué grande eres* son: *México qué grande eres* (Calixto Callava), *Juventud del presente* (Silvestre Méndez), *Mis anhelos* (Roberto Puentes), *Rico changüí* (Calixto Callava), *Mal agradecido* (José Carbó Menéndez), *Taco taco* (Nestor Pinelo Cruz), *Sabroso guaguancó* (Santiago Ortega), *Hasta fuérate con mi tambó* (José Claro Fumero), *El aguijón* (Jaime Ignacio Peñuñuri), *Yo te invito a mi país* (Jorge Zamora), *La negrita inteligente* (Elpidio Vázquez), *El viaje en la panga* (Mario Muñoz Salazar, Celia Cruz y Calixto Leicea).

las conocían. Tal circunstancia ayuda a que *Chico* Sesma, el sagaz productor y promotor, descubra otros talentos cubanos –como ocurrió con Rolando Laserie– que le permiten diversificar su propuesta. Celia, lo mismo que Benny Moré, no encajan exactamente en este perfil, pues desde mucho antes, ya sus discos eran radiados en los programas de Sesma y en su concepción de las Latin Holidays estuvieron sus nombres entre los primeros.

Este año y nuevamente de la mano de *Chico* Sesma, Celia va a reeditar en el Hollywood Palladium en Los Ángeles, el éxito de 1959 y 1960. El contrato que firma con él, el 21 de septiembre de 1961, refrenda de alguna manera el paso firme que *La Guarachera de Cuba* y *Chico* ya había comenzado a dar en los escenarios latinos de Estados Unidos. Ella lo sabía y probablemente se empleó a fondo sabiendo que se aproximaba a un *turning point* en su ascendente carrera. Como es usual en estos casos, suscriben el contrato de la American Federation of Musicians para una presentación el domingo 19 de noviembre en dos *shows*, uno a las 9.30 pm y otro a la 1.30 am del siguiente día. El contrato estipula 1.000 dólares de honorarios por dos *shows*, pagaderos al finalizar el compromiso, más gastos de hospedaje y boleto aéreo en la ruta México-Los Ángeles-México. Con este instrumento legal, Celia conseguía, en su nueva circunstancia, la aprobación de la muy férrea organización gremial y económica que defendía los intereses de los músicos norteamericanos y oficializaba la aceptación de los foráneos para trabajar en los espacios que controlaba.[9]

Pero esto no paraba aquí: casi en simultáneo el contrato del Hollywood Palladium se encadena con otro hecho muy esperanzador en la coyuntura que vivía Celia en ese momento: el empresario Catalino Rolón, que controlaba muy bien los hilos del espectáculo latino en Nueva York, consigue para ella un contrato general con AGVA (American Guild of Variety Artists) para presentarse el año entrante en el Palladium "principal", el de Nueva York por un período de un año, comenzando el 24 de noviembre y con un pago semanal de 400 dólares[10]. Así comienza la gran etapa de presentaciones que inscribe a Celia en

[9]  Contract Blank American Federation of Musicians, firmado por Celia Cruz y Chico Sesma. Fondos del Celia Cruz Legacy Project. Si nos atenemos a los datos consignados en el pasaporte de Celia Cruz, su entrada a Los Angeles se produjo el 21 de noviembre de 1961 con un permiso de permanencia de 1 mes.
[10] AGVA Standard Form of Artists Engagement Contract. Firmado por Celia Cruz y Catalino Rolón. Fondos del Celia Cruz Legacy Project.

# EUGENIO GARROTE JR.

REPRESENTACIONES ARTISTICAS
APARTADO POSTAL 3413
HABANA, CUBA

CABLE: EGARROTE
TELEFONO 2-3353

Septiembre 7-1961.-

Querida Celia:-

Hace tiempo que estaba por contestar a tu carta de fecha 11 del pasado mes de Agosto, pero he tenido muchos problemas, pues sabrás que tengo a toda la familia fuera, y estoy solo en este caserón y no tengo voluntad para nada, además tengo que hacerlo todo.-

Hace dos dias te escribí a mano, adelantándote algo de lo que me dices en tu carta, espero que no pienses que me estoy metiendo en lo que no me importa y menos en cosas de familia, pero ese es mi punto de vista.-

Espero te haya escerito Max Pérez, pues tenías fijado debut en Caracas para el pasado dia 21, pero lo indiqué que era imposible, pues tenías compromisos todavía en México.-

Para este asunto de Venezuela, no haré nada, ni con Puerto Rico y Curazao, hasta que tu me lo indiques, pues luego quedo mal con respecto a las fechas.- También espero tus noticias sobre tu regreso a la Habana.-

Referente a Albuerne, sé demasiado como eres, pero mi deber era preguntártelo y ponerte al corriente de todo, no lo hice con otro ánimo.-

Cuando tengas tiempo házme unas letras, pues me gusta siempre saber de tus asuntos y como andan.-

Recuerdo a todos mis compatriotas en esa.-Te diré que voy a Cararas en los primeros dias de mes, tambien lo haré a Puerto Rico y Curazao, y me gustaria tener algo en concreto sobre tu decisión.-

Salúdame a tu prima, y ahí te va todo mi cariño y respeto.-

CARTA ENVIADA A CELIA DESDE CUBA POR *TITO* GARROTE.

la gloriosa nómina de artistas cubanos y caribeños que pasaron por el mítico Palladium de Nueva York.

En México, la postura del gobierno del presidente Adolfo López Mateos era de franco apoyo a la Revolución Cubana desde sus inicios mismos y hacía deducir si no un rechazo, al menos un escenario de complicaciones para los trámites de aquellos ciudadanos cubanos que habían salido de Cuba y se asentaban en territorio mexicano sin intenciones de implicarse en los profundos cambios que ocurrían en la isla. En cuanto a Estados Unidos, las circunstancias políticas motivaron que el gobierno norteamericano, principal contendiente frente al gobierno del primer ministro Fidel Castro, considerara un *status* especial de permisividad en términos migratorios a los cubanos que salían de la isla y se refugiaban en el territorio de ese país. Es tal condición la que permite a Celia prolongar legalmente, a inicios de 1962 su permanencia en territorio norteamericano y después de inciertas circunstancias, reiteraciones de visados y períodos de estadía.

En lugar de regresar a México, la cantante voló directamente desde California a la llamada capital del mundo.

# ·1962·

CELIA RETRATADA EN ESTUDIO POR NARCY. LA HABANA, 1955.

Desde su salida de Cuba, Celia en México había cantado casi exclusivamente con La Sonora Matancera, a diferencia de la larga etapa en su país, donde su trabajo como solista en teatros, programas de televisión y radio, y *cabarets* transcurría en paralelo y casi en idéntica o mayor proporción (incluso en otros países), que con La Sonora Matancera. Tras esas experiencias en Cuba, la posibilidad de cantar en solitario ante otro público, en Norteamérica, y explorar otras posibilidades, más allá de sus grandes temas, ya seducía a Celia. "...me había cansado de cantar 'El yerbero moderno', 'Tu voz' y 'Luna sobre Matanzas' todos los días. Son canciones muy lindas, pero me cansé de las mismas siempre. Como artista, yo tenía un profundo deseo de ser más creativa. Necesitaba un cambio. Pero en aquella época era muy difícil hacerlo en México. Los mexicanos me quieren mucho y yo también los quiero. De hecho, no querían que me fuera. Incluso, Agustín Lara lloró cuando le dije que no regresaba de Los Ángeles. Me decía 'Negra, no te vayas. Mira que te pongo una orquesta'. Pero ya me había decidido. Una vez más tuve que dejar un país que consideraba mío".[1]

Celia sabe que su carrera está abocada a cambios que pueden ser trascendentales, pues ya ha logrado reconocimiento en importantes plazas de Norteamérica. Su inteligencia natural, la sagacidad entrenada y la mirada universal que su cultura y vivencias ensancharon, han avalado las decisiones que ha tomado en su vida artística. El dominio de los grandes géneros de la música cubana, en una amplia tesitura que va desde los afros más auténticos hasta los boleros más intimistas y sofisticados, pasando por guarachas, sones montuno, cha cha chás, mambos y hasta géneros y ritmos de otras latitudes, es uno de

[1]   Cruz, Celia y Reymundo, Ana Cristina: Op. Cit., pps. 96 y 97.

los más acusados signos de su versatilidad como artista, como lo es también su ductilidad para cantar con diferentes formaciones acompañantes, desde un conjunto como La Sonora Matancera, hasta las grandes orquestas conducidas por los más notables directores.

Pero en lo personal, son tiempos difíciles, marcados por la inestabilidad y la incertidumbre, acrecentados por el limbo migratorio en que vivía desde que expiró la validez de su pasaporte. Para Celia, la separación familiar era lacerante, y los días por venir abrían una incógnita, en la que, cualquier apego a un sitio, a un espacio, a un modo de vivir, debía ser considerado como transitorio y fugaz, siempre previendo que algo indujera al cambio en la situación en Cuba. El hogar habitual ha sido sustituido por la habitación de un hotel, los amigos no están, y el mundo al que se había acostumbrado había sido estremecido, todo tambaleaba bajo sus pies: aquello sobre lo cual se había sostenido con firmeza por muchos años, hoy no existía en su país. En medio de todo, la cercanía de Pedro Knight, su amigo y colega en La Sonora Matancera, fue siendo cada vez mayor, generando en ambos la necesidad afectiva que provocaba la peculiar circunstancia que ambos vivían. Para Celia, Pedro sería apoyo y sostén durante los años más inciertos de su vida, en los que están las bases del amor y la devoción de una pareja que duraría para siempre.

Celia recibe el nuevo año en California, donde le surgen algunas contrataciones puntuales, como su publicitada presentación en el Whitcomb Hotel de San Francisco el 17 de febrero.[2] Seis días después pone rumbo a Venezuela para retomar sus tradicionales presentaciones en los festejos de los carnavales de Caracas, interrumpidas únicamente en 1961.

## ◆ A VENEZUELA, UNA VEZ MÁS ◆

En el Casablanca, de la Hermandad Gallega, en la Avenida Andrés Bello se le anuncia junto a Celio González, las mexicanas Lucerito Bárcenas y Evangelina Elizondo y la venezolana Ada Alba. Las normativas de AVADE (Asociación Venezolana de Artistas del Espectáculo) establecían desde hacía tiempo la obligatoria incorporación de artistas venezolanos en los *shows* de los extranjeros. Con ellos aparece Celia también en el cartel del espectáculo que presentaría el Coney Island el día 3 de marzo.

---

[2]   Anuncio en el San Francisco Examiner. 17 de febrero de 1962, p. 9.

En Radio Tropical y Ondas Tropicales están los días 3, 4, 5, 6 y 10 de marzo, y en la televisión Celia es publicitada como la figura que vendrá expresamente desde México para abrir la transmisión conmemorativa del aniversario de Venevisión Canal 4.[3] Está llamada también a clausurar los festejos en el popular Coney Island de Caracas, donde la llaman *La Reina de Ritmo Candente* y, a juzgar por la foto que publica el diario El Mundo, Celia promueve la pachanga en Venezuela, en plena ola del ritmo creado por el cubano Eduardo Davidson, convertido ya en fiebre que se transmite en discos, instrumentos y voces, ahora relocalizada en Nueva York.[4]

Celia, junto con otros artistas cubanos, se hospeda en la Quinta Toscana, en el cruce de las avenidas Bello y San Juan Bautista de La Salle y allí mismo recibió al periodista venezolano P. R. Romera, que la inquiere ante las noticias del incidente que había ocurrido en días pasados: en la Hermandad Gallega, donde actuaba, Celia había sufrido, según la prensa, una bajada de la tensión arterial —no un síncope cardíaco, como se había especulado— ante la noticia de que la salud de *Ollita* se había agravado aún más, por lo que debió ser trasladada a un centro hospitalario, sin mayores consecuencias. El periodista glosa lo conversado con la cantante en un breve reporte que publica en el diario caraqueño El Mundo y que titula: "Agoniza de cáncer madre de Celia Cruz", al que sigue estas palabras que pone en boca de Celia: "Ni su muerte me hará volver a La Habana —dice la cantante— mientras Fidel Castro esté en el poder". Al desarrollar la noticia, el periodista, sin citarla textualmente, agrega: "Al ser requerida sobre si visitaría La Habana en caso de un fatal desenlace, Celia Cruz dijo que ni siquiera la muerte de su madre le haría volver a su país en los actuales momentos. La entrevista con la artista cubana duró un cuarto de hora, precisamente antes de dirigirse aquélla a las oficinas de Radiocomunicación con el exterior, en el centro 'Simón Bolívar', desde donde llamaría a La Habana para indagar sobre el estado de su mamá".[5]

Al parecer, son las primeras declaraciones públicas de Celia Cruz donde se transparenta su posición sobre el nuevo gobierno cubano.

[3]   Pabón, Mariahe: "Pss… no digan que lo dije", en El Mundo. Caracas, Venezuela, 15 de febrero de 1962. También: Anuncio en El Mundo. 3 de marzo de 1962.
[4]   Últimas noticias, 6 de marzo de 1962.
[5]   Romera, P.A.: "Agoniza de cáncer madre de Celia Cruz", en diario El Mundo. Caracas, Venezuela. 7 de marzo de 1962.

## ◆ NUEVA YORK ◆

El 22 de marzo de 1962, en vuelo de la aerolínea venezolana Viasa No. 608, Celia sale del aeropuerto de Maiquetía con destino a Nueva York.[6] Allí pronto se producirá el reencuentro con sus hermanos de La Sonora Matancera, como les llamaba a los músicos con los que por más de una década había trabajado.

Es Nueva York la ciudad donde están las mayores posibilidades para recomenzar una nueva etapa personal y profesional. Rolando Laserie y su esposa Gisela Borgiano, *Tita*, le ayudan a conseguir un apartamento en el mismo edificio donde viven, 102 West y 75 Street. Allí se instala ya en pareja establecida con Pedro Knight y serán ellos lo más parecido a una familia que tendrá en el inicio de su nueva vida. Se ha pautado el comienzo de la nueva era para ella y La Sonora: la primera semana de mayo inauguran su temporada en el Teatro Puerto Rico, en un espectáculo producido por Seeco Records con artistas de su catálogo y que incluye, entre otros, a Vicentico Valdés con su orquesta, Celio González, además del venezolano Alfredo Sadel.[7]

Logran rearticular sus carreras, asentados en la Gran Manzana, gracias a la ayuda de amigos y empresarios como el boricua Catalino Rolón, quien se convierte en *manager* de Celia y también de Rolando Laserie. Otra persona crucial que les promete ayudarles a una esperanzadora continuidad allí –y lo cumple– es el empresario venezolano Guillermo Arenas, quien "...nos aseguró que se encargaría de todo lo que fuera necesario para ayudarnos a establecernos en Nueva York, y así lo hizo".[8]

## ◆ EMIGRAR ◆

Para abril de 1962 cientos de músicos y cantantes, bailarines y coristas, productores y empresarios del *show business*, la radio y la televisión, habían salido de Cuba intentando continuar con su trabajo habitual a través de contratos que reprodujeran las condiciones que mermaban, cuando no desaparecían, en su país. Podría considerarse como un movimiento habitual, pero esta vez las circunstancias eran sensiblemente diferentes. Como norma, los músicos cubanos han sido siempre trashumantes e inquietos, ávidos de búsqueda y confrontación

6   Datos que constan en el pasaporte de Celia Cruz Alfonso, expedido en la República de Cuba, con el número 2988.
7   "Music as Written", en Billboard. 12 de mayo de 1962, p. 12.
8   Cruz, Celia y Reymundo, Ana Cristina: Op. cit, p. 97.

constantes como alimentos del espíritu y necesaria retroalimentación. Vivir temporalmente o fijar su residencia en otros países dependió siempre de tres causas esenciales: la búsqueda de mejores oportunidades económicas y de trabajo; en un número más reducido, el ansia de superación personal, de realizar estudios imposibles en la isla, y los deseos, e incluso la necesidad de trascender las limitaciones que les imponían los prejuicios clasistas y raciales que sentían les afectaban. Esta causa, siendo de origen social, tiene siempre un marcado carácter político cuando la discriminación atávica se convierte en norma o cuando, por lo menos, los gobiernos no implementan medidas para impedir o minimizar el impacto de decisiones individuales arbitrarias de índole discriminatoria y de otras en las que se perpetuaba una situación de desigualdad.

Para los músicos, la idea de probar suerte o establecerse en otros países en beneficio de su carrera no se vio nunca como algo dramáticamente irreversible, más allá de lo que ellos mismos, por su libre albedrío, pudieran siempre decidir. Salvo contadas excepciones, durante el siglo XIX y la primera mitad del XX, la política como causal migratoria no fue nunca un factor con un peso que sobrepasara a las motivaciones antes apuntadas. Lico Jiménez, enfrentando la discriminación racial; José White, colaborando con la causa anticolonial, e Ignacio Cervantes, por sus inocultables sentimientos independentistas, son los casos más connotados en el siglo XIX de músicos cubanos prominentes que se vieron obligados a emigrar por razones políticas y en cuyas respectivas obras el desgarramiento del destierro les motivó a reflejar el amor a la patria en piezas como *Rapsodias cubanas* (Lico Jiménez), *La bella cubana* (José White) y *Adiós a Cuba* (Ignacio Cervantes).

Éstos y otros ejemplos insertaron, en ocasiones, a algunos músicos emigrados en el ámbito de los procesos políticos de la época colonial, pero ya durante la República el fenómeno migratorio entre ellos fue mucho más un asunto de origen económico o social, aunque también hubo casos de emigración o destierro por razones políticas. Quizás el más notable ocurre cuando la dictadura de Gerardo Machado censura la canción *Lamento cubano*, escrita en 1931. Su autor, el prolífico Eliseo Grenet, acababa de regresar de una gira por Centro y Suramérica con su compañía Cubanacán y se ve precisado a abandonar el país con urgencia rumbo a España, y después a París, Londres, Nueva York, en un periplo de gran productividad creativa y beneficios totales para la música cubana –sin dudas, una paradoja–, sumados el quebranto espiritual que tal decisión pudo provocarle. Cuando cae la dictadura machadista, Grenet regresa a La Habana, para volver pronto a Nueva York, donde ya había fundado su *cabaret* Yumurí en Broadway, convertido en bastión de la música popular cubana en esa ciudad.

Lo incuestionable es la decisiva influencia que los procesos migratorios de nuestros músicos ejercen en el curso de la historia musical de Cuba y otros países durante el siglo XX, desde el jazz, hasta el mambo, pasando por el bolero y la música bailable. De ello hay muchos ejemplos: desde la presencia de músicos cubanos en el New Orleans de los inicios del jazz; el fabuloso aporte de la percusión afrocubana al jazz articulado por Mario Bauzá, sublimado por Chano Pozo y refinado por Chico O'Farrill, hasta la monumental revolución musical que significó el mambo de Dámaso Pérez Prado, y el cha cha chá que llevara a México Enrique Jorrín con la orquesta América de Ninón Mondéjar y que regresara enriquecido para que la orquesta Aragón recogiera el testigo y, con los discos de todos, cruzara el océano rumbo a Europa.

Durante la primera mitad del siglo pasado, la vocación viajera de los cubanos llevó nuestra música hasta confines inimaginables del planeta. Eran músicos muchas veces en viajes prolongados, en travesías dilatadas en barco, que, de valorarse con la mirada y las normativas actuales en la isla, habrían sido considerados emigrados, con toda la carga dramática y definitiva que tal palabra comporta hoy día. Las posibilidades que allí surgieran determinaban el regreso más o menos inmediato, o en su defecto, la adquisición de un *status* permanente que les permitiera trabajar de una manera más estable, sobre todo teniendo en cuenta la mayor o menor precariedad con la que el músico desarrollara su trabajo en su país. Esto no constituía mayor problema: si te iba mal, eras libre de regresar a Cuba; si te iba bien, te quedabas sin tener que preocuparte demasiado, porque, con las leyes de inmigración vigentes en Cuba los primeros seis decenios del siglo XX, el músico tendría la posibilidad legal y expedita de regresar, siempre y cuando tuviera su documentación en regla y pudiera pagarse el boleto para viajar.

No fueron pocos durante los años 20, 30 y 40 los músicos empíricos y empobrecidos, en su mayoría negros y mulatos, que invirtieron sus exiguos ahorros en el viaje a la tierra prometida, o los que negociaron una plaza como polizontes en el Florida, el Andrea Gritti y otros barcos que hacían el recorrido habitual entre La Habana y la Florida, o Veracruz, y la preocupación mayor no era el regreso –para ése las puertas del terruño siempre estaban legalmente abiertas–, sino a qué se enfrentarían en el país de destino.

Es poco probable que lleguemos a saberlo con exactitud, pero entre 1959 y 1961 salieron de Cuba una cantidad nunca vista de artistas para un período similar, y son varios los factores que incidieron en ello, todos con el denominador común de los drásticos y trascendentales cambios que se producen tras la caída de Batista y la instauración del gobierno de Fidel Castro.

La tensión política se recrudece en la isla: las acciones punitivas de sabotajes y atentados de grupos que se oponían abiertamente a la Revolución cubana dieron continuidad –aunque con otro signo y motivación– al ambiente de inseguridad y beligerancia que en las zonas urbanas, y principalmente en la capital cubana se vivía desde 1957. La ausencia de entendimiento entre los gobiernos de Cuba y Estados Unidos tras la sucesión de medidas de acción y reacción por ambas partes, una vez conocido el talante independentista del nuevo gobierno cubano, desemboca en la ruptura de relaciones diplomáticas y económicas entre ambos países; aumentan los actos de sabotaje, explota en el puerto habanero el buque francés La Coubre, que traía armamento a Cuba, con un terrible saldo de centenares de muertos; los alzados contra la Revolución continúan en las montañas del Escambray; la invasión de Playa Girón-Bahía de Cochinos que termina con la victoria de las fuerzas revolucionarias. El país vive un clima de guerra. Los tiempos en los que la farándula y el mundo del espectáculo eran importantes y productivos económicamente han quedado atrás.

Entre 1959 y 1961 la estructura empresarial de la llamada industria de la música, tal y como se conocía hasta ese momento, ha ido desmantelándose en progresión, generando un clima de inseguridad entre músicos, artistas, bailarines y profesionales que sostenían el show business en sus diferentes plataformas (televisión, radio, cabaret, teatro, night-clubs) y, en consecuencia, provocando una suerte de efecto estampida provisoria: los músicos buscan contratos fuera de la isla para "esperar a que pasara el temporal", pues ninguno imaginó un mundo diferente al que conocían en su país, todos suponían que esa situación en modo alguno podía ser duradera. Mientras tanto, aprovechan las posibilidades y, en el caso particular de Celia Cruz y La Sonora Matancera, es justo en 1959 y la primera mitad de 1960 cuando su popularidad en la comunidad latina residente en Estados Unidos se ve reforzada con varias presentaciones en directo –para La Sonora Matancera, su debut en Estados Unidos ocurre en 1959–, que abren, a su vez, nuevas oportunidades.

Un momento definitorio y esclarecedor de la posición oficial del gobierno cubano tiene lugar el 5 de septiembre de 1961 en el Teatro Chaplin, cuando el primer ministro Fidel Castro en su discurso de clausura del Congreso Nacional de Alfabetización, se refiere al éxodo de médicos y profesionales, con estas palabras:

"...El que en esas circunstancias abandone hoy a su enfermo, ese, ese es un miserable, a ese no le debemos dar chance nunca más de volver a este país; a esa gente hay que quitarle la ciudadanía, hay que quitarle la ciudadanía, porque esa gente algún día va a mendigar aquí, a las puertas de este país que la dejen regresar. Cuando esa gente se indigeste de yankismo y cuando esa gente esté cansada de desprecios y de malos tratos, y cuando esa gente esté cansada de la idiosincrasia de los amos imperialistas, llegará el día en que vengan a tocar aquí todos esos técnicos, a las puertas de este país, ingenieros, arquitectos, médicos, profesores, vendrán a tocar a las puertas de este país, pidiendo que los dejen entrar, y ese es el momento en que nosotros tenemos que ser duros y yo creo sinceramente, nosotros sugerimos, y somos partidarios, de que seamos duros con esa gente.

Es decir que a esa gente le digamos: 'No, ustedes dejaron de ser cubanos hace mucho rato, porque cuando nuestro país estaba luchando contra el extranjero explotador, contra el extranjero agresor, contra el extranjero poderoso, ustedes se fueron a lamerle las botas al amo extranjero poderoso. Cuando nuestro pueblo heroicamente se debatía en el frente económico, en el frente político, en el frente militar, y se luchaba contra la incultura, y ponía todas sus reservas de energía moral y material y humana, librando esa histórica batalla, ustedes estaban lamiendo las botas de los imperialistas, y ustedes se fueron con los imperialistas, y ustedes fueron traidores a la patria'. No, cubano no es el que nació aquí, cubano es el que ama este país, cubano es el que lucha por este país, cubano es el que defiende este país".[9]

9   Consultado en http://www.fidelcastro.cu/es/discursos/discurso-pronunciado-en-la-clausura-del-congreso-nacional-de-alfabetizacion-en-el-teatro

Estas palabras referidas a médicos y profesionales que se marchaban de Cuba, son generalizadas tres meses después, a todo aquel que ha decidido salir del país y se convertirán en política de Estado, al promulgarse la Ley 989 del 5 de diciembre de ese año 1961, denominada "Medidas a tomar sobre los muebles o inmuebles, o de cualquier otra clase de valores, etc. de quienes abandonen con imperdonable desdén el territorio nacional". Esta ley establece el permiso de entrada y salida del país como prerrogativa gubernamental, y en su artículo 1 faculta al Ministerio del Interior como órgano decisor sobre quién entra y sale del país, y cómo lo hace. En su articulado, la ley señala: "Si el regreso no se produjera dentro del término por el cual ha sido autorizada la salida, se considerará que se ha abandonado definitivamente el país". En su artículo 2 y al referirse a estas personas, estipula que "...todos sus bienes muebles, inmuebles o de cualquier otra clase, derechos acciones y valores de cualquier tipo se entenderán nacionalizados, mediante confiscación a favor del Estado Cubano, los cuales se asignarán a los organismos correspondientes".[10]

Al día siguiente, el miércoles 6 de diciembre, el periódico Revolución publica de manera íntegra esta ley bajo el título "Fijan normas para poder salir y regresar al país" y un subtitular: "Aprobadas por el Consejo de Ministros, determinándose también ocupación de bienes de los que no regresen". A pesar de que no fue publicado en primera plana, sino en la página 2, esta ley no pasó inadvertida y de ella se enteraron con rapidez los músicos cubanos que trabajaban en ciudades como Caracas, Nueva York, Los Ángeles, Buenos Aires, Madrid, Barcelona, París, Roma, México D.F., entre otros.

Aunque entre los músicos y artistas no había grandes propietarios de empresas importantes, algunos –entre los más notables–, como Celia y Olga Guillot, habían realizado discretas inversiones en el sector inmobiliario y eran dueños de casas y edificios, por lo que algunas leyes, como la de la rebaja de los alquileres dictada casi dos meses después del triunfo revolucionario, y la posterior Ley de Reforma Urbana[11], les afectaron

[10] "Fijan normas para poder salir y regresar al país". En diario Revolución. La Habana, Cuba. 6 de diciembre de 1961. Pag. La ley completa se puede consultar también en la Gaceta Oficial del 6 de diciembre de 1961 y online en: https://ufdc.ufl.edu/AA00063776/00009/9j
Leyes el Gobierno Revolucionario de Cuba. Folletos de divulgación legislativa. XXXIX. 1 al 31 de diciembre de 1961. Imprenta Nacional de Cuba. Enero 1962.
[11] El 6 de marzo de 1959, Fidel Castro dictó la ley que rebajaba el 50% de los alquileres en la vivienda, y el 14 de octubre de 1960, la Ley de la Reforma Urbana,

directamente. Pero ninguna ley desató un verdadero efecto pánico entre los músicos y artistas como la 989 del 5 de diciembre de 1961. El miedo a no poder entrar a Cuba como antes ocurría, de manera normal, a reunirse con sus familiares y no poder volver a salir a continuar cumpliendo sus contratos y su vida artística, se adueñó de la mayoría. Lo irreversible de la decisión que se tomara llevaría la impronta intransigente de toda revolución, que, vista desde hoy, no deja espacio a un pensamiento diferente y donde las opciones son solo dos: conmigo o contra mí.

Para mayor desasosiego de la comunidad artística que se encuentra fuera de la isla, la casi totalidad de los gobiernos latinoamericanos, excepto el de México, han seguido a Estados Unidos y los dictados de presión implementados por la Organización de Estados Americanos, rompiendo relaciones con Cuba. En particular el gobierno de Rómulo Betancourt en Venezuela, país donde se han reasentado numerosos dueños de empresas cubanas expropiadas y también muchos artistas, suspende vínculos oficiales con el gobierno cubano en noviembre de 1961.

Fue inédito el éxodo de músicos y artistas que se produjo principalmente a partir de 1960, sustentado –en muy alta medida– por la promulgación de la mencionada Ley 989, en cuyos apartados muchos vieron la posibilidad de lo irreversible, pero sobre todo, la intransigencia frente a un pensamiento diferente. Cantantes, artistas, bailarines, modelos, coristas, productores, coreógrafos, locutores, técnicos, maquillistas, en número indeterminado, entre la desazón y la esperanza, optaron por permanecer en los países donde estaban trabajando y otros, desencantados y temerosos, decidieron marcharse de la isla y un número menor entre los que estaban fuera, decidieron regresar. En los meses siguientes, Cuba saldrá –o será sacada– del mercado internacional de la música y sólo Nueva York, otra vez Nueva York, recibirá el fuerte impacto que constituiría la llegada de experimentados instrumentistas, cantantes, compositores y productores, que llevaron consigo no solo su gran sabiduría, sino también los nuevos ritmos que ya triunfaban en la  isla y que transformarán de manera definitiva la escena musical latina.[12] Celia Cruz será una de ellas.

---

que convirtió en dueños a quienes habitaban las viviendas, cancelando el derecho a la propiedad de sus antiguos dueños.

[12]  La pachanga, ritmo novedoso de raíz caribeña, fue creado por el cubano Eduardo Davidson, y vivió una extraordinaria popularidad en Cuba entre 1959 y 1960. A partir de este año los músicos que emigraban a Nueva York lo introducen en la escena latina reeditando allí el éxito alcanzado en Cuba.

El musicógrafo e investigador Helio Orovio describió este tiempo de una manera dramática, pero muy gráfica: "...el año 59 en La Habana y en Cuba fue igual que los anteriores, sólo que más efervescencia, más proyectos... más sueños... El año 60, más o menos igual, pero ya a fines del 60 empieza a haber un cambio socio-económico, político, ambiental, profundo, fuerte y violento. Es la Revolución. [...] Es una época loca... Cuba se cerró. Vino el embargo norteamericano, el bloqueo. Cuba salió del mundo. Esa época los cantantes, los artistas, los músicos, no la pueden asimilar, porque es cambiarle el mundo, es cambiarles su medio, es quitarles de pronto, el piso, es sentirse en el aire...".[13]

Ni Celia, ni ninguna de las grandes figuras del *star system* criollo, afectados en primera instancia y en sus intereses personales y profesionales, podían entender los cambios que trajo la Revolución cubana en sus dos primeros años. En el caso de Celia, se agrega el hecho de que durante 1959 y hasta julio de 1960, viajó en numerosas ocasiones para cumplir contratos fuera de la isla, y fueron escasos los días que permaneció de manera prolongada en Cuba, lo que impidió que viviera como intensa experiencia personal los hechos que se sucedían en el país.

#### ◆ LA MUERTE DE *OLLITA* ◆

En 1958 a *Ollita* se le había diagnosticado un cáncer de vejiga con pronóstico fatal a mediano plazo, unos dos años de sobrevivencia. Celia junto a sus hermanos se enfoca en la atención de la matriarca, cuidando minuciosamente y al coste que fuera necesario su alimentación, sus medicamentos y pruebas médicas. Porque Celia no era una hija, o una hermana cualquiera. Desde que comenzó a cantar como profesional asumió la responsabilidad por sus padres y hermanos, y desde entonces fue el único sostén económico de su familia principal y de muchos de sus descendientes, quienes, dicho sea, lo veían como algo natural e inamovible.[14] No era Celia una persona alejada de su familia para dar preferencia al ambiente artístico y farandulero: todo lo contrario, siempre, hasta el final, el familiar fue un ambiente que consideraba ideal y necesario, como complemento indispensable de su carrera y de

---

[13]  Helio Orovio en documental *The Queen of Latin Soul*, de Ela Troyano (PBS). 2007.

[14]  Testimonio de Omer Pardillo Cid. Entrevista telefónica con la autora. 22 de diciembre de 2020.

CELIA CON *OLLITA* Y SUS HERMANOS. PRIMERA MITAD DE LOS 50.

su vida. Y va a ser éste un elemento importante para comprender el dramático alcance y los desenlaces irreversibles que tendrían las decisiones que pronto habría de tomar.

Tras su salida de Cuba, la comunicación de Celia con su familia no se ha interrumpido. Desde que comenzó a hacerse un espacio en el mundo de la música, ella ha sido también el cen tro espiritual en torno al cual giran las vidas de todos y cada uno de los integrantes de su entorno familiar más inmedia to. Esa proximidad –siempre lo reconoció– llena los espacios que, sin hijos ni matrimonio en aquel momento, quedaban va cíos en una vida dedicada por entero a su carrera musical: la tía Ana, sostén espiritual y consejera propicia; su madre *Ollita*, de quien Celia recibió siempre una extraordinaria comprensión, aun en los momentos en que su vida se acercaba al final al mis mo tiempo que Celia ascendía en la proyección de su carrera fuera de Cuba, y a quien la cantante le dedica un amor incon dicional y una protección a toda prueba; Bárbaro, el herma no menor con quien compartía gustos y a quien protegía como nadie; sus hermanas Dolores (*La Niña*) y Gladys, eran a veces una suerte de ayudantes personales o entusiastas acompañan tes, y Gladys, junto con su prima *Nenita* (Luciana García Alfon so), una suerte de *road managers* en la mayoría de sus viajes y giras hasta 1960. Por las vías posibles entonces (llamadas tele fónicas, cablegramas), Celia se mantenía casi a diario al tanto de la enfermedad de su madre.

Entre los grandes propietarios de Cuba, no hay un solo artis ta. A pesar de que, para la revista Show, ha sido la cantante me jor pagada[15], las únicas propiedades de Celia Cruz en Cuba eran su casa, aquella casa de increíble simpleza que, cuando aún de bía trabajar duro para consolidar su carrera, le regaló a su ma dre en 1953, y el pequeño edificio de cinco apartamentos que hizo construir junto a aquélla, para que todos estuvieran cerca –"juntos, pero no revueltos", solía decir–, todos sus hermanos con sus respectivas familias. El proceso de expropiación em prendido por el gobierno cubano respetó las dos propiedades de Celia Cruz en Cuba y no afectó a sus hermanos, que pasa ron a ser los propietarios titulares de cada apartamento, ni a la tía Ana, que vivía ya con *Ollita* en la casa de la calle Terraza No. 110. La responsabilidad que siempre sintió Celia por amparar a su familia en Cuba fue inamovible y permanente: en cualquier circunstancia y por las vías más inimaginables, se las agenció para que les llegara permanentemente las mesadas con las que aseguraba para ellos un nivel de vida más que digno, y para en frentar situaciones de emergencia o enfermedad, al tiempo que

[15]  Esta afirmación podría no ser exacta, pues otras cantantes muy famosas, como Olga Guillot, tenían desempeños artísticos que podrían haber justifica do elevados honorarios por actuaciones, grabaciones, etc.

hizo todo lo necesario para que quienes quisieron vivir fuera de la isla, cumplieran su deseo.

Mitsuko Miguel y Roberto Gutiérrez – Mitsuko y Roberto- mantuvieron una permanente amistad con Celia desde que se conocieron en México. Desde entonces entre ellos se afianzó una gran amistad, que le permite opinar sobre el víncu- lo de Celia con su familia: "Ella estaba tan unida a su familia, en el sentido de quererlos ayudar, que ayudó a todos sus her- manos y sobrinos que quisieron emigrar, pagando todo lo que fue necesario para que lo lograran, asumiendo el coste eco- nómico. Nosotros la ayudamos con su sobrino Pipo, quien lle- gó a USA a través de México y a quienes recibimos aquí para ayudarle a llegar". Vivir en la diáspora no va a ser causa de ruptura familiar, tal parece que fue uno de los propósitos más firmes que Celia Cruz mantuvo durante toda su vida.

"El 7 de abril de 1962 venía de arreglarme las uñas y esta- ba muy contenta porque debutábamos esa noche [en el teatro San Juan, de Nueva York], y yo siempre me emociono cuan- do voy a debutar en algún lado. Subí las escaleras, entré en el apartamento y vi a Pedro de espaldas, hablando por teléfo- no. Lo iba a saludar, pero lo oí muy serio hablando en voz baja, entonces me quedé callada. Quise oír lo que estaba diciendo. Él no se percató que yo había llegado, y por tanto, le decía a la persona con quien hablaba: 'Mira, la madre de Celia falle- ció anoche, pero ella todavía no lo sabe'. Al oír esas palabras, me quedé paralizada. Fue un choque terrible. Sintiendo que me ahogaba en angustia, me fui corriendo y bajé las escaleras. Era como un nudo en la garganta, no podía ni respirar. Sentí como si me hubieran clavado un puñal en el corazón, y no pa- raba de gritar: '*Ollita, Ollita!*'"[16]

En su autobiografía Celia cuenta que, al día siguiente, 8 de abril, comenzó los trámites para regresar a Cuba al entierro de su madre.

"Se movieron todas las influencias para que ella consi- guiera una visa, aunque fuera de dos días, para que ella pu- diera ir a Cuba a despedir a su madre y regresar a Estados Unidos, lo cual le fue negado –cuenta Roberto Gutiérrez-. Celia hizo cosas muy grandes: ella estaba dispuesta a pagar cualquier cantidad de dinero para que la dejaran entrar en Cuba a acompañar los momentos finales de su madre. Y no la dejaron. Ese fue un gran dolor que tuvo Celia, del que nunca

---

[16]   Cruz, Celia y Reymundo, Ana Cristina: Op. Cit., p. 101.

pudo recuperarse, hasta el mismo día de su muerte. El permiso para entrar le fue negado en el consulado cubano en México. Ella era muy apegada a su familia. Siempre estuvo velando por su familia, por todos. Era su obsesión. Y se las arregló para mandar cada mes una cantidad considerable para que su familia pudiera mantenerse en Cuba. La preocupación por su familia, por sus amigos, fue lo que yo nunca vi en un artista. Como ella, nadie".[17]

Roberto Gutiérrez fue una de las personas cercanas a Celia, que más hizo para ayudarle a obtener, en el Consulado de Cuba en México, el visado o permiso de entrada correspondiente. Inexistentes ya las relaciones diplomáticas entre Cuba y Estados Unidos, en aquel momento no había en Nueva York ni otro territorio más cercano, una embajada o consulado cubano para realizar los trámites de rigor en ese caso. El desamparo administrativo y la falta de información fiable que debían enfrentar los cubanos que vivían en Estados Unidos a la hora de realizar cualquier trámite derivado de su condición de inmigrante, podría equipararse en aquel tiempo al de los que vivían en México y eran considerados *quedados* por las autoridades diplomáticas cubanas, y por tanto, no partidarios de la Revolución cubana, con todas las consecuencias derivadas de tal elección.

*Ollita* fue enterrada en el cementerio Cristóbal Colón, en La Habana, en discreta ceremonia en la que estuvo toda la familia... menos Celia.

Marta Castillo y Elba Montalvo, sus amigas de los años infantiles y en ese momento ya fuera de Cuba constatan el hecho. "¿Sabes las palabras que me dijo esa negra cuando me llamó por teléfono?: `Mi vida, ya yo no soy la Guarachera de América. Soy la triste de América. ¿Sabes lo que es que no te dejen entrar ni para enterrar a tu madre?´ Ella no era política..!!! ¿Por qué hacerle eso?" −contó Elba décadas después.[18]

Por las razones que fueran, la imposibilidad de volver a Cuba en un momento tan sensible y crucial para ella marcó, sin dudas, un punto de inflexión y definición de su relación con el gobierno cubano, cuya negativa a autorizarla a entrar, dijo haber recibido como un castigo por haber salido de Cuba y no manifestar apoyo o simpatías hacia el gobierno de Fidel Castro. Este hecho marcará a partir de ahora y para siempre

[17] Entrevista de la autora con los exbailarines Mitsuko Miguel y Roberto, amigos cercanos de Celia Cruz, residentes en México. 10 de enero de 2021.
[18] Entrevista de Elba Montalvo con la autora. Madrid, 17 de septiembre de 2021.

su relación personal con su patria y su postura crítica frente al gobierno cubano, que transcurrirán por dos cauces no confluyentes, de deslindes entre patria y gobierno, y cuya independencia ella defenderá con una estremecedora coherencia. Abril de 1962 será un mes de profunda tristeza, pero también de grandes definiciones asumidas con coraje y determinación: no hay vuelta atrás, su carrera profesional –que es lo mismo que su orgánico amor por la música de su país– está abocada a una etapa nueva y diferente. Su casa será Nueva York, la ciudad que la ha acogido brindándole las oportunidades que necesitaba en ese momento y que no eran otra cosa que los frutos que había cosechado de manera gradual, pero persistente desde que en 1950 Sidney Siegel decidió distribuir en Estados Unidos los discos con su voz, hasta que, cada vez con mayor frecuencia, el cartel de *sold out* se colgaba en los sitios de ambiente latino donde se anunciaba su actuación, ya fuere en Nueva York, Los Ángeles, Chicago, New Orleans, Miami o San Francisco.

Lo que ocurrió después, Celia lo interpretaría como una señal divina en medio de las adversidades y el dolor, pero otra interpretación también es pertinente: lo que ocurrió el 18 de junio de 1962 es el resultado del talento natural en una mujer que no se contentó simplemente con tenerlo, sino que trabajó con constancia, dedicación y disciplina para hacerlo valer y con él honrar la grandeza de la auténtica música de su país; son los logros alcanzados en su carrera, mientras vivió en Cuba y en los países donde se había presentado hasta ese momento, como genuina portadora de la cultura musical cubana más raigal. Esa noche, Celia Cruz se convierte en la primera cantante afrocubana en presentarse en el prestigioso Carnegie Hall de Nueva York.[19] "Esa noche fue una de las más memorables de mi vida. Jamás soñé en Santos Suárez que un día estaría cantando en uno de los escenarios más importantes del mundo y sobre todo, apenas dos años después de haber huido de mi patria con tan sólo una maleta [...]", –afirmó Celia en su libro autobiográfico.[20] Que lo hiciera acompañada por Tito Puente y por la orquesta del jazzista afroamericano

[19]    Powell, Josephine: *Tito Puente: When the Drums are Dreaming.* AuthorHouse. 2010. p. 264.
[20]    Cruz, Celia y Reymundo, Ana Cristina: Op. cit., p.103. A pesar de las circunstancias documentadas en que se produjo su salida de Cuba el 15 de julio de 1960, en esa y otras entrevistas posteriores, Celia se refirió en estos términos a su salida del país.

Count Basie fue una prueba de fuego que lanzaba luz sobre sobre un hecho: Celia Cruz estaba preparada para cantar en grandes escenarios y con grandes orquestas. Pero esto
fue mucho más que eso, mucho más que un hito en su historia de vida: fue el temprano símbolo de la coherencia multicul-
tural dentro de la que habrá de defender siempre sus raíces, y
una clara premonición de la etapa gloriosa y monumental que
apenas comenzaba para ella en otras tierras que terminarán
haciéndola suya y también del mundo.

# EPÍLOGO

◆

Celia Cruz relanzó su carrera en los Estados Unidos y se convirtió primero en una de las figuras cardinales en los procesos de relocalización de la música cubana en Nueva York, como uno de los polos creativos desde donde los músicos de la isla mantuvieron vivos y en evolución los géneros y ritmos tradicionales. Después, por lógica no podía ser otra, la figura femenina que protagonizaría el período en que los sones y guarachas cubanas −ahora con influencias afrocaribeñas y de los jóvenes que en el Nueva York latino lidiaban también con el rock y el jazz− comenzaron a perder su nombre en favor del de una marca comercial: el reinado de la salsa y de Fania Records. Y Celia cantó y bailó para el mundo, y como lo suyo era pura raíz y autenticidad, más allá de marcas, sellos y negocios, su figura se engrandeció y supo, con su arte genuino, marchar con los tiempos, sin renunciar a su identidad. Celia llegó al mundo, así de simple.

En Cuba, su país, nunca artista alguno debió enfrentar una censura tan férrea, un castigo tan prolongado al ostracismo y un secuestro del lugar que por derecho propio le corresponde en la cultura nacional, a la que aportó una brillante trayectoria que, lejos de reclamos paternalistas y neocolonizadores de tintes racistas, no tuvo que agradecer a nadie ni a nada más que a su talento innato y a su proverbial esfuerzo. En su país, Celia Cruz fue y, aún después de muerta, sigue siendo condenada por sus ideas políticas. Tres generaciones de cubanos también fueron condenados −de modo oficial− a prescindir de su música, su genialidad y su legado, cuando por razones políticas se ha pretendido extirparla del tronco vital de su cultura, a pesar de ser uno de sus exponentes más notables y genuinos. Nunca un artista se convirtió a la vez, y de modo tan feroz, en objeto y sujeto de dos tendencias políticas enfrentadas, en uno de los conflictos políticos nacionales de más larga data.[1]

En los años que vendrán después de 1962, la carrera de Celia tendrá un alcance global y se convertirá en referente universal de la música cubana y en inspiración para las mujeres latinas y afrodescendientes, como ideal de superación personal, esfuerzo y triunfo.

Estando a merced de los pensamientos y tendencias más intransigentes de las dos fuerzas contendientes en el conflicto nacional cubano, su gran lucha interior la llevará, de una parte, a manifestar, del mejor modo que supo, su patriotismo, su sentido de pertenencia y amor por Cuba, su ser consciente de que ella era Cuba dondequiera que fuese y elevara su voz, y por tanto era la representación de su país amado. De otra parte, a capear de la mejor manera que pudo —no siempre acertada, no siempre eficaz y me atrevería a decir que no siempre sincera— la intolerancia de quienes en ambas orillas se movían más por intereses políticos y sentimientos que no siempre alineaban con su acendrado modo de ser cubana. Todo esto va a marcar muchas de sus acciones profesionales y de sus decisiones cotidianas, centrada como estará siempre en el objetivo de no ser vencida, de no ser lastimada una vez más, y sobre todo, de hacer de su arte el mejor tributo a su patria y a su país. Celia siempre fue —y será— Cuba. Y lo demostrará mucho más en los años que vendrán.

---

[1]     Durante la investigación realizada para este libro, resultaron infructuosas las ingentes búsquedas para hallar los documentos oficiales que instauraron la prohibición de las grabaciones de Celia Cruz y la sola mención de su nombre en los medios de comunicación de Cuba.

Santos
Foto Hman

# ◆ ANEXOS ◆

### ♦ ANEXO I ♦
### GRABACIONES RADIALES

Registros sonoros conservados y disponibles de las actuaciones de Celia Cruz en emisoras radiales cubanas y que han sido editados en formatos posteriores (CDs). En las canciones donde no aparecen indicados los autores se debe a que no han podido ser identificados.

**Mil diez (ca. 1948) con acompañamiento orquestal:**
- *El cabildo de la Mercé*
- *Mi Iyalé.*
- *Pa'congrí* – José Claro Fumero.
- *Ruego a Changó.*
- *Tuñaré* – Juanito Blez.

Editadas en 1998 en el CD *Las muchas Celias* (Cubanacán CUCD-1710).

**Radio Cadena Suaritos (1949) con acompañamiento de orquesta:**
- *Camina, camarón*[1] – Marcos Perdomo (acompañada por la orquesta Chepín-Chovén).
- *Whispering* (parodia del porro colombiano *La múcura*) – Vincent Rose.
- *Cosas mexicanas* (popurrí de temas mexicanos).

Editadas las tres en 1998 en el CD *Las muchas Celias* (Cubanacán CUCD-1710).

- Hay que dejarse de cuento.
- *La jicarita.*
- *La virgen de la macarena* (presumiblemente, con la Orquesta Atómica de Suaritos).
- *Plegaria a Laroye.*
- Soleá (presumiblemente, con la Orquesta Atómica de Suaritos).

[1]   Aparece también como *El cangrejo y la langosta*.

Foto tomada el día 1º de Enero de 1947 a las 8.00 en el debut de Miguelito Valdés cantando el afro de Luis Yanez "Jomambé" en Mil-Diez la emisora del Pueblo.

**C.M.Q. con La Sonora Matancera (1951–52):**
- *Abre la puerta querida* – Guillermo Arenas.
- *Camagüeyanos y habaneros.*
- *Contestación a "El dinero no es la vida".*
- *El de la rumba soy yo.*
- *En el tiempo de la colonia* – Mario Recio.
- *Lacho* – Facundo Rivero.
- *Más linda es la rumba.*
- *Oye mi bongó.*
- *Prende la vela* – Lucho Bermúdez.
- *Tú no sirves pa'ná* .
- *Yembe Laroco* – Rafael Blanco Suazo.

**C.M.Q TV (década de los 50):**
- *Juancito Trucupey* – Luis Kalaff.

**Radio Progreso (década de los 50):**

Con La Sonora Matancera. 1953–1954
- *A guarachar conmigo.*
- *La chambelona* – Tomás Ramos.
- *La cruz* – Ricardo Rico.
- *La cumbanchera de Belén* – Enriqueta Silva.
- *La jerigonza* – Justi Barreto.
- *Oyá, diosa y fe* – Julio Blanco Leonard.
- *Rompe bonche* (José Slater Badan).
- *Rumba rumbona* (José Casamor).
- *Saoco* (Rosendo Ruiz Quevedo).
- *Serpentinas en colores* (René León).
- *Son de los viejitos* (son) – Isabel Valdés.
- *Tu voz* – Ramón Cabrera.
- *Un paso pa'lante y un paso pa'tras* (Eridania Mancebo).
- *Yembe laroco* – Rafael Blanco Suazo.

1955
- *Ahora es cuando.*
- *Bajo la luna* – Armando Oréfiche.
- *Camaddé* – Celia Cruz.
- *Canto a la Caridad* – Heliodoro Colás.
- *El marinero* – Ricardo Rico.
- *El merengue* – Alcibiades Agüero.
- *El negro Tomás* – Eridania Mancebo.
- *El pacífico* – Abraham Peña.
- *Gozando* – Juan Bruno Tarraza.
- *Mango mangüé* – Francisco Fellove.
- *Porque importa mi vida.*
- *Yemayá* – Lino Frías.

1956
* *Agua pa' mí* – Estanislao Serviá.
* *Cacumbia* – Alejandro Vázqez.
* *Canto a Yemayá* – Lino Frías/Enrique Herrera.
* *Cualquiera la baila* – Jesús Martínez Leonard.
* *La rumba es mejor* – Humberto Jauma.
* *Luna sobre Matanzas* – Frank Domínguez.
* *Me voy a Pinar del Río* – Néstor Pinelo Cruz.
* *Mi amor, buenas noches* – Roberto Puentes.
* *No encuentro palabras* – Antonio Castro.
* *Oye vida mía* – Rafael Landestoy.
* *Rock and Roll* – Frank Domínguez.
* *Rumba* – Calixto Leicea.
* *Tuya y más que tuya* – Bienvenido Fabián.

**Década de los 50 en Radio Progreso o C.M.Q.**

Con orquesta no identificada.
* *Facundo* – Eliseo Grenet[2].

Con orquesta de Ernesto Duarte.
* *Así quiero morir* – Oneida Andrade.
* *Baila así* – Bebo Valdés.
* *Chacha La Negra* – Armando Oréfiche.
* *El platanal de Bartolo* – Electo Rosell 'Chepín'.
* *Por qué será* – Roberto Puentess.
* *Refrán* – Bebo Valdés.

Con acompañamiento de tambores batá.
* *Changó Yloro* –Tradicional yoruba.
* *Yeye...oh...guama* –Tradicional.

Con orquesta de Carlos Ansa.
* *El cumbanchero* – Rafael Hernández.

Con el conjunto de Senén Suárez.
* *Vallán Vallende* – Senén Suárez.

Con orquesta Riverside.
* *Mata Siguaraya* – Lino Frías.

Con La Sonora Matancera.
* *Ipso Calypso* – Carlos Argentino.

Con Lino Frías al piano.
* *Juana Chambicú* – Tradicional.
* *Rajando la leña* (Son de la Ma Teodora) –Tradicional.

Estas grabaciones se recogen en la colección de CDs *Celia Cruz en vivo en Radio Progreso y CMQ*, publicada por el sello Bárbaro Records (B-226, B-227, B-228, B-229, y B-230).

---

2    Presumiblemente, grabado en 1952.

Con La Sonora Matancera.
- *Deje eso Don Manuel* – guaracha mambo– Julia González.
- *Lucha en televisión* – guaracha – Ricardo Díaz.

Grabaciones realizadas en Radio Progreso el 25 de junio de 1953. Placas radiales inéditas en colección privada en Cuba.

## ◆ ANEXO II ◆
## GRABACIONES COMERCIALES ORIGINALES
## REALIZADAS DURANTE SU ETAPA EN CUBA
## (1947-1960)

Las fechas que se indican corresponden a la sesión en la que se realizó la primera grabación sonora de cada tema y en algunos casos son aproximadas. En el caso de las grabaciones con Seeco Records, la fecha se indica según consta en el catálogo oficial original de este sello, consultado en la Colección Díaz Ayala en Florida International University (FIU).

◆ *Changó* (toque de santo)[3]– Tradición popular.
Celia Cruz y Coro Yoruba de Alberto Zayas con Tambores Batá.
Panart 1140-A. Matriz 290. 78 rpm. La Habana, Cuba. 1947.[4]
◆ *Babalú Ayé* (toque de santo)– Tradición popular.
Celia Cruz y Coro Yoruba de Alberto Zayas con Tambores Batá.
Panart 1140-B. Matriz 291. 78 rpm. La Habana, Cuba. 1947.
◆ *Quédate negra* (bolero negro)– Facundo Rivero.
Celia Cruz y Orquesta Leonard Melody.
Turpial 344-A. Matriz S-344-A. 78 rpm. Caracas, Venezuela, 1948.
◆ *La mazucamba* (capricho)– Orlando de la Rosa.
Celia Cruz y Orquesta Leonard Melody.
Turpial 344-B. Matriz S-344-B. 78 rpm. Caracas, Venezuela, 1948.
◆ *Mambé* (afro)– Luis Yáñez.
Celia Cruz y Orquesta Leonard Melody.
Turpial 343-A. Matriz S-343-A. 78 rpm. Caracas Venezuela, 1948.
◆ *Cumbanchero* (guaracha)– Rafael Hernández.
Celia Cruz y Orquesta Leonard Melody.
Turpial 343-B. Matriz S-343-B. 78 rpm. Caracas Venezuela, 1948.
◆ *Se acerca la comparsa* (conga)– Hermanos Blanco Leonard.
Celia Cruz y Orquesta Luis Alfonso Larrain.
TJV-LAR 026-A. Matriz TJV-LAR-550. Caracas, Venezuela. 1948.
◆ *Rareza del siglo* (son montuno)– Bebo Valdés.
Celia Cruz y Orquesta Luis Alfonso Larrain.
TJV-LAR 026-B. Matriz TJV-LAR-551. Caracas, Venezuela. 1948.
◆ *Comparsa Barracón* (conga)– Bebo Valdés.
Celia Cruz y Orquesta Luis Alfonso Larrain.
TJV-LAR 027-A. Matriz TJV-LAR-552. Caracas, Venezuela. 1948.
◆ *Morumba* (afro)– Julio Chappottín.
Celia Cruz y Orquesta Luis Alfonso Larrain.
TJV-LAR 027-B. Matriz TJV-LAR-553. Caracas, Venezuela. 1948.

---

3    Aquí, y en lo adelante, se incluye el género que aparece en el disco original. En *Changó* y *Babalú Ayé* se trata de cantos y toques rituales yoruba.
4    No confundir con el tema *Changó* incluído en el LP *Alma con alma (Heart and Soul)* SLP-1221 Tico Records. Celia Cruz y Tito Puente.

PRIMER DISCO COMERCIAL DE CELIA CRUZ. GRABADO EN CUBA, EN 1947.
COLECCIÓN GLADYS PALMERA.

◆ *Ocanasordi* (guaracha)– Carmelina Kessel.
Celia Cruz y Conjunto Gloria Matancera.
Grabación radial, realizada presumiblemente en RHC Cadena
Azul. La Habana, Cuba, entre 1949 y 1950. Publicada por
sellos Lima–503 y Atlantic U–5696–A. 78 rpm. La Habana
Cuba.[5]1949–1950.

◆ *Para que sufran los pollos* (guaracha)– Myrta Silva.
Celia Cruz y Conjunto Gloria Matancera.
Grabación radial, realizada presumiblemente en RHC Cadena
Azul. La Habana, Cuba, entre 1949 y 1950. Publicada por sellos
Lima–503 y Atlantic U–5696–B 78 rpm. La Habana Cuba.
1949–1950.

[5]    En algunas reediciones aparece como Celia Cruz y su Conjunto Típico.

◆ *Qué jelengue* (cha cha chá)- José Antonio Méndez.
Celia Cruz y Conjunto Sonora Caracas.
Century 039. Matriz  C-151. 78 rpm. Caracas, Venezuela. 1950.[6]
◆ *Pa' gozá* (rumba abierta)- Aurelio Martínez.
Celia Cruz y Conjunto Sonora Caracas.
Century 039. Matriz  C-152. 78 rpm. Caracas, Venezuela. 1950.[7]

**Grabaciones con La Sonora Matancera.**
   ◆ *Cao cao, maní picao* (guaracha)- José Carbó Menéndez[8].
   Seeco 7076-A. Matriz SR-1767. 78 rpm. La Habana, Cuba. 15 de
   diciembre de 1950.
   SLP-28 (10") *Selecciones favoritas de Celia Cruz.* Publicado en 1952,
   Estados Unidos.
   SCLP-9215 *Canciones premiadas de Celia Cruz con La Sonora
   Matancera.* Publicado en 1961 en Estados Unidos (compilación).
   ◆ *Mata siguaraya* (afro)- Lino Frías.
   Seeco 7076-B. Matriz SR-1768. 78 rpm. La Habana, Cuba. 15 de
   diciembre de 1950.
   SLP-28  (10") *Selecciones favoritas de Celia Cruz.* Publicado en 1952,
   Estados Unidos.
   ◆ *El guajirito contento* (guajira-mambo)- A. Sanabria y Severino
   Ramos
   Seeco 7100-A. Matriz SR-1798. 78 rpm. La Habana, Cuba. 9 de abril
   de 1950.
   ◆ SLP-28 (10") *Selecciones favoritas de Celia Cruz.* Publicado en 1952,
   Estados Unidos.
   SCLP-9124 *Grandes éxitos de Celia Cruz con La Sonora Matancera.*
   Publicado en 1958, Estados Unidos.
   ◆ *Baila Yemayá* (mambo-conga)- Lino Frías.
   Seeco 7100-B. Matriz SR-1797. 78 rpm. La Habana, Cuba. 9 de abril
   de 1950.
   SLP-28 (10")  *Selecciones favoritas de Celia Cruz.* Publicado en 1952,
   Estados Unidos.
   ◆ *Las frutas y mi son cubano* (guaracha)- René León Monzón.
   Seeco 7117-A. Matriz SR-1900. 78 rpm. La Habana, Cuba.
   17 de julio de 1951.

---

[6]   Erróneamente, el disco indica que fue grabado en Cuba. El prensaje de estas
      grabación por el sello Century corresponde a una fecha muy posterior a la de la
      grabación, evidenciada en la clasificación como cha cha chá, género que sur-
      ge en el ámbito discográfico en 1953. Un anuncio del sello venezolano Dis-
      cos Verco, presumiblemente de inicios de los años 50, incluye este tema con
      la referencia B-19 y probablemente debió su primera grabación. Sin embar-
      go, ninguno de los discos Verco con las cuatro grabaciones de Celia Cruz con la
      Sonora Caracas ha podido ser localizado.
[7]   Idem.
[8]   Celia lo graba de nuevo junto a Tito Puente en el LP *Algo especial para recordar*
      (Tico Records CLP-1304).

SLP-28 (10") *Selecciones favoritas de Celia Cruz*. Publicado en 1952, Estados Unidos.
SCLP-9124 *Grandes éxitos de Celia Cruz con La Sonora Matancera*. Publicado en 1958, Estados Unidos.
* *El disgusto de la rumba* (guaracha)- A. Carrazana.
Seeco 7117-B. Matriz SR-1901. 78 rpm. La Habana, Cuba. 17 de julio de 1951.
* *Tatalibabá* (guaracha)- Florencio Santana[9].
Seeco 7118-A Matriz SR-1902. 78 rpm. La Habana, Cuba. 17 de julio de 1951.
SCLP-9124 *Grandes éxitos de Celia Cruz con La Sonora Matancera*. Publicado en 1958, Estados Unidos.
* *Lacho* (canción afro)- Facundo Rivero
Seeco 7118-B Matriz SR-1903. 78 rpm. La Habana, Cuba. 17 de julio de 1951.
* *Ritmo, tambó y flores* (guaracha)- José Vargas Peña.
Seeco 7134-A Matriz SR-1860. 78 rpm. La Habana, Cuba. 15 de septiembre de 1951.
SCLP-9124 *Grandes éxitos de Celia Cruz con La Sonora Matancera*. Publicado en 1958, Estados Unidos.
* *Elegua quiere tambor* (afro)- Luis Griñán.
Seeco 7134-B Matriz SR-1859. 78 rpm. La Habana, Cuba. 15 de septiembre de 1951.
* *La danza del cocoyé* (danza conga)- Luis Griñán.
Seeco 7135-A. Matriz SR-1858. 78 rpm. La Habana, Cuba. 15 de septiembre de 1951.
SLP-28 (10") *Selecciones favoritas de Celia Cruz*. Publicado en 1952, Estados Unidos.
SCLP-9124 *Grandes éxitos de Celia Cruz con La Sonora Matancera*. Publicado en 1958, Estados Unidos.
* *La guagua* (guaracha)- Juan Bruno Tarraza.
Seeco 7135-B. Matriz SR-1857. 78 rpm. La Habana, Cuba. 15 de septiembre de 1951.
* *Abre la puerta, querida* (guaracha)- Guillermo Arenas.
Seeco 7151-A. Matriz SR-1936. 78 rpm. La Habana, Cuba. 30 de octubre de 1951.
SCLP-9124 *Grandes éxitos de Celia Cruz con La Sonora Matancera*. Publicado en 1958, Estados Unidos.
* *Yembe laroco* (guaracha)- Rafael Blanco Suazo.
Seeco 7151-B. Matriz SR-1935. 78 rpm. La Habana, Cuba. 30 de octubre de 1951.
SLP-54 (10") *Celia Cruz*. Publicado en 1954, Estados Unidos.
* *Mambo del amor* (mambo)- Julio Blanco Leonard.
Seeco 7152-A. Matriz SR-1934. 78 rpm. La Habana, Cuba.

[9] Celia lo graba de nuevo junto a Tito Puente en el LP *Algo especial para recordar* (Tico Records CLP-1304).

30 de octubre de 1951.
SLP-28 (10") *Selecciones favoritas de Celia Cruz*. Publicado en 1952, Estados Unidos.
SCLP-9215 *Canciones premiadas de Celia Cruz con La Sonora Matancera*. Publicado en 1961 en Estados Unidos (compilación).

◆ *Rumba para parejas* (guaracha)- Calixto Leicea.
Seeco 7151-B. Matriz SR-1937. 78 rpm. La Habana, Cuba.
30 de octubre de 1951.
SLP-28 (10") *Selecciones favoritas de Celia Cruz*. Publicado en 1952, Estados Unidos.
SCLP-9124 *Grandes éxitos de Celia Cruz con La Sonora Matancera*. Publicado en 1958, Estados Unidos.

◆ *El pai y la mai* (Seis chorreao)- Daniel Santos.
Celia Cruz con  Bienvenido Granda.
Seeco 7160-B. Matriz SR-1957. 78 rpm. La Habana, Cuba.
15 de diciembre de 1951.
SCLP-9215 *Canciones premiadas de Celia Cruz con La Sonora Matancera*. Publicado en 1961 en Estados Unidos (compilación).

◆ *Zahara  (Sahara)* (Fantasía negra)- Eligio Valera.
Seeco 7220-A. Matriz SR-2051. 78 rpm. La Habana, Cuba.
24 de junio de 1952[10].

◆ *La batahola* (guaracha)- Oscar Mñoz Bouffartique.
Seeco  7220-B. Matriz SR-2049. 78 rpm. La Habana, Cuba.
24 de junio de 1952.

◆ *Tu voz* (bolero-mambo)- Ramón Cabrera
Seeco 7221-A. Matriz SR-2048. 78 rpm. La Habana, Cuba,
24 de junio de 1952.
SCLP-9124 *Grandes éxitos de Celia Cruz con La Sonora Matancera*. Publicado en 1958, Estados Unidos.

◆ *Ya llegó el carnaval* (conga-babú)- Eduardo Angulo.
Seeco 7221-A. Matriz SR-2050. 78 rpm. La Habana, Cuba,
24 de junio de 1952.
SCLP-9124 *Grandes éxitos de Celia Cruz con La Sonora Matancera*. Publicado en 1958, Estados Unidos.

◆ *Choucoune* (merengue haitiano)- Michel Mauléart Monton y Oswald Durand.
Celia Cruz y Martha Jean-Claude.
Seeco 7231-A. Matriz SR-2062. 78 rpm. La Habana Cuba.
26 de agosto de 1952.
SCLP-9124 *Grandes éxitos de Celia Cruz con La Sonora Matancera*. Publicado en 1958, Estados Unidos.

◆ *Guede zaína* (congo haitiano)- D.R.
Seeco 7231-B. Matriz SR-2063. 78 rpm. La Habana, Cuba.
26 de agosto de 1952.

---

[10]  Nueva grabación en LP *Alma con alma (Heart and Soul)*. Tico SLP–1221 Celia Cruz y Tito Puente.

SCLP-9124 *Grandes éxitos de Celia Cruz con La Sonora Matancera.* Publicado en 1958, Estados Unidos.

◆ *Agua pa' mí* (guaracha)- Estanislao Serviá.
Seeco 7232-A. Matriz SR-2064. 78 rpm. La Habana, Cuba.
26 de agosto de 1952.
SCLP-9215 *Canciones premiadas de Celia Cruz con La Sonora Matancera.* Publicado en 1961 en Estados Unidos (compilación).

◆ *Reina rumba* (rumba)- Senén Suárez.
Seeco 7232-B. Matriz SR-2065. 78 rpm. La Habana, Cuba.
26 de agosto de 1952.
SCLP-9124 *Grandes éxitos de Celia Cruz con La Sonora Matancera.* Publicado en 1958, Estados Unidos.

◆ *Matiagua* (guaracha)- Jesús y Rogelio Martínez.
Seeco 7286-A. Matriz SR-2100. 78 rpm. La Habana, Cuba.
24 de abril de 1953.
SLP-54 (10") *Celia Cruz.* Publicado en 1954, Estados Unidos.
SCLP-9215 *Canciones premiadas de Celia Cruz con La Sonora Matancera.* Publicado en 1961 en Estados Unidos (compilación).

◆ *A todos mis amigos* (guaracha)- Pablo Cairo[11].
Seeco 7286-B. Matriz SR-2101. 78 rpm. La Habana, Cuba.
24 de abril de 1953.
SCLP-9215 *Canciones premiadas de Celia Cruz con La Sonora Matancera.* Publicado en 1961 en Estados Unidos (compilación).

◆ *Burundanga* (bembé)- Oscar Muñoz Bouffartique.
Seeco 7299-A. Matriz SR-2108. 78 rpm. La Habana, Cuba.
15 de junio de 1953.
SLP-54 (10") *Celia Cruz.* Publicado en 1954, Estados Unidos.
SCLP-9067 *Canta Celia Cruz (Celia Cruz Sings).* Publicado en 1956, Estados Unidos.

◆ *Nuevo ritmo omelenkó* (omelenkó)- Eduardo Angulo.
Seeco 7299-B. Matriz SR-2109. 78 rpm. La Habana, Cuba.
15 de junio de 1953.
SLP-54 (10") *Celia Cruz.* Publicado en 1954, Estados Unidos.
SCLP-9067 *Canta Celia Cruz (Celia Cruz Sings).* Publicado en 1956, Estados Unidos.

◆ *Boncó* (guaracha-rumba)- Florentino Cedeño[12].
Seeco 7354-A. Matriz SR-8174. 78 rpm. La Habana, Cuba.
9 de noviembre de 1953.
SLP-54 (10") *Celia Cruz.* Publicado en 1954, Estados Unidos.
SCLP-9215 *Canciones premiadas de Celia Cruz con La Sonora Matancera.* Publicado en 1961 en Estados Unidos (compilación).

[11]  Celia lo graba de nuevo junto a Tito Puente en el LP *Algo especial para recordar* (Tico Records CLP-1304).
[12]  Aparece también como *Bongó.* Celia lo graba de nuevo junto a Tito Puente en el LP *Algo especial para recordar* (Tico Records CLP-1304).

- *Melao de caña* (guajira-mambo)- Mercedes Pedroso.
  Seeco 7354-B. Matriz SR-8175. 78 rpm. La Habana, Cuba.
  9 de noviembre de 1953.
  SLP-54 (10") *Celia Cruz*. Publicado en 1954, Estados Unidos.
  SCLP-9215 *Canciones premiadas de Celia Cruz con La Sonora
  Matancera*. Publicado en 1961 en Estados Unidos (compilación).
- *Pepe Antonio* (guaracha-guaguancó)- Jacinto Ledo.
  Seeco 7355-A. Matriz SR-8176. 78 rpm. La Habana, Cuba.
  9 de noviembre de 1953.
  SLP-54 (10") *Celia Cruz*. Publicado en 1954, Estados Unidos.
  SCLP-9215 *Canciones premiadas de Celia Cruz con La Sonora
  Matancera*. Publicado en 1961 en Estados Unidos (compilación).
- *No sé lo que me pasa* (mambo)- Jesús Guerra.
  Seeco 7355-B. Matriz SR-8177. 78 rpm. La Habana, Cuba.
  9 de noviembre de 1953.
  SLP-54 (10") *Celia Cruz*. Publicado en 1954, Estados Unidos.
  SCLP-9215 *Canciones premiadas de Celia Cruz con La Sonora
  Matancera*. Publicado en 1961 en Estados Unidos (compilación).
- *El barracón* (afro)- Senén Suárez.
  Seeco 7395-A. Matriz SR-8270. 78 rpm. La Habana, Cuba. 1 de abril
  de 1954.
- *Silencio* (omelenkó)- Elsa Angulo Macías.
  Seeco 7395-B. Matriz SR-8271. 78 rpm. La Habana, Cuba. 1 de abril
  de 1954.
- *Oyá, diosa y fe* (afro)- Julio Blanco Leonard.
  Seeco 7396-A. Matriz SR-8272. 78 rpm. La Habana, Cuba. 1 de abril
  de 1954.
  SCLP-9101 *Cuba's Queen of Rhythm*. Publicado en 1957, Estados Unidos.
- *Pa' la paloma* (guaracha)- Aurelio Machín[13].
  Seeco 7396-B. Matriz SR-8273. 78 rpm. La Habana, Cuba.
  1 de abril de 1954.
  SCLP-9101 *Cuba's Queen of Rhythm*. Publicado en 1957, Estados Unidos.
- *Plegaria a Laroye* (Lamento africano)- Eligio Valera.
  Seeco 7507-A. Matriz SR-8522. 78 rpm. La Habana, Cuba.
  12 de octubre de 1954.
  SCLP-9067 *Canta Celia Cruz* (*Celia Cruz Sings*). Publicado en 1956,
  Estados Unidos.
- *Juancito Trucupey* (guaracha)- Luis Kalaff.
  Seeco 7507-B. Matriz SR-8523. 78 rpm. La Habana, Cuba.
  12 de octubre de 1954.
  SCLP-9067 *Canta Celia Cruz* (*Celia Cruz Sings*). Publicado en 1956,
  Estados Unidos.
- *Y mi negro está cansao* (samba-mambo)- Grecia Domech.
  Seeco 7508-A. Matriz SR-8524. 78 rpm. La Habana, Cuba.

---

[13]   Celia lo graba de nuevo junto a Tito Puente en el LP *Algo especial para recordar*
(Tico Records CLP-1304).

12 de octubre de 1954.
SCLP-9101 *Cuba's Queen of Rhythm*. Publicado en 1957, Estados Unidos.

 ◆ *Saoco* (guaracha)- Rosendo Ruiz Quevedo.
Seeco 7508-B. Matriz SR-8525. 78 rpm. La Habana, Cuba.
12 de octubre de 1954.
SCLP-9101 *Cuba's Queen of Rhythm*. Publicado en 1957, Estados Unidos.

 ◆ *En el bajío* (guajira)- José Claro Fumero y A. Castro.
Con Laíto (Estanislao Sureda).
Seeco 7515-A. Matriz SR-8560. 78 rpm. La Habana, Cuba.
16 de noviembre de 1954.

 ◆ *Contestación a "Aunque me cueste la vida"* (bolero rítmico) - Luis Kalaff.
Celia Cruz y Alberto Beltrán con La Sonora Matancera.
Seeco 7522-A. Matriz SR-8600. 78 rpm. La Habana, Cuba.
18 de enero de 1955.

 ◆ *Sanduanguéate* (guaracha-mambo)- Senén Suárez.
Seeco 7529-A. Matriz SR-8669. 78 rpm. La Habana, Cuba.
22 de marzo de 1955.
SCLP-9067 *Canta Celia Cruz* (*Celia Cruz Sings*). Publicado en 1956, Estados Unidos.

 ◆ *Goza negra* (guaracha)- Bienvenido Fabián.
Seeco 7529-B. Matriz SR-8670. 78 rpm. La Habana, Cuba.
22 de marzo de 1955.
SCLP-9067 *Canta Celia Cruz* (*Celia Cruz Sings*). Publicado en 1956, Estados Unidos.

 ◆ *Yerbero moderno* (pregón-cha cha chá)- Néstor Milí.
Seeco 7530-A. Matriz SR-8671. 78 rpm. La Habana, Cuba.
22 de marzo de 1955.
SCLP-9067 *Canta Celia Cruz* (*Celia Cruz Sings*). Publicado en 1956, Estados Unidos.

 ◆ *Óyela, gózala* (guaracha)- Lino Frías.
Seeco 7530-B. Matriz 8672. 78 rpm. La Habana, Cuba. 22 de marzo de 1955.
SCLP-9067 *Canta Celia Cruz* (*Celia Cruz Sings*). Publicado en 1956, Estados Unidos.

 ◆ *Muñecas del cha cha chá* (cha cha chá)- Oscar Muñoz Bouffartique.
Seeco 7585-A. Matriz SR-8851. 78 rpm. La Habana, Cuba.
14 de octubre de 1955.
SCLP-9067 *Canta Celia Cruz* (*Celia Cruz Sings*). Publicado en 1956, Estados Unidos.

 ◆ *El merengue* (merengue haitiano)- Alcibiades Agüero.
Seeco 7585-B. Matriz SR-8852. 78 rpm. La Habana, Cuba.
14 de octubre de 1955.
SCLP-9067 *Canta Celia Cruz* (*Celia Cruz Sings*). Publicado en 1956, Estados Unidos.

◆ *Contestación a "El marinero"* (merengue) –
Tete Cabrera / Ricardo Rico
◆ Celia Cruz y Nelson Pinedo con La Sonora Matancera.
Seeco 7586-A. Matriz SR-8853. 78 rpm. La Habana, Cuba.
14 de octubre de 1955.
SCLP-9067 *Canta Celia Cruz (Celia Cruz Sings)*. Publicado en 1956,
Estados Unidos.
◆ *Mi soncito* (son montuno)– Isabel Valdés.
Seeco 7586-B. Matriz SR-8854. 78 rpm. La Habana, Cuba.
14 de octubre de 1955.
SCLP-9067 *Canta Celia Cruz (Celia Cruz Sings)*. Publicado en 1956,
Estados Unidos.
◆ *La merenguita* (guaracha)– Eridania Mancebo.
Seeco 7606-A. Matriz SR-8919. 78 rpm. La Habana, Cuba.
30 de enero de 1956.
◆ *No encuentro palabras* (cha cha chá)– Antonio Castro.
Seeco 7606-B. Matriz SR-8920. 78 rpm. La Habana, Cuba.
30 de enero de 1956.
◆ *Gozando* (cha cha chá)– Juan Bruno Tarraza.
Seeco 7607-A. Matriz SR-8921. 78 rpm. La Habana, Cuba.
30 de enero de 1956.
◆ *Contentosa* (guaracha)– Sergio González Siaba.
Seeco 7607-A. Matriz SR-8921. 78 rpm. La Habana, Cuba.
30 de enero de 1956.
◆ *Palo mayimbe* (bembé)– Javier Vázquez.
Seeco 7625-A. Matriz SR-8977. 78 y 45 rpm. La Habana, Cuba.
3 de mayo de 1956.
◆ *Vallán Vallende* (guaracha)– Senén Suárez.
Seeco 7625-B. Matriz SR-8978. 78 y 45 rpm. La Habana, Cuba.
3 de mayo de 1956.
SCLP-9215 *Canciones premiadas de Celia Cruz con La Sonora
Matancera*. Publicado en 1961 en Estados Unidos (compilación).
◆ *Cha cha güere* (montuno cha)– Severino Ramos y Luis A. Reyes.
Seeco 7626-A. Matriz SR.8979. 78 y 45 rpm. La Habana, Cuba.
3 de mayo de 1956.
SCLP-9101 *Cuba's Queen of Rhythm*. Publicado en 1957, Estados
Unidos.
◆ *Vamos a guarachar* (guaracha rumba)– Salvador Veneito.
Seeco 7626-B. Matriz SR-8980. 78 y 45 rpm. La Habana, Cuba.
3 de mayo de 1956.
SCLP-9101 *Cuba's Queen of Rhythm*. Publicado en 1957, Estados
Unidos.
SCLP-9215 *Canciones premiadas de Celia Cruz con La Sonora
Matancera*. Publicado en 1961 en Estados Unidos (compilación).
◆ *Luna sobre Matanzas* (bolero afro)– Frank Domínguez.
Seeco 7661-A. Matriz SR-9074. 78 y 45 rpm. La Habana, Cuba.

5 de octubre de 1956.
SCLP-9101 *Cuba's Queen of Rhythm*. Publicado en 1957, Estados Unidos.
* *Tuya y más que tuya* (bolero cha)- Bienvenido Fabián.
Seeco 7661-B. Matriz SR-9075. 78 y 45 rpm. La Habana, Cuba.
5 de octubre de 1956.
SCLP-9101 *Cuba's Queen of Rhythm*. Publicado en 1957, Estados Unidos.
* *Me voy a Pinar del Río* (son montuno)- Néstor Pinelo Cruz.
Seeco 7672-A. Matriz SR-9096. 78 y 45 rpm. La Habana,
30 de noviembre de 1956.
SCLP-9101 *Cuba's Queen of Rhythm*. Publicado en 1957, Estados Unidos.
* *El lleva y trae* (guaracha)- Isaac Fernández.
Seeco 7672-A. Matriz SR-9097. 78 y 45 rpm. La Habana,
30 de noviembre de 1956.
SCLP-9101 *Cuba's Queen of Rhythm*. Publicado en 1957, Estados Unidos.
* *Rock and Roll* (guaracha rock and roll)- Frank Domínguez.
Seeco 7672-B. Matriz SR-9098. 78 y 45 rpm. La Habana,
30 de noviembre de 1956.
SCLP-9101 *Cuba's Queen of Rhythm*. Publicado en 1957, Estados Unidos.
* *Mi amor buenas noches* (bolero cha)- Roberto Puentess.
Celia Cruz, Carlos Argentino y La Sonora Matancera.
Seeco 7673-A. Matriz SR-9099. 78 y 45 rpm. La Habana,
30 de noviembre de 1956.
SCLP-9101 *Cuba's Queen of Rhythm*. Publicado en 1957, Estados Unidos.
* *La sopa en botella* (guaracha guaguancó)- Senén Suárez.
Seeco 7705-A. Matriz SR-9140. 78 y 45 rpm. La Habana, Cuba.
22 de mayo de 1957.
* *Ipso calypso* (calypso)- Carlos Argentino.
Seeco 7705-B. Matriz SR-9141. 78 y 45 rpm. La Habana, Cuba.
22 de mayo de 1957.
* *Mi chaparra* (guaracha)- Salvador Veneito.
Seeco 7740-A. Matriz SR-9220. 78 y 45 rpm. La Habana, Cuba. ca. 1957.
* *Mi so den boso* (tumba curazoleña)- Ludwig Samson.
Seeco 7740-B. Matriz SR-9221. 78 y 45 rpm. La Habana, Cuba.
ca. 1957.
* *Camadde* (guaracha-conga)- Celia Cruz[14].
Seeco 7798-A. Matriz SR-9336. 78 y 45 rpm. La Habana, Cuba.
6 de febrero de 1958.
* *La negrita sandunguera* (merengue)- Bienvenido Fabián.
Seeco 7798-B. Matriz SR-9337. 78 y 45 rpm. La Habana,
6 de febrero de 1958.

---

[14] *Camadde* es el único título en que Celia aparece como autora.

♦ *Chango tá vení* (guaracha)- Justi Barreto.
Seeco 7805-A. Matriz SR-9350. 45 rpm. La Habana, Cuba.
6 de febrero de 1958.
SCLP-9136 *La incomparable Celia Cruz*. Publicado en 1958, Estados Unidos.
♦ *Bajo la luna* (montuno)- Armando Oréfiche.
Seeco 7805-B. Matriz SR-9351. 45 rpm. La Habana, Cuba.
6 de febrero de 1958.
SCLP-9136 *La incomparable Celia Cruz*. Publicado en 1958, Estados Unidos.
♦ *Dile que por mí no tema* (cha cha chá)- Tony Smith[15].
Seeco 7806-A. Matriz SR-9352. 45 rpm. La Habana, Cuba.
6 de febrero de 1958.
SCLP-9136 *La incomparable Celia Cruz*. Publicado en 1958, Estados Unidos.
♦ *Madre rumba* (guaracha)- Humberto Jauma.
Celia Cruz, Celio González y La Sonora Matancera.
Seeco 7806-B. Matriz SR-9393. 45 rpm. La Habana, Cuba.
6 de febrero de 1958.
SCLP-9136 *La incomparable Celia Cruz*. Publicado en 1958, Estados Unidos.
♦ *Palmeras tropicales* (bolero-mambo)- Irma Murillo.
Seeco 7807-A. Matriz SR-9354. 78 y 45 rpm. La Habana, Cuba.
6 de febrero de 1958.
SCLP-9136 *La incomparable Celia Cruz*. Publicado en 1958, Estados Unidos.
♦ *Tumba* (guaracha)- Julio Gutiérrez.
Seeco 7807-B. Matriz SR-9355. 78 y 45 rpm. La Habana, Cuba.
6 de febrero de 1958.
SCLP-9136 *La incomparable Celia Cruz*. Publicado en 1958, Estados Unidos.
♦ *La cumbanchera de Belén* (guaracha)- Enriqueta Silva.
Seeco 7808-A. Matriz SR-9356. 78 y 45 rpm. La Habana, Cuba.
6 de febrero de 1958.
SCLP-9136 *La incomparable Celia Cruz*. Publicado en 1958, Estados Unidos.
♦ *Rareza del siglo* (mambo-pregón)- Bebo Valdés.
Seeco 7808-B. Matriz SR-9357. 78 y 45 rpm. La Habana, Cuba.
6 de febrero de 1958.
SCLP-9136 *La incomparable Celia Cruz*. Publicado en 1958, Estados Unidos.
♦ *Poco a poco* (cha cha chá)- José Claro Fumero.
Seeco 7809-A. Matriz SR-9358. 78 y 45 rpm. La Habana, Cuba.

[15]   Celia lo graba de nuevo junto a Tito Puente en el LP *Algo especial para recordar* (Tico Records CLP-1304).

6 de febrero de 1958.
SCLP-9136 *La incomparable Celia Cruz*. Publicado en 1958, Estados Unidos.

♦ *Baho kende* (guaguasón)- Alberto Zayas.
Seeco 7809-B. Matriz SR-9359. 78 y 45 rpm. La Habana, Cuba.
6 de febrero de 1958.
SCLP-9136 *La incomparable Celia Cruz*. Publicado en 1958, Estados Unidos.

♦ *Los ritmos cambian* (cha cha chá)- Justi Barreto.
Seeco 7810-A. Matriz SR-9360. 78 y 45 rpm. La Habana, Cuba.
6 de febrero de 1958.
SCLP-9136 *La incomparable Celia Cruz*. Publicado en 1958, Estados Unidos.

♦ *Qué voy a hacer* (guaracha)- Úrsula González.
Seeco 7810-B. Matriz SR-9361. 78 y 45 rpm. La Habana, Cuba.
6 de febrero de 1958.
SCLP-9136 *La incomparable Celia Cruz*. Publicado en 1958, Estados Unidos.

♦ *Feliz navidad* (bolero)- Humberto Jauma.
Celia Cruz, Celio González y La Sonora Matancera.
Seeco 7947-A. Matriz SR-9632. 78 y 45 rpm. La Habana, Cuba.
15 de agosto de 1958.

♦ *El cha cha chá de la navidad* (cha cha chá)- Julio Gutiérrez, Bobby Collazo y Osvaldo Estivil.
Seeco 7947-B. Matriz SR-9633. 78 y 45 rpm. La Habana, Cuba.
15 de agosto de 1958.

♦ *Aguinaldo antillano* (ritmo antillano)- Claudio Ferrer.
Seeco 7849-A. Matriz SR-9436. 78 y 45 rpm. La Habana, Cuba.
1 de octubre de 1958.

♦ *Jingle Bells* (guaracha)- James Pierpont. Arreglos: Carlos Argentino.
Seeco 7849-B. Matriz SR-9437. 78 y 45 rpm. La Habana, Cuba.
1 de octubre de 1958.

♦ *Por qué será* (guapachá)- Roberto Puentes.
Seeco 7868-A. Matriz SR-9474. 78 y 45 rpm. La Habana.
1 de noviembre de 1958.
CELP-432 *Cuba's Foremost Rhythm Singer*. Publicado en 1959, Estados Unidos.

♦ *El congo* (son montuno)- Calixto Callava.
Seeco 7868-B. Matriz SR-9475. 78 y 45 rpm. La Habana.
1 de noviembre de 1958.
CELP-432 *Cuba's Foremost Rhythm Singer*. Publicado en 1959, Estados Unidos.

♦ *Mi coquito* (guaracha)- Salvador Veneito.
Seeco 7869-A. Matriz SR-9476. 78 y 45 rpm. La Habana,
1 de noviembre de 1958.

CELP-432 *Cuba's Foremost Rhythm Singer*. Publicado en 1959, Estados Unidos.

• *África* (ritmo orizá)– Justi Barreto.
Seeco 7869-B. Matriz SR-9477. 78 y 45 rpm. La Habana,
1 de noviembre de 1958.
CELP-432 *Cuba's Foremost Rhythm Singer*. Publicado en 1959, Estados Unidos.

• *Mi tumba se rompió* (guaracha)– Roberto Puentes y J. Rodríguez.
Seeco 7870-A. Matriz SR-9478. 78 y 45 rpm. La Habana,
1 de noviembre de 1958.[16]
CELP-32 *Cuba's Foremost Rhythm Singer*. Publicado en 1959, Estados Unidos.

• *Qué bella es Cuba* (bolero cha)– Piloto y Vera.
Seeco 7870-B. Matriz SR-9479. 78 y 45 rpm. La Habana,
1 de noviembre de 1958.
CELP-432 *Cuba's Foremost Rhythm Singer*. Publicado en 1959, Estados Unidos.

• *La isla del encanto* (cha cha chá)– Justi Barreto.
Seeco 7871-A. Matriz SR-9480. 78 y 45 rpm. La Habana,
1 de noviembre de 1958.
CELP-432 *Cuba's Foremost Rhythm Singer*. Publicado en 1959, Estados Unidos.

• *Ven Bernabé* (son montuno)– Santiago Ortega González.
Seeco 7871-B. Matriz SR-9481. 78 y 45 rpm. La Habana,
1 de noviembre de 1958.
CELP–432 *Cuba's Foremost Rhythm Singer*. Publicado en 1959, Estados Unidos.

• *Ahí na má* (guaracha)– Senén Suárez.
Seeco 7872. Matriz SR-9482. La Habana, 1 de noviembre de 1958.
CELP-432 *Cuba's Foremost Rhythm Singer*. Publicado en 1959, Estados Unidos.

• *Óyeme Aggayú* (lamento negro)– Alberto Zayas.
Seeco 7872. Matriz SR-9483. La Habana, 1 de noviembre de 1958.
CELP-432 *Cuba's Foremost Rhythm Singer*. Publicado en 1959, Estados Unidos.

• *Ritmo de mi Cuba* (guaracha)– Silvio Contreras.
Seeco 7873-A. Matriz SR-9484. La Habana, 1 de noviembre de 1958.
CELP-432 *Cuba's Foremost Rhythm Singer*. Publicado en 1959, Estados Unidos.

• *De Cuba a México (México lindo)* (guaguancó)– Santiago Ortega.
Seeco 7873-B. Matriz SR-9485. La Habana, 1 de noviembre de 1958.
CELP-432 *Cuba's Foremost Rhythm Singer*. Publicado en 1959, Estados Unidos.

[16] Los discos de 78 y 45 rpm consignan erróneamente el número de referencia, indicando S-7869, cuando en realidad es S-7870.

- *Crocante habanero* (guaracha-pregón)- Juan José Trujillo.
  Seeco 7925-A. Matriz SR-9588. La Habana, julio de 1959.SCLP-
  9171 *Su favorita Celia Cruz*. Publicado en 1959, Estados Unidos.
- *Mulense* (guaguancó)- Florentino Cedeño.
  Seeco 7925-B. Matriz SR-9589. La Habana, julio de 1959.
  SCLP–9171 *Su favorita Celia Cruz*. Publicado en 1959, Estados Unidos.
- *Sueños de luna* (lamento)- Eridania Mancebo.
  Seeco 7926-A. Matriz SR-9590. La Habana, julio de 1959.
  SCLP-9171 *Su favorita Celia Cruz*. Publicado en 1959,
  Estados Unidos.
- *Dime la verdad* (bolero-mambo)- Vinicio Camilo.
  Seeco 7926-B. Matriz SR-9591. La Habana, julio de 1959.
  SCLP-9171 *Su favorita Celia Cruz*. Publicado en 1959, Estados Unidos.
- *Así quiero morir* (cha cha cha-mambo)- Oneida Andrade.
  Seeco 7927-A. Matriz SR-9592. La Habana, julio de 1959.
  SCLP-9171 *Su favorita Celia Cruz*. Publicado en 1959, Estados Unidos.
- *No te rompas el cráneo* (guaracha)- Humberto Jauma.
  Seeco 7927-B. Matriz SR-9593. La Habana, julio de 1959.
  SCLP-9171 *Su favorita Celia Cruz*. Publicado en 1959, Estados Unidos.
- *Saludo a Eleguá* (Afro)- July Mendoza.
  Seeco 7928-A. Matriz SR-9594. La Habana, julio 1959.
  SCLP-9171 *Su favorita Celia Cruz*. Publicado en 1959, Estados Unidos.
- *En Venezuela* (guapachá)- Justi Barreto.
  Seeco 7928-B. Matriz SR-9595. La Habana, julio 1959.
  SCLP-9171 *Su favorita Celia Cruz*. Publicado en 1959, Estados Unidos.
- *Que critiquen* (guaracha)- José Claro Fumero y Josefina.
  Seeco 7929-A. Matriz SR-9596. La Habana, julio 1959.
  SCLP-9171 *Su favorita Celia Cruz*. Publicado en 1959, Estados Unidos.
- *Llegó la zafra* (son montuno)- Enrique Bonne.
  Seeco 7929-B. Matriz SR-9597. La Habana, julio 1959.
  SCLP-9171 *Su favorita Celia Cruz*. Publicado en 1959, Estados Unidos.
- *De noche* (bolero-guapachá)- Piloto y Vera.
  Seeco 7930-A. Matriz SR-9698. La Habana, julio 1959.
  SCLP-9171 *Su favorita Celia Cruz*. Publicado en 1959, Estados Unidos.
- *Rumba quiero gozar* (guaracha)- Calixto Leicea.
  Seeco 7930-B. Matriz SR-9699. La Habana, julio 1959.
  SCLP-9171 *Su favorita Celia Cruz*. Publicado en 1959, Estados Unidos.
- *Tamborilero* (afro-mambo)- Evelio Landa.
  Seeco SCLP-9192 *La dinámica!* Grabado en enero de 1960
  en La Habana. Publicado en 1960. Estados Unidos.
- *Juntitos tú y yo* (guapachá)- Felo Bergaza.
  Seeco SCLP-9192 *La dinámica!* Grabado en enero de 1960
  en La Habana. Publicado en 1960. Estados Unidos.
- *Cuídate bien* (guaracha)- Isaac Fernández.
  Seeco SCLP-9192 *La dinámica!* Grabado en enero de 1960
  en La Habana. Publicado en 1960. Estados Unidos.

- *Baila baila Vicente* (son montuno)- Roberto Nodarse.
  Seeco SCLP-9192 *La dinámica!* Grabado en enero de 1960
  en La Habana. Publicado en 1960. Estados Unidos.
- *Lalle lalle* (guaguancó)- José Claro Fumero.
  Seeco SCLP-9192 *La dinámica!* Grabado en enero de 1960
  en La Habana. Publicado en 1960. Estados Unidos.
- *Al vaivén de palmeras* (guajira-mambo)- Salvador Veneito.
  Seeco SCLP-9192 *La dinámica!* Grabado en enero de 1960
  en La Habana. Publicado en 1960. Estados Unidos.
- *Tumba la caña jibarito* (rumba)- Rudy Calzado.
  Seeco SCLP-9192 *La dinámica!* Grabado en enero de 1960
  en La Habana. Publicado en 1960. Estados Unidos.
  Seeco 8023-A. Matriz SR-9784. La Habana, enero 1960;
  SCLP-9192 "La dinámica!"
- *Nadie me lo quita* (merengue)- Mario de Jesús.
  Seeco SCLP-9192 *La dinámica!* Grabado en enero de 1960
  en La Habana. Publicado en 1960. Estados Unidos.
- *Sigo esperando* (ritmo bombón) – Roberto Puentes.
  Seeco SCLP-9192 *La dinámica!* Grabado en enero de 1960
  en La Habana. Publicado en 1960. Estados Unidos.
- *Para tu altar* (pregón)- July Mendoza.
  Seeco SCLP-9192 *La dinámica!* Grabado en enero de 1960
  en La Habana. Publicado en 1960. Estados Unidos.
- *Resurge el omelenkó* (Omelenkó)- Javier Vázquez.
  Seeco SCLP-9192 *La dinámica!* Grabado en enero de 1960
  en La Habana. Publicado en Estados Unidos.
- *No hay nada mejor* (cha cha chá)- Oneida Andrade /José Claro
  Fumero.
  Seeco SCLP-9192 *La dinámica!* Grabado en enero de 1960
  en La Habana. Publicado en 1960. Estados Unidos.
- *Marcianita* (guaracha)- Galvarino Villota y José Impertori.
  Seeco 7960. Matriz SR-9672. La Habana, 10 de mayo de 1960.
  SCLP-9200 *Reflexiones.* Publicado en noviembre de 1960.
- *Mágica luna* (guaracha)- Sidney Welch y Michael Merlo.
  Seeco 7967. Matriz SR-9673. La Habana, 10 de mayo de 1960.
  SCLP-9200 *Reflexiones.* Publicado en noviembre de 1960.
- *Caramelos* (son montuno)- Roberto Puentes.
  Seeco 7978-A. Matriz SR-9694. 78 y 45 rpm. La Habana,
  10 de mayo de 1960;
  SCLP-9200 *Reflexiones.* Publicado en noviembre de 1960.
- *Ya te lo dije* (bolero-mambo)- Ramón Cabrera.
  Seeco 7978-B. Matriz SR-9695. 78 y 45 rpm. La Habana,
  10 de mayo de 1960;
  SCLP-9200 *Reflexiones.* Publicado en noviembre de 1960.
- *No me mires más* (bolero-mambo)- Aurelio Machín.
  Seeco 7979-A. Matriz SR-9696. 78 y 45 rpm. La Habana,

10 de mayo de 1960.
SCLP-9200 *Reflexiones*. Publicado en noviembre de 1960.
◆ *Suena el cuero* (guaracha-rumba)- Juanito Blez.
Seeco 7979-B. Matriz SR-9697. 78 y 45 rpm. La Habana,
10 de mayo de 1960.
SCLP–9200 *Reflexiones*. Publicado en noviembre de 1960.
◆ *Mi cocodrilo verde* (bolero)- José Dolores Quiñones.
Seeco. La Habana, mayo de 1960.
SCLP-9200 *Reflexiones*. Publicado en noviembre de 1960.
◆ *El heladero* (son montuno)- M. Condon.
Seeco. La Habana, mayo de 1960.
SCLP-9200 *Reflexiones*. Publicado en noviembre de 1960.
◆ *Ven o te voy a buscar* (bolero mambo)- Rey Díaz Calvet.
Seeco. La Habana, mayo de 1960.
SCLP-9200 *Reflexiones*. Publicado en noviembre de 1960.
◆ *Pregones de San Cristóbal* (son montuno)- Senén Suárez.
Seeco. La Habana, mayo de 1960.
SCLP-9200 *Reflexiones*. Publicado en noviembre de 1960.
◆ *Báchame* (rock-guapachá)- Luis Yáñez y Rolando Gómez.
Seeco. La Habana, mayo de 1960.
SCLP-9200 *Reflexiones*. Publicado en noviembre de 1960.
◆ *Taína* (afro)- Mario Hernández Tenorio.
Seeco. La Habana, mayo de 1960.
SCLP-9200 *Reflexiones*. Publicado en noviembre de 1960.

**Grabaciones del período cubano, de las que existen evidencias, pero que no han sido encontradas:**
◆ *Rumba Columbia* (rumba).
Celia Cruz y Conjunto Sonora Caracas.
Autor: Senén Suárez.
Caracas, Venezuela, 1950.
Un anuncio del sello venezolano Discos Verco, presumiblemente de inicios de los años 50, incluye este tema con la referencia B-19 y probablemente debió ser su primera grabación. Sin embargo, ninguno de los discos Verco con las cuatro grabaciones de Celia Cruz con la Sonora Caracas ha podido ser localizado.[17]
◆ *Un poquito de tu amor* (cha cha chá).
Celia Cruz y Conjunto Sonora Caracas.
Autor: Julio Gutiérrez.
Caracas, Venezuela, 1950.

[17] Una placa, presumiblemente el máster de esta grabación, con grado considerable de deterioro, se encuentra en manos privadas.

## ✦ ANEXO III ✦
## ALGUNAS ORQUESTAS Y CONJUNTOS
## CON LOS QUE CANTÓ (1947-1960)

- Orquesta Kubaney.
  Director: Enrique Torriente, *Pilderot*.
- Coro Yoruba con Tambores Batá.
  Directores: Alberto Zayas y Trinidad Torregrosa.
- Orquesta de la emisora Mil Diez.
  Directores: Félix Guerrero, Roberto Valdés Arnau, Bebo Valdés.
- Orquesta de la emisora Radio Cadena Suaritos.
  Director: Obdulio Morales.
- Orquesta Cosmopolita (en Unión Radio).
  Director: Humberto Suárez.
- Orquesta del *cabaret* Sans Souci.
  Director: Rafael Ortega.
- Orquesta Leonard Melody Boys (Venezuela).
  Director: Leonardo Pedroza.
- Orquesta de Luis Alfonso Larrain (Venezuela).
  Director: Luis Alfonso Larrain.
- Orquesta Sonora Caracas (Venezuela).
  Director: Carlos Emilio Landaeta.
- Conjunto Gloria Matancera.
  Director: Juan Manuel Díaz.
- Orquesta Anacaona.
  Directora: Concepción Castro, *Cuchito*.
- Orquesta de la emisora CMQ.
  Director: Enrique González Mantici.
- Orquesta del Teatro Encanto.
  Director: Julio Brito.
- Orquesta de Ernesto Duarte (en Radio Progreso).
  Director: Ernesto Duarte.
- Orquesta Chepín-Chovén.
  Director: Electo Rosell, *Chepín*.
- Orquesta de la RHC Cadena Azul (Orquesta del Batanga).
  Director: Bebo Valdés.
- Orquesta de Carlos Ansa.
  Director: Carlos Ansa.
- Banda Gigante de Benny Moré.
  Director: Benny Moré (en CMQ TV).
- Orquesta del *cabaret* Tropicana.
  Director: Armando Romeu.
- Orquesta Riverside.
  Director: Pedro Vila.
- Banda Municipal de La Habana.
  Dirctor: Gonzalo Roig.

CELIA CON LA SONORA MATANCERA RETRATADOS POR NARCY. AÑOS 50.

- Orquesta de César Concepción (Puerto Rico).
  Director: César Concepción.
- Orquesta Ernesto Lecuona.
  Director: Ernesto Lecuona.
- Orquesta del *cabaret* Bambú
  Director: Rafael Somavilla.
- Orquesta Estrellas del Caribe (Curazao).
  Director: Edgar *Gachi* Supriano.
- Orquesta de Eduardo Periquet (México).
  Director: Eduardo Periquet.
- Orquesta de Ñiko Estrada (Perú)
  Director: Ñiko Estrada
- Orquesta Nuevo Ritmo (Chicago).
  Director: Armando Sánchez.
- Cortijo y su combo (Puerto Rico).
  Director: Rafael Cortijo.
- Orquesta de Joe Valle (Puerto Rico–Estados Unidos)
  Director: Joe Valle.
- Orquesta de Tomás Disanto (Colombia).
  Director: Tomás Disanto.

❖

## ◆ ANEXO IV ◆
## FILMOGRAFÍA (1948-1962)

◆ *Salón México* (1948, México).
Director: Emilio *El Indio* Fernández.
Producción: Salvador Elizondo y Fernando Marcos.
Argumento: Emilio Fernández y Mauricio Magdaleno.
Fotografía: Gabriel Figueroa.
Música: Antonio Díaz Conde
Intérpretes: Marga López, Rodolfo Acosta, Miguel Inclán, Elena
Burke, Las Mulatas de Fuego (Meche Lafayette, Vilma Valle,
Meche Montané, Olga Socarrás y Anita Arias) Litico Rodríguez y
el conjunto Son Clave de Oro.
Rodada en México en los Estudios Churubusco.
> Celia no aparece en los créditos del filme. Su rol fue de extra
> junto a Elena Burke y algunas chicas de Las Mulatas de Fuego,
> tampoco acreditadas.

◆ *Rincón Criollo* (1950, Cuba).
Director: Raúl Medina.
Producción: Salvador Behar.
Argumento: Yeyo Arias, Caridad Bravo Adams, Pedro Pablo
Chávez y José Rodríguez Díaz.
Fotografía: Bebo Alonso.
Música: Obdulio Morales.
Intérpretes: Blanquita Amaro, Néstor de Barbosa, José Sanabria,
Candita Quintana, Celina y Reutilio, Ñico Saquito, entre otros.
Rodada en Cuba.
> Celia Cruz canta *El mambo es* así, acompañada por bailarines y
> la orquesta dirigida por Obdulio Morales, autor del tema.

◆ *Piel Canela* (1953, México–Cuba).
Director: Juan José Ortega.
Producción: Ramón Peón y Juan José Ortega.
Argumento: Julio Alejandro, Juan José Ortega, Mane Sierra.
Música: Gonzalo Curiel.
Intérpretes: Sarita Montiel, Manolo Fábregas, Ramón Gay, Rosa
Elena Durgel, Rosita Fornés, Olga Chaviano, Julio Gutiérrez,
Rafael Ortega y la orquesta del *cabaret* Sans Souci, entre otros.
Rodada en Cuba, con locaciones en el *cabaret* Sans Souci.
> Celia Cruz y La Sonora Matancera aparecen en el filme que fue
> estrenado en La Habana, pero no en la versión que quedó des-
> pués como definitiva. La original no ha podido ser encontrada.

◆ *Una gallega en La Habana* (1955, Cuba).
Director: René Cardona.
Producción: Carmelo Santiago.
Argumento: Nini Marshall, Carmelo Santiago.

CARTEL ORIGINAL DEL FILME *PIEL CANELA* DONDE PUEDEN VERSE AÚN LOS CRÉDITOS DE CELIA CRUZ, JULIO GUTIÉRREZ Y LA SONORA MATANCERA.

Música: Manuel Esperón.
Intérpretes: Nini Marshall, Antonio Aguilar, Ana Bertha Lepe, Juan J. Martínez Casado, Federico Piñeiro, Zulema Casals.
    Celia Cruz, con La Sonora Matancera y Las Mulatas de Fuego, canta *Sandunguéate*.

◆ *De espaldas o Back Turned* (1956, Cuba).
Director: Mario Barral.
Producción: Oscar Luis López y Manuel Samaniego Conde
Fotografía: Manuel Samaniego Conde (Conde of New York)

Argumento: Mario Barral
Intérpretes: Emilio G. Navarro y María Brenes, José de San Antón,
Manuel Estanillo, Armando Martínez.
   Celia Cruz canta congas del carnaval habanero, acompañada
del Grupo de Tambores de Alberto Zayas.

◆ *Affair in Havana* o *El árbol de la fiebre* (1956, Estados Unidos).
Director: László Benedek
Producción: Richard Goldstone.
Argumento: Janet Green, Burton Lane, Maurice Zimm.
Música: Ernest Gold y Alberto Zayas.
Intérpretes: John Cassavetes, Raymond Burr, Sarah Shane, Lilia
Lazo, José Antonio Rivero y Miguel Angel Blanco.
   Celia Cruz interpreta cantos litúgicos yoruba, acompañada por
Giraldo Rodríguez y sus tambores batá, y el Coro Yoruba de Al-
berto Zayas.

◆ ¡Olé Cuba! (Cuba, 1957).
Director: Manuel de la Pedrosa.
Producción: Humberto Costa.
Argumento: Faustino González Aller.
Música: Leopoldo Fernández.
Intérpretes: Leopoldo Fernández, Aníbal de Mar, Miguel Herrero,
Mimí Cal, Teté Machado, Julito Díaz, Alicia Rico, Xiomara Alfaro,
Los Llopis, Anisia y Rolando, La Sonora Matancera.
   Celia Cruz canta con La Sonora Matancera el son montuno *Me
voy a Pinar del Río.*

◆ *Amorcito corazón* (México, 1961).
Director: Rogelio A. González.
Producción: Sergio Kogan.
Argumento: José María Fernández Unsain, Alfredo Varela.
Música: Gustavo César Carrión.
Intérpretes: Rosita Quintana, Fernando Casanova, Mauricio
Garcés, La Sonora Matancera, Las Mulatas de Fuego.
   Celia canta con La Sonora Matancera el bolero *Tu voz.*

❖

# ◆ ANEXO V ◆
## CELIA CRUZ. ALGUNOS PREMIOS Y TROFEOS RECIBIDOS DURANTE SU ETAPA EN CUBA

◆ Disco de Oro de Seeco Records por *Burundanga*. 1957.
◆ Disco de Oro de Seeco Records por *Me voy a Pinar del Río*. 1959.
◆ Trofeo de la ACRIT a la Cantante Destacada en 1950.
◆ Trofeo de la UCRTD a la Mejor Cantante de Conjunto en 1952.
◆ Trofeo al Valor Artístico otorgado por la Escuela Superior de Artes y Oficios de La Habana. 1952.
◆ Placa de CARTV–RADIO a la Mejor Cantante Folklórica de 1953.
◆ Trofeo de CARTV–RADIO a la Mejor Cantante Folklórica de 1954.
◆ Trofeo a la Mejor Cantante Folklórica de Radio y Televisión en 1954.
◆ Trofeo de CARTV-TELEVISIÓN a la Mejor Cantante Folklórica de 1955.

CELIA CON ALGUNOS TROFEOS OBTENIDOS EN CUBA, SEGUNDA MITAD DE LOS 50.

◆ Trofeo Faroy en reconocimiento a su labor. 1955.

◆ Trofeo José Martí entregado por la sección *Con la Manga al Codo* en la Selección de Valores de 1955.

◆ Trofeo homenaje del pueblo de Cuba y del programa de José Antonio Alonso (CMQ TV, Canal 6). Junio 1956.

◆ Trofeo de CARTV a la Mejor Cantante Folklórica en TV en 1956.

◆ Trofeo de CARTV a la Mejor Cantante Folklórica en radio en 1956.

◆ Trofeo de Radio Continental como Mejor Cantante Folklórica en 1956.

◆ Trofeo del diario Avance a la Cantante más Popular de Radio en 1956.

◆ Premio de los colaboradores de Casa Faroy y de los cigarros Super Royal.

◆ Trofeo de los artistas y músicos del Teatro Puerto Rico y de Nueva York. 1960.

◆ Trofeo de CARTV a la Mejor Actriz Novel de Radio (por la novela Babiney) en 1957.

◆ Trofeo de la UCTRD a la Mejor Cantante de género Popular en TV en 1957.

◆ Trofeo del diario Avance y colaboradores de Casa Faroy y cigarros Super Royal a la Mejor Cancionera Típica en radio y televisión en 1958.

◆ Trofeo de CARTV a la Mejor Cantante Folklórica en 1958.

# FUENTES CONSULTADAS

◆

## ◆ LIBROS REFERENCIALES ◆

Agramonte, Arturo / Castillo, Luciano: *Cronología del Cine Cubano, Tomos I–IV*. Ediciones ICAIC. La Habana, Cuba. 2011, 2012, 2013 y 2015.

Arrufat, Antón: *Guarachas cubanas antiguas. Curiosa recopilación desde las más antiguas hasta las más modernas. Según la edición de 1882*. (Recopilación) La Habana. 1963.

Betancourt, Enrique C.: *Apuntes para la historia. Radio, televisión y farándula en la Cuba de ayer*. Publicación propia. San Juan, Puerto Rico. 1986.

Blanco Aguilar, Jesús: *80 años de son y soneros en el Caribe 1909-1989*. Fondo Editorial Tropykos. Caracas, Venezuela. 1992.

Blanco Borelli, Melissa: *She is Cuba: A Genealogy of the Mulata Body*. Oxford University Press. USA. 2015

Boudet, Hilarión G.: *Arte radial. Anuario de la Radio*. Editado y distribuido por Distribuidora Ultis. La Habana. 1945.

Boulanger, Alain: *La Havane à Paris.Musiciens cubains à Paris (1925-1955)*. Jazzedit. París, Francia. 2018.

Caballero Aranzola, Lázaro: *¡De película! Rolando Laserie*. Unos & Otros Ediciones. Miami, USA. 2021.

Cabrera Infante, Guillermo: *Obras completas. Volumen I*. Galaxia Gutenberg. España. 2012.

Carpentier, Alejo: *La música en Cuba: temas de la lira y el bongó*. Ediciones Museo de la Música. La Habana, Cuba. 2012.

Castro, Alicia, with Kummels, Ingrid and Schäfgrt, Manfred: *Anacaona. The Amazing Adventutres of Cuba's First All-Girl Dance Band*. Atlantic Books. London. 2002.

Cruz, Celia y Reymundo, Ana Cristina: *Celia. Mi vida. Una autobiografía*. HarperCollins Publishers. Nueva York. USA. 2004.

Díaz Ayala, Cristóbal: *Cuba canta y baila. Enciclopedia Discográfica de la Música Cubana. Primer Volumen. 1898-1925*. Ediciones Universal. Puerto Rico. 1994.

_____ *Cuba canta y baila. Encyclopedic Discography of Cuban Music. 1925-1960.*Publicación online.

_____ *Música cubana. Del Areyto a la Nueva Trova.* Editorial Cubanacán. 3a. Edición Puerto Rico. 1993.

English, T. G.: *Nocturno de La Habana. De cómo la mafia se hizo con Cuba y la acabó perdiendo.* Debate. España. 2011

Fajardo Estrada, Ramón: *Bola de Nieve: Si me pudieras querer.* Unos & Otros Ediciones. Miami, USA. 2019.

_____ *Ernesto Lecuona. Cartas.* Ediciones Boloña. La Habana. 2012.

_____ *Rita Montaner. Testimonio de una época.* Editorial Oriente. Santiago de Cuba. 2017.

Figueroa Hernández, Rafael: *Toña La Negra. A 100 años de su nacimiento.* Instituto Veracruzano de Cultura. Veracruz. México. 2012.

_____ *Celio González.* ConClave. Veracruz, México. 2001.

_____ *Ismael Rivera, el Sonero Mayor.* Instituto de Cultura Puertorriqueña. Puerto Rico. 2000.

Fiol-Matta, Licia: *The Great Woman Singer: Gender and Voice in Puerto Rican Music.* Duke University Press Books. North Carolina, USA. 2017.

Galán, Natalio: *Cuba y sus sones.* Pre-Textos. Valencia, España. 1996.

García, Maritza: *Ámbito musical habanero de los cincuenta.* Centro de Investigación y Desarrollo de la Cultura "Juan Marinello". La Habana, Cuba. 2005.

García Hernández, Arturo: *No han matado a Tongolele.* Ediciones La Jornada. México D.F., 1998.

García Riera, Emilio: *Historia documental del cine mexicano.* Universidad de Guadalajara. México. 1993.

Giro, Radamés: *Diccionario Enciclopédico de la Música Cubana.* Editorial Letras Cubanas. La Habana, Cuba. 2007.

Giroud, Iván: *La historia en un sobre amarillo. El cine en Cuba (1948-1964).* Ediciones Nuevo Cine Latinoamericano. La Habana, 2020.

Gjelten, Tom: *Bacardí y la larga lucha por Cuba.* Penguin Books. New York. USA. 2011.

Gutiérrez Barreto, Francisco: *Libro de la Farándula Cubana (1900-1962). Volumen I.* Versión multimedia. Managua, Nicaragua. 2011

Hijuelos, Oscar: *Los reyes del mambo tocan canciones.* Penguin Random House. España, 2012.

Koskoff, Helen: *The Garland Encyclopedia of World Music: The United States and Canada.* Routledge. Reino Unido, 2017.

López, Oscar Luis: *La radio en Cuba.* Editorial Letras Cubanas. La Habana, Cuba. 1981.

Lowinger, Rosa y Fox, Ofelia: *Tropicana Nights, the Life and Times of The Legendary Cuban NightClub. In Situ Press.* New York, Miami, Los Angeles. 2005.

Loza, Steven: *Recordando a Tito Puente, el rey del timbal.* Random House. Estados Unidos. 2000.

_____ *Barrio Rhythm: Mexican American Music in Los Angeles.* University of Illinois Press, Illinois, USA. 1993.

Lundahl, Mats: *Bebo de Cuba. Bebo Valdés y su mundo.* Editorial RBA. Barcelona, España. 2008.

Macías, Anthony: *Mexican American Mojo: Popular Music, Dance, and Urban Culture in Los Angeles, 1935-1968.* Duke University Press, USA. 2008.

Marceles-Daconte, Eduardo: *¡Azúcar! La biografía de Celia Cruz.* Reed Press. Nueva York, USA. 2004.

Marquetti Torres, Rosa: *Chano Pozo. La vida (1915-1948).* Unos & Otros Ediciones. Miami, USA. 2018.

_____ *El Niño con su tres. Andrés Echevarría Callava, Niño Rivera.* Unos & Otros Edciones. Miami, USA, 2019.

Martínez, Mayra A.: *Cuba en voz y canto de mujer.* Eriginal Books LLC. USA. 2015.

_____ *Todo por amor a la música cubana.* Publicación independiente. México, 2020.

_____ *Cubanos en la música.* Ediciones Unión. La Habana, Cuba. 2014

Medina Caracheo, Carlos: *El club de medianoche "Waikikí": un cabaret "de época" en la Ciudad de México (1935-1954).* Instituto de Investigaciones Históricas. Facultad de Filosofía y Letras. Universidad Autónoma de México. México. 2010.

Moreno Velázquez, Juan A.: *La reina es la rumba. Por siempre... Celia.* Publicación propia. Puerto Rico.

Orovio, Helio. *Diccionario de la música cubana. Biográfico y técnico.* Editorial Letras Cubanas. La Habana, Cuba. 1992.

Padura, Leonardo: *Los rostros de la salsa.* Ediciones Unión. La Habana, Cuba. 1997.

Pérez Galdós, Victor: *Joseíto Fernández y su Guajira Guantanamera.* Ediciones Unión. La Habana, 2011.

Pedraza Ginori, Eugenio: *Memorias cubanas I y II.* Create Space. 2016.

Portaccio Fontalvo, José: *La música cubana en Colombia y la música colombiana en Cuba.* Publicación propia.

Powell, Josephine: *Tito Puente: When the drums are dreaming.* AuthorHouse. Estados Unidos. 2007.

Ramírez Bedoya, Héctor: *Celia Cruz, Alberto Beltrán, Celio González. Estrellas de la Sonora Matancera.* Publicación propia. Medellín, Colombia. 2007.

_____ *Historia de la Sonora Matancera y sus Estrellas.* Vol. I. 2ª. Edición. Publicación propia. Medellín, Colombia.

Rodríguez, Ezequiel: *Iconografía de la trova.* Dirección de Música de la Coordinación Provincial de la Habana. Cuba. 1966.

Rondón, César Miguel: *El libro de la salsa. Crónica de la música del Caribe urbano.* Publicación propia. Caracas, Venezuela. 1979.

Ruiz, Vicky L. y Sánchez Korroll, Virginia: *Latinas in the United States. A Historical Encyclopedia.* Indiana University Press, 2006.

Ruiz Quevedo, Rosendo Ruiz: *La guaracha cubana*. Editorial Oriente. Santiago de Cuba. 1992.

Salazar, Max: *Mambo Kingdom. Latin Music in New York*. Schirmer Trade Books. New York. 2002.

Santana, Sergio y Gómez, Octavio. *Medellín tiene su salsa*. Editorial Escuela de Ingeniería de Antioquia. Medellín, Colombia. 2014.

Sirven, Pablo: *El rey de la TV. Goar Mestre y la pelea entre gobiernos y medios latinoamericanos. De Fidel Castro a Perón*. Sudamericana. Buenos Aires, Argentina. 2013.

Sublette, Ned: *Cuba and Its Music. From the First Drumm to the Mambo*. Chicago Review Press. USA. 2007.

Valdés, Marta: *Donde vive la música*. Ediciones Unión. La Habana. Cuba. 2004.

Valverde, Umberto: *Reina rumba*. Editorial La Oveja Negra. Colombia. 1981.

Varios autores. *Bitácora del cine cubano. 1897-1960. La República*. AECID/Ediciones La Palma/Cinemateca de Cuba/ Filmoteca Canaria. España. 2018

Varios autores. *Libro de Oro de la Televisión 1953-1954*. Editorial Delta S.A. Cienfuegos, Cuba. 1954.

Vázquez, Alexandra T.: *Listening in Detail: Performances of Cuban Music (Refiguring American Music)*. Duke University Press. North Carolina, USA. 2013.

Vizcaíno, María Argelia: *July del Río. Por siempre*. Edición propia. Miami, USA. 2019.

Wolf, Tim de: *Discography of music from the Netherlands Antilles and Aruba: Including a history of the local recording studios*. Prince Claus Fund./Walburg Pers, Zutphen, The Netherlands. 1999f

Zaldívar, Mario: *Costarricenses en la música: conversaciones con protagonistas de la música popular 1939-1959*. Editorial Universidad de Costa Rica. San José, Costa Rica. 2006.

◆ **PRENSA** ◆
(PERIÓDICOS, REVISTAS Y PUBLICACIONES)

¡Alerta! La Habana, Cuba (Abril 1946).
ABC. Madrid, España.
Amigoe, Curazao
Bohemia. La Habana, Cuba. (1940-1962).
Carteles. La Habana, Cuba (1945-1959)
Combate. La Habana, Cuba. 1959.
Confidencial de Cuba. La Habana, Cuba. (1957-1961)
Diario de la Marina. La Habana, Cuba. (1943-1960).
Ecos de la RHC Cadena Azul (1941-1949)
Élite. Venezuela.
Guión. La Habana, Cuba (1941-1958)

Islas. Villaboy Zaldívar, René: *Comerciales de negro ¿y blanco?* No. 51.
    Enero–Marzo 2009.
La Esfera. Venezuela.
La Prensa. Nueva York, USA.
Latin Beat Magazine.  USA. Varios números
Los Angeles Times. Los Angeles, USA.
Noticias de Hoy. La Habana, Cuba (1940–1962).
Radio–Guía (1938, 1940, 1946, 1947).
Radiomanía y TV (1952–1960).
Record World. USA. Varios números.
Show. La Habana, Cuba (1954–1962).
The Daily News. New York, USA.
The Miami Herald. Miami, USA.
The Miami News.  Miami, USA.
The New York Times. USA
The San Francisco Examiner. San Francisco, USA.
The Tampa Times. Tampa, USA.
Últimas noticias. Venezuela.
Variety. USA.

## ◆ MEDIOS Y SITIOS WEB ◆

https://www.montunocubano.com/
https://www.eltiempo.com
https://cubaenlamemoria.wordpress.com/
https://www.diariolibre.com
http://www.latinamericanstudies.org/music/blacklist.htm
www.desmemoriados.com
www.encuentrolatinoradio.com
www.herencialatina.com
www.fidelcastro.cu
https://gladyspalmera.com
http://carlosbua.com/el-juego-en-cuba/
http://www.bsnpubs.com/latin/seeco.html
www.imdb.com
www.carnegiehall.org
https://adp.library.ucsb.edu/
https://prensahistorica.mcu.es/
https://www.delpher.nl/
https://www.loc.gov/
https://www.library.miami.edu/chc/
https://ufdc.ufl.edu

## ◆ ENTREVISTAS ◆

Omer Pardillo Cid. Entrevista con la autora (Miami- San Lorenzo
    de El Escorial. 2019, 2020 y 2021).

Santiago Alfonso. Entrevista con la autora. (La Habana– San Lorenzo de El Escorial, 15 de mayo de 2021).

Marta Castillo. Entrevista con la autora. 30 de julio de 2020.

Richie Blondet. Entrevista con la autora. New York– San Lorenzo de El Escorial. 2019.

José *Pepito* Ciérvide. Entrevista con la autora. 7 de mayo de 2021.

Olga Chorens. Entrevista con la autora. 19 de marzo de 2021.

Cristóbal Díaz Ayala. Entrevista con la autora. 19 de septiembre de 2020.

Roberto y Mitsuko (Roberto Gutiérrez y Mitsuko Miguel). Entrevista con la autora. 10 de enero de 2021.

Gerónimo Labrada Jr. Entrevista con la autora. 16 de mayo de 2021.

Sandra Mirabal Jean-Claude. Entrevista con la autora (Amsterdam, Holanda– San Lorenzo de El Escorial. 17 de mayo de 2020.

Irma Peñalver. Entrevista con la autora. 19 de junio de 2020.

Elba Montalvo. Entrevista con la autora. Madrid, 17 de septiembre de 2021.

Juana Mazorra (Juanita Rivero). Entrevista con la autora. Madrid, 17 de septiembre de 2021.

## ◆ OTRAS FUENTES SONORAS Y AUDIOVISUALES ◆

Celia Cruz con el periodista José Gabriel Ortiz. Programa *Yo, José Gabriel*. Canal RCN. Bogotá, Colombia. Diciembre de 2000. (Audiovisual).

Senén Suárez en el programa *Una cita con Rafa*. Programa de Canal 16. Visión Satélite. Barranquilla, Colombia. Fecha indeterminada.

Celia Cruz con César Pagano. Entrevista. Bogotá, Colombia. 1 de marzo de 1996.

Celia Cruz y Pedro Knight con César Pagano. Entrevista en programa El show del pueblo. Radio Capital. Bogotá, Colombia.

*My name is Celia Cruz*. Documental. Producción: BBC (Reino Unido).

*La Lupe. Queen of Soul.* Documental de Ela Troyano. Producción: PBS.

Made in United States
Orlando, FL
01 December 2023